管理学习题与案例集

张明玉
郋文兵　主　编

科学出版社
北　京

内 容 简 介

本书按照《管理学》的管理绪论篇、管理职能篇、管理艺术篇、管理应用篇和管理发展篇等章节安排，给出管理学的基础知识，管理学产生与发展，管理的决策、计划、组织、领导、控制等职能，管理学的沟通、激励和团队，管理学在人力资源、财务、信息、物质、质量等方面的专业管理以及管理学目前与未来，比如战略、知识、创新等方面的案例和习题。为读者全面理解和掌握《管理学》基本知识打下坚实的基础，并巩固《管理学》中所学内容。

本书可作为高等院校管理专业本科生、研究生、MBA、EMBA 以及建筑项目工程硕士、物流工程硕士等的应考参考书。

图书在版编目(CIP)数据

管理学习题与案例集/张明玉，郄文兵主编. —北京：科学出版社，2007

ISBN 978-7-03-020238-3

Ⅰ.管… Ⅱ.①张… Ⅲ.管理学-自学参考资料 Ⅳ.C93

中国版本图书馆 CIP 数据核字(2007)第 198954 号

责任编辑：王伟娟 赵静荣 李俊峰 黄 菲/责任校对：宋玲玲

责任印制：赵 博 /封面设计：耕者设计工作室

科 学 出 版 社 出版

北京东黄城根北街 16 号

邮政编码：100717

http://www.sciencep.com

固安县铭成印刷有限公司 印刷

科学出版社发行 各地新华书店经销

*

2007 年12月第 一 版 开本：787×1092 1/16

2024 年 1 月第二十五次印刷 印张：23 1/2

字数：462 000

定价：52.00 元

（如有印装质量问题，我社负责调换）

序

《管理学习题与案例集》是为了配套张明玉等编著的《管理学》而编写的。张明玉等编著的《管理学》自 2005 年出版以来，得到了广大读者的厚爱，于 2006 年 9 月进行了第二次印刷，2007 年修订后又进行了第三次印刷。在短短两年时间内，北京交通大学的管理学课程被评为 2006 年北京市精品课程，《管理学》也被评为 2006 年北京市精品教材，主编张明玉教授被评为 2007 年北京市教学名师。随着《管理学》影响的扩大，读者越来越希望有一本与《管理学》配套的习题与案例集，以备学生考研或平时学习之用。因此，应广大读者的要求，《管理学》编者的原班人马又编著了其配套教材《管理学习题与案例集》，包括了《管理学》每章后面的所有习题与案例，同时补充了大量的习题与案例。为了读者使用方便，我们还对大部分习题做出了参考答案。本书可作为本科生学习《管理学》的辅助教材，同时，也是研究生入学考试课程《管理学》的重要辅助教材。

本书主编是张明玉、郐文兵。副主编是张文松、吕海军、陈运涛、王树祥、姜文生、顾元勋、杨湘玉。其中，张明玉负责第十八章，郐文兵负责第二章、第四章、第十一章，张文松负责第一章、第十三章、第二十章。吕海军负责第三章、第八章、第十五章、第十九章。陈运涛负责第六章、第十二章、第十七章。王树祥负责第七章、第十四章。姜文生负责第五章，顾元勋负责第十六章，杨湘玉负责第九章、第十章。张艺华、王立云对全书的文字校对做了大量细致的工作。

本书于 2007 年底发行之后，得到广大读者的大力支持，编写组深表谢意。由于第一次印刷时时间较紧，书中存在某些不妥之处。因此，编写组进行了重新修订，此次修订由姜文生、郐文兵、宋三省老师完成，恳请读者提出宝贵意见。

《管理学习题与案例集》编写组

2009 年 8 月 1 日

目　　录

习　题

第一章　管理与管理学

一、判断题

1. 一个组织正常的运转需要有两类活动，即管理活动与计划活动。（　　）
2. 管理的自然属性是指管理要处理人与自然的关系，管理的社会属性是指管理要处理人与人之间的关系。（　　）
3. 法约尔（Fayol）对管理的定义是："管理就是设计和保持一种良好环境，使人们在群体里高效率地完成既定目标。"（　　）
4. 责任原理是指管理工作必须在合理分工的基础上，明确规定组织各级部门和个人必须完成的工作任务和相应的责任。（　　）
5. 管理学反映了管理过程的客观规律性，具有显著的科学性。但是，管理过程中的诸多不确定因素使管理本身无法完全量化，故而只是一种不精确的科学。（　　）
6. 管理学是一门科学，不是一种艺术。（　　）
7. 组织中的一般成员均是管理的客体。（　　）
8. 鉴于管理工作的复杂性，所以说，迄今为止管理仍然是一门不精确的科学。（　　）
9. 管理既要追求效果，也要追求效率。前者就是要做正确的事情，后者则是正确地去做事情。应当说，前者是第一位的，后者是第二位的。（　　）
10. 效率与效果之间存在明显的差别，效果是使组织资源的利用成本达到最小化，而效率则是使组织活动实现预定的目的和目标。（　　）
11. 管理的主要目的是使资源成本最小化，因此管理最主要的是追求效率。（　　）
12. 组织的外部环境是指存在于该组织系统外的物质的、经济的、信息的和人际的相关因素的总和。（　　）
13. 有人调查合资企业发现这样一种现象，同样是先进的生产设备，在中国所取得的生产效率和产品质量却无法达到国外的水平。造成这种现象的根本原因是中国的生产工人素质差。（　　）
14. 管理和技术是企业发展的两个轮子。（　　）
15. 凡是完全或主要从事管理工作的人员都是管理者。（　　）
16. 就管理的职能来讲，高层管理者更应侧重于领导职能，基层管理者更应侧重于组织和控制职能。（　　）

二、单项选择题

1. 管理人员与一般工作人员的根本区别在于：(　　)

A. 需要与他人配合完成组织目标

B. 需要从事具体的文件签发审阅工作

C. 需要对自己的工作成果负责

D. 需要协调他人的努力以实现组织目标

2. 现代管理的中心是：(　　)

A. 决策　　B. 信息　　C. 资金　　D. 人

3. 小组织管理者最重要的角色是(　　)，这是因为小组织的管理者要花大量时间让他人认识本组织，要花大量时间筹措资源，寻找新的机会促进发展。

A. 发言人　　B. 挂名首脑　　C. 传播者　　D. 谈判者

4. 管理的载体是：(　　)

A. 管理者　　B. 技术　　C. 组织　　D. 工作

5. 某公司以前主要生产塑料制品，经营状况不理想。后来注意到，影视作品及电视广告中出现的家庭居室多使用各色塑料百叶窗，这种现象渐成时尚。于是公司推出了各种款式、尺寸、颜色的百叶窗，取得了不错的经营业绩。该公司的这一调整是对下列哪种环境要素所作出的何种反应？(　　)

A. 对技术环境的利用与引导　　B. 对经济环境的利用与引导

C. 对社会文化环境的适应　　D. 对经济环境的适应

6. 管理是伴随着(　　)的出现而产生的。

A. 计划经济　　B. 社会化大生产　　C. 组织　　D. 市场经济

7. 管理乃是由管理者通过(　　)组织成员的行为从而有效地利用各种资源以实现组织目标而进行的各种活动。

A. 命令　　B. 协调　　C. 激励　　D. 求助

8. 由于国家处于经济萧条时期，从而影响组织的目标，这种环境属于：(　　)

A. 经济环境　　B. 社会文化环境　　C. 政治环境　　D. 国际环境

9. 一般说来，组织的外部要素是：(　　)

A. 可以控制的　　B. 部分不可控的

C. 部分可控的　　D. 不可以控制的

10. 王超是一家大型软件公司计算机辅助教学系统开发组组长。为衡量具体项目的进展情况，他提出使用一种两维图，其中一维表示项目所涉及问题的重要性（理论与实践意义），另一维表示研究开发方法本身的先进性（合理性和精确性）。如图 1-1 所示，R、S、T 分别代表他们先后开发出来的三大项目。根据此

图，你认为以下哪句话最能确切地反映王超领导的开发组在项目组织管理方面取得成绩的变化情况？（　　）

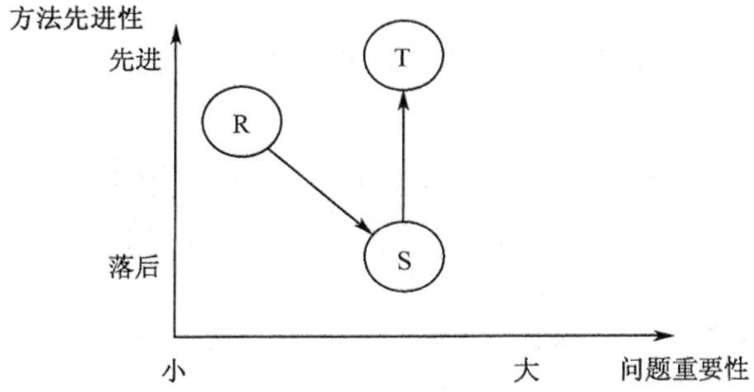

图 1-1

A. 效率和效果都下降了

B. 效率和效果都上升了

C. 先是效率下降而同时效果提高，再后来是效果不变而效率提高

D. 先是效果下降而同时效率提高，再后来是效果不变而效率再提高

11. 某企业生产的产品质量合格，并能按时完成生产任务，但市场供过于求，这反映出：（　　）

A. 厂家生产有效率，但无效果和效益

B. 厂家生产既无效率也无效果和效益

C. 厂家生产有效率，也有效果和效益

D. 厂家生产有效率也有效果，但无效益

12. 从发生的时间顺序看，下列四种管理职能的排列方式，哪一种更符合逻辑？（　　）

A. 计划、控制、组织、领导　　B. 计划、领导、组织、控制

C. 计划、组织、控制、领导　　D. 计划、组织、领导、控制

13. 企业高层管理人员在履行职能时，下述正确的说法是：（　　）

A. 强化计划、组织职能，弱化领导、控制职能

B. 强化计划、组织与控制职能，弱化领导职能

C. 强化领导、控制职能，弱化计划职能

D. 强化组织与控制职能，弱化计划、领导职能

14. 协调是管理的重要职能，管理协调归根结底是正确处理：（　　）

A. 人与资源的关系　　B. 人与事的关系

C. 人与人的关系　　D. 组织与事的关系

15. 管理工作中居于主导地位的是：（　　）

A. 组织　　B. 计划　　C. 领导　　D. 控制

16. 在组织保证的基础上，管理者必须选择适当的方式，有效地指挥、调动和协调各方面的力量，最大限度地发挥组织效率，于是就产生了(　　)职能。

A. 计划　　B. 组织　　C. 领导　　D. 控制

17. 把管理人员的工作划分为管理职能，并对各管理职能逐项进行研究的现代管理理论学派是：(　　)

A. 管理过程学派　B. 经验主义学派　C. 社会系统学派　D. 决策理论学派

18. 管理的最基本职能是：(　　)

A. 计划职能　　B. 组织行为　　C. 规划程序　　D. 确定目标

19. 下列(　　)不属于管理的特性。

A. 综合性　　B. 应用性　　C. 精确性　　D. 艺术性

20. 资源分布通常影响工业的布局和不同产业经营的命运，对它的分析属于企业的：(　　)

A. 宏观经济环境因素　　B. 微观经济环境影响因素

C. 自然环境因素　　D. 技术环境因素

21. 管理是一种艺术，这是强调管理的(　　)。

A. 复杂性　　B. 有效性　　C. 实践性　　D. 精确性

22. 决定管理系统的性质、特点、结构和功能的首要因素是：(　　)

A. 组织目标　　B. 组织规模　　C. 管理环境　　D. 管理人员

23. 管理具有同生产关系、上层建筑相联系的(　　)属性。

A. 生产　　B. 自然　　C. 物质　　D. 社会

24. 通过市场调查发现，保健品市场的兴起是由于人们观念变化引起的，这一因素属于外部环境因素中的(　　)。

A. 经济因素　　B. 技术因素　　C. 社会因素　　D. 政治因素

三、多项选择题

1. 下面属于管理的政治和法律环境因素的有：(　　)

A. 干部人事制度的变革　B. 司法的制定并实施　C. 国家政治重心的转移

D. 道德准则和文化素质　E. 经济运行的周期

2. 管理这种社会现象存在的必要条件是：(　　)

A. 两个人以上的集体活动　　B. 有管理者　　C. 有一致认可的目标

D. 有各种资源　　E. 有机构

3. 组织对环境的适应包含下面两层含义：(　　)

A. 根据客观环境的变化进行组织变革　　B. 对客观环境进行正确的选择

C. 利用客观环境提供的各种机遇　　D. 控制环境的变化

4. 与其他管理职能相比，管理协调的基本特征是：(　　)

A. 平等性　B. 互利性　C. 主体广泛性

D. 结果不确定性　E. 对象复杂性

5. 以下属于影响管理的社会文化环境因素的有：(　　)

A. 价值观念　B. 道德准则　C. 伦理规范　D. 市场容量　E. 财政政策

6. 下列属于影响管理的经济技术环境因素的是：(　　)

A. 经济体制　B. 经济周期　C. 市场情况　D. 资源供给

7. 下列说法正确的有：(　　)

A. 计划职能是管理的首要职能，这意味着它比其他三项职能更重要

B. 任何组织都是一个具有特定功能的社会经济技术系统

C. 管理的出现是协调组织内部各成员活动，并对其所拥有的各项资源进行有效配置的必然

D. 当影响管理的各种环境因素处于不规则的非线性变化状态时，其影响力就更强

8. 组织内部的基本要素有：(　　)

A. 人　B. 物　C. 信息　D. 机构　E. 目的

9. 管理者在管理过程中承担的职能是：(　　)

A. 计划　B. 组织　C. 人员配备　D. 指导和领导　E. 控制

10. 管理学的特点有：(　　)

A. 一般性　B. 边缘性　C. 历史性　D. 多样性

E. 实践性

11. 组织外部环境包括的要素有：(　　)

A. 行业　B. 原材料供应

C. 产品市场　D. 政治状况

E. 社会文化

12. 管理的二重性是指管理的：(　　)

A. 科学性　B. 自然属性　C. 艺术性　D. 社会属性

E. 实践性

13. 管理的基本特征有：(　　)

A. 管理是一种社会现象　B. 管理是一种文化现象

C. 管理的主体是管理者　D. 管理的核心是决策

E. 管理的核心是处理好人际关系

14. 管理学研究的对象是：(　　)

A. 管理组织　B. 管理技能　C. 管理活动　D. 管理经验

E. 管理过程

15. 一般一个组织通常被分为三个层次，它们是：(　　)

A. 战略层　B. 上层　C. 战术层　D. 中层

E. 基层

四、填空题

1. 管理的二重性是指管理的________属性和________属性。

2. 企业的基本资源要素，可概括为________、________、物、________、技术、________。

3. 现在人们所普遍公认的管理四项基本职能是____、组织、________和____，其首要职能是________。

4. 一般认为管理的基本原理包括________、人本原理、________、责任原理、________。

5. 按照管理的领域划分，常用的管理方法包括________、________、经济管理方法、________。

6. “运筹于帷幄之中，决胜于千里之外”，这里的“运筹帷幄”反映了管理的________职能。

7. 管理是一种艺术，这是强调管理的________。

8. 有效管理的________使系统得以及时地对环境变化做出反应。

9. 法约尔提出的管理五大要素不包括________。

10. 赫伯特·A. 西蒙等认为：决策贯穿于管理的全过程和所有的方面；____是由一些决策者构成的系统；________正确与否直接关系到________工作的成败。因此“管理就是________”。

11. 管理可以定义为：管理是通过______、组织、____和________等环节，协调______、物力和________资源以期高效率地达到组织目标的过程。

12. 管理手段是指为了达到________和实现________________，管理者所使用的______和__________作用于管理对象，以期提高管理效率和管理效能。

13. 管理学的一般性表现在管理学主要是研究管理活动中的________以及______。

14. 一个组织正常的运转须要有两类活动，即________与________，它们共存于同一组织中，确保组织目标的圆满完成。

15. 管理的________和____________反映了理论知识和灵活运用相结合的必要性。

16. 组织具有以下三个共同特征：(1) 每个组织都有一个________；(2) 每个组织都是由______组成的；(3) 每个组织都发育出一种__________，用以规范和限制成员的行为。

17. 组织中的成员可以分为两种类型：________和__________。

18. 明茨伯格将管理者的角色分为以下三个方面：______________、信息传递角色和__________。

19. 一般组织通常都可以分成三个管理层次：____________、__________、操作层。

20. ________是指为了确保系统按预期目标运作，对其发展过程不断地调整和施加影响的过程。

21. 组织是从事管理活动的载体，包括对组织结构和组织行为的分析和研究。主要完成下述职能：__________、人员配备、______________。

22. ________是指管理工作必须在合理分工的基础上，明确规定组织各级部门和个人必须完成的工作任务和相应的责任。在管理工作中，要强调__________、权限、____________和能力的协调与统一。

23. 管理的______________，是指在组织活动环境和条件不断发生变化的前提下，管理应因人、事、时、地而权宜应变，采取与具体情况相适应的管理对策以达成组织目标的一项管理原理。

24. 管理工作必须克服在传统体制下以生产为中心的管理思想，进而要转变为以____________为中心。

25. 管理方法按其普遍性程度不同，由低到高，大体上可分为三个层次。第一层次是__________，第二层次是______________，第三层次是管理的哲学方法。

26. ____________就是对一系列典型的事物进行观察分析，找出各种因素之间的因果关系，从中找出事物发展变化的一般规律，这种从典型到一般的研究方法也称为实证研究。

27. 管理学的广义研究对象包括________、生产关系和____________。

28. 管理层次维包括__________，战术管理层，____________；管理领域维包括业务管理、____________和______________等；管理过程维包括______、计划、______、领导和控制等职能。这3个方面交织在一起构成了完整的管理体系。

29. 组织的外部一般环境主要包括经济环境、________________、____________、政治法律环境、____________。

五、案例分析题

案例　查克·斯通曼的一天

查克·斯通曼真的相信那句老话："早鸟得虫"。这一天是星期二，清晨，他比往常早一个小时就起来了。先是原地不动的骑车运动，接下来是洗澡、穿衣、吃早饭、快速地浏览晨报，当查克驱车上路时，他看了一眼手表，5：28！从家里开车到上班地点只需15分钟。查克是勒那食品公司奥马哈工厂的经理。勒那公司生产牛肉和猪肉产品，以私有商标卖给60～70家大型超级市场连锁店。

查克，开着车思绪却回到了昨天晚上。昨夜，查克和他的妻子安妮外出吃饭，庆祝他们结婚15周年。他们回忆起他们的初次约会（那是由双方的朋友安排的），他们俩事先都没抱多大希望。他们还谈起一些老朋友，他们之间已经多年没有通过信了。昨天晚上的谈话使查克萌生出一种怀旧感，他的思绪开始漫游。他想到他是怎么最后来到奥马哈，经营一家肉类加工厂，手下管着650名工人的。

查克1979年毕业于伊利诺伊大学，获商学学士学位。毕业后他进入勒那食品公司，一直干到今天。开始是在芝加哥工厂作生产计划助理，在后来的12年中，他逐级晋升高级生产计划员、生产领班、轮班工长，以及塔萨斯城工厂的经理助理。1991年，他被提升担任了现在的职务。图1-2所示的简化的组织图中，表明了查克在勒那公司的等级结构中所处的位置以及他的直接下属。

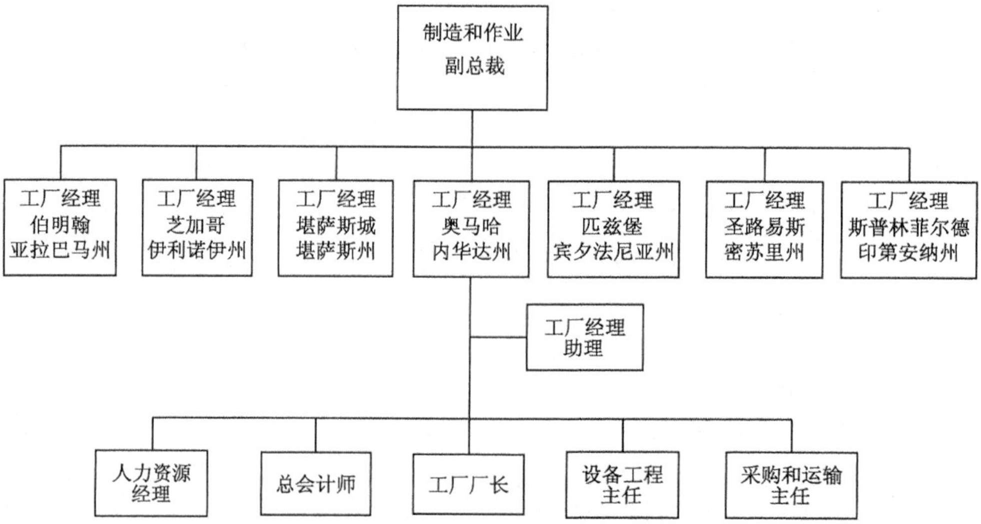

图1-2　勒那食品公司组织图

查克和安妮喜欢奥马哈，打算在这里把他们的两个儿子抚养成人，安妮最后利用她的统计学学位在奥马哈投资公司找到了一份保险统计员的工作。

查克今天早晨心情特别好，最后的生产率报告表明，奥马哈工厂超过了堪萨斯城工厂和伯明翰工厂，成为公司人均劳动生产率最高的工厂。经过10个月的经营，奥马哈工厂已成为公司所属7家工厂中获利最多的工厂。昨天，查克在与上司的通话中得知，他的半年绩效奖金为23 000美元，而过去，他最多只拿到过 8500 美元。

查克决定今天要把手头的许多工作清理一下，像往常一样，他总是尽量做到当日事当日毕。除了下午 3：30 有一个幕僚会议以外，整天的其他时间都是空着的，因此他可以解决许多重要的问题。他打算仔细审阅最近的审计报告并签署他的意见，再仔细检查一下工厂 TQM 计划的进展情况。他还打算开始计划下一年度的资本设备预算，离申报截止日期还有不到两个星期了，他一直抽不出时间来做这件事。查克还有许多重要的事项记在他的“待办”日程表上：他要与工厂厂长讨论几个雇员的投诉；写一份 10 分钟的演讲稿，准备应邀在星期五的商会会议上致辞；审查他的助手草拟的贯彻美国职业安全健康法（OSHA）的情况报告，工厂刚接受过安全检查。

查克到达工厂时是 5：45，他还没走到自己的办公室，就被会计总监贝斯拦住了。查克第一个反应是：她这么早在这里干什么？很快他就搞清楚了。贝斯告诉他工资协调员昨天没有交上来工资表，贝斯昨晚一直等到 10 点，今天早上 4：30就来了，想在呈报的最后期限之前把工资表造出来。贝斯告诉查克，实在没办法按时向总部上报这个月的工资表了。查克作了个记录，打算与工厂的总会计师交换一下意见，并将情况报告他的上司——公司副总裁。查克总是随时向上司报告任何问题，他从不想让自己的上司对发生的事情感到突然。

最后，在他的办公室里，查克注意到他的计算机在闪烁，一定是有什么新到的信息。在检查了他的电子邮件后，查克发现只有一项需要立即处理。他的助手已经草拟出下一年度工厂全部管理者和专业人员的假期时间表，它必须经查克审阅和批准。处理这件事只需 10 分钟，但实际上占用了查克 20 分钟的时间。

现在首先要办的事是资本设备预算。查克在他计算机的工作表程序上，开始计算工厂需要什么设备以及每项的成本是多少。这项工作刚进行了 1/3，查克便接到工厂厂长打来的电话。电话中说在夜班期间，三台主要的输送机有一台坏了，维修工修好它得花费 45 000 美元，这些钱没有列入支出预算，而要更换这个系统大约要花费 120 000 美元。查克知道，他已经用完了本年度的资本预算，于是他在 10：00 安排了一个会议，与工厂厂长和工厂会计师研究这个问题。

查克又回到他的工作表程序上。这时工厂运输主任突然闯入他的办公室，他在铁路货车调度计划方面遇到了困难，经过 20 分钟的讨论，两个人找到了解决办法。查克把这件事记下来，要找公司的运输部长谈一次，好好向他反映一下工厂的铁路货运问题，其他工厂是否也存在类似的问题？什么时候公司的铁路合同到期重新招标？

看来打断查克今天日程的事情还没有完，他又接到公司总部负责法律事务的职员打来的电话，他们需要数据来为公司的一桩诉讼辩护，奥马哈工厂一位前雇员向法院起诉公司歧视他。查克把电话转接给他的人力资源部。查克的秘书又送来一大叠信件要他签署。突然，查克发现 10：00 到了，会计师和厂长已经在他办公室的外面等候。3 个人一起审查了输送机的问题并草拟了几个选择方案，准备将它们提交到下午举行的幕僚会议上讨论。现在是 11：05，查克刚回到他的资本预算编制程序上，就又接到公司人力资源部部长打来的电话，对方花了半个小时向查克说明公司对即将与工会举行的谈判的策略，并特别征求他对与奥马哈工厂有关的问题的意见。挂上电话后，查克下楼去他的人力资源部长办公室，他们就这次谈判的策略交换了意见。

查克的秘书提醒他与地区红十字运动的领导约定共进午餐的时间已经过了，查克赶紧开车前往约定地点，好在不过迟到了 10 分钟。

下午 1：45，查克返回他的办公室，工厂厂长已经在那里等他。两个人仔细检查了工厂布置的调整方案，以及通道面积是否符合专为残疾雇员制定的法律要求。会议的时间持续得较长，因为中间被三个电话打断。现在是 3：35，查克和工厂厂长穿过大厅来到会议室，幕僚会议通常只需要 1 个小时，不过，讨论劳工谈判和输送系统问题的时间拖得很长。这次会议持续了 2 个多小时，当查克回到他的办公室时，他觉得该回家了。他和安妮今晚要在家中招待几位社区和企业的领导人。

开车回家的时间对查克来说仿佛用了 1 个小时而不是 15 分钟，他已经精疲力竭了。12 个小时以前，他还焦急地盼望着一个富有成效的工作日，现在这一天过去了，查克不明白："我完成了哪件事？"当然，他知道他干完了一些事，但是本来有更多的事他想要完成的。是不是今天有点特殊？查克承认不是，每天开始时他都有着良好的打算，而回家时都不免感到有些沮丧。他整日就像置身于琐事的洪流中，中间还不断地被打断。他是不是没有做好每天的计划？他说不准。他有意使每天的日程不要排得过紧，以使他能够与人们交流，使得人们需要他时他能抽得出时间来。但是，他不明白是不是所有管理者的工作都经常被打断和忙于救火，他能有时间用于计划和防止意外事件发生吗？

问题

1. 用计划、组织、领导和控制四种职能理论评价查克的活动。
2. 用系统方法评价查克一天的活动。
3. 查克在完成他的职责上是有效率的吗？是有效果的吗？请说明理由。
4. 查克要成为更好的管理者应当做些什么？

六、简答题

1. 什么是管理？管理的基本职能是什么？
2. 简要说明管理的 5 个基本要素。

3. 为什么说管理是科学与艺术的统一？

4. 为什么说管理和技术是促进社会和经济发展的两只车轮？管理活动在我国的经济发展中发挥了怎样的作用？

5. 管理学中的组织的含义及特征是什么？管理者在组织中是怎样的一个角色？它们的主要职能是什么？

6. 简要回答管理学的基本原理。

7. 简述管理学的研究方法。

8. 简述管理学的性质。

9. 分别从广义和狭义的角度来阐述管理学的研究对象。

10. 简述企业的基本资源要素，企业的管理活动与企业的基本资源要素之间的关系。

第二章　管理思想的演进

一、判断题

1. 中国古代孔子提出的义利观，其基本价值取向在市场经济条件下，仍有一定的实际参考价值。(　　)
2. 斯密认为，每个人都是利己主义者，都只有利己的动机，因此客观上社会不存在共同的利益。(　　)
3. 巴贝奇分析了分工对节省工时费用的作用，提出了按分工原则雇佣工人、支付劳动报酬的主张。(　　)
4. 欧文的管理理论与实践是后期人际关系和行为科学理论的思想基础。(　　)
5. 在管理学上，管理过程之父是指亨利・法约尔。(　　)
6. 泰勒科学管理的根本目的是谋求最高工作效率。(　　)
7. 泰勒提出的差别计件工资制，工资支付的对象是工人而不是职位，即根据工人的实际工作表现而不是根据工作类别来支付工资。(　　)
8. 为了提高等级链中信息传递的速度和质量，法约尔提出了“跳板原则”，但这一原则与统一指挥原则有冲突。(　　)
9. 法约尔提出的“跳板原则”，是指在等级链中，可以在有关各方及上级不知情的情况下，直接进行横向信息交流。(　　)
10. 韦伯主张，组织内的人与人之间应是一种非人格化的关系，也就是职务关系，以保证其成员的一切行为都服从于一个统一的理性准则。(　　)
11. 法约尔认为，企业不论大小，其全部活动可以概括为六种工作：技术性工作、商业性工作、财务性工作、会计性工作、安全性工作、管理性工作。(　　)
12. 霍桑试验说明了“经济人”假设的正确性。(　　)
13. 高士气并非总能带来高生产率。(　　)
14. 管理科学学派的主要目标是应用科学的方法来解决生产和作业管理的问题。(　　)
15. 权变理论认为，虽然两种情景不能完全一样，但有可能类似，因此解决问题的方法可以是相同的。(　　)

二、单项选择题

1. 科学管理之父是：(　　)

A. 泰勒　B. 法约尔　C. 梅约　D. 韦伯

2. 泰勒对管理理论的最大贡献是：（　　）

A. 创建了管理理论　B. 使美国的工厂生产效率大幅度上升

C. 进行了动作研究　D. 提出了科学管理是管理双方的一次思想革命

3. 在历史上第一次使管理从经验上升为科学的是：（　　）

A. 科学管理理论　B. 管理学科理论

C. 一般管理理论　D. 行为科学理论

4. 传统的流水线生产对下列哪种情况最为适用？（　　）

A. 生产技术较为稳定、品种较少、批量大的产品生产

B. 多品种、小批量产品的生产

C. 技术简单、品种较多、批量较大的产品的生产

D. 单件小批产品生产

5. 泰勒是下列哪一阶段的代表人物之一？（　　）

A. 管理萌芽阶段　B. 古典管理理论阶段

C. 新古典管理理论阶段　D. 现代管理理论阶段

6. 一般认为管理过程学派的创始人是：（　　）

A. 泰勒　B. 韦伯　C. 巴纳德　D. 法约尔

7. 韦伯认为，只有(　　)可以作为"理想的"行政管理体制的基础。

A. 传统的权力　B. 神授的权力　C. 理性-法律的权力　D. 个人权力

8. 在管理学上，"组织理论之父"是指：（　　）

A. 法约尔　B. 艾默森　C. 韦伯　D. 泰勒

9. 古典管理理论认为，人是：（　　）

A. 经济人　B. 自我实现人　C. 复杂人　D. 社会人

10. 法约尔的何种原则强调在组织中从最高一级到最低一级应建立关系明确的职权等级系列？（　　）

A. 分工原则　B. 集中化原则　C. 统一原则　D. 等级链原则

11. 法约尔提出的管理五大要素不包括：（　　）

A. 计划　B. 组织　C. 领导　D. 控制

12. "霍桑试验"直接为哪种学说做论证？（　　）

A. 人际关系学说　B. 决策理论学说

C. 经验管理学说　D. 组织管理学说

13. 在下列各项中，哪一项不是人际关系理论的重要观点？（　　）

A. 工人是社会人

B. 重视非正式群体的存在及其作用

C. 生产效率取决于员工态度与组织中的人际关系

D. 必须高度重视对员工的培训，使他们成为第一流的工人

14. 提出了重视管理中人的因素的是：(　　)

A. 铁锹试验　B. 切削金属试验　C. 霍桑试验　D. 搬铁块试验

15. 群体行为学派最早的研究活动开始于：(　　)

A. 铁锹试验　B. 霍桑试验　C. 搬铁块试验　D. 切削金属试验

16. 霍桑试验是：(　　)

A. 美国著名教授霍桑做的一次试验

B. 美国著名教授在霍桑公司做的一次试验

C. 美国著名教授在霍桑工厂做的一次试验

D. 美国著名教授在霍桑实验室做的一次试验

17. 在现代管理学派中，(　　)认为在企业管理中，没有什么一成不变、普遍适用的“最佳的”管理理论和方法。

A. 管理过程学派　B. 群体行为学派　C. 系统学派　D. 权变理论学派

18. 组织是一个：(　　)

A. 开放的无机系统　B. 开放的有机系统

C. 封闭的无机系统　D. 封闭的有机系统

19. 在我国对管理学发展阶段的一种划分中，将二战后管理学理论的特点称为“管理理论的丛林”，这种提法的出发点是：(　　)

A. 学派林立，良莠不分　B. 没有主流学派

C. 各国都有管理理论　D. 学派林立，思想丰富

20. 在管理工作中，责、权、利和能力之间存在着密切的关系，正确处理这种关系对激发组织成员的积极性、提高组织的效率，均有很好的作用。关于四者之间的关系，可以正确地描述为：(　　)

A. 责、权、利和能力完全是对等的关系

B. 责任是管理的基础，应当大于权力、利益和能力

C. 责、权、利是相等的，而人的能力可以略小一些

D. 责、权、利是相等的，而人的能力应大于其承担的责任

21. 管理理论中有一种理论称为“权变理论”，该理论是：(　　)

A. 权宜相变的理论　B. 关于权利的理论

C. 关于领导的理论　D. 关于权力变化的理论

22. 巴纳德是哪个学派的代表人物？(　　)

A. 决策理论学派　B. 社会协作系统学派

C. 社会技术系统学派　D. 管理过程学派

23. 主张通过分析实际经验来研究管理问题的是：（ ）

A. 管理过程学派 B. 社会协作系统学派

C. 经验管理（案例）学派 D. 决策理论学派

24. 把管理理论的各个流派称之为“管理理论丛林”的管理学家是：（ ）

A. 泰勒 B. 韦伯 C. 孔茨 D. 马斯洛

25. 社会协作学派认为组织中人的关系构成一个：（ ）

A. 网络 B. 沟通联络系统 C. 社会系统 D. 协作关系

26. 社会技术系统学派的代表人物是：（ ）

A. 西蒙 B. 李维特 C. 特里司特 D. 纽曼

27. 下面哪位管理学家是经验管理学派的代表人物？（ ）

A. 赫茨伯格 B. 孔茨 C. 德鲁克 D. 西蒙

28. 20 世纪 80 年代，面对日本所取得的经济成就，日本企业管理模式一时间引起了世界各国企业的关注和借鉴。但最近几年，特别是东南亚金融风暴出现之后，一方面显示了美国经济的强大活力，另一方面也反映出了日本经济脆弱的一面。此时，许多人又下结论说日本企业管理模式已经过时，美国企业管理模式更加有效。对于这种情况，你赞同以下哪种说法？（ ）

A. 对管理模式的评价必须随世界经济的发展而变

B. 每种管理模式都有其自身的环境适应性和局限性

C. 美国的管理模式长期以来都比日本的更优秀

D. 日本的管理模式不适应知识经济时代的需要

29. 某公司总裁经过接受社会上新的管理模式的系统培训学习，觉得深受启发，回到自己的公司后，为了进一步提高公司的管理水平，成功地实现二次创业，力排众议，在短短的两周内对自己所在公司的管理模式进行了大幅度的调整。首先，缩减管理层次，使得接受总裁直接领导的人员从原来的 3 个副总，变成了 3 个副总再加上 5 位总经理助理；第二，合并与减少职能部门，使得接受部门经理领导的人数从原来的 7～8 人猛增到近 20 人；第三，对公司的办公室进行改造，使之成为多人共享的开放式办公室。但调整过后不到 3 个月，发现效果不佳，只好重新改回原来的管理模式。对于这一案例，存在着这样几种分析结论，你认为哪一种最切中要害？（ ）

A. 这一管理模式本身可能还不够科学，否则就不可能实施失败

B. 该管理模式与公司内部人员素质、文化氛围等具体情况不符

C. 该总裁没有学好该模式就盲目应用，而且后续跟进措施不力

D. 该总裁的调整没有成功，主要由于半途而废而没能坚持下去

30. “大河有水小河满”和“小河有水大河干”说明了：（ ）

A. 人们看问题的角度不同

B. 人们所持的心态不同

C. 系统的结构决定了系统的整体功能

D. 系统的整体功能不等于个体功能之和

31. 以泰勒为代表的科学管理理论产生于：(　　)

A. 国家管理中　　B. 行政管理中

C. 军事战略管理中　　D. 工商企业管理中

32. 早期行为科学认为，提高生产效率的主要途径是：(　　)

A. 加强监督　　B. 物质刺激

C. 提高职工的满足感　　D. 实现劳动分工

三、填空题

1. 法约尔提出的管理的五大职能是____________________，其首要职能是____。

2. 韦伯在他的《社会和经济理论》一书中提出了____________理论，他由此被人称为________之父。

3. 为了提高等级链中信息传递的速度和质量，法约尔提出了__________原则。

4. “科学管理之父”是指______。

5. 法约尔提出的管理原则有______项。

6. 1924～1932年间在美国西方电气公司所做的________试验，标志着由著名学者______和______提出的____________学说的产生。

7. 玛丽·帕克·福莱特认为，处理矛盾冲突的办法主要有三种：__________的办法和________的办法、__________，其中只有________才能从根本上解决矛盾冲突、带来稳定和安宁。

8. 巴纳德认为，组织存在的三个基本条件是________、________和____________。

9. 在现代管理理论中，决策理论学派的代表人物是________。

10. 巴纳德认为，管理人员的权威不是来自上级的授予，而是来自__________。

11. 权变学派的代表人物有________、________、__________等。

12. 中国古代传统管理思想有以孔子、老子、庄子、管子、荀子、墨子、孙子等为代表的________、________、________、________、________等的思想；中国近代管理思想有以林则徐、张之洞、李鸿章、康有为、孙中山为代表的________、________、________、________等的思想；中国现代管理思想是以________、________为代表的管理思想。

13. 西方国家管理实践活动的历史源远流长，尤其是许多工业发达国家，经历了奴隶社会、封建社会、资本主义社会的全过程，积累了较为丰富的管理实践经验及管理理论。资本主义时期的管理思想包括________、________、________、________。

14. 资本主义早期萌芽阶段从产业革命前后到19世纪，是西方管理思想发展中的一个重要时期，代表人物有________、________、________、________。这个时期尽管对管理的发展有着重要的贡献，但由于这些管理思想还不系统、不全面，没有形成专门的管理学派，因此，属于传统的经验管理阶段。

15. 古典的管理理论是以____________假设为基础的管理理论，其出发点是以经济利益为驱动员工提高劳动效率的主要动力。在研究方法上侧重于用____的观点分析管理过程的一般规律。其代表性的理论有泰勒的________________、法约尔的______________以及马克斯·韦伯的______________等。

16. 人力资源方法早期的倡导者，最突出的有四个人：__________、____________、____________和__________。____________的“利益结合”的论述同泰勒的“精神革命”基本相似，而其关于协作的论述同行为学派梅约等人的论点相似，________________________________完成了由科学管理到行为科学的过渡任务。

17. 中期行为科学有以梅约为代表的________理论，是第一次以长期的________所取得的成果为基础形成的科学理论，为管理理论的研究打开了一个新的局面，它把________、________的理论应用于管理，为开创新的管理理论奠定了基础。

18. 后期行为科学的研究内容大体上可分为三个层面：____________的研究、__________的研究、__________的研究。以上三个层面的研究虽然有各自不同的侧重点，但它们是相互联系，不可割裂的。比如，对员工的人性假设不仅影响到针对个体所采取的激励措施，还影响到领导行为及其他各项管理措施。

19. 个体与团体行为学说包括马斯洛的______________、赫茨伯格的______________、弗鲁姆的______________、麦格雷戈的______________。

20. 组织行为学说包括：______________、________________________。

四、案例分析题

案例1　如何进行管理

在一个企业管理经验交流会上，有两个厂的厂长分别论述了他们对如何进行有效管理的看法。

A厂长认为，企业首要的资产是员工，只有员工们都把企业当成自己的家，都把个人的命运与企业的命运紧密联系在一起，才能充分发挥他们的智慧和力量为企业服务。因此，管理者有什么问题，都应该与员工们商量解决；平时要十分注重对员工需求的分析，有针对性地给员工们提供学习、娱乐的机会和条件；每月的黑板报上应公布当月过生日的员工的姓名，并祝愿他们生日快乐；如果哪位员工生儿育女了，厂里应派车接送，厂长应亲自送上贺礼。在A厂长厂里，员工们都普遍地把企业当作自己的家，全心全意地为企业服务，工厂日益兴旺发达。

B厂长则认为，只有实行严格的管理才能保证实现企业目标所必须开展的各项活动的顺利进行。因此，企业要制定严格的规章制度和岗位责任制，建立严密的控制体系；注重上岗培训；实行计件工资制等。在B厂长厂里，员工们都非常注意遵守规章制度，努力工作以完成任务，工厂发展迅速。

问题

哪位厂长的观点更有道理，为什么？

案例2　UPS的管理

联合邮包服务公司（United Parcel Service，UPS）雇用了15万名员工，平均每天将900万个包裹发送到美国各地和180个国家。为了实现他们的宗旨，“在邮运业中办理最快捷的运送”，UPS的管理当局系统地培训他们的员工，使他们以尽可能高的效率从事工作。让我们以送货司机的工作为例，介绍一下他们的管理风格。

UPS的工业工程师们对每一位司机的行驶路线都进行了时间研究，并对每种送货、暂停和取货活动都设立了标准。这些工程师们记录了红灯、通行、按门铃、穿过院子、上楼梯、中间休息喝咖啡的时间，甚至上厕所的时间；将这些数据输入计算机中，从而给出每位司机每天工作的详细时间标准。

为了完成每天取送130件包裹的目标，司机们必须严格遵循工程师设定的程序。当他们接近发送站时，他们松开安全带，按喇叭，关发动机，拉起紧急制动，为送货完毕的启动离开作好准备，这一系列动作严丝合缝；然后，司机从驾驶室来到地面上，右臂夹着文件夹，右手拿着车钥匙，左手拿着包裹；他们看一眼包裹上的地址把它记在脑子里，然后以每秒钟3英尺的速度快步走到顾客的门前，先敲一下门以免浪费时间找门铃。送货完毕后，他们在回到卡车上的路途中完成登录工作。

这种刻板的时间表是不是看起来有点繁琐？也许是，它真能带来高效率吗？毫无疑问！生产效率专家公认，UPS是世界上效率最高的公司之一。举例来说吧，联邦快运公司（Federal Express）平均每人每天最多取送80件包裹，而UPS却是130件。在提高效率方面的不懈努力，对UPS的净利润产生了积极的影响。人们普遍认为它是一家获利丰厚的公司。

问题

这种管理方式在这家企业是很有效的，为什么？

案例 3 沃尔玛（Wal-Mart）超速模式

企业超速成长主要事迹与数据（案例素材）

对商业一无所知的退伍军人萨姆·沃尔顿，1954 年借款 2 万美元，在别人的连锁店旗号下尝试着开一家小店时，不会想到他以后创办的沃尔玛连锁店运用他创立的独特的经营方式，在高科技企业与网络企业称雄的 21 世纪，仍能不减其锋芒，保持一贯超速，登上世界 500 强第三位的巅峰，为全球所仰视。

早在 1962 年，一直起色不大的沃尔顿在一家小镇上，创办自己的沃尔玛商店，他最早探索将自选商场与廉价销售两种新方式相结合，一举获得成功，年营业额猛升到 100 万美元，相当于他过去几年生意的总和。

沃尔顿意识到这种新模式的巨大市场潜力。他花 1500 美元购买了一架小型直升机，到处寻找适合的小镇，开设分店，推广这个商业模式。五年后，他又负债 200 万美元，率先建立分销中心，实施统一采购与配送，降低了采购成本，缩短了补货周期，使连锁店模式比同行快一步得到了改善。到 1980 年，发展了 32 家分店，达到 3100 万美元的年营业收入。

1970 年 10 月，沃尔玛股票上市。

从 1970 年到 1980 年，沃尔玛开始第二轮超速成长，每年以新开 20 家到 80 家新店和销售额增长 100%的速度，进行超速扩张。1980 年，营业收入 12 亿美元，利润 4100 万美元，分店 276 家。

1983 年，沃尔玛投资 2400 万美元，第一个在商业领域建起交互式卫星通讯系统，公司总部对所有商店、分销中心实施高效率的互动式沟通和信息管理。并且又新建 19 个分销中心。在这个强大平台上，沃尔玛获得更快发展，每年以 40%～70%的速度增长。1990 年营业收入已达 260 亿美元，利润 10 亿美元，商店 1528 家。沃尔玛的发展战略，是乡镇包围城市。它最初从竞争对手弱小的乡镇市场上得到飞速拓展，实力壮大后，进入中小城镇，最后以其雄厚实力与周边沃尔玛商店的利润支持，开入大城市进入决战式竞争。

进入 90 年代后，沃尔玛开始全方位的扩张。在地理区域上，从美国本土杀向全球市场。从扩张方式上，对其他连锁店实施大规模兼并与自办商场两种方式并举。沃尔玛现有三大经营体系：一是传统的沃尔玛百货公司，即日杂食品超市，二是超级百货商场，三是仓储式会员店。

沃尔玛在 20 世纪 90 年代，始终不失青春锐气，保持强势，做到了每年高达

20%的超速增长。

1998年，沃尔玛从上一年度世界500强第7位跻身于第4位，年营业额为1392亿美元，利润44亿美元。一年后又攀升到第3位，下属员工增加到100万人。

问题

试分析沃尔玛超速成长主要原因与策略。

五、简答题

1. 试评述中国儒家管理思想。
2. 试评述中国道家的管理思想。
3. 试评述中国墨家的管理思想。
4. 试评述中国法家的管理思想。
5. 试评述中国商家的管理思想。
6. 试评述中国《孙子兵法》。
7. 泰勒创建的科学管理的主要内容有哪些？科学管理的贡献与局限是什么？
8. 简述梅约人际关系理论的基本观点，并说明其对管理理论发展有何贡献。
9. 简述管理理论丛林的主要内容。

第三章　计　　划

一、判断题

1. 计划是管理的基础，但不是管理活动的起点。（　　）
2. 网络计划法既是一种计划技术，又是一种有效的控制手段。（　　）
3. 目标管理把以工作为中心和以人为中心的管理方法统一起来，既强调工作成果，又重视人的作用。（　　）
4. 目标管理，它以“目标”作为各项活动的指南，并以实现“目标”的成果来评价人的贡献大小，以此来激励、调动职工的积极性和主动性，从而保证实现总目标。（　　）
5. 预算是数字化的计划。（　　）
6. 一个组织的计划中，规则和规划没有什么本质区别。（　　）
7. 滚动计划法适用于制定任何类型的计划。（　　）
8. 一个综合计划就不需要支持计划来实现。（　　）
9. 编制预算就是使计划数字化。（　　）
10. 许诺越大，实现许诺的时间就越长，实现许诺的可能性就越小。（　　）
11. 对企业的一切业绩都要制订出以实物或货币来衡量的标准。（　　）
12. 在目标管理中，从某种意义上说，目标的制定者就是目标的执行者。（　　）
13. 灵活性原则是计划工作中的应急方法，但导向变化原则不是。（　　）
14. 目标管理依赖于Y理论的原理。（　　）
15. 计划过程中必须对多种可供选择的方案进行评价和比较。（　　）
16. 计划期限的长短，应以能实现或有足够的可能性实现其承诺的任务为准绳。（　　）
17. 计划应该具有灵活性，即当出现意外情况时，有能力改变方向且不必花很大的代价。（　　）
18. 当目标是容易的且反馈无规律时，它一般能维持住员工努力的焦点。（　　）
19. 目标管理就是上级制定一系列目标，然后强制下级按上级的要求去达成目标。（　　）
20. 计划和决策有着密切的联系，一般认为，决策是计划的前提和依据，计划是决策的延伸和具体化。（　　）
21. 组织目标是组织进行决策的基本依据，所以组织目标一旦确立就不能变

动。(　　)

22. 企业的规章制度一旦制定出来，就必须不折不扣地加以执行。(　　)

二、单项选择题

1. 管理的所有职能中最基本的一项是：(　　)
A. 计划　B. 组织　C. 人员配备　D. 控制
2. 计划工作的核心是：(　　)
A. 决策　B. 预测　C. 计划　D. 构思
3. 狭义的计划指的是：(　　)
A. 计划准备　B. 制定计划　C. 执行计划　D. 检查计划
4. 涉及计划工作的基本特征的下列各种说法中，错误的是：(　　)
A. 计划是一种无意识形态　B. 计划工作居首要地位
C. 计划工作的核心是决策　D. 计划工作要讲究效率
5. 未经计划的活动，是(　　)控制的。
A. 可以　B. 较难　C. 很难　D. 无法
6. 与长期的战略性计划有关的计划是(　　)计划。
A. 上层管理　B. 中层管理　C. 基层管理　D. 人员培训
7. 基本建设计划、新产品开发计划等属于(　　)计划。
A. 专项　B. 综合　C. 财务　D. 生产
8. 短期计划通常是指(　　)计划。
A. 专项　B. 基建　C. 五年　D. 年度
9. 某公司董事会召开会议，对研究开发部提出了目标要求，即研究开发部经过努力必须在一定时期内为公司各关键市场推出具有较高市场份额的产品。对于这一要求，你认为下列评价中哪种更有道理？(　　)
A. 时间不明确，在实践中缺乏操作标准
B. 关键市场的提法不具体，很难界定范围
C. 较高市场份额的标准不清楚，要详细说明
D. 应综合考虑上述意见所反映的问题
10. 计划工作的第一步是：(　　)
A. 认识机会　B. 确定目标　C. 确定前提　D. 做好预算
11. 选择方案是指选择行为过程，正式(　　)方案。
A. 制定　B. 评价　C. 通过　D. 执行
12. 计划的精髓是(　　)原理。
A. 限定因素　B. 许诺　C. 灵活性　D. 改变航道
13. 工业上常用的投资回收率是(　　)原理的具体应用。

A. 灵活性　　B. 许诺　　C. 限定因素　　D. 改变航道

14. 灵活性原理是指计划工作中体现的灵活性越大，则由于未来意外事件引起的损失的危险性就越(　　)。

A. 大　　B. 小　　C. 灵活　　D. 捉摸不定

15. “目标管理”方法大体上有以下几项工作要做：全过程的管理；企业一定时期目标的制定；自上而下逐级充分授权；采取自检、互检与上级成果检查相结合，企业目标管理方法的实施步骤大体上可以分为四个阶段，其前后的逻辑顺序应该是：(　　)

A. 逐级授权→过程管理→成果评价→目标制定与展开

B. 企业一定时期目标的制定与展开→全过程的管理→自上而下充分逐级授权→采取自检、互检与上级成果检查相结合的成果评价

C. 目标制定与展开→逐级授权→过程管理→成果评价

D. 过程管理→目标制定与展开→逐级授权→成果评价

16. 管理工作中居于主导地位的是：(　　)

A. 组织　　B. 计划　　C. 领导　　D. 控制　　E. 人员配备

17. 确定合理的计划期限遵循了计划工作的(　　)原理

A. 限定因素原理　　B. 许诺原理　　C. 灵活原理　　D. 改变航道原理

18. 预算是指用数字说明企业经济活动的：(　　)

A. 综合计划　　B. 业务计划　　C. 管理计划　　D. 财务计划

19. 计划制定过程通常包括：①预算数字化；②评估备择方案；③拟定辅助计划；④确定前提条件；⑤确定目标等。(　　)是正确的计划步骤。

A. ⑤③①④②　　B. ⑤④②③①

C. ④③②①⑤　　D. ②③⑤①④

20. 计划工作的特点是充满了：(　　)

A. 动态性　　B. 预测　　C. 应变计划　　D. 不确定性

21. 计划工作的最后一个步骤是：(　　)

A. 分析内外环境　　B. 确定组织宗旨和目标

C. 制定战略　　D. 编制实施计划

22. 中期计划涵盖的年限为：(　　)

A. 1～8 年　　B. 5～8 年　　C. 1～5 年　　D. 3～8 年

23. 目标管理中，组织目标是：(　　)

A. 共同商定的　　B. 上级下达的　　C. 下级保证的　　D. 领导拍板的

24. 计划的第一步是确定：(　　)

A. 行动措施　　B. 目标　　C. 人员组成　　D. 资金来源

25. 在实行目标管理的情况下，当到达预定期限、进行成果评价时，上级应

以(　　)为依据，评价下属部门或组织成员的工作绩效。

A. 成果实现的经济效益　　B. 预先确定的目标

C. 成果实现的社会效益　　D. 管理者和组织成员的满意程度

26. 为了明确企业计划的外部条件，其关键是：(　　)

A. 定量预测　B. 定性预测　C. 环境预测　D. 销售预测

27. 企业计划工作的前提条件可分为企业可控制的和企业不可控制的。下列(　　)是企业可控制的。

A. 未来市场价格水平　　B. 税收和财政政策

C. A 和 B　　D. 产品投放市场的时机

28. 某化工企业的目标是追求尽可能大的长期利润，下列哪项最可能削弱这一目标？(　　)

A. 资助教育事业

B. 对销售人员采取极具刺激性的激励政策，即大幅度提高销售人员的销售回款提成比例，以便迅速提高企业的销售量

C. 调整组织结构，使之适应管理信息系统的建立

D. 增加职工工资和福利待遇

29. 一家生产照相机的企业的总经理说："我们生产的是照相机，销售的是人们美好的回忆和永久的纪念。"总经理的这句话体现了：(　　)

A. 企业对利润的追求　　B. 企业的社会责任

C. 企业的使命　　D. 企业的经营手段

30. 计划制定中的滚动计划法是动态的和灵活的，它的主要特点是：(　　)

A. 按前期计划执行情况和内外环境变化，定期修订已有计划

B. 不断逐期向前推移，使短、中期考虑有机结合

C. 按近细远粗的原则来制定，避免对不确定性远期的过早过死安排

D. 以上三方面都是

31. 下述的关于计划工作的认识中，哪种观点是正确的？(　　)

A. 从事计划职能要求有丰富的学识和经验，它是高层主管所必须承担的使命

B. 计划职能是参谋部门的使命

C. 计划职能是直线部门的特有工作内容

D. 计划职能是各级、各部门管理人员的一个共同职能

32. "它是主管人员决策的指南，它使各级主管人员在决策时有一个明确的思考范围，它允许主管人员有斟酌裁夺的自由，它是一种鼓励自由处置问题和进取精神的手段。"在下列几种计划的具体形式中，最符合上述描述的是哪一种？(　　)

A. 目标　B. 政策　C. 规则　D. 策略

33. 某化工企业为了在竞争中处于有利地位，开发了某种投资很大的新产品，投产后非常畅销，企业领导也备感欢欣。但不久便得知，由于该产品对环境有害，国家正在立法，准备逐步取缔该产品。企业顿时陷入一片阴影之中。从计划过程来看，该企业最有可能在哪个环节上做得不够周到？（　　）

A. 估量机会、确立目标

B. 明确计划的前提条件

C. 提出备选方案，经过比较分析，确定最佳或满意方案

D. 拟订派生计划，并通过预算使计划数字化

34. 某企业在推行目标管理中，提出了如下的目标："质量上台阶，管理上水平，效益创一流，人人争上游。"该企业所设定的目标存在着哪方面的欠缺？（　　）

A. 目标缺乏鼓动性　B. 目标表述不够清楚

C. 目标无法考核　D. 目标设定得太高

35. 管理的计划职能的主要任务就是要确定：（　　）

A. 组织结构的蓝图　B. 组织的领导方式

C. 组织的目标以及实现目标的途径　D. 组织中的工作设计

36. 某生物制品企业运用原有技术优势，开发了一种固定资产投资极大的新产品，投产后非常畅销。几家竞争对手看到该产品的巨大潜力，也纷纷跃跃欲试。此时有资料证实，该产品可以通过完全不同的其他途径加以合成，而投资只是原来的几分之一。该企业顿时陷入一片恐慌之中。从计划过程来看，该企业最有可能在哪个环节上出了问题？（　　）

A. 估量机会、确立目标

B. 明确计划的前提条件

C. 提出备选方案，经过比较分析，确定最佳方案

D. 拟订派生计划，并通过预算使计划数字化

37. 目标管理的最突出的特点是强调：（　　）

A. 成果管理和自我控制　B. 过程管理和全面控制

C. 计划与执行相分离　D. 自我评价和全面控制

38. 比较而言，目标管理更适合于：（　　）

A. 经营环境复杂多变的组织　B. 业务和技术相对稳定的组织

C. 高技术、风险型企业　D. 采取专权式领导风格的企业

39. 对于大多数企业而言，在明确计划的前提条件下，下列哪一项预测是最基本、最首要的？（　　）

A. 社会环境预测　B. 经济预测　C. 销售预测　D. 技术预测

40.《管理的实践》一书首先提出了“目标管理和自我控制”的主张，其作者是：(　　)

A. 吉尔布雷斯　　B. 德鲁克　　C. 泰勒　　D. 法约尔

41. 3个月到2年的预测是：(　　)

A. 长期预测　　B. 短期预测　　C. 中期预测　　D. 微观预测

42. 一家企业因为要上一个新的项目，急需筹措资金。他们想到了向银行贷款。企业的厂长找到财务科长，向他作了这样的布置：“张科长，企业要上新的项目，需要资金，你也知道我们企业目前缺乏这笔资金。请你想办法从银行申请到贷款。”对于该企业厂长的这一指示，你觉得主要在以下哪方面还不够明确？(　　)

A. 贷款目的　　B. 贷款地点　　C. 向谁贷款　　D. 何时贷款

43. 四海家政服务公司是N市一家新成立的面向城市居民家庭服务的企业。对于下面所列的各类信息，你认为哪一类最有利于该公司决策层从中确定公司的使命？(　　)

A. 一份关于N市历史演变的报告

B. 一份关于N市居民日常生活状况的调查报告

C. 一份关于N市产业结构的总结报告

D. 一份市领导关于N市建设规划的讲话稿

44. 某公司高层决策者对人力资源部提出目标，要求经过努力必须在一定时间内为公司各关键岗位提供合格的人才。对于这一要求，你认为以下哪一种评价最有道理？(　　)

A. 时间不明确，在实际中难以操作

B. 关键岗位提法欠具体，范围认定困难

C. 合格人才的标准不清楚，需详加说明

D. 需综合考虑以上说法所反映的问题

45. 在制订计划时，为了有效地确定前提条件，应当：(　　)

A. 找出并着重研究那些关键性的、战略性的前提条件

B. 要准备不止一套的备选前提条件，以供出现偶发事件时应急使用

C. 所选择的各前提条件相互间必须协调一致

D. 对以上三条作综合考虑

46. 某公司原先是一家设备制造企业，后为减少企业经营风险，决定向零售业发展。公司的销售部职员均来自企业内部，毫无销售经验，在发展初期销售业绩很差。后来，公司对销售部职员进行了正规的培训，并改进销售部的装饰风格，才逐渐扭转了销售业绩的不景气状况，开始盈利。从中可以得出以下哪个结论？(　　)

A. 公司的销售计划做得不好

B. 一项战略的成功要依赖正确的战术支持

C. 不能盲目进行多样化经营

D. 销售和生产是企业经营不可缺少的两部分

47. 计划工作在管理工作中具有：(　　)

A. 首要性　　B. 超前性　　C. 战略性　　D. 重要性

48. 某研究所的一位管理人员告诉自己的好朋友，说他在单位的主要职责是给软件开发人员分派具体的工作任务，并指挥和监督各项具体工作任务的完成。由此可推断，这位管理人员是：(　　)

A. 高层管理人员　B. 中层管理人员　C. 基层管理人员　D. 无法推断

49. 实行参与式管理的计划形成方法是：(　　)

A. 从上往下的形成方法　　B. 从下往上的形成方法

C. 由专门计划人员制定计划　　D. 由各层领导共同制定计划

50. 组织在未来特定时限内完成任务程度的标志是：(　　)

A. 目标　　B. 可行　　C. 选择　　D. 满意

51. 下述关于计划工作的认识中，哪种观点是不正确的？(　　)

A. 计划是预测与构想，即预先进行的行动安排

B. 计划的实质是对要达到的目标及途径进行预先规定

C. 计划职能是参谋部门的特有使命

D. 计划职能是各级、各部门管理人员的一个共同职能

52. 在决策时具有一定的自由处置权，这指的是：(　　)

A. 规则　　B. 程序　　C. 政策　　D. 标准

53. 规定了处理问题的例行方法和步骤的是：(　　)

A. 规则　　B. 政策　　C. 预算　　D. 程序

54. 计划工作要讲究效率，是指计划工作的：(　　)

A. 目的性　　B. 主导性　　C. 经济性　　D. 普遍性

55. 将计划分为生产计划、财务计划、劳资计划、人员培训计划等，是以下列哪项为标准划分的？(　　)

A. 计划的表现形式　　B. 企业的职能

C. 计划所涉及的时间长短　　D. 计划所涉及的范围

56. 计划工作的效率是指：(　　)

A. 编制计划要快　　B. 计划的预期目标保证实现

C. 产出与投入的比例高　　D. 计划指标既先进又可行

57. 组织目标系统的最低层次是：(　　)

A. 社会经济目标　　B. 整个组织目标

C. 个人目标　　　　　　　　D. 专业目标

58. 20 世纪 50 年代后期目标管理出现于：(　　)

A. 日本　　B. 中国　　C. 美国　　D. 英国

59. 较早提出目标管理的人是：(　　)

A. 泰勒　　B. 德鲁克　　C. 孔茨　　D. 法约尔

60. 计划工作强调在制定计划时要留有余地，不能满打满算的原理是：(　　)

A. 限定因素原理　B. 许诺原理　C. 灵活性原理　D. 改变航道原理

61. 强调计划执行过程具有应变能力的原理是：(　　)

A. 限定因素原理　B. 许诺原理　C. 灵活性原理　D. 改变航道原理

62. 某公司的企业目标是长期利润最大化，下列活动哪一项最有可能削弱公司的这一目标？(　　)

A. 提高员工的待遇和工资水平

B. 建立企业内的管理信息系统并培训员工

C. 资助希望工程

D. 聘请资深管理顾问对于公司的发展战略进行咨询

63. 根据 Y 理论，你认为持此理论观的管理者在为下属制定计划时，会倾向于哪一类计划？(　　)

A. 战略计划　　B. 具体计划　　C. 综合性计划　D. 指导性计划

64. 有这样一种认识：长期计划都是战略性的、综合性的；短期计划都是战术性的、专业性的。你是如何看待这种认识的？(　　)

A. 正确，几乎所有的企业都是这样的

B. 正确，这种说法也是符合理论上所划分的计划的类型的

C. 不正确，管理当中存在着权变，这种说法太绝对了

D. 不正确，有些长期计划不是战略性的，而有些专业计划也非短期的

65. 一份健康资料表明，近年来，随着人民生活水平的逐渐提高，人群死因谱已发生改变，传染病的死亡率在下降，而一些与文明社会伴随而来的诸如心血管疾病、恶性肿瘤等的死亡率在上升。在这种情况下，许多医院撤销了传染病科，新成立了心血管科门诊、精神病科等。这种现象说明：(　　)

A. 医院必须满足就医者的需求，才能生存下来

B. 医院的宗旨是治病救人，这是社会赋予的使命，为此它必须不断地调整，来履行其社会责任

C. 医院虽不是工商企业，但也存在获取收入以维持自身的生存与发展的问题，所以也要像工商企业一样，选择那些能够给自己带来收益的业务，并设立相应的机构来完成任务

D. 医院作为一个组织，其结构也要随着目标的不断修正而不断调整，而目标的修正是根据环境的变化来进行的

三、多项选择题

1. 按计划的时间可分为：（　　）
   A. 长期计划　　B. 中长期计划　　C. 中期计划　　D. 短期计划
2. 企业的社会责任包括：（　　）
   A. 关心员工的满意程度和他们的工作与生活质量
   B. 就业机会均等　C. 保护消费者利益
   D. 治理环境　　E. 帮助政府解决社会问题
3. 目标管理的特点是：（　　）
   A. 组织目标是共同商定的　　B. 组织目标是上级下指标，下级提保证
   C. 根据组织的总目标来决定每个部门和个人担负什么任务、责任及应达到的分目标
   D. 一切活动都是围绕着分目标展开的，将履行职责与实现目标紧密结合起来
   E. 对个人和部门的考核以目标实现的情况为依据
4. 确定企业目标的原则是：（　　）
   A. 目标必须是预先确定的
   B. 目标是由相互联系的目标构成的目标体系
   C. 目标必须体现组织的宗旨和使命
   D. 目标必须能够落实
   E. 目标必须能够自我控制
5. 按企业职能划分的计划有：（　　）
   A. 生产计划　　B. 上层管理计划　　C. 财务计划
   D. 供应计划　　E. 劳资计划

四、填空题

1. 根据计划所涉及的广度，可以分为__________、__________。
2. 滚动计划法是指______________________________。
3. 计划管理的基本特点是__________、__________、__________。
4. 计划本身的全面性表现在__________、__________、__________。
5. 目标管理是由______________提出的。
6. 根据时间跨度，计划可以分为__________、__________、__________。
7. 计划工作的基本特征可以概括为五个方面，即__________、__________、

__________、__________、__________。

8. 计划在执行过程中应具有一定的可变性，要经常检查计划的执行情况，如果事态的变化与当初的预测发生较大的差距，就要重新制定计划，这是计划编制的__________。

9. 计划工作中，合理的计划期限的确定问题体现在______________中。

10. 目标管理建立在__________的基础之上。

11. 计划可以分为三个步骤：__________、__________、__________。

12. 根据计划的对象和应用范围，可以分为______________、__________、__________。

13. 根据计划对执行者的约束力，可以分为__________、__________。

14. 根据计划的灵活性，可以分为__________、__________。

15. 根据计划的表现形式及所起作用的不同层次，可以分为__________、__________、__________、__________、__________、__________、__________、__________、__________九种。

五、案例分析题

案例 1　小天鹅公司的战略性思考

近年来，越来越多的企业透过全球范围内出现的产品过剩、价格下滑现象，逐步认清我们所面临的虚拟经济社会是一个“合作第一”的时代，没有合作就没有竞争。兼并重组就是虚拟经济的一种主要形式，它是企业根据自身战略发展的需要，实现企业规模扩张的有效途径。当今许多名闻遐迩的跨国公司的发展史也正是一部成功的兼并重组史。

众所周知，企业文化是一个“动态稳定”的概念，是二者辩证的统一。“动态”说明它是不断发展变化的，“稳定”则说明它有较强的延续性。文化重组成功与否，不仅要看企业的类别、领导的决心，更要看员工思想的转变，因为企业文化是生动活泼的，只有让每一个员工都认可，并在他们身上得以体现，才能成为一个有机的统一整体，才算完成文化重组。用钱可以收购成百上千个企业，可是却买不到优秀的企业文化。

“小天鹅”的崛起是因为企业内部有一种巨大的精神因素在起作用，这就是“小天鹅”的企业文化和企业精神。“小天鹅”在兼并重组的过程中注重文化重组，不断探索，逐步熟悉，并针对不同文化差异采取不同的策略，把握时机，出奇制胜，创造双赢。

“小天鹅”与武汉“荷花”的合作具有中国特色，这种合作是在跨地区的国有企业之间进行的，不仅仅是一种经济行为，更有丰富的文化内涵。

武汉荷花洗衣机厂是国内十大洗衣机厂之一，近几年来由于经营不善，成为武汉市亏损大户。李建民厂长针对当时“荷花”产品的市场萎缩、品牌声誉下降、企业资金短缺等具体问题几经思考，主动找出路，谋求与有实力的企业合作。“小天鹅”想壮大，“荷花”想发展，双方异曲同工、不谋而合。但是“小天鹅”与“荷花”毕竟各自有不同的出发点，产品也不仅仅是换牌子就行的，所以双方的合作首先要了解和磨合的是企业文化而不是产品。

“小天鹅”进驻“荷花”的工作组在调研中发现，“荷花”厂缺的是质量文化；要让大家都知道，只有健康的思想才能指导健康的行动，进而保证企业健康发展。如何控制质量，这要求所有人、所有过程、所有工作都必须围绕质量来完成。按“小天鹅”5000次无故障运行的标准，他们对“荷花”产品进行测试，让“荷花”的产品接受严峻的考验，让“荷花”员工看到他们产品的问题，自然也就找到了努力的方向。工作组邀请“荷花”厂的领导一起考察市场，一起听取客户和用户的意见。“荷花”厂领导终于明白：“荷花”的出路就是在企业内部做好质量基础工作，依法治厂。

“荷花”厂抽调70名大学生和中层干部到市场感受竞争，听取用户反映，并且在厂内设立了劣质零件曝光台。产品严格按“小天鹅”的“5000次无故障运行”的高质量标准考核，可靠的产品质量为占领市场打下了扎实的基础。

“荷花”的员工也在合作中逐步接受“小天鹅”的质量文化：末日理念。倘若有一天，“荷花”没有了“小天鹅”对双缸机的订单，“荷花”厂将面临停产。

由于条件限制，“小天鹅”与“荷花”的产品外观相同，只有区分市场，避免冲突，才能形成一种协同作战、平等竞争的局面。如果市场冲突，同室操戈，势必影响双方合作。“小天鹅”所有的双缸机不在湖北露面，“小天鹅”信守诺言，让出部分国内市场，此举赢得了“荷花”员工的信任和当地政府的好感，为以后更大的发展打下了坚实的基础。

问题

1. “小天鹅”在进行合并时是如何进行战略性思考的？

2. “小天鹅”与武汉“荷花”的合并属于哪一层的战略？制定这一层的战略需要考虑哪些因素？

案例2 新宇化工公司的目标管理

新宇化工公司是一个地方中型企业，在实行目标管理之前，公司领导总感到职工的积极性没有最大限度发挥出来，上下级之间关系也比较紧张，管理很不顺畅。所以公司效益从1993年以来连续下滑。为从根本上扭转这种被动的管理局面，从管理中要效益，公司领导班子达成共识，从“九五”计划第一年（1996年）开始在公司实行目标管理。

(1) 确定目标

新宇化工公司根据企业“九五”计划的总体要求来确定公司的总目标。总目标包含以下四个方面，并尽量用定量指标表达，目标又分期望和必达两种。分别如下（以 1996 年为准）：

① 社会贡献目标。新宇化工公司作为一个地方化工企业，不仅要满足地区经济发展的物质要求，而且要满足人民群众对化工产品不断增长的需求。具体指标为：总产值 7914 万元必达，期望 8644 万元；净产值 1336 万元必达，期望 1468 万元；上交税收 517 万元必达，期望 648 万元。

② 市场目标。随着市场经济的发展与深入，化工产品市场竞争越来越激烈。新宇公司在本省是具有竞争力的企业，所以在力图巩固现有市场份额的基础上，强化市场营销策略，不断扩大销售量，并开拓外省（市）市场，从而提高市场占有率。销售指标期望年增 8%～10%，必须达到年增 6%～7%；市场占有率指标期望达到 38%，必须达到 34%。

③ 公司发展目标。新宇公司根据“九五”计划发展规划，确定其发展目标为：销售收入 6287 万元必达，期望达到 7100 万元，且年增 6%～8%；资产总额 650 万元，且年增 10%～12%；必须开发 5 个新系列化工产品，期望开发 6 个新产品系列；职工人数年增长 3%，且实行全员培训，职工培训合格率必须达到 85%，期望达到 98%。

④ 公司利益和效益目标。确定的具体表达指标如下：利润总额 480 万元，期望实现 540 万元；销售利润率 7.6%，期望达到 8.5%；劳动生产率年增 85%，期望年增 105%；成本降低率递减 5%；合格品率达到 92%，期望达到 95%；物资消耗率年下降 7%；一级品占全部合格品比重达 50%，期望达到 60%。

(2) 目标分解

新宇化工公司对于总目标的每一个表达指标，都按纵横两个系统从上至下层层分解。从横向系统看，即公司每一个职能部门都细分到各自的目标，并且一直到科室人员。从纵向系统看，从公司总部到下属车间、段、班组直至每个岗位工人都要落实细分的目标。由此形成层层关联的目标连锁体系。

现以公司实现利润总额 480 万元为例，对其目标进行分解。为确保 1995 年实现利润总额 480 万元，经过分析，这取决于成本的降低，而成本降低又分解为原材料成本、工时成本、废品损失和管理费用这四个第三层次的目标，然后继续分解下去，共细分成 96 项具体目标，涉及降低物耗、提高劳动生产率、保证和提高产品质量以及管理部门节约高效的具体要求。最后按归口分级原则落实到责任单位和责任人。

（3）执行目标

新宇化工公司按照目标管理的要求，让各目标执行者“自主管理”，使其能在“自我控制”下充分发挥积极性和潜能。为了给职工实现自己的细分目标创造一个宽松的管理环境，不再强调上级对下属严密监督和下级任何事情都必须请示上级才行动的陈旧管理模式。

在此阶段，新宇化工公司领导注重做到以下几点：

① 对于公司所属大多数部门和岗位，都进行充分的委权和放权，提高自主管理和自我控制的水平。对于极少数下属部门和岗位，上级领导对下属部门和成员仍实施一定的监督权，以确保这些关键部门和岗位的目标得以实现。

② 公司建立和健全了自身的管理信息系统，创造了执行目标所需的信息交流条件，使得上下级和平级之间的不同单位、部门、人员都能在执行各自目标时得到信息的支持。

③ 公司各级领导人员对下属及成员并不是完全放任，不管不问。他们的职责主要表现在以下方面：一是为下属创造良好的工作环境；二是对下级部门和下属人员做好必要的指导和协调工作；三是遇到例外事项时，上级要主动到下属中去协商研究解决，而不是简单下指令。

在上述成本降低的 96 项具体目标落实到公司有关部门和个人后，他们就按各自目标制定具体实施方案。实施方案包括执行目标所需的权限、工作环境、信息交流渠道、工作任务、计划进度、例外事项处理原则等。在每天的工作中，每个执行目标者都要问自己，我今天要做到些什么才能对自己目标的完成做出贡献？然后对每天的工作和时间进行最佳组合的安排，尽可能取得最大工作效率。

（4）评定成果

新宇化工公司在进行目标管理时，很重视成果评定。当预定目标实施期限结束时（一般为一年），就大规模开展评定成果活动，借以总结成绩，鼓励先进，同时发现差距和问题，为更好地开展下一轮的目标管理打好基础。

新宇化工公司强调评定成果要贯彻三项原则：一是以自我评定为主，上级评定与自我评定相结合；二是要考虑目标达到程度、目标的复杂程度和执行目标的努力程度，并对这三个主要因素进行综合评定；三是按综合评定成果进行奖励，体现公平、公正的激励原则。

例如，三车间聚丙乙烯产品成本目标是 6500 元/吨，公司考核部门的标价标准是：达到 6500/吨元，得 100 分；降至 6400 元/吨以下，得 120 分；超过 6600 元/吨，得 10 分；处在 6500 元至 6600 元/吨之间时，得 50 分。三车间全体职工经过一年奋斗，最终自评成绩是 120 分，成功使成本降至 6400 元/吨以下，在达到目标程度这一因素上取得了最优级，并经过公司考核部门认可。

成本是一个综合项目，涉及企业管理的许多方面。三车间的成本目标定为

6500元/吨，确属于比较复杂、困难、繁重的目标。公司考核部门在制定评价标准时，把6500元/吨定为难度比较大的目标，记为100分；6400元/吨以下为难度极大的目标，记为120分；6600元/吨以上为较为容易目标，记为10分。在评定时，影响成本的环境和条件没有大的改变。所以，三车间和公司考核部门一致确认，6500元/吨的成本目标应记为100分。

在评定执行目标的努力程度时，公司考核部门也制定了很努力、比较努力、一般努力三个等级，分值分别是120分、100分和80分。三车间自评结论是在全车间同心协力，努力奋斗一年，应该记120分。

当然，在确定目标的复杂程度和执行的努力程度时，公司考核部门都有一些更多的细分指标和因素来保证。比如，执行努力程度要看出勤率、工时利用率，合理化建议多少等等。

对于不同层级的部门和岗位，三个因素在评定成果中所占的比例有所不同。一般地说越是上级职位和部门，第一要素所占比重越大。本例三车间属基层部门，可按5∶3∶2比例，对其成果分值最终予以确定。

三车间综合评价分＝120×50％＋100×30％＋120×20％＝114（分）

（目标达到程度）（目标复杂程度）（执行中努力程度）

由于三车间进行的目标管理成绩很大，新宇化工公司对其进行了表彰和奖励。三车间每个职工也通过评定成果，作了一次认真全面系统的总结。每个职工也有自己细分目标的评定结果，成绩并非一刀切完全相同。所以后进职工也都认真总结教训，学习先进职工的经验，以便把下一轮目标管理搞好。

新宇化工公司执行目标管理的第一年就取得了丰硕成果。公司总目标都超额实现，总产值达到8953万元，净产值达1534万元，上交税收680万元。总目标中对社会贡献的目标全部超过期望目标。在市场目标方面，1996年比1995年销售量增长9％，市场占有率达到35％，都超过了必达目标。在公司发展目标方面，销售额达到7130万元，比上年增长85％；资产总额730万元，比上年增长15％；已开发出6个新品种系列；职工培训上岗合格率已达93％。在公司利益和效益目标上，已实现利润总额630万元，其他各项经济效益指标也全部达到、甚至超过预定目标。

在此期间，公司内部的上下级关系和人际关系逐渐变得融洽、和睦，职工群众的积极性、主动性、创造性得以真正发挥出来。全公司呈现一派同心协力、努力奋斗、力争实现公司总目标的新景象。

问题

1. 新宇化工公司为什么要推行目标管理？推行目标管理有哪些作用？
2. 从管理角度分析，目标管理有何特色？

3. 新宇化工公司是如何按照目标管理的程序来操作的？你认为在实际应用目标管理中还要注意什么问题？

4. 你认为目标管理除在企业适用外，是否还适用于其他组织，如学校、机关、研究所等单位？请你设计一个实例进行程序操作。

案例 3 科宁公司的计划

科宁是美国一家创建最早的公司之一，主要经营玻璃品生产和加工。科宁公司成功制造了第一个电灯泡。科宁公司一直由其创始人科尼家庭掌管，并一直以制造和加工玻璃品为重点。

然而，科尼的这种经营战略也给它带来了许多问题：它的骨干部门——灯泡生产在 30 年前曾占领 1/3 的美国灯泡市场，而今天却丧失了大部分市场；电视显像管的生产也因面临剧烈的竞争而陷入困境。这两条主要产品线都无法再为公司获取利润。面对这种情况，公司既希望开辟新的市场，但又不愿意放弃其传统的玻璃生产和加工。从而，公司最高层领导制定了一个新的战略计划。计划包括三个主要方面：第一，决定缩小类似灯泡和电视显像管这样低产的部门；第二，决定减少因市场周期性急剧变化而浮动的产品生产；第三，开辟具有挑战性又具有巨大潜在市场的产品。

第三方面又包括三个新的领域。第一领域是开辟光波导器——用于电话和电缆电视方面的光波导器和网络系统以及高级而复杂的医疗设备等的生产线，希望这方面的年销售量能达到 40 亿美元。第二领域是开辟生物工艺技术，这种技术在食品行业方面大有前途。第三领域是利用原来的优势，继续制造医疗用玻璃杯和试管等，并开拓电子医疗诊断设备，希望在这方面能达到全国同行业中第一或第二的地位。

科宁公司还有它次一级的目标。例如，目前这个公司正在搞一条较复杂的玻璃用具生产线，并想向不发达国家扩展业务。很明显，科宁在进行着一个雄心勃勃的发展计划。公司希望通过提高技术，提高效率，以获得更大的利润。

但是，在进行新的冒险计划中，科宁也碰到了许多问题。例如，如果科宁真要从光波导器和生物控制等方面获得成功的话，就必须扩大其经营领域。另一方面，科宁给人的印象是要保持其原来的基础，而不是在于获取利润。

资料来源：http://www.fxtvu.cn/iclass/learnedu/kecheng/9031/6title72004410112827/a13.htm

问题

你能分别列出科宁公司的中、短期计划吗？

案例 4　乔森家具公司五年目标

乔森家具公司是乔森先生在 20 世纪中期创建的，开始时主要经营卧室和会客室家具，取得了相当的成功。随着规模的扩大，自 70 年代开始，公司又进一步经营餐桌和儿童家具。1975 年，乔森退休，他的儿子约翰继承父业，不断拓展卧室家具业务，扩大市场占有率，使得公司产品深受顾客欢迎。到 1985 年，公司卧室家具方面的销售量比 1975 年增长了近两倍。但公司在餐桌和儿童家具的经营方面一直不得法，面临着严重的困难。

（1）董事长提出的五年发展目标

乔森家具公司自创建之日起便规定，每年 12 月份召开一次公司中、高层管理人员会议，研究讨论战略和有关的政策。1985 年 12 月 14 日，公司又召开了每年一次的例会，会议由董事长兼总经理约翰先生主持。约翰先生在会上首先指出了公司存在的员工思想懒散、生产效率不高的问题，并对此进行了严厉的批评，要求迅速扭转这种局面。与此同时，他还为公司制定了今后五年的发展目标。具体包括：卧室和会客室家具销售量增加 20%；餐桌和儿童家具销售量增长 100%；总生产费用降低 10%；减少补缺职工人数 3%；建立一条庭院金属桌椅生产线，争取五年内达到年销售额 500 万美元。

这些目标主要是想增加公司收入，降低成本，获取更大的利润。但公司副总经理托马斯跟随乔森先生工作多年，了解约翰董事长制定这些目标的真实意图。尽管约翰开始承接父业时，对家具经营还颇感兴趣。但后来，他的兴趣开始转移，试图经营房地产业。为此，他努力寻找机会想以一个好价钱将公司卖掉。为了能提高公司的声望和价值，他准备在近几年狠抓一下经营，改善公司的绩效。

托马斯副总经理意识到自己历来与约翰董事长的意见不一致，因此在会议上没有发表什么意见。会议很快就结束了，大部分与会者都带着冷淡的表情离开了会场。托马斯有些垂头丧气，但他仍想会后找董事长就公司发展目标问题谈谈自己的看法。

（2）副总经理对公司发展目标的质疑

公司副总经理托马斯觉得，董事长根本就不了解公司的具体情况，不知道他所制定的目标意味着什么。这些目标听起来很好，但托马斯认为并不适合本公司的情况。他心里这样分析道：

第一项目标太容易了——这是本公司最强的业务，用不着花什么力气就可以使销售量增加 20%；

第二项目标很不现实——在这领域的市场上，本公司就不如竞争对手，决不可能实现 100%的增长；

第三项目标亦难以实现——由于要扩大生产，又要降低成本，这无疑会对工人施加更大的压力，从而也就迫使更多的工人离开公司，这样空缺的岗位就越来越多，在这种情况下，怎么可能减少补缺职工人数3%呢？

第四项目标倒有些意义，可改变本公司现有产品线都是以木材为主的经营格局。但未经市场调查和预测，怎么能确定五年内我们的年销售额达到500万美元呢？

经过这样的分析后，托马斯认为他有足够的理由对董事长所制定的目标提出质问。除此之外，还有另外一些问题使他困惑不解——一段时期以来，发现董事长似乎对这公司已失去了兴趣。他已50多岁，快要退休了。他独身一人，也从未提起他的家族将由谁来接替他的工作。如果他退休以后，那该怎么办呢？托马斯毫不怀疑，约翰先生似乎要把这家公司卖掉。董事长企图通过扩大销售量，开辟新的生产线，增加利润收入，使公司具有更大的吸引力，以便在出售公司时中捞个好价钱。“如董事长真是这样的话，我也无话可说了。他退休以后，公司将会变成什么样子，他是不会在乎的。他自己愿意在短期内葬送掉自己的公司，我有什么办法呢？”

资料来源：http://www.em-cn.com/Article/200702/112075.html

问题

1. 你认为约翰董事长为公司制定的发展目标合理吗？为什么？你能否从本案例中概括出制定目标需注意哪些基本要求？

2. 约翰董事长的目标制定体现了何种决策和领导方式？其利弊如何？

3. 假如你是托马斯，如果董事长在听取了你的意见后同意重新考虑公司目标的制定，并责成你提出更合理的公司发展目标，你将怎么做？

案例5　目标管理的实施

一家制药公司，决定在整个公司内实施目标管理，根据目标实施和完成情况，一年进行一次绩效评估。事实上他们之前在为销售部门制定奖金系统时已经用了这种方法。公司通过对比实际销售额与目标销售额，支付给销售人员相应的奖金。这样销售人员的实际薪资就包括基本工资和一定比例的个人销售奖金两部分。

销售大幅度提上去了，但是却苦了生产部门，他们很难完成交货计划。销售部抱怨生产部不能按时交货。总经理和高级管理层决定为所有部门和个人经理以及关键员工建立一个目标设定流程。为了实施这个新的方法他们需要用到绩效评估系统。生产部门的目标包括按时交货和库存成本两个部分。

他们请了一家咨询公司指导管理人员设计新的绩效评估系统，并就现有的薪资结构提出改变的建议。他们付给咨询顾问高昂的费用修改基本薪资结构，包括岗位分析和工作描述。还请咨询顾问参与制定奖金系统，该系统与年度目标的实现程度密切相连。他们指导经理们如何组织目标设定的讨论和绩效回顾流程。总经理期待着很快能够提高业绩。

然而不幸的是，业绩不但没有上升，反而下滑了。部门间的矛盾加剧，尤其是销售部和生产部。生产部埋怨销售部销售预测准确性太差，而销售部埋怨生产部无法按时交货。每个部门都指责其他部门的问题。客户满意度下降，利润也在下滑。

资料来源：三人行学习网，http://www.3human.com/2007,5,20,23991.html

问题

1. 本案例的问题可能出在哪里？

2. 为什么设定目标（并与工资挂钩）反而导致了矛盾加剧和利润下降？

六、简答题

1. 目前许多企业的管理人员都认为："计划跟不上变化，所以制定计划根本没有用。"这样的说法对不对？为什么？

2. 简述计划工作的完整步骤。

3. 目标管理是职工"参与管理"的一种形式，职工"参与管理"体现在哪些方面？实施目标管理的基本过程是什么？

4. 计划工作的特点和作用是什么？

5. 何为滚动式计划法？有什么特点？

6. 简述管理的计划职能及其主要步骤。

7. 简述计划与决策的区别与联系。

8. 简述计划的表现形式。

9. 有人说，计划与控制是一枚硬币的两个面，这是什么意思？

10. 目标管理的基本特点包括哪些？

11. 选定目标时应注意哪些问题？

12. 计划职能与管理的其他职能有什么联系？

13. 实施目标管理应该具备哪些基本条件？

第四章　组　　织

一、判断题

1. 提高下属人员的素质可以使有效的管理幅度增大。（　　）
2. 分权越彻底，管理越有效。（　　）
3. 领导者的责任不能随着权力的下放而相应地全部转移给下级。（　　）
4. 分工越细、专业化程度越高，企业的效率也就越高。（　　）
5. 事业部制的主要特点是“集中决策，分散经营”。（　　）
6. 非正式组织普遍存在，不但无法硬性禁止使之消失，而且还应考虑它们对于满足职工个人心理需要的积极作用。正确的态度应当是给予适当的指引和疏导，使它的目标能与组织目标一致起来。（　　）
7. 组织工作是动态的，在管理的各职能中居于主导地位。（　　）
8. 组织结构受到组织战略的影响。（　　）
9. 一般来说，企业的规模越大就越倾向于采取更为分权的组织形式。（　　）
10. “例外管理”是一个授权原则，它要求管理者只在例外事件发生时才参与下属的决策。（　　）
11. 在管理幅度给定的条件下，组织的规模越大则管理层次越多；在组织规模给定的条件下，管理幅度越窄则管理层次越多。（　　）
12. 组织中的层次多了，更利于上下级间的沟通。（　　）
13. 按产品设计的组织可以形成某种产品或一系列产品的利润中心。（　　）
14. 当前全球的共同趋势是企业对职工培训越来越重视。这是因为培训不但会给职工带来新观点、新态度、新知识与新技能等直接收获，还会给个人带来成长需要的满足和对前途信心的增强等间接收获。（　　）
15. 组织变革的阻力是直接的、公开的。（　　）

二、单项选择题

1. 在计划职能之后的第二项重要的基本职能是：（　　）

   A. 领导　　B. 组织　　C. 控制　　D. 协调

2. 组织结构主要由三部分组成，其中不包括：（　　）

   A. 组织理论　　B. 组织机构　　C. 职务系统　　D. 相互关系

3. 组织的复杂性是指：（　　）

   A. 组织分化的程度　　B. 组织依靠规则和程序引导员工行为的程度

C. 考虑决策制定权力的分布 D. 组织结构与组织人员间的协调适应程度

4. 管理学意义的组织是指：（ ）

A. 人们进行合作活动的必要条件

B. 泛指各种各样的营利或非营利的社会组织

C. 是指相互协作的关系，是人们相互作用的系统

D. 按照一定目的和程序，人们进行分工协作的过程及由此组成的一种权责角色结构系统

5. 组织作为一个系统，一般包括四个重要元素，下列选项中不包括：（ ）

A. 目标 B. 结构 C. 人员与职务 D. 职责与职权

6. 管理幅度亦称：（ ）

A. 管理层次 B. 管理规模 C. 管理跨度 D. 管理级别

7. 组织设计原则中，统一指挥原则是指：（ ）

A. 组织中的每个下属应当听从最上级主管领导

B. 组织中的每个下属应当听从组织核心部门主管领导

C. 组织中的每个下属应当而且只能向一个上级主管直接汇报工作

D. 组织中的每个下属应当听从上级主管的领导

8. 有效的管理幅度的影响因素不包括：（ ）

A. 工作经历 B. 工作能力 C. 工作内容和性质 D. 工作条件

9. 关于集权与分权问题，下列说法正确的是：（ ）

A. 在现实中不存在绝对的集权，但存在绝对的分权

B. 在现实中不存在绝对的分权，但存在绝对的集权

C. 在现实中既存在绝对的集权，也存在绝对的分权

D. 在现实中既不存在绝对的集权，也不存在绝对的分权

10. 基于对过细分工所产生的问题的认识，现代组织设计中出现了（ ）的改革趋向。

A. 机构职能综合化和业务流程整合化 B. 机构职能综合化

C. 业务流程整合化 D. 组织结构扁平化

11. 下列选项中，（ ）是伴着正式组织的运转而形成的。

A. 组织结构扁平化 B. 组织目标宏观化

C. 组织人员精简化 D. 非正式组织

12. 在现实组织中，得到应用并占主导地位的组织结构不包括：（ ）

A. 事业部制 B. 直线制 C. 职能制 D. 矩阵组织结构

13. 职能制的组织结构，优点不包括：（ ）

A. 每个管理者只负责一方面的工作

B. 有利于统一领导

C. 有利于充分发挥专业人才的作用

D. 专业管理工作可以做到细致、深入，对下级工作指导比较具体

14. 直线职能制组织结构目前在我国，尤其是哪种类型企业中得到了广泛采用？（ ）

A. 跨地区从事大规模生产经营而又需要保持较强的灵活反应能力的大型企业

B. 在多个领域或地域从事多种经营的大型企业

C. 面临较稳定环境的中小型企业

D. 大型企业在联结集团松散的单位时采用的组织结构形式

15. 一种基于契约关系的新型组织结构形式是：（ ）

A. 事业部制　　B. 集团控股组织结构

C. 团队式组织结构　　D. 网络型组织结构

16.（ ）型结构是使企业可以利用社会上现有的资源使自己快速发展壮大起来，因而成为目前国际上流行的一种新形式的组织设计

A. 事业部制　B. 集团控股　C. 团队式　D. 网络型

17. 组织设计理论中，部门划分的原则不包括：（ ）

A. 确保目标的实现　　B. 组织机构应具有弹性

C. 力求维持最少部门　　D. 部门相对独立

18. 非正式组织的积极作用不包括：（ ）

A. 为员工提供在正式组织中很难得到的心理需要和满足

B. 创造一种更加和谐、融洽的人际关系

C. 非正式组织的压力促使组织个人获得发展

D. 提高员工的相互合作精神

19. 下列选项中（ ）不是诱发组织变革的需要并决定组织变革目标方向和内容的主要因素。

A. 领导者正常更换　B. 战略　C. 环境　D. 技术

20. 组织变革的过程不包括：（ ）

A. 解冻　B. 协调　C. 变革　D. 冻结

21.（ ）是指组织共有的价值体系。

A. 组织战略　B. 组织结构　C. 组织文化　D. 组织制度

22. 关于组织文化，下面哪种说法是正确的？（ ）

A. 文化是通过组织成员在解决内外部问题过程中，不断学习而来的，但是，一旦文化形成，便不会再产生传导作用

B. 文化由三个层次组成，有些是有形的，另外一些则是无形的。文化的表层是有形的，它包括着装、行为模式、有形的标志、组织的庆

典及办公室的分布

C. 文化是指一个组织内部所有成员共同认可的价值观，但不是信仰、共识及生活准则

D. 组织文化不能决定雇员的看法和对周围世界的反应

23. 组织文化，是我们通过一些有形的东西来感受到的公司最根本的无形的文化。下列选项中不包括：（　　）

A. 公司象征　　B. 公司历史　　C. 口号　　D. 仪式

24. Sequins 国际公司中 80%的员工为西班牙人，W. Edwards Deming 说："不必巴结老板，只要你取悦顾客。"这句话被绣在了每一个西班牙工人夹克的口袋上。请问，这种公司文化宣传方式属于哪种类型？（　　）

A. 仪式　　B. 英雄　　C. 公司象征　　D. 口号

三、填空题

1. ＿＿＿＿认为组织是管理中最重要的职能。

2. ＿＿＿＿描述组织的框架结构体系。它可以被分解为三种成分：＿＿＿＿、＿＿＿＿、＿＿＿＿。

3. 管理学意义的组织是按照一定＿＿和＿＿，人们进行分工协作的过程及由此组成的一种＿＿＿＿＿＿。

4. 组织作为一个系统，一般包含四个重要要素：＿＿；＿＿＿＿；＿＿＿＿；＿＿＿。

5. 组织设计工作包括三项具体任务：＿＿＿＿；＿＿＿＿；＿＿＿＿。

6. 组织设计工作的结果通常体现在两份书面文件上，它们是：＿＿＿＿＿＿；＿＿＿＿＿。

7. 考察一个组织集权或分权的程度究竟多大，最根本的标准是要看该组织中各项＿＿＿＿的分配是集中还是分散。

8. 在组织中，＿＿＿＿和＿＿＿＿是两种不同的职权关系。＿＿＿关系本质上是指挥和命令的关系，＿＿关系则是一种服务和协助的关系。

9. 业务流程重组指的是利用＿＿＿＿＿手段，对＿＿＿＿做根本的重新思考和彻底的重新设计，以取得＿＿、＿＿和＿＿处理周期等绩效指标的显著改善。

10. 业务流程重组概念中包含四方面关键的内涵：＿＿＿、＿＿＿、＿＿＿、＿＿＿＿。

11. 正式组织中的某些成员，由于工作性质相近、社会地位相当，对一些具体问题的认识基本一致、观点基本相同，或者由于性格、业余爱好和感情比较相投，他们在平时相处中会形成一些被小群体成员所共同接受并遵守的行为规则，

这种群体称为__________。

12. __________部门是许多现代组织最广泛采用的一种方法。这种方法是根据生产专业化的原则，以工作或任务的性质为基础来划分部门的。

13. ______________是在直线职能制垂直指挥链系统的基础上，再增设一种横向指挥链系统，形成具有双重职权关系的组织矩阵。

14. __________是在一个企业内对具有独立产品市场或地区市场并拥有独立利益和责任的部门实行分权化管理的一种组织结构形式。

15. __________是在非相关领域开展多种经营的企业所常用的一种组织形式。

16. 网络型组织是运用______________手段而建立和发展起来的一种新型组织结构，是一种基于__________的新型组织结构形式。

17. 部门化的最广泛趋势是企业努力推行____概念。

18. 能否抓住时机顺利推进__________是衡量管理工作有效性的重要标志。

19. 制约组织变革的力量可能来源于__________，也可能来源于__________，甚至来源于__________。

20. 成功而有效的组织变革，通常需要经历____、____、____三个有机联系的过程。

21. 文化是指由一个组织内部所有成员共同认可（遵循）的__________、__________、__________、__________。

22. ____是理想信念的化身，也代表了最优秀的文化，所以，他们是其他员工效仿的对象。

23. ____是表达公司核心价值观的一些简洁的句子或短语，公司利用它向员工灌输公司的文化。

四、案例分析题

案例 1　助理为何受到攻击？

鉴于公司在发展中所出现的成本失控问题，A 公司的总经理请获得了注册会计师资格的年轻助理帮助解决这个问题。这位助理又请了一些高明的财务分析专家、本地大学工商管理学院的著名教授组成一个诊断小组。在知晓了公司的问题之后，他们去调查成本问题和公司的生产、采购、销售等各部门的管理方法问题。经多次研究之后，小组发现了各部门中效率低的许多根源，于是，该助理把小组所发现的效率低的详情和纠正的措施做出提要，向总经理提出了诊断报告，并说明小组所建议的行动会给公司节约上百万元。

总经理采纳了这些建议，并付诸实施。但实施不久，负责生产、销售、采购的几位副总经理就群起围攻总经理，坚决要求撤掉那位助理。

问题

1. 为什么这位助理工作做得那么好，却受到副总经理们的憎恨？

2. 若诊断小组的调查结果是准确的，那么总经理、助理、副总经理及其他人应怎样做才能使这些调查结果有助于解决问题？

案例 2　比特丽公司的分权管理

比特丽公司是美国一家大型联合公司，总部设在芝加哥，下属 450 个分公司，经营着 9000 多种产品，其中许多产品，如克拉克棒糖、乔氏中国食品等，都是名牌产品。公司每年的销售额达 90 多亿美元。

多年来，比特丽公司都采用购买其他公司来发展自己的积极进取战略，因而取得了迅速的发展。公司的传统做法是：每当购买一家公司或厂家以后，一般都保持其原来的产品，使其成为联合公司一个新产品的市场；另一方面是对下属各分公司都采用分权的形式，允许新购买的分公司或工厂保持其原来的生产管理结构，这些都不受联合公司的限制和约束。由于实行了这种战略，公司变成由许多没有统一目标、彼此又没有什么联系的分公司组成的联合公司。

1976 年，负责这个发展战略的董事长退休以后，德姆就是在这种情况下被任命为董事长的。

新董事长德姆的意图是要使公司朝着他新制定的方向发展。根据他新制定的战略，德姆卖掉了下属的 56 个分公司，但同时又买下了西北饮料工业公司。

据德姆的说法，公司除了面临发展方向的问题外，还面临着另外两个主要问题。一个是下属各分公司都面临着向社会介绍并推销新产品的问题。为了刺激各分公司的工作，德姆决定采用奖金制，对下属干得出色的分公司经理每年奖励 1 万美元。但是，对于这些收入远远超过 1 万元的分公司经理人员来说，1 万元奖金恐怕起不了多大的刺激作用。面临的另一个更严重的问题是，在维持原来的分权制度下，应如何提高对增派参谋人员必要性的认识，应如何发挥直线与参谋人员的作用问题。德姆决定要给下属每个部门增派参谋人员，以更好地帮助各个小组开展工作。但是，有些管理人员则认为只增派参谋人员是不够的；有的人则认为，没有必要增派参谋人员，可以采用单一联络人联系几个单位的方法，即集权管理的方式。公司专门设有一个财务部门，但是这个财务部门根本就无法控制这么多分公司的财务活动，因此造成联合公司总部甚至无法了解并掌握下属部门支付支票的情况等等。

资料来源：北大 MBA 管理学案例库

问题

德姆应如何合理利用参谋人员的作用？

案例 3　BT 公司经营业务的发展与组织

BT 集团股份有限公司正式成立于 1992 年 8 月，注册资本 6800 万元。公司主要从事家用电器的制造和销售，兼营房地产开发、科技开发与咨询、商业贸易、进出口业务等。

BT 公司的前身是创办于 1968 年的一家集体企业，在 1980 年前生产过塑料瓶盖、汽车刹车阀、柴油发电机等产品。1980 年开始生产金属风扇，产品曾获"农业部优质产品"称号。1987 年，该企业被批准为国家机电产品出口基地企业，次年被省政府授予自营进出口权，可直接面向国际市场销售产品以及进口生产所需设备、原材料等。1988 年，其工业总产值、销售收入均突破 1 亿元人民币，出口创汇超过 400 万美元。直接附属于该企业的 BT 风扇厂，在 1989 年及 1990 年先后被评为"省级先进企业"和"国家二级企业"。

为开拓国内庞大的家电市场，这家经营取得令人瞩目成绩的乡镇企业，在 1990 年与外商合资兴办了 BT 冷气机制造有限公司。1992 年 3 月，经省人民政府批准，以该企业为核心组建了 BT 电器企业集团。同年 5 月，BT 集团核心企业改组为一家股份公司，三个月后遂更名为"BT 集团股份有限公司"（简称 BT 公司）。

BT 公司法人治理结构系由股东大会、董事会、监事会以及总经理、副总经理、总工程师、总会计师组成。公司总部设有总经理办公室、行政人事部、财务部、经营部、销售部、进出口部、证券部、法律宣传科、广告科、研究所、技术委员会等机构。BT 公司下设风扇厂、空调设备厂、家电厂、房产公司、贸易发展公司和节能工程研究开发中心。BT 公司还拥有控股和持股的企业，如 BT 冷气机制造有限公司、WL 电机制造有限公司、WL 钢铁开发有限公司等。

BT 公司的主要产品包括空调器、电风扇、微电机、小家电等等。BT 公司认为，空调器、小家电在国内外拥有广阔的市场潜力。尤其是国内空调器市场从 20 世纪 80 年代中期开始缓慢启动，20 世纪 90 年代后年需求量迅速增加。空调器的主要消费者为社会团体和城镇居民，这块市场 1991 年底的普及率为 1%左右。至于广大农村地区，随着家庭收入的提高和供电问题的解决，也将会对空调器构成需求。因此，BT 公司预计今后十年将是空调器的高需求期。

BT 公司同时看到，与强劲的市场需求相对应，国内空调器行业也迅速成长；生产能力有急剧扩大之势，1992 年底全国空调器的生产能力已达 300 万台，开始出现供过于求的迹象。国内当时有 80 余家空调器主要生产厂家，不过没有任何一家的规模超过 50 万台。

BT 公司从 1986 年开始生产空调器，到 1991 年底已有窗式、分体式、柜式三个系列共 27 个型号的产品。公司拥有世界先进的生产技术和检测设备，在 20

世纪 90 年代初就形成了年产 30 万台空调器的生产能力。1992 年，BT 空调器产销量达到 11.4 万台，销售额为 2.2 亿元，在全国市场的占有率为 8%。次年，公司又利用新股发行收回的股金扩大生产能力，使空调器生产规模从 30 万台提高到 50 万台。最近几年，BT 公司的空调器生产规模进一步扩大，到 1998 年时产销量已达到 100 多万台，并一举夺得本行业三个全国第一。空调器出口也取得了显著成绩。

BT 小家电产品最初是利用生产风扇富余的设备和场地开始的，20 世纪 90 年代初生产能力仅 10 万台，1992 年实际产销量为 17.1 万台。1993 年，BT 公司着眼未来发展，将这些小家电从风扇生产体系中独立出来，成立了家电厂，并投资 1600 万元将其生产能力扩大到 50 万台。后来又经不断发展，到目前为止，BT 小家电产品已跃居行业前列。据统计，1998 年 BT 风扇产销 1000 多万台，高居全球销量冠军宝座；电饭煲产销 150 万台，稳坐国内行业头把交椅。另外，BT 集团已在近日公开宣布准备建造中国最大的小家电制造基地，预计包括风扇、电饭煲、电磁炉、饮水机、电火锅以及即将推出的微波炉等在内的小家电产品年产值将达到 50 亿元。

随着各项经营业务的发展，BT 集团在 1997 年开始推行事业部制改革，按照产品类别将原有经营单位分为空调、风扇、电饭煲、电机和小家电共 5 个事业部。改革激发了各部门的积极性。与此同时，组织运行中也发现，风扇与电饭煲这两类产品的销售和服务网络具有很强的兼容性和互补性。为优化资源配置，BT 公司在 1999 年下半年又将风扇事业部和电饭煲事业部重组为 BT 小家电事业一部（原来的小家电事业部相应更名为小家电事业二部）。小家电事业一部由国内营销公司、国外营销公司和六个生产厂组成。营销公司与生产厂之间的关系由单纯的产销关系转变成买卖关系，营销公司是生产厂的顾客，营销环节的问题由两大营销公司全权负责，制造质量和设备质量造成的损失则由生产厂承担。BT 公司认为，新体制的推行将使该事业部全面进入“市场经营”和“顾客服务”状态中。

资料来源：2000 年全国攻读工商管理硕士学位研究生入学考试题

问题

1. 同属于 BT 集团的各生产经营单位，如：①风扇厂、空调设备厂、家电厂；②房产公司、贸易发展公司；③BT 冷气机制造有限公司、WL 电机制造有限公司、WL 钢铁开发有限公司，它们各自与 BT 集团股份有限公司的关系是(　　)

A. 均为子公司与母公司的关系

B. 均为企业内部指挥链上的行政管理关系

C. 均为具有独立法人地位的企业间的产权联结关系

D. ①、②类为分厂、分公司与总公司的关系，③类为子公司与母公司的关系

2. BT 公司在 1997 年开始推行事业部制，这是一种何类性质的改革？（　　）

A. 经营权力的下放　　B. 部门划分方式的转变

C. 部门化方式和经营权力的同时调整　　D. 无法从案例材料中推知

3. 在 1997 年开始推行“五大事业部”的改革至 1999 年下半年重组设立“小家电事业一部”前这段时间内，原设于 BT 公司总部的一些机构，哪些最可能在此次改革中被调整或撤销？（　　）

A. 经营部、销售部　　B. 进出口部、广告科

C. 证券部、法律室　　D. 研究所、技术委员会

4. BT 公司先是设立进出口部，后又设国外营销公司，这说明其国际化经营进入了如下哪一阶段？（　　）

A. 商品贸易　　B. 跨国投资

C. 在海外设立子公司　　D. 已经成为一家跨国公司

五、简答题

1. 试分析扁平型组织结构和锥形组织结构。

2. 因事设职与因人设职有何关系？

3. 简述何谓直线、参谋关系，使用参谋的优、缺点，如何正确发挥参谋的作用？

4. 何谓非正式组织？简述非正式组织的积极作用、可能造成的危害及如何发挥非正式组织的作用。

5. 人员配备的作用和内容是什么？请说明人员配备中管理人员“内升制”、“外求制”各有什么优缺点。

6. 说明集权制与分权制的关系。

第五章　领　　导

一、判断题

1. 权力在领导者和其他成员中的分配是平等的。(　　)
2. 领导的目的是影响被领导者去为实现组织目标做出努力和贡献。(　　)
3. 领导职能是管理职能的一部分，可以说管理职能的范围要大于领导职能。(　　)
4. 所有的管理者都应该是领导者，但领导者不一定是管理者。(　　)
5. 特性理论能使人明确，领导者究竟应在多大程度上具备某种特性。(　　)
6. 勒温的“三种领导方式理论”和利克特的“支持关系理论”是基于态度和行为倾向的领导方式理论。(　　)
7. 勒温的“三种领导方式理论”认为领导行为有四种类型。(　　)
8. 管理方格理论是在领导行为四分图的基础上提出的。(　　)
9. 费德勒情境领导模型认为在上下级关系好、任务结构不明确、职位权力弱的情境下，适用任务型领导方式。(　　)
10. 领导生命周期理论认为下属稍成熟时，要采取高工作高关系的行为，即参与式的领导方式。(　　)
11. 好的领导方式应当是激励性的。(　　)
12. 领导方式能否被员工所接受，使员工产生工作上的满足感，取决于员工对领导方式的认识和拥护程度。(　　)
13. 领导侧重于对组织中人的行为施加影响。(　　)
14. 领导过程就是确定一批人应当前进的方向。(　　)
15. 领导职能还有一种比较狭义的概念，仅指在目标既定的条件下如何影响一个组织或群体成员去实现目标。(　　)
16. 领导职能只具有艺术性。(　　)
17. 领导在领导工作中所拥有的影响力大小，与其权力的形成与运用有着密切的联系。(　　)
18. 领导即使做好了对下级的激励工作，也不一定会显著提高工作业绩。(　　)
19. 对高层领导来说，“技术技能”显得更为重要。(　　)
20. 按照领导特性理论的观点，领导者之所以成为领导者，是由于他们具有与众不同的优秀品质和特殊能力。(　　)

21. 布兰查德认为，当下属比较成熟时，领导者需要采取命令式领导方式。（　　）
22. 权利的基础是依赖关系，是对资源拥有者的一种依赖性。（　　）
23. 领导者是领导工作有效性的重要因素。（　　）
24. 领导活动对组织绩效具有决定性的影响。（　　）
25. 法定权、强制权和专长权属于职位权力。（　　）
26. 与奖赏权力一样，一个人不一定非要成为管理者才拥有强制权。（　　）
27. 领导就是领导单方面的领导行为。（　　）
28. 感召力与个人的品质、魅力相关。（　　）
29. 分权式的领导总是比独裁式的领导更有效。（　　）
30. 根据费德勒设计的 LPC 评分的高低，可以推断出领导方式的类型。（　　）

二、选择题

1. 一位从事几十年领导工作的老干部在总结其领导经验时这样说道："走得正，行得端，领导才有威信，说法才有影响，下级才能信服。"这位老干部强调领导的影响力来自于：（　　）

A. 感召力　　B. 法定权力　　C. 专家权力　　D. 奖惩权力

2. 下面关于领导和管理的关系说法正确的是：（　　）

A. 管理是更大的概念，领导是管理的一项重要职能
B. 领导的内涵更为广泛，管理是其中的一部分
C. 领导就是管理，二者是同一概念的不同表达
D. 领导是更高层次的概念，管理是低层次的概念

3. 拿破仑·波拿巴曾经说过："只有糟糕的将军，没有糟糕的士兵。"这句话最确切地体现了领导作用的以下哪个方面？（　　）

A. 协调作用　　B. 激励作用　　C. 指挥作用　　D. A 和 B

4. 领导运用权力必须遵守和维护规章制度，但也有权超越规章制度进行特殊处理，这实际是运用权力中的：（　　）

A. 合法性原则　　B. 民主原则　　C. 滥用职权　　D. 例外原则

5. 美国管理学家华伦·班尼斯在论述领导者的素质时有一个形象的比喻，即领导者必须依靠三条腿来支撑：坚定的雄心壮志、领导者的才能和优秀的道德品质。这个比喻说明了领导者的素质具有：（　　）

A. 层次性　　B. 综合性　　C. 时代性　　D. 复杂性

6. 老李在单位里作为一把手，经常是身先士卒，因此博得下属和群众的拥护，老李因此而得到的权力是指：（　　）

A. 法定权　　B. 强制权　　C. 感召权　　D. 奖赏权

7. 领导权力来自两个方面：职务和职务外的个人因素。那么以下四种类型的权力中属于个人权力的是：(　　)

A. 专长权　B. 合法权　C. 奖励权　D. 惩罚权

8. “上梁不正下梁歪”，这句话说明领导具有：(　　)

A. 感召权　B. 法定权　C. 奖赏权　D. 强制权

9. 领导艺术是领导者综合素质和经验的体现，它最主要的特征是：(　　)

A. 模式化　B. 程序化　C. 创造性　D. 科学性

10. 某公司总裁老张行伍出身，崇尚以严治军，注重强化规章制度和完善组织结构，尽管有些技术人员反映老张的做法过于生硬，但几年下来企业还是得到了很大的发展。根据管理方格论观点，老张的作风最接近于：(　　)

A. 1.1 型　B. 1.9 型　C. 9.1 型　D. 9.9 型

11. 按照费德勒的随机制宜领导理论，影响领导风格有效性的因素是：(　　)

A. 职位权力　B. 任务结构　C. 上、下级间关系　D. 以上三者都是

12. 下列关于权力的说法，不正确的是：(　　)

A. 狭义的权力仅指制度权力，而广义的权力包括制度权力和个人权力

B. 制度权力是外部赋予的，同职务成正比关系

C. 个人权力源于自身的要素，以对方的追随和自觉服从为前提

D. 现在人们所说的开发领导能力指的是开发职务能力，而不是个人权力

13. 优秀的领导者，特别是高层的领导者，绝对不是培养出来的，而是“实干”和竞争出来的，这说明：(　　)

A. 领导者是内在素质和外在风格的统一体

B. 领导者素质与先天遗传的因素并无关系

C. 任何人只要通过学习和实践就能成为高层领导者

D. 领导者素质主要是后天学习和实践的结果

14. 下面关于领导的说法正确的是：(　　)

A. 领导者素质主要是先天遗传决定的，优秀的领导者，特别是高层领导者，绝不是“培养”出来的

B. 中层领导者最为重要的能力是技术技能，即专业技术能力

C. 领导艺术表明领导活动具有权变性

D. 领导者善于授权，就可以节省自己的时间，减少自己的责任

15. 你的部门因预算的限制，有必要进行整编。你请了本部门中一位经验丰富的人负责这项工作。他在你部门的每个领域都工作过，你感到他有能力完成这一任务，可他却似乎对这项任务的重要性反应漠然。此时，你应当采取哪种领导

方式？(　　)

A. 高任务、高关系　　B. 高任务、低关系

C. 低任务、高关系　　D. 低任务、低关系

16. 某地有企业经营不佳，最近新换了一位总经理。总经理上台后，针对企业员工工作懈怠、作风散漫的情况，制定了严格的制度和奖惩规定，严惩违反企业规章制度的员工，最终使企业的经营状况有了很大的起色，新总经理使用的权力是：(　　)

A. 强制权　　B. 奖赏权　　C. 专家权　　D. 感召权

17. “授权”这个词意味着，允许人们对自己的工作负责。这句话说明授权要：(　　)

A. 帮助组织成员精通工作　　B. 提供成功的角色模型

C. 允许更多的自我控制　　D. 给予感情支持

18. 甘地通过非暴力不抵抗运动，领导印度人民获得独立，他所使用的基础性领导权力是：(　　)

A. 法定权　　B. 奖赏权　　C. 感召权　　D. 专家权

19. 领导者素质理论是探讨领导者素质与领导绩效之间的相关性，其科学价值在于：(　　)

A. 是培训和考察领导者的依据，指导领导者自身努力的方向

B. 发现那些有领导素质的人，让其担任领导者

C. 找到某种有效的普遍的领导行为模式

D. 进行理论创新，推动领导科学的发展

20. 哪几种权力易于赢得组织成员发自内心的长时期的敬重和服从？(　　)

①法定权　②奖赏权　③强制权力　④感召权力　⑤专家权力

A. ①②③　　B. ④⑤　　C. ①②④　　D. ③④⑤

21. 哪几种权力所产生的服从往往具有表面性、暂时性的特点？(　　)

①法定权　②奖赏权　③强制权　④感召权　⑤专家权

A. ①②③　　B. ④⑤　　C. ①②④　　D. ③④⑤

22. 哪一种权力来源于下属的习惯观念？(　　)

A. 法定权　　B. 奖赏权　　C. 感召权　　D. 专家权

23. 哪一种权力来源于领导者的个人魅力？(　　)

A. 法定权　　B. 奖赏权　　C. 感召权　　D. 专家权

三、填空题

1. 领导是指导和影响__________或__________的思想和行为，使其为实现________而做出努力和贡献的过程或艺术。

2. 权力是指一个人藉以影响另一个人的__________，从权力的来源看，权力就是对资源拥有者的一种__________。这种资源具有：__________、__________和__________。

3. 领导的作用包括：__________、__________、__________。

4. 领导有效性的影响因素有：______、______、______。

5. 参与型领导中体现的三个基本概念是：______、______、______。

6. 费德勒的领导权变模型认为影响领导有效性的环境因素主要有三方面：______、______、______。

7. 在对领导者最有利和最不利的情况下，采用__________领导方式，其效果较好；在对领导者中等有利的情况下，采用__________领导方式，效果较好。

8. 领导生命周期理论认为领导的有效性取决于______、______、______。

9. “领导的生命周期理论”以领导的__________和__________为基础，同时又结合了阿吉瑞斯的____________。

10. 波特和劳勒的“期望模式”包括四个变量：______、______、______、______。

11. 在领导行为问题的研究上最先得出的成果是美国俄亥俄州立大学提出的“______理论”。

12. 领导者的行为会影响下属的____________，这是领导者激励员工的主要手段。

13. “途径-目标理论”指出，当领导者弥补了______________不足时，则会对员工的__________起到积极的影响。

14. ______________，是指人们对自己的行为承担责任的能力和意愿的大小。

15. 领导生命周期理论揭示出，随着下属__________的提高，领导者应当相应地改变自己的__________。

四、案例分析题

案例 1　为葛多特当餐厅服务员

放暑假了，大学生丹妮没有回家和父母一起度假，而是留在波士顿，在一家高档的法国饭店当餐厅服务员。丹妮非常幸运能找到这样的工作，在这里，每小时工资为 2.35 美元，还有小费。每天她的客人在两顿正餐中所点的菜和酒平均起来达 90 美元，如果能好好干，争取拿到 15%～20%的小费，那么一天下来，她能挣得一笔可观的收入。

饭店老板葛多特在雇佣丹妮时，强调他希望他的员工表现出色，并且谈到公司的将来和大家齐心协力像团队一样工作的重要性。丹妮受到鼓舞，下定决心要竭尽全力做好自己的工作。

葛多特工作非常投入和勤奋，但也容易大发雷霆。当餐厅变得拥挤起来、客人等着上菜的时候，葛多特会冲着厨房对厨师们用法语大声叫喊："快点，慢吞吞的活像蜗牛一样，连我的老祖母也比你们做得快!"

前几周，葛多特从来没有注意到丹妮的存在。听到他对厨师们那样的训话，丹妮倒庆幸自己不被老板注意。不过，她还是有点纳闷：为什么几周过去了，他还是没有跟自己讲过一句话？丹妮的确干得很出色，她的小费不断地增加，平均达到 20%。客人们称赞她的服务快速和高效，因为她已经学会了一手托起好几个盘子的本领，这样做可以使她减少在厨房内来回跑动的次数，确保服务质量。她非常明白，提供真正的优质服务意味着要比常人付出更多的努力。

丹妮的热情服务，帮助餐厅从每个客人那里挣了不少钱。通过学习，丹妮掌握了向客人推荐佐餐酒的技巧。她总是不停地穿梭在餐厅之中，看看客人是否需要添加各种饮料，她还能绘声绘色地向客人描述各种高档点心，邀请客人购买品尝。偶尔有法国人或法裔加拿大人光顾该店的时候，她能用娴熟的法语与她们交谈。她的记忆力非常好，总是能记住谁点了什么菜，并且能及时送到。客人们走的时候，她总是不忘记与他们道别，并欢迎他们再来。

尽管这样，葛多特还是很少注意到她，每天当她主动与他打招呼时，他只是喃喃地敷衍了事。然而，有一天晚上，他终于和她说话了。更确切地说，当她把手中的一碗浓味炖鱼掉在地毯上时，他开始向她咆哮。丹妮感到非常抱歉，并立刻拿来海绵擦拭，但葛多特还是怒气冲冲地用法语向她叫嚷，并且告诉她，要从她的工资中扣除 8.95 美元，这包括浓味炖鱼的鱼加上 5 美元清洗地毯的钱。那天晚上，在回家的路上，丹妮感到非常愤怒和不解。当然，也许她不应该试着一次端四盘菜，但这不过只是一个临时工的偶然失误而已。她为客人做的那些热情的服务，老板到底注意到了吗？葛多特似乎从来没注意过这样的事。期待葛多特的赞扬比等待天上掉下百万美元还要难呀！丹妮决定第二天晚上谨小慎微地悠着劲干，以免再一次招致老板的狂怒。这是一个星期五的晚上，餐厅非常拥挤，丹妮每次上菜不超过两盘，不过她的小费也随之降到 15%，比她上个晚上得到的 23%要低许多。虽然她没有摔坏什么东西，但葛多特对她和其他员工仍然感到不耐烦。他的餐厅服务员几乎是用小跑代替走路从厨房进出，葛多特还是在不停地嘟囔："快！快！难道你们的鞋里有铅吗?"

后半个晚上，丹妮对他的牢骚十分反感，她的速度明显地降下来了，不幸的是她的小费也跟着往下降。她的确很需要钱，接济下一学期的费用。丹妮迫使自己恢复原来的速度，否则挣不到足够的钱，下学期就只好用米饭和面条来充饥了。丹妮祈祷千万别再打破什么东西，她盼望 9 月份的来临，她等待着葛多特能从只知道工作和冷酷无情的状态中摆脱出来。

问题

1. 葛多特所采取的领导方式有什么特点？你认为它是否有效？为什么？
2. 如果你是葛多特，你将如何管理这家餐厅？
3. 如果你是丹妮，面对葛多特这样的老板，你将如何表现？
4. 管理者应如何通过有效激励争取员工们作出最佳表现？

案例 2　老刘的分工

老刘是一家大型房地产开发企业的设计部总经理，公司总裁刚刚组织召开了一个新项目论证会议。会议一结束，老刘拿着一大叠文件匆匆忙忙地跑回自己的办公室，一边仔细地对阅读文件，一边拿着笔在笔记本上写着；过了一会儿，老刘又拿着文件和笔记本冲出办公室。

老刘快速地走进小李的办公室，小李正在忙着另一个项目的设计，这个项目非常急迫，以至于小李有好几个星期都没有休息了，到现在整个设计任务才进行到一半。老刘走近小李，把文件往小李的桌子上一放，打开笔记本，就讲开了。一讲完，小李刚想说点什么，老刘挥挥手，就收起资料往外走，而且，一边走还一边叮嘱小李要放下手上所有的事情，抓紧时间做刚安排的工作；然后，老刘旋风般地走下楼，进到小林的办公室，同样地对小林讲了一遍，留下一脸茫然而无奈的小林。在回办公室的途中，差点撞上小金——设计部不久前招进来的硕士研究生；老刘并没有注意到这位下属，走进办公室后，看看手表，该到参加另一个项目预算会的时间了。

老刘布置好工作以后，很高兴地参加会议去了。设计室的团队成员可议论开了，他们抱怨手上的工作还没有完成，如何安排事情的优先顺序，其他团队成员为什么不参与进来，新的工作任务如何协调等等。

资料来源：http://www.chinahrd.net/zm_qysq/article.asp?articleID=62025

问题

老刘这样的领导方式有什么不妥？如何改进管理方式。

案例 3　公司承包经营的失败

K 公司是 1988 年底成立的一家生产 G 产品的中法合资公司。公司总投资为 800 万美元，注册资金为 400 万美元。在当时，这是一个规模比较大的投资项目，历时一年多才完成了公司的筹建以及全套设备的引进、安装、调试，并于 1990 年初正式投产。当时，在我国经济体制改革关于经营管理模式的讨论中，承包制受到了人们的广泛推崇，社会上甚至流传着“一包就灵”的说法。正是在这样的背景下，K公司的经营管理最终采用了“承包制”的做法。

K公司的承包人张先生是该合资公司的外方董事，一位法籍华人。这种情况的承包，在当时是省内第一家，因而显得十分引人注目，被认为是一种大胆的改革尝试。从张先生个人背景来看，他定居法国30多年，在欧洲开有自己的工厂，长期与G产品打交道，对于G产品的生产可称得上是行家里手。但由于长期旅居海外，他对国内经营环境不甚熟悉。承包前，他专门请欧洲有关专家，借助计算机对承包方案进行了详尽的测算与分析，最后在董事会内部签订了五年期的承包合同。

根据承包合同，公司的目标是投产第一年盈利150万美元，以后每年递增10%。该目标是以欧洲同行厂家正常满负荷生产数据为基础提出的。为了达到这一目标，要求公司投产后的成本必须接近行业的平均水平，价格也要基本达到欧洲市场价格。考虑到公司建在国内的情况，如果按此目标与国内同类厂家作比照，其资金利润率与投资回报率可分别达到25%与50%。这种水平的目标，通常只有在公司成长期的期末或成熟期的期初、市场环境比较宽松情况下才能达到。

合同签订后，张先生自任公司总经理。考虑到自己在欧洲有许多业务需要照顾，很少有时间呆在国内的具体情况，他专门从欧洲聘请了一位熟悉G产品生产的专家任常务副总，长驻中国，主管技术与市场。当总经理不在公司时，就由常务副总负责。为了帮助常务副总克服语言交流上的困难，又在国内聘请了一位总经理助理。公司的员工主要是面向社会招聘的。

由于招聘到合资公司的员工一律采用合同制，使得年纪略大一点的人都因此望而却步，结果招聘来的员工都十分年轻，公司员工队伍在年龄上没有形成优化组合。为了解决这一问题，公司不得不采用变通的办法，从其他单位借用人员到公司工作。这一办法虽然解决了员工队伍的年龄结构问题，却使得整个员工队伍的成分变得十分复杂，有全民所有制的，有集体所有制的；有固定合同制的，有临时聘用的，还有退休返聘的。根据国家的有关政策，不同身份的职工在家属劳保、医疗保健、退休养老等方面都存在着不同的待遇，致使不同身份的员工对公司的生存、发展有着不同的态度。

K公司在管理上基本上采用欧洲同类厂的管理方式，机构精简，职能集中，每个员工身兼数职，员工总数很少。工作及工序责任分割十分清晰，谁的工作就由谁负责，既不允许相互推诿，也不允许相互帮助。凡完成不了本职工作的人，被视为不能胜任，均应撤换；而如果其他人来帮忙，出了问题就会职责不清。公司内部好像有一条不成文的规定，不应该关心和知道的事，尽量不关心和不打听，包括公司的利润、产品价格、信用状况等，从而在员工心中逐渐形成了一种

“各人自扫门前雪，休管他人瓦上霜”的想法。

在质量管理上，完全采用自检的方式，公司内不设专门从事质量监督以及质量检测的岗位。公司生产线的工人到实验室自行操作，进行产品质量测试，在允许的范围内自己做出调整。公司只设一位产品入库及出厂的质量检验员。在分析制度上采取的做法是，与原工龄工资完全脱钩，按岗位技能的不同采取不同的工资制，其标准由总经理定，因而要求总经理对员工工作情况的好坏必须做到心中有数。

在产品市场方面，公司考虑到G产品在国内是一种新型产品，厂家和市场的接受都需要有一个过程，而在国际市场上则已进入成熟期；产品质量上乘、性能优良、富有特色，销售一般不会有什么问题。所以，公司认为只要价格适当，将产品销售定位在出口上肯定可行，因而不专设产品经营部，国内销售只委托一家合作单位进行。完成员工招聘后，在常任技术副总的带领及培训下，员工很快掌握了操作要领。经过试生产，仅花两个月时间，产品质量就达到设计要求。

经过两个月的努力，第一只集装箱在阵阵鞭炮声中运出公司，成功出口欧洲。公司上下看到了希望，无不为之欢喜雀跃。但好景不长，由于当时国内外情况的急剧变化，原来已下订单的几家欧洲客户频频传真要求暂缓供货，公司海外市场受阻。此时，另有几家海外客户提出降价要求。总经理助理请示远在欧洲的总经理，总经理觉得这与公司原定价格及利润指标有距离，没有同意。这使得公司接连数月没有订单。

在这种情况下，起初员工们还可以练练技术或进行设备维修。但直至当年7、8月份，外销仍无转机，公司原来委托的内销单位推销效果也不佳。为了加强公司的内销力量，总经理临时决定成立产品经营部，积极组织人员奔赴国内各地进行产品推销。但终因为时已晚，回天无力。年终结算：当年公司亏损达人民币400万元，实际生产量只达设计能力的10%。看到这种情况，承包人张先生无奈地提出要求，希望提前终止承包合同，结果400万元的亏损，虽经各方消化，仍以承包人赔偿100万元人民币告终。

资料来源：中国销售培训网，http://www.esalestraining.com.cn/html/guanlial/2007-02-13-0721314575031337.html

问题

1. 从整体上来说，该公司承包失败的主要原因是什么？（　　）

A. 市场机会不好　　　　B. 内部管理失误

C. 员工都是新手　　　　D. 经营管理不善

2. 该公司高层管理人员配备上存在的主要问题是：（　　）

A. 常务副总不熟悉国内情况，无法与公司内外进行有效的沟通

B. 常务副总不懂业务，总经理缺乏经营能力

C. 总经理在欧洲有许多业务需要照顾

D. 总经理助理能力不够强

3. 该公司在内部管理上所表现出来的主要缺点是：（　　）

A. 绝对的集权主义

B. 公司内部分工上存在着严重的相互分割现象

C. 公司上下缺乏有效沟通

D. 公司内部职责不清

五、简答题

1. 什么是领导？领导和管理的关系是什么？
2. 权力的实质是什么？权力有哪些类型？
3. 影响领导有效性的因素有哪些？
4. 领导特质理论研究的主要内容和意义是什么？
5. 领导行为理论和权变理论各有哪些代表性的理论和观点？
6. 管理方格理论的主要内容是什么？9.9 型是最有效的领导方式吗？请解释。
7. 费德勒的领导权变模型研究了哪些环境因素？结论是什么？
8. 随着下属成熟程度的提高，领导方式应如何改变？
9. 按照领导者参与模型，哪些权变因素决定了领导者实施参与的程度？
10. 什么是途径-目标理论？阐述每种领导方式适应的情景？

第六章　控　　制

一、判断题

1. 管理突破是一个过程，即在一个组织中存在着两类问题：急性问题和慢性问题。要使控制工作真正起作用，重点就要解决慢性问题。要打破现状，解决慢性问题，这是需要一定过程的，这段过程称为“管理突破过程”。（　　）
2. 前馈控制是主管人员运用所能得到的最新信息，包括上一个控制循环所产生的经验教训，反复认真地对可能出现的结果进行预测，然后将其同计划要求进行比较，从而在必要时调整计划或控制影响因素，以确保目标的实现。（　　）
3. 反馈控制这类控制工作主要是分析工作的执行结果，将它与控制标准相比较，发现已经发生或即将出现的偏差，修改和更正偏差的过程。（　　）
4. 直接控制是相对于间接控制而言的，它是通过控制下级主管人员的行为来进行控制工作的。（　　）
5. 所谓间接控制是人们根据计划和标准，对比和考核实际结果，在出现偏差之后，通过追查产生偏差的原因和责任，去进行纠正的控制方式。（　　）
6. 同期控制这类控制工作的纠正措施用于正在进行的计划执行过程。它是一种主要为基层主管人员所采取的控制工作方法。主管人员通过深入现场来亲自监督检查，指导和控制下属人员的活动。（　　）
7. 直接控制原理是指主管人员及其下属的素质越高，就越能胜任所承担的职务，就越不需要直接控制。（　　）
8. 预算也是一种计划，它是用数字编制的反映组织在未来某一个时期的综合计划。（　　）
9. 控制是实现计划的保证，控制的目的是为了实现计划。因此，计划越是明确、全面、完整，所设计的控制系统越是能反映这样的计划，则控制也就越有效。（　　）
10. 组织适宜性原理认为若一个组织结构的设计越是明确、完整和完善，所设计的控制系统越是符合组织机构中的职责和职务的要求，就越有助于纠正偏离计划的偏差。（　　）

11. 控制关键点原理认为：为了进行有效的控制，主管人员随时注意计划执行情况的每一个细节，实施全时空控制，通常是十分必要的。(　　)
12. 对高层主管人员来说，消除日常工作中出现的紧急情况，解决急性问题，比系统地分析变化的趋势，研究控制措施的工作有更高的优先权。(　　)
13. 有效的控制要求有客观的、准确的和适当的标准，标准都应是可以测定和可以考核的，必须是定量的。(　　)

二、单项选择题

1. 控制工作的关键是：(　　)
   A. 制定计划　B. 拟定标准　C. 衡量成效　D. 采取措施
2. 控制工作的第一个步骤是：(　　)
   A. 分析问题　B. 纠正偏差　C. 拟定标准　D. 总结经验
3. 管理突破的含义是：(　　)
   A. 改变现有水平　B. 达到前所未有的水平
   C. 保持现有水平　D. 提高现有水平
4. 控制依据的基本标准是：(　　)
   A. 实物标准　B. 费用标准　C. 资金标准　D. 可考核标准
5. 管理控制的基本目的是(　　)
   A. 维持现状　B. 打破现状　C. 改变现状　D. 实现创新
6. 为了维持现状需要解决的问题是(　　)
   A. 急性　B. 慢性　C. 长期　D. 经济
7. 控制活动应该：(　　)
   A. 与计划工作同时进行　B. 先于计划工作进行
   C. 在计划之后进行　D. 与计划工作结合进行
8. 企业要打破现状需要解决的问题是：(　　)
   A. 急性　B. 慢性　C. 短期　D. 偶发性
9. 从某种意义上说，既是计划工作的基石，又是控制的基本标准的是：(　　)
   A. 实物标准　B. 费用标准　C. 收入标准　D. 成本标准
10. 从输出端提取信息的控制是：(　　)
   A. 同期控制　B. 直接控制　C. 前馈控制　D. 反馈控制
11. 通过提高主管人员的素质来进行控制工作的是：(　　)
   A. 间接控制　B. 直接控制　C. 前馈控制　D. 反馈控制
12. 按纠正措施的环节划分的三种类型，其中作为控制工作的基础

是：(　　)

A. 直接控制　B. 同期控制　C. 前馈控制　D. 反馈控制

13. 通过预算特别是现金和流动资金预算来控制财政资金的控制方式为(　　)

A. 反馈控制　B. 间接控制　C. 直接控制　D. 前馈控制

14. 下列控制工作原理中，强调主管人员应注意重要的偏差的是：(　　)

A. 控制关键点原理　B. 直接控制原理

C. 例外情况原理　D. 反映计划要求原理

15. 如果要使控制工作在计划出现失灵或预见不到的变动的情况下保持有效，所涉及的控制系统就要有：(　　)

A. 灵活性　B. 准确性　C. 概括性　D. 客观性

16. 直接控制方法所依据的可靠的假设是：(　　)

A. 下属经常掩盖自己的错误

B. 合格的主管人员所犯的错误最少

C. 下属人员素质低，只能直接控制

D. 实际工作中存在着不肯定性因素

17. 下列属于控制工作原理的是：(　　)

A. 指明目标原理　B. 反映计划要求原理

C. 联络沟通原理　D. 稳定性与适应性相结合原理

18. 利用财务报告分析进行控制属于：(　　)

A. 同期控制　B. 反馈控制　C. 前馈控制　D. 直接控制

19. 质量控制分析属于(　　)

A. 同期控制　B. 前馈控制　C. 反馈控制　D. 直接控制

20. 同期控制方法主要适用于：(　　)

A. 基层主管人员　B. 中层主管人员

C. 高层主管人员　D. 非主管人员

21. 控制工作的下列原理中，强调主管人员及其下属素质的是：(　　)

A. 控制关键点　B. 例外情况　C. 直接控制　D. 反映计划要求

22. 下列属于控制工作原理的是：(　　)

A. 组织适宜性原理　B. 命令一致原理

C. 责权利一致原理　D. 目标统一原理

23. 不管采用哪种控制方法和技术，都必须有一个保障系统，这个系统是：(　　)

A. 研究开发系统　B. 管理信息系统

C. 生产经营指挥系统　D. 信息传递系统

24. 下列属于综合控制方法的是：（ ）
A. 收支预算 B. 时间网络分析 C. 总预算 D. 盈亏平衡点分析

三、多项选择题

1. 同期控制的有效性取决于主管人员的：（ ）
A. 个人素质 B. 个人作风 C. 工作态度 D. 权限和责任
E. 指导的表达方式以及下层对这些指导的理解程度
2. 控制工作的基本步骤包括：（ ）
A. 拟定标准 B. 衡量成效 C. 纠正偏差
D. 职责分配 E. 事后跟踪
3. 管理活动中的“急性问题”是指：（ ）
A. 经常产生的、可迅速地、直接地影响组织日常活动的问题
B. 不易被发现的问题
C. 很容易被发现的问题
D. 对多数人的工作和利益会产生显而易见的影响的问题
E. 不太经常的问题
4. 管理活动中的“慢性问题”是指：（ ）
A. 经常发现的影响组织日常活动的问题
B. 长期存在会影响组织素质的问题
C. 人们对其存在已经习以为常，不愿承认和解决的问题
D. 对多数人的工作和利益会产生显而易见的影响的问题
E. 容易被人们发现、承认和解决的问题
5. 在管理中，控制工作的目的是：（ ）
A. 把控制工作与其他管理职能结合起来，使管理过程形成一个相对封闭的系统
B. 维持现状
C. 打破现状
D. 制定控制标准，以便于更好地进行有效控制
E. 为了对下属工作中的差错进行惩罚
6. 控制工作的基本前提条件是：（ ）
A. 控制机构 B. 控制人员 C. 控制设备
D. 控制标准 E. 控制对象
7. 下列属于控制工作原理的是：（ ）
A. 组织适宜性原理 B. 直接管理原理 C. 直接控制原理
D. 目标统一原理 E. 反映计划要求原理

8. 目前，在组织中应用最广泛的反馈控制方法包括：(　　)

A. 财务报告分析　　B. 质量控制分析　　C. 标准成本分析

D. PERT　　E. 工作人员成绩评定

9. 下列属于运用前馈控制的是：(　　)

A. 企业根据现有产品销售不畅的情况，决定改变产品结构

B. 猎人把瞄准点定在飞奔的野兔的前方

C. 根据虫情预报，农业公司做好储备

D. 汽车驾驶员在上坡时，为了保持一定的车速提前踩加速度器

E. 瞄准靶心射击

10. 按纠正措施采用的环节分类，控制包括：(　　)

A. 同期控制　　B. 间接控制　　C. 直接控制

D. 前馈控制　　E. 反馈控制

11. 例外情况原理要求：(　　)

A. 与控制关键点原理相结合

B. 只注意例外情况是不够的

C. 只注意例外情况已经足够了

D. 应该重点注意一些出现的特别好或特别坏的情况

E. 越把注意力集中在例外的情况上，控制工作就越有效

12. 间接控制方法的前提假设包括：(　　)

A. 工作绩效是可以计量的

B. 人们对工作绩效具有个人责任

C. 追查偏差所需要的时间是有保证的

D. 出现的偏差可以预料并能及时发现

E. 有关部门或人员将会采取纠正措施

13. 概括地说，有效的控制工作需要有什么样的标准？(　　)

A. 最高的　　B. 适当的　　C. 客观的　　D. 准确的

E. 与竞争对手相同的

14. 从预算的性质和作用看，它是：(　　)

A. 一种计划　　B. 一种预测　　C. 一种控制手段　　D. 一种控制

E. 一种优化方法

四、填空题

1. 从计划中选择__________点的能力是一门管理艺术，有效的控制就取决于这种能力。

2. 从某种意义上说，__________是计划工作的基石，也是控制的基本标准。

3. 有了标准以后，首先得明确衡量的手段和__________是什么，落实进行衡量和检查的人员，然后通过衡量工作中的__________获得大量信息，这是控制过程中衡量成效这一步的工作程序。

4. 中层主管人员为了论证实施“管理突破过程”的必要性，需要分别采用__________和__________两种语言，使上下级都认识到其迫切性和必要性。

5. 解决__________问题通常是为了维持现状，而要打破现状，就需解决__________问题。

6. 控制工作通过纠正偏差的行动与其他四个管理职能紧密结合起来，使管理过程形成了一个__________的系统。

7. 控制论是由______国数学家、生物学家、通讯工程师__________创立的。

8. 作为管理的一项职能，控制工作是指主管人员对下层的工作成效进行测量，__________和__________并采取相应纠正措施的过程。

9. 最理想的控制标准是__________的标准。

10. 控制是一个__________过程。

11. 控制有两个前提条件，即__________和__________。

12. 控制工作的基本步骤包括__________、衡量成效和__________。

13. 管理控制工作的目的，不仅要__________，而且要__________。

14. 对于__________的偏差，通过组织结构，查究责任，予以纠正；而对于__________的偏差，则立即修正计划，使之符合实际。

15. 主管人员不仅应当迅速报告偏离计划的实际情况，而且还应当有能预告可能出现__________的系统，以便能有采取措施的时间。

16. 组织适宜性原理要求拟定的控制系统和方法必须要考虑__________，而且应当考虑__________的情况。

17. 直接控制原理意味着任何一种控制的最佳直接方式，就是采取措施来尽可能地保证主管人员的__________。

18. 概括地说，有效的控制工作要求有__________、准确的和__________标准。

19. 如果要使控制工作在计划出现失常或预见不到的变动的情况下保持有效，所涉及的控制系统就要有__________。

20. 一个真正有效的控制系统应能__________未来，及时发现可能出现的偏差，预先采取__________，调整计划，而不是等出了问题再去研究。

21. 控制关键点原理中，关键点的选择主要是一种__________艺术。

22. 反馈控制的工作重点是把注意力集中在__________上，并将它作为未来行为的基础。

23. 对于一个合格的主管人员来说，进行控制工作时，不能没有__________

观点，他要从整体利益出发来进行控制，将各个＿＿＿＿＿协调一致。

24. 在进行同期控制时，要注意避免单凭＿＿＿＿＿进行工作。

25. 按照纠正措施的环节分类，控制工作的类型可分为＿＿＿＿＿＿＿＿、＿＿＿＿＿和＿＿＿＿＿。

26. 直接控制的思想认为＿＿＿的主管人员出的差错＿＿＿＿＿。

27. 预算就是用数字编制未来某一个时期的＿＿＿＿＿，也就是用财务数字或＿＿＿＿＿来表明的结果。

28. 不管采用哪种控制方法和技术，都必须拥有＿＿＿＿＿系统作为保障。

五、案例分析题

案例 1　美孚 USM&R 的平衡计分卡

背景

总部设在弗吉尼亚州法尔法克斯的美孚公司，业务遍及 100 多个国家，与埃克森和壳牌一道，是世界上三大经营油、气和石化事业的公司。美孚 1995 年的投资回报率是 12.8%，在 14 个主要的石油公司中排第 4 名；从 1991 到 1995 年它的平均年股东回报率是 19.1%，在 14 个主要石油公司中居于最高，超过了标准普尔 500 家公司平均年回报率 2 个多百分点。

美孚公司包括五个主要的事业部，即开采与生产（上游业务）、营销与精炼（下游业务）、化工、采矿与冶炼以及房地产。营销与精炼事业部（M&R）将原油在 12 个国家的 20 个精炼厂中加工成燃料、润滑油、石化原料和其他产品。M&R 还将美孚产品分销到 100 多个国家的 19 000 个服务站以及其他网点。在过去 5 年中，总产品销量每年增长率超过 5%。

美孚的美国营销与精炼分公司（以下简称 USM&R）是美国第五大炼油厂商，它拥有五家现代化的炼油厂，其 7700 多个挂着美孚标牌的服务站每天要卖掉 2300 万加仑的汽油。这相当于全国市场 7%的份额（在美国排第四位）。美孚的零售网高度集中，在 18 个州中占有着 12%的份额，所销售的汽油占其总销量的近 95%。最近的增长率约为 3%，尤其集中在高等级品牌上。

1992 年，USM&R 的精炼和营销业务出现亏损，赢利性在美国营销和精炼产业 13 个石油公司中排第 12 位。1993 年开始出现转机，在 1991～1992 年一度低迷的利润和固定资产回报率迅速超过了行业平均水平。到 1994 年为止，USM&R 一直都是按照职能制构造的。供应部门将原油运抵美孚的各个炼油厂；制造部门负责营运炼油厂，将原油加工成为汽油、煤油、燃油、柴油、喷气发动机燃料、润滑油以及其他石化原料；产品供销部门将炼制后的石油产品通过管道、驳船和卡车运抵遍布全国的地区集散站；集散站主管们负责收运、存储和管理石油产品的巨大存货，并且将产品分销到零售商和分销商手中；营销部门决定

USM&R应如何将美孚产品包装、分发并通过批发商和零售商销售给最终顾客。

USM&R1994年的改组

在20世纪90年代早期，USM&R面临着的是这样一种局面，即汽油和其他石油产品需求平缓，竞争加剧，以及资金投入严重不足。1993年的一次调查表明，雇员们感到内部的报告关系、管理过程以及上面的方针等都在窒息着创造性和创新性，与顾客间的关系也是敌对的，人们以一种非常狭隘的方式追求着个人和各自的职能部门的业务成果。在外部咨询人员的协助下，公司上层领导推动开展了对于业务过程和组织有效性的研究。研究得出的结论是：如果USM&R要发展，它必须充分运用其现存资产，并且更加密切地关注顾客，给汽车族以他们需要的东西，而不是组织中的职能专家认为他们应当需要的东西。

1994年，公司上层决定将决策权分散给更接近顾客的经理和员工们。他对USM&R进行了改组，将之划分为17个自然业务单位（natural business units，简称NBU）和14个服务公司（见资料CS4.4.3）。在NBU中包括了销售和分销单位、合成精炼、销售和分销单位或专门产品（例如，蒸馏物、润滑油、液化气）和过程（独立的精炼）单位。

USM&R改组的同时伴随着一个在市场细分基础上的新战略的实施。历史上，美孚和其他石油公司一样，试图通过向所有顾客提供全面的产品和服务来保持规模和增长。汽油营销部门最近进行的一项调查表明，在购买汽油的公众中存在着五个不同的顾客细分市场：行路族（18%）；忠诚族（16%）；3 F族（燃油、食品、速度）（27%）；家庭团体（21%）；看价购买者（20%）。

USM&R决定将业务集中于前三个细分市场（占汽油购买者的61%），在对价格敏感但忠诚度很低的“看价购买者”身上不准备花太多气力，这部分只占消费者总数的20%。新战略要求对所有服务站加以升级，以使他们能够为三个目标顾客市场提供快捷、友好、安全的服务。它也要求美孚的油站便利店转变角色。现在的便利店只是为了对应汽油购买者的冲动型购买，提供一些小食品。USM&R想要重新设计和重新定位它的便利店，使便利店成为顾客专门的购物场所，向顾客提供需要经常购买的食品和小零食等。

USM&R平衡计分卡

新任命的业务单位主管都是在一个自上而下、壁垒森严的职能型组织中成长起来的。有些做过地区销售经理，有些管理过一条管线或一个区域分销网络。长期以来，USM&R一直依靠着的是一些局部性的职能性测量指标，如对制造和分销单位要求的是低成本，对经销商要求的是可用性，对营销单位要求的是利润率和销量，而对负责环境、卫生和安全的职能部门要求的是环境和安全指标。公司仍然是以控制者的思维来思考的，只是在检查过去而不是指导未来。职能性测量指标难以反映公司所追求的东西。公司需要更好的测量指标，以使公司的计划过程能够和行动结合起来，能够鼓励人们去做组织正在追求的事情。

1994年初，USM&R的高层批准了平衡计分卡（BSC）项目。他们聘请了平衡计分卡论文的合作者戴维·诺顿创建的“复兴解决方案”咨询公司来协助项目实施。一个高层推动委员会为BSC项目提供长远规划和指导。1994年1月项目开始时，项目小组同领导班子的每个成员分别进行了2个小时的会谈，目的在于了解他们对于新战略的看法。小组对会谈中得到的信息进行了汇总，并且在戴维·诺顿的帮助下，召开了若干次研讨班以制定各种目标和测量指标。这些目标与测量指标分别涉及到平衡计分卡的四个方面，即财务、顾客、内部业务过程以及学习和增长。

1994年5月，项目小组开发出了一套试验性的USM&R平衡计分卡。在这一阶段，他们吸收了更多的管理人员进来并且分成了8个小组来改进和提炼战略目标与测量指标。这些小组包括了一个财务小组（由分管战略计划的副总裁领导）；两个顾客小组，一个着重于经销商，另一个着重于普通消费者；一个制造小组，主要关注在精炼和加工成本方面的测量指标；一个供应小组，关注存货管理和运输成本；一个环境、健康和安全小组；一个人力资源小组；一个信息技术小组。每一个小组负责确定其相应领域中的目标和测量指标。

各小组还确认了何时应当建立新机制以提供所期望的测量指标。例如，使三个目标市场的顾客满意这一战略要求：所有的美孚加油站都能迅速交货；员工应友善且乐于助人；能够奖励忠诚的顾客。但当时，在这些关键过程上，却没有评价经销商绩效的测量指标。为此，着重于一般消费者顾客的小组制定了一个“微服购买者”计划。在这个项目中，一个第三方的卖主每月在美孚的每个加油站购买汽油和零食，并针对23个项目对经销商的表现打分。这些项目包括加油站的外观、服务区、销售区、人员和休息室等。微服购买者的评分将作为USM&R平衡计分卡上与顾客相关领域中的一个测量指标。

着重于经销商类顾客的小组采取了一项举措以支持经销商训练战略。他们开发出了一套工具，帮助营销代表评价经销商并与之一起改进七个方面的业务绩效。这七个方面是：财务管理、服务港、人事管理、洗车、便利店、汽油购买以及顾客美好购买体验。营销代表针对经销商评分，确定现有优势和改进机会。目的在于改进美孚产品的经销商与批发商的利润表现。这主要是通过经销商的总毛利和副业亦即便利店和服务港的月销售毛利来测量的。

截至1994年8月，八个小组已经为平衡计分卡的四个栏目制定了特定的战略目标，并初步选定了一套相应的测量指标。1994年7～8月，在各小组正在对战略目标和测量指标进一步提炼期间，促进委员会审查了平衡计分卡的每个方面，以确定一到两个关键的战略主题。项目小组还编写了一个小册子用以向USM&R的11 000名雇员沟通这些战略主题。1994年8月，USM&R发布了其最初的平衡计分卡并分发了说明性的小册子。

效果

USM&R 上层管理者对平衡记分卡的效果进行总结和评价：

在 3～4 年中，我们摆脱了在同行中最差的地位，一跃成为了同行中的排头兵，我们还获得了上亿的现金流入。平衡计分卡做出了很大的贡献。它使我们有的放矢，使我们的活动同战略目标保持一致。它也是一种非常好的沟通工具，可以告诉我们业务的情况。而且它也是一种很好的学习工具，员工们现在清楚他们的日常工作是如何影响 USM&R 的绩效的。我们所面临的挑战是如何保持这个绩效。我们已经看到的只是冰山一角。我希望人们利用计分卡去关注更大的增长机会。

问题

分析总结平衡记分卡的效果。

案例 2　网络时代的控制

网络时代管理者必须面临什么样的控制问题？最重要的两项内容是：控制员工在工作时的“精神涣散”；控制潜在的骚扰、偏见及其他有害行为。

实践表明，在网络环境下员工工作时特别容易精神涣散，尤其是在他们的工作没有趣味或他们产生了特别大的压力时。由于计算机是所有网络的血液，所以员工必须拥有计算机并且接受在线信息。这样在员工为工作而上网时就不可避免会有网上冲浪、玩在线游戏或其他类型的在线娱乐之类的分散精力的行为。另一方面，这种特殊控制主题还在于网络企业的员工根本就不在现场办公的问题。许多网络企业的员工是 SOHO 一族或虚拟员工，他们在一个城市的各个地方，甚至在地球的另一边。他们与经理或公司仅仅通过计算机网络进行联系。管理者根本没有机会进行走动式管理。管理者不可能随时随地往门内瞧一眼发生了什么事。假定这种挑战是真实的，网络企业的管理者如何能够期望控制员工的工作绩效？

想一想利用前馈、同期和反馈的机制来控制潜在的工作涣散问题是有帮助的。在前馈控制方面，网络企业中最有效率的员工是那些独自工作都很有效率、能够很好地进行自我控制的员工，因此管理者应该雇用这种类型的个人，制定灵活的工作政策并明确要求工作必须有效和高效率地完成。在同期控制方面，保持公开和持续的沟通，尤其是在员工与他们的管理者几周或几个月都不能面对面接触的虚拟环境下，沟通方式不能老是以电子邮件的形式，尽管这是一种最突出的选择。即便是在最隔绝的网络环境下的员工有时也需要语言上的接触，偶尔也需要有选择性地用监视软件对个别员工的工作进行监督。无论如何，员工需要意识到他们的工作是可能受到监督的。当然也得承认员工有时花一点时间浏览网页或玩计算机游戏可能工作效率会更高。最后，反馈控制应该包括员工定期递交报告说明其完成的工作的类型和数量。

网络企业管理者的第二项主要控制主题可能就是与可能通过滥用互联网和电子邮件引起的骚扰、偏见、歧视和性侵犯行为作斗争。越来越多的证据表明，许多员工采用电子通信时并不能像传统工作方式时那样保持克制。正如一位律师所说的，员工和经理"都知道在工作场所不能挂色情挂历。他们也都知道在工作场所不能开有关种族和性别歧视的玩笑"。但同样是这些人，可能会认为工作时通过电子邮件传递关于种族和性别歧视的玩笑或下载色情图片是可以接受的。无论如何，轻松地点击发送和下载按钮看起来确实会丧失他们适当和合法行为的意识。网络企业的管理者如何解决这种特殊的控制问题?

所有的组织，尤其是网络企业，需要一项政策来说明不合适的电子沟通方式。这项政策需要反复说明管理者有权监督员工对互联网和电子邮件的使用。如果骚扰和歧视行为确实发生了，电子记录可以帮助确定发生了什么事情并有助于管理者迅速采取行动。最后，这项政策应该明确说明违反或违背后的纪律处罚。

问题

1. 试分析网络企业控制所面临的新问题，并说明如何实施有效的控制。

2. 20 世纪 80 年代中期以后，随着信息技术和经济一体化不断发展，企业竞争日益激励，各种新的管理理念和管理方式、工作方式不断涌现，如授权管理、自我管理、团队工作、家庭办公、自由职业人等。因此，有人提出管理中的控制工作没有用了，应该取消。试根据控制工作的内涵和要求，阐明自己的看法。

案例 3　林肯电器公司

我们设想一下，有这样一个管理系统，它获得了如此巨大的成功，以至于人们都把它当做一个专有名词来看待，其他企业也争相把它作为自己公司的标杆或者学习的楷模——那就是林肯管理系统（Lincoln Management System）。位于俄亥俄州的林肯电力公司（Lincoln Electric）20 世纪 90 年代末正处于这样的状态之中。多年来，其他公司都设法去揭示林肯电力公司的奥秘——为什么他们的管理者能够发掘出员工的最大生产力和最高生产质量，即使是在经济困难时期也是如此。

林肯电力公司是一家领先的焊接产品、焊接设备和电动机制造商，销售额高达 10 亿美元，在全世界拥有 6000 名员工。该公司的产品广泛用于切割、制造和修理其他的金属制品。虽然它是一家上市的公司，但是林肯家族成员拥有 60%以上的股权。

林肯电力公司采用多种多样的控制方法。该公司的工作任务是严格、明确、详细界定的，员工必须达到苛刻的、可以测度的绩效标准。然而，林肯管理系统的成功在很大程度上要归功于其建立在公开、信任、共同控制和平等精神基础之上的企业文化。虽然公司管理者和员工之间界线分明，但是管理人员尊重生产工人的专门知识和技能，并重视他们对企业业务的多方面贡献。公司制定了面向所有高级管理者、中层管理者和生产工人的开放性政策，鼓励大家进行经常的、面对面的沟通和交流；只要工人们认为公司的做法和报酬比例不公平，就可以勇敢地挑战管理层的权威。大多数员工都是从中学直接招募而来的，公司对他们进行培训和轮岗以后，就让他们去担负特定的工作任务，其中有些人最终被提拔到了高级管理岗位。因为林肯电力公司奉行的是内部提拔，所以许多员工一辈子都在林肯公司工作。

林肯公司的创始人认为，公司应当基于特定的价值观，比如诚实、信任、坦诚、自我管理（自律）、忠诚、责任感和协作精神等。这些价值观一直是林肯公司企业文化的核心理念，管理者经常奖励那些体现出企业价值观的员工。由于林肯公司在员工社会化方面极有成效的工作，所以，员工在工作中自我控制程度很高。生产工人实行计件工资制，外加绩效奖金。员工还有资格领取年度奖金，该年度奖金是随着公司财富的变化而变动的。公司还制定并实施员工持股计划，员工们可以参与购买公司的股票。奖金取决于多个因素，比如生产率、质量、可靠性以及同其他员工的合作情况等。众所周知，林肯公司的车间工人每年的收入超过 10 万美元，此外，还有其他非实物的奖励。赏识技艺、参与感、贡献感、团队精神都是林肯电力公司盛行的内在奖励方式。跨职能的团队被授予决策权，负责产品的设计、开发和市场营销工作。关于公司经营和财务状况的信息是在公司的所有员工中公开共享的。

林肯公司高度重视预测和解决客户提出的问题。销售代表都受过必要的技术培训，他们能够准确理解顾客的需求，帮助客户了解和使用林肯公司的产品，并解决有关问题。通过按照严格的责任标准和对所有员工的生产率、质量以及创新能力进行正式考评。公司高度关注生产流程，以此来支持其“以客户为中心”的核心理念。此外，公司还采用一个名叫“Rhythm”的软件来实现生产过程物流的现代化。

林肯管理系统在美国运行得非常好。其文化价值观、坦诚沟通、正式控制系统和薪酬体系相互作用，将管理者、员工和组织的目标整合在一起，同时还鼓励组织及员工的学习和发展。现在，林肯公司正在探索，它的管理系统在海外是否同样有效。尽管林肯公司大部分利润来自国内业务，而且 20 世纪 90 年代在国外建立的合资企业也使公司亏损了巨额资金，但是高层管理者依然希望拓展全球业务，因为海外市场的发展速度远远超过了美国的国内市场。不过，到目前为止，林肯公司的管理者还没有制定出针对全球运营的战略控制计划，相反，他们所依靠的仅仅是照搬国内的林肯管理系统。

资料来源：Joseph Maciariello：A pattern of success：can this company be duplicated? Drucker Management. 1997，1：7～11

问题

1. 本案例中的控制方法属于前馈控制、同期控制和反馈控制中的哪一种？请予以解释说明。

2. 基于案例所提供的材料，你认为林肯管理系统成功的原因是什么？

3. 你认为林肯电力公司的控制方式倾向于集权控制还是分权控制？为什么？

案例 4　药物检验：关于控制系统的争议

目前，在某些美国企业，员工滥用药物成为一个严重的问题，滥用药物可能的后果是受伤、生病、旷工、颓废、偷窃，从而降低劳动生产效率。美国健康与人力服务部的一项调查显示，50 岁以下的员工中有近 10%的人经常非法使用药物。估计美国员工由于非法使用药物每年造成的损失会达到 250 亿美元。问题的严重性促使管理者寻找减少或阻止滥用药物的方法。一项常用的手段就是实施药物检验。

近 3/4 的大公司都有药物检验项目。有关研究机构的报告表明药物检验通常针对蓝领员工而不是白领员工。在某些情况（如事故或过多的旷工）下，或随机、或对所有员工、或对所有的求职者进行药物检验。最常用的检验方法是尿样检验；对员工提供的尿样进行化学检验以确定是否滥用药物。

有些人对药物检验有强烈的抵触情绪，许多反对意见是基于哲学和体制上的理由。他们抗辩说这种检验侵犯了他们的私生活，特别是这些测试发现他们在私人时间内用了药物，而其实药物的作用已经没有了；他们还抗辩说检验侵犯了个人私生活的权利，构成了无理的检查和剥夺。人们反对的理由还有尿检不是100%的准确，错误的“阳性”结果意味着使用了违禁的药物，而实际上此人可能根本就没有使用违禁药物，有些食物及可以在合法店铺里买到的合法药物有时也会造成这种结果。

员工对这一控制系统的反应已经不只停留在口头上。有许多人开始提起诉讼，对这一项目进行挑战；还有一些人参加了测试，但尽量避免被检查出来，他们改变用药的时间或剂量，提交朋友的尿样或在自己的尿样里放进其他物质使检验失效。而且，干净的尿样可以买到。在 8 0 年代药物检验流行的时候，人们在大街上出售尿样。现在，甚至可以邮购。

雇主的对策是加强了控制系统。一个常用的方法是让人监督员工提供自己的尿样，避免欺骗行为。有些公司使用昂贵、准确的化学测试，还有些公司雇佣私人侦探或缉毒警犬。至少有一家公司现在正在推销一个替代的方法——用来检测眼手协调性是否适合日常工作的录像游戏。

资料来源：M. 伯利斯，“蓝领工人面对更多的药物检验”，《劳动力》，1997 年 8 月，第 22 页。

问题

1. 这一案例反映了控制系统面临着什么问题？

2. 从有效的控制标准、可用的信息传递、员工对控制方式的授受程度、实施控制的有效性等方面，评价该控制系统的有效性。

案例 5　苏南机械有限公司

苏南机械有限公司是江南的一个拥有 3000 多名职工的国有企业，主要生产金属切削机械。公司建立于解放初期，当初只是一个几十人的小厂。公司从小到大，经历了几十年的风风雨雨，为国家作出过很大的贡献。20 世纪 80 年代，公司取得了一系列令人羡慕的殊荣：经主管局、市有关部门及国家有关部委的考核，公司各项指标均达到了规定的要求，被评为国家一级企业；厂里的当家产品，质量很好，获得了国家银质奖。外贸体制的改革，逐渐打破了国家对外贸的垄断，除了外贸公司有权从事外贸外，有关部门经考核，挑选了一部分有经营外贸潜力的国有大、中型企业，赋予它们外贸自主权，让它们直接进入国际市场，从事外贸业务。公司就是在这种形势下，受到上级有关部门的青睐，获得了外贸自主权。

进入 90 年代，企业上上下下都感到日子吃紧，虽然经过转制，工厂改制成了公司，但资金问题日益突出，一方面公司受“三角债”的困扰，另一方面产品积压严重，销售不畅。为此公司领导多次专门研究销售工作，大部分人都认为，公司的产品销不动，常常竞争不过一些三资企业和乡镇企业，问题不在产品质量，而主要是在销售部门的工作上。因此，近几年公司对销售工作做了几次大的改革，先是打破了只有公司销售部门独家对外进行销售的格局，赋予各分厂（即原来的各车间）进行对外销售的权力，还另外组建了几个销售门市部，从而形成一种竞争的局面，利用多方力量来推动销售工作，公司下达包括价格浮动幅度在内的一些指标来加以控制。与此同时，公司对原来的销售科进行了充实调整工作，把销售科改为销售处，以后又改为销售部，现在正式改为销售公司。在人员上也作了调整，抽调了一批有一定技术、各方面表现均不错的同志充实进销售公司。这样一来，从事销售工作的人员增加了不少，销售的口子也从原来一个变成了十几个。当初人们担心，这样会造成混乱，但由于公司通过一些指标加以控制，所以基本上没有出现这种情况。但是销售工作不景气的状况却没有根本改变，这是近年来一直困扰公司领导的一大问题。

与此同时，公司的外销业务有了长足的发展。当初公司从事外销工作的一共只有五六个人，是销售科内的一个外销组，以后公司获得了外贸自主权，公司决定成立进出口部专门从事外销工作，人员也从原来的几个发展到了今天的 30 个：除了 12 个人在外销仓库，18 个人中有 5 个外销员，5 个货源员，其他的人从事单证、商检、海关、船运、后勤等各项工作。公司专门抽调了老王担任进出口部经理。老王今年 50 岁，一直担任车间、科室的主要领导，是公司有名的实力派人物。在王经理的带领下，进出口部的业绩令人瞩目：1996 年的外销量做到了 450 万美元，1997 年达到 500 万美元，1998 年计划为 650 万美元，1～9 月份已达到了 500 多万美元，看来完成预定的计划是不成问题的。

成绩是显著的，但问题矛盾也不少。进出口部成立以来，有三件事一直困扰着王经理。一是外销产品中，本公司产品一直上不去。公司每年下达指标，要求进出口部出口本公司一定量的产品，如 1998 年的指标是 650 万美元的外销量，其中本公司的产品应达 350 万美元。公司的理由是：内销有困难，进出口部要为公司挑担子；虽然做公司产品，对进出口部来讲没多大利润，但这关系到全公司 3000 人的吃饭问题。因此，进出口部只得接这任务，王经理再将指标分解给外销员，即每人做 70 万美元的本公司产品，可结果总是完不成。王经理和外销员都反映，完不成的责任不在进出口部，因为订单来了，本公司分厂不能及时交货，价格也有问题，所以只能让其他厂去做，进出口部做收购，这样既控制价格、质量，又能及时交货。讲穿了，做本公司的产品，进出口部要去求分厂，而做外购是人家求进出口部，好处也就不言而喻了。公司对进出口部完成不了本公司产品的出口任务一直有意见，进出口部与各分厂的关系也搞得很僵，而且矛盾还在发展之中。二是外销员队伍的稳定问题。近几年已有几位外销员跳了槽，而且跳出去的人据说都“发”了，有的自己开公司做贸易，有的跳到别的外贸公司，因为他们是业务熟手，手中又有客户，所以都享有很高待遇，一句话，比在原来公司好多了。这又影响了现在的外销员。公司虽然在工资、奖金上向外销员作了倾斜，但他们比跳槽的收入还差一大截，因此总有些人心不定，有的已在公开扬言要走。王经理也听到一些消息，说是有的人已在外面悄悄干上了。面对这样的状况，王经理心里万分着急，他知道，培养一个好的外销员不易，走掉一个外销员，就会带走一批生意。他深知问题的严重性，也想了好多办法，想留住人心，比如搞些活动，加强沟通等等，但在有些人身上收效很少。该怎么办呢？这是王经理一直在思考的问题。

资料来源：http://hi.baibu.com/dameo/blog/item/51fbc13ff4076fc37c1e716c.html

问题

1. 本来公司完成 1998 年外销任务是不成问题的，为什么完不成任务？

2. 为什么公司有大量销售人员外流，应如何留住他们？

案例 6　施贵宝公司内部控制制度

一、内部控制的目标

第一，保护资产的安全。第二，准确反映企业财务状况，给决策提供可靠保证。第三，保证政策规章和法规被遵守。第四，提高管理效率。

二、内部控制的基本原则

1. 不相容职务相分离的原则

所谓不相容职务，是指那些如果由一个人担任，既可能弄虚作假，又能够掩盖其错误行为的职务。不相容职务分离就是要求把不相容职务由不同的人担任。该公司的内部控制制度正是通过对授权、签发、核准、执行、记录五个环节合理的分工，实现了不相容职务的分离，保证了内部控制作用的发挥。

2. 合理的授权制度

授权制度指企业在处理经济业务时，经过授权批准进行控制，即规定每一类经济业务的审批程序，以便按程序办理审批，避免越级审批和违规审批的情况发生。

3. 适当的信息记录

记录企业内部控制的重要方面信息。信息记录可分为管理文件和会计记录。

4. 可靠的资产安全

其主要内容有：限制接近、定购盘点、记录保护、财产保险、财产记录监控。

5. 健全的内部审计

三、内部控制流程设计

1. 收入循环

(1) 定单处理。该公司在发展新客户时，采取了非常严格的考核制度，如要求新客户证照齐全，同时还需要进行其他全面的考察。此外，定单必须顺序编号，如有缺号，必须查明原因。

(2) 信用和退货控制。该公司根据自身实际经营状况、市场竞争的激烈程度与客户信誉情况等制定信用标准，并按规定向客户授予一定的信用额度。此外，该公司还严格控制销售质量，以减少退货损失。

(3) 开票与发货。开票与发货职务相分离。开票以有关票据为依据，如客户的购货定单、发货通知单等。发货通知单要编号，以保证所有发出货物均开票。发票和发货单须经有关主管部门和人员审批。

(4) 应收账款管理。定期检查应收账款明细账余额并进行账龄分析。定期与客户对账，及时催收、回笼资金。确保收到的款项按时入账，并按事件顺序销账。

2. 生产循环

(1) 生产循环职责分离。生产计划的编制与复核、审批相分离；产成品的验收与产品制造相分离；存货的审批、发放、保管与记账相分离等。

(2) 存货保管责任与实物安全控制。该公司建立了严格的存货保管制度，以保证实物财产的安全。同时，对存货规定合理的储存定额，定期考核，积极处理超储积压的存货，加速资金周转。

(3) 定期对存货进行盘点，做到账实相符、账卡相符、账表相符、账账相符，并购买足额保险。

3. 付款循环

(1) 采购。原材料的请购、采购、验收、付款、记账必须由不同的人员担任。采购员只能在批准的采购计划内就货物名称、规格、数量进行采购，不得擅自改变采购价格与内容。

(2) 验收。只有经过验货后方可执行付款的审批手续（预付款业务除外），此举旨在保证货物的价格、质量、规格等符合标准。验收部门则严格按合同规定的品种、数量、质量进行验收。

(3) 付款。发票价格、运输费、税款等必须与合同复核无误，凭证齐全后方可办理结算，支付货款，且货款必须通过银行办理转账。定期核对应付账款明细账与总分类账。

4. 信息管理

(1) 凭证连续编号，凭证的使用必须按编号次序依次使用。领用空白凭证必须经过登记备案。

(2) 建立定期复核制度，定期对凭证的填制、记账、过账和编制报表的工作进行复核。

(3) 建立总分类账和明细分类账，总分类账和日记账的核对制度。

(4) 业务经办人员在处理有关业务后必须签名，盖章，以备日后追溯责任。

(5) 建立完善的凭证传递程序。

(6) 执行定期的会计信息分析制度，以便及时发现信息失误。

在内部控制过程中，应该注意：一是要求成本效益分析；二是注意例外控制；三是防止内部控制执行人渎职；四是防止管理层滥用授权。

资料来源：http://www.gzii.gov.cn/left2/qygl/xdgl/2001.8/82103-x.html

问题

1. 中美上海施贵宝制药有限公司采取了哪些方面的控制活动？

2. 中美上海施贵宝制药有限公司的内部控制方法有哪些优点和不足，你有什么改进建议？

案例 7　华润公司运行 6S 管理体系

中国华润总公司控股的华润（集团）有限公司设在香港。6S 管理体系是华润公司从自身实际出发探索出的管理多元化集团企业的一种系统化管理模式。6S 管理体系将集团内部多元化的业务及资产划分为责任单位并作为利润中心进行专业化管理，其组织领导及监督实施机构是集团董事会下设的 6S 委员会。6S 既是一个全面预算管理体系，也是一个多元化的信息管理系统。

一、利润中心编码体系（profit center number system）

在专业化分工的基础上，将集团及下属公司按管理会计的原则划分为多个业务相对统一的利润中心（称为一级利润中心），每个利润中心再划分为更小的分支利润中心（称为二级利润中心等），并逐一编制号码，使管理排列清晰。这个体系较清晰地包括集团绝大部分资产，同时使每个利润中心对自身的管理也有清楚的界定，便于对每项业务实行监控。

二、利润中心管理报告体系（profit center management account system）

在利润中心编码体系的基础上，每个利润中心按规定的格式和内容编制管理会计报表，具体由集团财务部统一制定并不断完善。管理报告每月一次，包括每个利润中心的营业额、损益、资产负债、现金流量、成本费用、盈利能力、应收账款、不良资产等情况，并附有公司简评。每个利润中心报表最终汇总为集团的管理报告。

三、利润中心预算体系（profit center budget system）

在利润中心分类的基础上，全面推行预算管理，将经营目标落实到每个利润中心，并层层分解，最终落实到每个责任人每个月的经营上，这样不仅使管理者对自身业务有较长远和较透彻的认识，还能从背离预算的程度上去发现问题，并及时加以解决。预算的方法由下而上，由上而下，不断反复和修正，最后汇总形成整个集团的全面预算报告。

四、利润中心评价体系（profit center measurement system）

预算执行情况需要进行评价，而评价体系要能促进经营目标的实现。根据每个利润中心业务的不同，度身订立一个评价体系，但总体上主要是通过获利能力、过程及综合能力指标进行评价。每一个指标项下再根据各业务点的不同情况细分为能反映该利润点经营业绩及整体表现的许多明细指标，目的是要做到公平合理，既可以兼顾到不同业务点的经营情况，又可以促进业务改进提高，加强管理。其中有些是定量指标，有些是定性指标，而对不确定部分集团则有最终决定权。集团根据各利润中心业务好坏及其前景，决定资金的支持重点，同时对下属企业的资金使用和派息政策，将根据业务发展方向统一决定，不实行包干式资金管理。而对利润中心非经营性的资产转让或会计调整的盈亏，则不能与经营性业绩混在一起评价，但可视具体情况给予奖惩。

五、利润中心审计体系（profit center audit system）

集团内部审计是管理控制系统的再控制环节，集团通过审计来强化全面预算管理的推行，提高管理信息系统的质量。

六、利润中心经理人考核体系（profit center manager evaluation system）

预算的责任具体落实到各级责任人，从而考核也要落实到利润中心经理人。利润中心经理人考核体系主要从业绩评价、管理素质、职业操守三方面对经理人进行评价，得出利润中心经理人目前的工作表现、今后的发展潜力、能够胜任的职务和工作建议。根据以上三部分的考核结果，进一步决定对经理人的奖惩和使用。

围绕6S管理体系的建设，集团还做了一些完善和配套工作：

（1）建立服务中心考核体系。将集团职能部室设定为服务中心，并对这些与利润没有直接联系的管理部门，如何进行考核及如何以民主形式进行监督作出规定。主要做法是：对各服务中心进行定位，明确其主要职能；提出评价及量化服务中心工作质量的指引；规定服务中心考核办法；根据考评结果决定奖惩办法。

（2）改革用人制度。一级利润中心经理人聘任增加了内部公开招聘的程序。公开报名，统一考试，人事部门综合评议，推荐候选人名单，经常务董事会面试后聘任。这一做法已在多家单位实行。另外，根据对一级利润中心、服务中心的考评结果，对表现优异者由集团总经理向常务董事会建议人选新一届领导班子。这样，使干部提拔使用进一步透明化、规范化，并促使6S管理体系真正落到实处。

资料来源：http://www.zh09.com/Article/rcsc/200606/56628.html

问题

1. 华润的预算控制系统的主要内容是什么？
2. 这一系统有什么优缺点？请试对它进行评价。

六、简答题

1. 简述控制工作与其他管理职能的关系。
2. 一般控制与管理控制有哪些异同点？
3. 简述实现“管理突破”的步骤。
4. 总结控制工作与其他管理职能的关系。
5. 直接控制工作有哪些优点？
6. 控制工作有哪些要求？

7. 简述实行有效的前馈控制的必要条件。
8. 预算控制可能的风险有哪些?
9. 简述预算的编制步骤。
10. 简述管理信息系统对组织的影响。
11. 举例说明盈亏平衡分析在控制中的应用。
12. 举例说明控制关键点的原理。
13. 结合实际，谈谈如何有效地实施控制工作。

七、论述题

1. 试述控制工作的步骤和重要性。
2. 联系实际论述预算的不足及改进方法。
3. 阐述计划评审技术的优缺点。
4. 举例说明间接控制方式的局限性。
5. 举例说明直接控制的假设的合理性和这种控制方式优点。

第七章　决　　策

一、判断题

1. 群体决策与个人决策相比有许多优点，所以在组织活动中均应采用群体决策方式。(　　)
2. 西蒙认为，企业中的决策就是依据最优的评价标准，选择出最优的决策方案。(　　)
3. 决策的目的就是选择一个最佳方案。(　　)
4. 决策树分析方法对确定型、不确定型和风险型决策都是适用的。(　　)
5. 非确定型决策方法中的悲观原则也称为小中取大准则。(　　)
6. 业务决策，又称管理决策，属于执行战略性决策过程中的具体决策。(　　)
7. 有限理性模型又称西蒙模型或西蒙最满意模型。它是一个比较现实的模型，它认为人的理性是完全理性和完全非理性之间的一种有限理性。(　　)
8. 只要决策者按正确的决策程序和决策方法办事，就一定能找到最优的决策方案。(　　)
9. 企业战略决策思想越深入人心，其战略的实施就越有效。(　　)
10. 群体决策易于采用高风险的决策。(　　)
11. 个人决策比群体决策创造力高。(　　)
12. 风险型决策也称随机决策，即决策方案未来的自然状态不能预先肯定，可能有几种状态，但每种自然状态发生的概率是可以作出客观估计的，所以不管哪个决策方案都是有风险的。(　　)
13. 战术决策又称管理决策或策略决策，它是指为了实现战略目标，而作出的带有局部性的具体决策。它主要由企业高层领导制定。(　　)
14. 决策者在作决策时，应正确处理组织内部各个单元之间、组织与社会、组织与其他组织之间的关系，在充分考虑局部利益的基础上，把提高整体效用放在首位，实现决策方案的整体满意。(　　)
15. 满意决策模型是在“决策者的理性是有限的”这一认识的基础上提出的。(　　)
16. 参与同一决策的人数越多，决策分担的责任就越小，但决策推销的成本会更高。(　　)

17. 在决策者素质一定的条件下，群体决策比个人决策创造力高，且失误的可能性也小。（ ）
18. 下级参与决策程度越深，决策的质量就越高。（ ）
19. 必须迅速做出的决策属于时间敏感决策，时间敏感决策对速度的要求甚于质量。（ ）
20. 直觉决策没有任何依据，因此在实际工作中应该避免。（ ）
21. 决策允许反复试验，以取得最佳效果。（ ）
22. 信息越多并不能保证决策就越科学。（ ）

二、单项选择题

1. 有一种说法认为“管理就是决策”，这实际上意味着：（ ）

A. 对于管理者来说，只要善于决策就一定能够获得成功

B. 管理的复杂性和挑战性都是由于决策的复杂性而导致的

C. 决策能力对于管理的成功具有特别重要的作用

D. 管理首先需要的就是面对复杂的环境作出决策

2. 决策条件或自然状态是明确的，一个方案只有一种结果，这种决策称为：（ ）

A. 预测性决策 B. 风险性决策 C. 管理决策 D. 确定性决策

3. 越是组织的上层主管人员，所做出的决策越倾向于：（ ）

A. 战略的、常规的、肯定的 B. 战术的、非常规的、风险的

C. 战略的、非常规的、风险的 D. 战略的、非常规的、肯定的

4. 相对于个人决策而言，群体决策既有其优点，也存在着比较明显的缺点。因此必须根据所做决策的具体情况，决定采用相应的决策方式。以下几种情况中，哪一种通常不采取群体决策方式？（ ）

A. 确定长期投资于哪一种股票 B. 决定一个重要副手的工作安排

C. 选择某种新产品的上市时机 D. 签署一项产品销售合同

5. 受决策者个性影响最大的决策类型是：（ ）

A. 确定型决策 B. 不确定型决策 C. 多目标决策 D. 程序型决策

6. 下列决策哪一项属于程序化决策？（ ）

A. 突发洪水，确定抢险救灾方案 B. 企业组织结构调整

C. 开发新产品 D. 物料订购

7. 以下项目中不是决策特征的是：（ ）

A. 明确而具体的决策目标 B. 有两个以上的备选方案

C. 以了解和掌握的信息为基础 D. 追求的是最优最好的方案

8. 在管理决策中，许多管理人员认为只要选取满意的方案即可，而无须刻

意追求最优的方案。对于这种观点，你认为以下哪种解释最有说服力？（　　）

A. 现实中不存在所谓的最优方案，所以选中的都只是满意方案

B. 现实管理决策中常常由于时间太紧而来不及寻找最优方案

C. 由于管理者对什么是最优决策无法达成共识，只有退而求其次

D. 刻意追求最优方案，常常会由于代价太高而最终得不偿失

9. 决策者在决策时，要确定一套标准进行方案的比较选择，一般来讲要求这些标准应当是：（　　）

A. 绝对理性的　　B. 令人满意的　　C. 最优的　　D. 完全合理的

10. 评价决策效果的优劣主要以（　　）作为标准。

A. 决策的质量或合理性　　B. 下属对决策的接受程度

C. 作出决策所需要的时间　　D. 以上三者都是

11. 相传英国有个名叫霍布森的商人，他在卖马的时候一直说，允许顾客任意挑选马匹，但需要符合一个条件，即只能挑选最靠近门边的那一匹。在此例中，顾客拥有的决策权限是：（　　）

A. 很大，因为他可以任意挑选马匹

B. 很小，因为他的决策前提受到了严格控制

C. 无大小之别，因为这里顾客只是在买马，而不是在作决策

D. 无法判断，因为决策权限大小取决于所做决策的类型与重要程度

12. 现代决策理论的创始人是1978年度诺贝尔经济学奖获得者：（　　）

A. 美国的马歇贝尔教授　　B. 美国的西蒙教授

C. 前苏联的李森科院士　　D. 科斯教授

13. 美国克莱斯勒汽车公司的总经理艾柯卡普曾经说过："等到委员会讨论以后再射击，野鸭子早就飞走了。"关于这句话，正确的理解是：（　　）

A. 委员会决策目标往往不明确

B. 委员会决策的正确性往往较差

C. 群体决策往往不能把握市场的动向

D. 群体决策往往不讲究时效性，只考虑作出合理的决策

14. 有两个卖冰棍的个体户，平日里每天每人均能卖200支。某日天气不太好，甲进货时少进了100支，一天下来，全部卖掉，甲高兴自己的精明。乙进货时，其父嘱："多进100支，今天'早雨不过午'，10点钟雨停，12点阳光灿烂，13点开始闷热。"因其父昨天已看了天气预报，其子遵嘱，进了300支，一天下来，也全卖掉了，乙高兴其父精明。据此，你同意以下哪种看法？（　　）

A. 科学预测是正确决策的依据

B. 甲与乙的做法相当于两个企业的相对萎缩和绝对扩大

C. 乙父比乙子精明

D. 人算不如天算

15. 有位先生计划买一辆家用轿车，拟在甲、乙、丙三个品牌中做出选择。他考虑的主要方面是价廉、省油、可靠和舒适，并认为这四点重要程度是均等的。经过一番考察，他对这三个品牌汽车作出了如表 7-1 所示的评价（分）。

表 7-1

	甲品牌	乙品牌	丙品牌
价廉方面	80	60	40
省油方面	50	50	70
可靠方面	70	60	60
舒适方面	20	30	70

根据这位先生的评价，他不应该购买的车是：（　　）

A. 甲品牌　　B. 乙品牌　　C. 丙品牌　　D. 不确定

16. 西蒙研究现代管理理论得出的结论是：（　　）

A. 管理就是策划　　B. 决策就是管理

C. 管理就是决策　　D. 管理就是实现计划

17. （　　）是为未来的行动制定多种可供选择的方案，并决定采用某种方案的过程。

A. 决策　　B. 决定　　C. 决议　　D. 计划

18. 高层管理者的主要工作是：（　　）

A. 决策　　B. 控制　　C. 协调　　D. 领导

19. 主要是根据决策人员的直觉、经验和判断能力来进行的决策是：（　　）

A. 确定型决策　　B. 不确定型决策

C. 程序化决策　　D. 非程序化决策

20. 人们在实践中创造了若干种在不确定条件下的决策系列，采用何种原则视决策者的（　　）和决策的实际情况而定。

A. 悟性　　B. 性格　　C. 能力　　D. 知识占有水平

21. 非确定型决策问题的主要特点在于：（　　）

A. 各方案所面临的自然状态未知　　B. 各自然状态发生的概率未知

C. 各方案在各自然状态下的损益值未知　　D. 各自然状态发生的概率已知

22. 乐观决策原则的理论基础是：（　　）

A. 假定未来状态中最有利情况必然发生

B. 假定未来状态中最不利情况必然发生

C. 假定未来状态中最有利情况肯定不发生

D. 假定未来状态中各种情况等可能发生

23. 企业面临的境况正日益变得更为复杂多变，企业的决策越来越难以靠个人的智力与经验来应付了，因此现代决策应该更多地依靠：(　　)

A. 多目标协调　B. 集体智慧　C. 动态规划　D. 下级意见

24. (　　)是现代决策的原则之一。

A. 先决策，后民主实施　B. 先民主，后集中

C. 实行大民主　D. 高度集中制

25. 企业经营方案决策最终所选出的方案一般为：(　　)

A. 成本最低的方案　B. 较为满意的方案

C. 各个目标都最佳的方案　D. 实现利润最大的方案

26. 非理性决策具备下列哪个特征？(　　)

A. 知识完备　B. 价值观一致　C. 择优　D. 信息有限

27. 某企业拟购置一套大型设备，甲、乙、丙三个供应商的报价相同，设备性能也一样，只是使用过程中需要的维修费用不同，预计情况如表 7-2 所示。

表 7-2

供应商	甲		乙		丙	
设备每年维修费/万元	40	10	30	20	50	10
发生的可能性/%	40	60	40	60	30	70

根据以上信息，企业应购买哪个供应商的设备？(　　)

A. 甲　B. 乙　C. 丙　D. 甲或丙

28. 你召集下属开会，研究解决领导所布置的一项紧急任务，结果会上有几位同志的讲话与主题相关度很小而且比较啰嗦，耽误了很多时间，你认为如何处理这种情况较好？(　　)

A. 任其讲下去，让其他与会者群起而攻之

B. 不客气地打断其讲话，让别人发言

C. 有策略地打断其讲话，指出时间很宝贵

D. 允许其畅所欲言，以广开言路

29. 假定你主持一个由公司智囊团参加的会议，讨论公司发展的战略问题。如果你在会上听到了许多与你观点不同的意见，而且你也知道这些意见有失偏颇是因为发言者掌握的资料不全。对此你最好采取哪一种做法？(　　)

A. 视情况谈一谈自己对一些重要问题的看法

B. 既然是智囊团会议，就应允许畅所欲言

C. 及时提供资料，证明这些意见的错误

D. 及时打断这些发言，以发表自己的高见

30. 张经理面对三种投资方案的选择，专家预计这三种方案近三年的获利情况如表 7-3 所示，根据这些信息，你赞同以下哪一条关于这三种方案优劣的判断？（　　）

表 7-3

	第一年利润	第二年利润	第三年利润
甲方案	1 500	1 100	1 100
乙方案	1 200	1 500	1 000
丙方案	1 400	1 200	1 100

A. 这三个方案没有什么区别　　B. 乙优于甲，甲优于丙
C. 甲优于乙，乙优于丙　　D. 甲优于丙，丙优于乙

31. 在决策要素中，决策者无法控制但又对决策后果起重大影响的要素是：（　　）

A. 决策方案　B. 决策环境　C. 决策变量　D. 决策评价

32. 现有两个所需代价相同的投资方案，其成败的可能性与损益情况如表 7-4所示。

表 7-4

情行方案	获利	成功可能性/%	损失	失败可能性/%
第一方案	100	60	−50	40
第二方案	500	60	−650	40

根据以上情况，你认为以下几种说法中，哪一种说法更为科学？（　　）

A. 由于这两个方案都有 40%的可能失败，所以，均不可能获利
B. 第二方案的经营风险性要比第一方案大
C. 这两个方案的获利期望值都是 40 万元，所以它们没有什么差别
D. 第二方案成功时可获利 500 万元，可见第二方案要比第一方案好

33. 某企业原先重大战略决策的基本过程是由各部门（如财务部、销售部、生产部、人事部等）独立把各自部门的情况写成报告送给总经理，再由总经理综合完成有关的战略方案。后来，对此过程作了些调整，这就是：总经理收到各部门呈上的报告后，有选择地找些管理人员来磋商，最后由自己形成决策。再后来，总经理在收到报告后，就把这些报告交给一个由各部门人员共同参与组成的委员会，通过委员会全体成员的面对面讨论，最终形成有关决策。对此你的看法是：（　　）

A. 这种处理方式的改变对企业战略决策以及其他方面的工作没什么

影响

B. 这种处理方式的改变可以大大提高企业决策的效率

C. 这种处理方式的改变增加了沟通范围，有利于战略决策的实施

D. 这种处理方式的改变提高了企业上下信息沟通的效率

34. “决策者的理性限制”，其中的“限制”不包括下列因素中的哪一种？（　　）

A. 决策者的权力有限　　B. 决策者的知识有限

C. 决策者预见能力有限　　D. 决策者设计能力有限

35. 我国决定开发西部的决策属于：（　　）

A. 战术决策　B. 激进决策　C. 目标决策　D. 战略决策

36. 不确定性决策和风险性决策的主要区别在于：（　　）

A. 风险的大小　　B. 可控程度

C. 能否估计事件的概率　　D. 环境的稳定性

37. 决策者的个性对（　　）决策影响最大。

A. 风险型　B. 肯定型　C. 非确定型　D. 程序化

38. 例外决策，是具有极大偶然性、随机性，又无先例可循且具有大量不确定性的决策活动，其方法和步骤也是难以程序化、标准化，不能重复使用的。这类决策属于：（　　）

A. 风险型决策　　B. 不确定型决策

C. 非程序化决策　　D. 多目标决策

39. 历史上，福特汽车公司在向市场投放经济实用的艾德舍尔型汽车之前，曾花大力气收集了可能得到的大量统计数字。所有的数字都显示，这种型号的汽车正是市场所需要的。可当时顾客购买汽车从量入为出转为凭爱好购买这一情况的变化，却被忽略了。在这种变化被数字统计捕获到的时候，则为时已晚——福特已经将这种型号汽车投放市场而遭到了惨重失败。这个实例说明了：（　　）

A. 对市场需求的变化，只要使用适当的统计方法，本来是能够预测到趋势中的各种转变的，但福特公司因配备的统计分析人员反应不灵敏而遭致了失败

B. 福特公司的失败主要是因为其市场研究人员过于倚重可量化的数字，由此阻碍了他们去觉察现实中出现的变化

C. 依赖数量化信息的收集和处理是理性决策法优越于经验决策法的主要方面，福特公司的失败就在于没有摈弃传统的经验决策法

D. 就一项重大决策的质量而言，信息收集中的问题与信息处理中的问题相比较，后者所起的作用更为重要，上述福特公司的实例就有力地说明了这一点

40. 某高科技企业近年的发展遇到难题，据该企业总经理分析，主要是由于他自己在寻找顾客、开拓市场上投入精力太多，而在如何加强项目组织以很好完成所承接的业务上投入精力不够。结果导致所承接的业务常常不能如期完成，顾客抱怨较多，从而挫伤了从事这些项目的骨干技术开发人员的积极性，致使其创造性与工作激情大减，更使完成项目变成了一项沉重的负担。对于如何帮助该企业走出这样的困境，有关咨询专家提出了以下四条建议，其中最关键的是：（ ）

A. 集中精力做好现有顾客业务工作，以此赢得顾客口碑

B. 在承接业务时加强可行性论证，以免接得下而做不了

C. 招聘一位市场开拓人才以分担总经理的业务开拓任务

D. 通过引进高水平技术开发人才以增强企业的研发能力

41. 企业中有些问题可以通过制度化方式来处理，而另有一些问题则不能，还有些问题如果进行制度化处理则会导致效率下降。对于一个企业的经营来说，面临以下各种情况时，最没有必要且不能制度化的是：（ ）

A. 随着企业市场规模的增大，应收账款总额急剧上升

B. 随着引进人才增多，企业核心经营理念更趋多元化

C. 随着我国加入世贸组织，市场变化将更具不确定性

D. 企业上下人均收入的提高所导致的员工心态变差

三、填空题

1. 在决策者素质一定的条件下，个人决策比群体决策失误的可能性__________。

2. 按决策所要解决的问题的重复程度来划分，决策可分为__________和__________两种。在实际的管理工作中，约有80%的决策属于__________决策。

3. 按决策需要解决的问题来划分，决策可分为__________和__________两种。在实际的管理工作中，组织的大部分决策属于______决策。

4. 规范决策理论是在______假说的基础上形成的，而行为决策理论是在________假说的基础上形成的。

5. 与规范决策理论相比较的行为决策理论包括__________、__________和________。

6. 决策除了受人员因素影响以外，还会受到周围许多因素的影响，通常表现为决策过程中的__________因素。

7. 明确要解决的问题，然后启发大家畅所欲言，通过集思广益来提出多种可选择方案的方案制定方法是__________或称__________；而为防止思维方式束缚，不直接提出要解决的问题，采取间接逼近的集思广益的方案制定方法是

__________，又称为__________。

8. ________是由美国兰德公司提出的，采用定量和定性相结合的方法进行决策，它已成为一种非常普及的技术预测方法。

9. 按决策影响的时间长短，决策可以分为__________和__________。事关组织的发展方向或全局性的战略决策一般属于__________。

10. 按照决策的重要程度划分，决策可以分为__________、__________及________________三种。高层领导主要侧重________________，基层领导主要侧重__________。

11. 按照决策目标数量划分，决策可分为__________与__________。选择权重，利用加权平均法是处理________的一种常用方法。

12. 决策目标是决策问题本质的概括与抽象，一般而言，目标有三个特点：__________；__________；__________。否则，目标至少是模糊的。

13. 组织中的大部分决策属于追踪决策，追踪决策需要双重优化：第一重优化是__________，第二重优化是__________。

14. 决策的科学性是指决策者有知识、能力和经验，掌握充分而准确的__________，遵循决策的原理原则，用科学的决策方法，做出__________的决策。

15. 规范决策理论模型又称为古典模型、经济模型或生态模型。这个模型认为决策者能够作出__________选择，决策者是______________的。

16. 价值标准就是落实目标，作为以后评价和选择方案的基本依据。其中，物质性的价值准则主要包括______指标、__________指标、____________指标，等等。

四、案例分析单选题

案例 1　新民钟表公司

新民钟表公司位于W市城乡接合部，固定资产约5000万元，是一个1000人的国有中型企业。公司自20世纪50年代成立以来，有过辉煌的历史。进入90年代后，全国手表行业中除飞亚达、罗西尼等少数几个企业经营情况尚好外，大多数企业经营状况都不好，新民钟表公司也出现了经济效益恶化的局面。市轻工局撤换了企业原领导班子，经过竞选，李茂盛担任了公司总经理。李茂盛一上任就大刀阔斧地精简机构，把公司科室人员由80人精简到40人，加强了现场管理和质量管理。新民钟表公司的主要产品是机械表和机芯。经市场调查，机械表在国内市场已不受欢迎，全行业销售额呈逐年下降趋势。公司年产机芯100万只，主要卖给香港的中间商，每个机芯的售价在12.60～12.70元。由于没有达到约1000万只的经济规模，每个机芯的成本为12.50元左右，比同行厂家高许多。公司生产的低档机械表在省外根本卖不出去，在本省的市场占有率已由前几年的10%下降到了5%，并且其主要购买对象在农村。目前企业实际上已处于亏损状态。李总经理担心，一旦香港中间商停止订货，企业将陷入更大困境。公司经过多次研究，认为必须搞多角化经营。为此，公司在厂区外租了几间房和一块空地，开设了餐厅与卡拉OK厅，建造了钓鱼池和游泳池，并办起了一个“新民度假村”。公司还进入第一产业，办起了养猪场、养鸡场和养兔场。公司了解到在距公司100多公里的山区，许多农民开采铁矿砂非常赚钱。李总经理通过亲自考察，并经全体员工讨论，决定开办新民铁矿砂厂。在征得有关金融管理部门同意后，公司召开了全体职工大会。李总经理在会上说：“当前公司严重亏损，机芯和机械表销售情况不好，资金极为短缺。我们每个职工一定要认清形势，团结一心，黄土变成金。今天我动员大家集资自救，自力更生。我本人愿出1万元。希望同志们在保证生活不受影响的情况下，自愿集资，不要勉强。我们保证集资款的利率高于银行利息率。将来铁矿砂厂赢利后，再按资分红。尽快把铁矿砂厂办起来，就可以帮助公司解决当前发展的难题。”在李总经理的号召和带动下，仅两周时间，公司就集资100余万元，再从各车间抽调了得力人员，经过紧张的筹备，半年后新民铁矿砂厂就土法上马了。开工第一个月赢利40万元。李总经理非常兴奋地说：“我们现在是一、二、三产业并举，农、工、商齐上，照这样的势头发展下去，我们的公司是大有希望的。”但是好景不长，过了不久，土法上马的铁矿砂厂出了事故，山坡上的废泥浆由于堆放过多，流进了农民的庭院，冲毁了几间民房。环保部门勒令新民铁矿砂厂停产并处以罚款。由于地理位置不好，游客不多，再加上经营不善，“新民度假村”也出现了亏损。公司的养殖业原来是由一个农大毕业生管理，但他认为公司没有发展前途，不久前离职而去。这使得李总经理及公司陷入了极度困难之中。

问题

1. 从管理的角度来看，你认为李总经理上任伊始首先应该抓什么工作？（ ）

A. 精简机构、现场管理和质量管理，将产品成本降下来

B. 市场营销，把销售队伍和销售策略抓好，其他都是次要的

C. 职工思想，只要把职工的干劲鼓起来，什么事都好办

D. 企业经营总体战略的制定，这影响和决定了企业的发展方向

2. 你认为新民钟表公司还要不要继续生产机械表？（ ）

A. 应当继续生产机械表，中国市场很大，可以包容任何产品

B. 应当生产高档机械表，许多高价名牌手表都很好销

C. 不应继续生产机械表，机械表产品已经进入衰退期

D. 不应继续生产机械表，目前没有一家手表厂经营是成功的

3. 新民钟表公司土法上马铁矿砂厂的决策是否正确？为什么？（　　）

A. 正确，因为铁矿砂厂每月可赢利 40 万元，解决了公司的燃眉之急

B. 正确，李总经理亲自做过调研，并经全公司员工讨论，符合科学决策程序

C. 错误，企业上下缺乏沟通，还没有对办厂达成共识

D. 错误，项目上马未经科学有效的论证，对项目风险未做充分估计

4. 新民钟表公司上马铁矿砂厂属于以下哪一种决策类型？（　　）

A. 战略决策　　B. 日常决策　　C. 程序性决策　　D. 产品决策

5. 你认为公司选择的度假村、养殖场和铁矿砂厂这三个项目，在哪些方面存在着共同性与相互促进作用？（　　）

A. 市场营销　　B. 生产技术　　C. 日常管理　　D. 以上都不对

6. 该公司多角化经营战略失败的最主要原因是什么？（　　）

A. 上马项目论证不够充分，决策考虑不够科学全面

B. 李总经理对工作不够投入，没有依靠职工群众力量

C. 企业优势没有正常发挥，抓住的机会未充分利用

D. 企业普通职工水平不高，缺乏高水平的科技人员

案例 2　马厂长和他的“党政联席会议”

1999 年 2 月 8 日早上 8 点，滨城制鞋厂的“党政联席会议”照例准时开始。马玉柱厂长坐在主席的位置上，手里夹着一支香烟。马玉柱，47 岁，当年退伍后进制鞋厂当工人，因头脑灵活，积极肯干，逐步被提升为干部。后来，他利用业余时间自学，取得了大专文凭。20 世纪 90 年代以来，激烈的竞争使滨城制鞋厂的经营状况开始滑坡。马玉柱被委以重任，担任该厂厂长。1996 年初，滨城市的另一家国有制鞋厂破产倒闭，全部的资产、工人和退休人员由滨城制鞋厂接收。两厂合并后，马厂长经过定岗、定编，确定了全厂 1200 人的规模，加上已退休的 1000 多名人员，全厂每月发放工资加退休金就需要 80 多万元。为了工厂的生存，马厂长亲自抓销售方面的工作，带领业务人员跑市场，联络客户。两年多来，工人的工资和退休人员的退休金从未迟发过，奖金拖欠不超过 3 个月。随着竞争日趋激烈，市场销售工作的难度越来越大。一段时间内，销售科只见费用增长，不见销量增长。为了使机器照常运转，为了保住客户，为了工厂的长远发展，马厂长和销售科的人员只能咬牙坚持着。这种局面，引起了全厂职工的不解和猜测。厂内议论纷纷，认为销售部门花钱大手大脚，公款吃喝不加控制，低价签销售合同而置工厂利益于不顾，说不定个人拿了回扣，等等。反映最多的是由倒闭厂并入的职工，他们纷纷向厂党委郭书记反映情况，财务科毕总会计师也经

常拿着销售公司的报销单据向郭书记告状。对生产、销售方面的工作一向不插手的郭书记，接到这么多的反映意见，不能不出面从大政方针上进行干预。他在党委会上多次批评销售科彭科长，指出：“销售量与费用不成比例，这本身就是大问题，很不正常!”并准备采取措施进行整顿。马厂长也感受到上上下下的压力，觉得非常棘手。

市场如此困难，工作如此艰辛，可群众却不知情，这种态势如果不能很好控制，势必造成局面失控。经过思索，他向郭书记提出了成立厂“党政联席会议”的设想。马厂长的提议，经厂党委会研究得以通过。“党政联席会议”定于每个工作日早上 8 点举行，10 点结束。会议成员包括厂党委书记、厂长、各支部书记、各部门负责人、工人代表等。会议的程序是：由马厂长担任主席主持会议，各部门依次汇报本部门的工作。与会人员有权利提出质询，汇报人必须详尽解答。厂内各项重要决策，必须经 2/3 以上的与会人员通过方可付诸执行。“党政联席会议”实行一段时间后，厂里对销售科用款的议论、指责渐渐平息下来。会议成员十分珍惜自己的权力，大都准时出席会议。一时间，全厂职工的主人翁感空前强烈，当家作主的热情空前高涨。所有这一切，马厂长都真切地感受到了。为了进一步使工作顺利开展，使稳定的局面长期持续下去，作为“党政联席会议”的补充措施，他劝说郭书记担任销售科的“日常事务监管”，规定销售科的工作要向郭书记请示、汇报。做了一辈子党务工作的郭书记，对新的角色十分投入。他经常主动来到销售科听取汇报。他总是十分谦虚地征求业务人员的意见，做些大政方针上的指示，放手让业务员自主地工作。渐渐地，他感觉到销售科业务人员的工作十分辛苦，常常连家里的重要事情都顾不上。为扩大工厂的销售量，他们几乎到了忘我的境界。就这样，郭书记成了销售科强有力的后盾，谁家亲属生病，他亲自上门慰问；谁家里有了困难，他派人解决。

1999 年 2 月 8 日，这一天是星期一，又是农历小年，临近春节，要研究的事情很多。不过，马厂长认为最重要的是彭科长上周签订的一笔“低价销售合同”的通过问题。事情是这样的，上一星期，彭科长去一家公司催收货款，这家公司是滨城制鞋厂多年以来的外销客户，关系一直很好。彭科长和该公司的严总经理谈到厂内库存尚有 6000 多双出口鞋，希望严总能帮助推销一下，价格好商量。严总当即向国外客户发盘，国外客户也于当日还盘。根据客户还盘价，严总提出以每双 28 元的价格收购，并要求工厂改包装。彭科长请示了马厂长后，与该公司签订了合同。严总的公司为此预付了 12 万元货款。今天是彭科长出差归来后头一天上班，他先是向大家汇报了催款的结果，然后谈到了这个合同。彭科长的汇报立即引起了强烈的反响，大多数人表示反对。毕总会计师情绪激动地站了起来说：“为什么我们原价 54 元的鞋要卖 28 元，而且还要改包装？别说是工资、设备，就连原料成本也收不回来！我实在难以理解。”说完，他长时间地盯着彭科长，临坐下时还扫了马厂长一眼。毕总的发言，得到了许多人的附和。彭科长只好做进一步的解释："这批鞋已经存放了2年多，再压下去恐怕还要贬值。现在趁着外商要货，我们可以减少资金占用，通过变现以盘活库存，加快资金周转。"但无论彭科长作何解释，反对的意见仍然占了上风，会议进行到11点，最后表决通过决议：此合同不予执行。

会议结束后，马厂长令彭科长立即向严总经理通报，此合同厂里不准备执行，应予以撤销。电话那边，严总立时火冒三丈。无奈，彭科长只能简单地介绍一下"联席会议"的情况，告诉他决议一旦做出，是很难更改的。严总马上又与马厂长通电话，马厂长除了表示抱歉之外，也无能为力。中午，严总亲自书写了一份1500字的长篇传真，发往滨城制鞋厂。下午一上班，马厂长拿着传真出现在郭书记的办公室。转天早上8点，会议室内，马厂长宣布开会。他让会议秘书向每人发了一份传真复印件，说："大家先详细地看一遍这份文件，我们再重新研究昨天关于库存鞋变卖合同的问题。"半个小时过去了，许多人已不止一次地看过这份传真，一些人开始交头接耳，小声议论着。看到这些，马厂长宣布："下面由郭书记讲话。"郭书记举了举手中的传真复印件说："同志们，这份传真从昨天下午到现在，我已经看了不止10遍了，不知道你们的感受如何。我认为这是一份难得的教材，它帮助我们了解市场，了解外贸常识，很值得认真学习呀。"于是，郭书记带领大家，学起了这份1500余字的传真。10时30分，会议结束。会议做出决议：撤销昨天的会议决议，合同予以执行。

资料来源：2000年MBA联考管理试题

问题

1. "党政联席会议"制度实施后，马厂长的权力结构发生了什么变化？（　　）

   A. 来自于职位的权力减少了，而来自于个人的权力增多了

   B. 来自于职位的权力没有变化，来自于个人的权力增多了

   C. 来自于职位的权力和个人的权力都减少了

   D. 来自于职位的权力减少了，来自于个人的权力变化无法做出判断

2. "党政联席会议"起到的正、负向作用是什么？（　　）

   A. 正向作用是加强了内部沟通，负向作用是降低了工作效率

   B. 正向作用是提高了决策质量，负向作用是淡化了工厂内部的创新意识

   C. 正向作用是使管理分工更合理，负向作用是弱化了部分管理人员的工作责任

   D. 正向作用是调动了工厂内部的参与意识，负向作用是造成了职责不清

3. 管理工作同样是有成本的。仅就库存鞋合同是否应予以执行这一项决策

而言，以下哪一项不属于这一决策的管理成本范畴？(　　)

A. 会议的时间　　B. 严总的传真费用

C. 会议准备材料　　D. 彭科长前往严总所在公司的差旅费

4. 请站在马厂长角度分析毕总会计师的发言，你认为毕总会计师是否称职？(　　)

A. 不称职，因为他缺乏从工厂整体角度分析问题的全局意识

B. 不称职，因为他的发言很有攻击性，不利于沟通

C. 称职，作为总会计师必须考虑成本核算问题

D. 称职，因为他敢于直言，不计较私利

5. 致使马厂长决定推出“党政联席会议”制度的根本原因是什么？(　　)

A. 兼并所带来的组织文化冲突

B. 党政分工不明确和配合不佳

C. 部门或利益群体间的冲突和不协调

D. 以往的决策速度太慢，无法适应市场竞争的要求

案例3　E公司的发展

E公司创建于1958年，是直属邮电部的全民所有制骨干企业，中国邮电工业总公司（PTIC集团）的核心成员厂。经过多年的艰苦创业与不断探索，尤其是近年来，充分利用改革开放的大好时机，依托科技与人才的优势，积极调整产品结构，自觉深化企业改革，企业已从一家邮电设备的修配厂，一跃发展成为以研制、开发、生产经营移动通信、程控交换、激光照排、数字传输、无线通信为主的多种电子通信设备的专业厂家。

从1958年建厂到1979年，E公司的经营是在计划经济模式下进行的，企业没有明确的经营战略。1980年后，邮电部的生产计划指标已远远不能满足企业的生产能力，拥有3000多万元生产能力的E公司只拿到了90万元的计划生产指标。此时E公司的决策者决定开发产品档次不算太高但颇有市场需求的电视机、电风扇和电源接插件。这一决策充分利用了企业的资产存量，1984年企业的人均劳动生产率达到16 031元，销售收入为2785万元，均比1980年增加了一倍。这一决策的重要性，还在于增强了E公司全体员工的市场营销意识与营销能力。

在技术、资金有了一定积累的条件下，企业决策者认为，随着家电行业同行竞争者的增多，企业的产品如没有特色就很难获利。因此1985年后，E公司积极寻求有较高技术档次的新产品，其中主要是积极参加了原电子部组织的激光照排项目的合作攻关，这一努力，使E公司形成了“以激光照排为主、数字特高频与移动通信为辅”的“一主多辅”的经营格局，对提高E公司的技术能力与今后的技术引进起点，起了较为关键的作用。

20世纪80年代末期，E公司生产经营的产品（如无线特高频设备）大部分为模拟制式，尽管当时还拥有一定的市场，但从长远来看，产品结构已趋老化，市场面临衰退。在这关键时刻，E公司的高层决策者清醒地看到，改革开放是大势所趋，随着世界经济的发展，通信必然要实现数字化、全球化。决策者还敏锐地预测到，作为国家重要基础设施的邮电建设将会以高于30%的速度超前发展，电话会大面积普及，而且会出现固定电话向移动电话转移的新需求。而当时国家通信建设急需的移动通信、万门程控等现代通信设备一度主要依靠直接进口，美国的摩托罗拉、瑞典的爱立信、日本的NEC等国际大公司均致力于抢占中国的大市场。鉴于这一情况，E公司的高层决策者根据企业所拥有的技术水平与国内的大市场，果断地提出了“高新技术起点、多渠道技术引进、高速度形成规模经营”的经营战略，并由此做出了两个具有超凡胆识的决策：一是尽早与世界著名的无线通信产品制造商——美国的M公司签订蜂窝电话手持机与基站系统设备技术引进合同；二是冒险加盟UJD04型数字程控交换机的合作攻关。

这两项决策的制定与实现，从根本上改变了E公司的产品结构，企业发展出现了新的生机，1992年就提前完成了“八五”原定计划，实现销售收入4亿元，1993年销售收入猛增至15亿元，1996年实现销售收入40亿元，全员劳动生产率高达86.2万元，与1958年建厂时相比国有资产增加了200余倍。E公司开拓了一条值得国有大中型骨干企业借鉴的自强奋进、跳跃发展的成功之路。

但是，E公司在发展中面临着技术风险。目前E公司移动电话手持机、基站系统有80%的关键部件还依赖进口，这种依赖在近几年还将进一步加重；由于自主研发的投入还较少，E公司的技术发展方向还受制于国外公司。E公司的自主开发能力与跳跃发展的产业规模和经济指标不匹配。

此外，E公司的经营风险也很大。随着市场经济的进一步发展，对通信设备的需求将会越来越大，而通信产品的高利润，将吸引越来越多的国内企业加入通信行业；同时，国外大公司会进一步进入中国市场，因此，市场竞争会更加激烈。

问题

1. E公司决策成功的主要原因是：（　　）

A. 决策的合理性　　B. 决策的可行性

C. 决策的超前性　　D. 决策的及时性

2. E公司生产电视机、电风扇和电源接插件是：（　　）

A. 经营战略错误　　B. 产品选择错误

C. 市场分析错误　　D. 适应市场需求的正确决策

3. E公司与M公司合作的意图主要是：（　　）

A. 获得制造技术　　B. 获得管理技术

C. 获得营销网络　　D. 获得开发技术

4. E公司跳跃发展的秘诀是：(　　)

A. 政府支持　　B. 国外公司的支持

C. 科技、人才的支持　　D. 超前认识

5. 从本案例看，E公司的经营风险主要是：(　　)

A. 高水平人才少　　B. 产品单一

C. 未来产品方向不明　　D. 对国外公司的依赖

案例4　苏星公司的战略选择

苏星公司是一家以生产牙膏为主的企业。最近，公司召开了一次高层管理会议，重点讨论公司的中期发展战略。总经理高先生认为，随着时间的推移，苏星公司的销售额和市场占有率将很难再有所提高，几个主要股东不会满意这种低增长，他们已习惯了苏星在前几年的高增长。因此，高总经理不同意单纯在现有基础上扩充公司主业规模的主张，而强烈主张公司应积极拓展新的业务领域。

高总在会议上这样分析："根据我所掌握的资料，我公司目前的主业市场需求将趋于稳定。但是有两点我们必须注意：第一点是在过去的一年中，我们的主业市场上新增加了三家竞争对手，而且估计还有三家不久将会加入到我公司的主要行业中来。尽管这些现实的和潜在的竞争者在其目标市场选择上避开了与我公司完全重合，但它们迟早会直接或间接地对我们形成冲击。据我所知，其中有两家公司正在筹备引进国外设备，通过扩张生产规模而降低单位生产成本，估计两三年后，国内牙膏市场将出现一轮新的价格战，这肯定将影响我们的业绩。所以，高价格和高利润的时代已快过去了。在我看来，从现在起，我们将面对严酷的竞争。第二点是现在国外一些发达国家已经开始流行一种漱口液，这种漱口液不仅具有牙膏的功能，而且具有清洁喉部的功效。另外，这种漱口液产品不需使用牙刷，用起来很方便。我估计用不了很长时间，国内各个城市的白领阶层将接受这种产品。毫无疑问，这将对我公司的主业形成直接冲击。因此，我的意见是，我们应该从现在起开始考虑我们的主业调整，而绝不能再像以前那样，对牙膏产品经营保持那么高的投入。"

会上，大家非常认真地听取了高总经理的报告，但是最后并没有完全采纳这位总经理的分析。许多人并不是不同意高总的分析，而是担心对于公司的主业调整一旦没有计划设想的那样顺利，那么，公司的效益下滑将超出人们可以接受的范围。大多数人觉得比较稳妥的做法是分两个方面同步进行：一方面，稳住牙膏这一主产品的经营；另一方面，积极着手寻找新的生产领域。高总经理也接受了这样的建议。高总认为，在牙膏市场上，为迎接公司即将面临的激

烈竞争，必须设法进一步扩大市场。这就是：一方面，对现有市场进行渗透，设法鼓励公司顾客多消费苏星的产品；另一方面，选择农村等亚市场进行开发。在对主市场的渗透方面，高总和公司其他高级主管经过反复研究，提出了下列三项基本策略：

第一，强化促销活动。准备与当地政府以及有关医疗机构联合，在全国各大城市开展宣传活动。估计全部宣传活动结束以后，可以增加销售额 1.12 亿元，利润 2300 万元。

第二，改变产品包装。分别针对单身用户、两口之家、三口之家以及四口以上的大家庭推出不同的牙膏组件，以刺激人们更多地消费牙膏。这样一来，估计可以增加 9%的年销量。

第三，实行差别价格策略。据市场研究部门估计，在各种用户群中，三口之家对降价是最敏感的，降价 5 个百分点可导致大约 10 个百分点的利润增加。

以上三种策略，成功的概率各有不同。高总经理等人估计，第一项策略的成功有六成把握，而第二、第三项策略成功的可能性分别为 35%和 70%。

在新市场开发方面，高总等人最终决定，以城市人口中 55～65 岁的消费群为目标市场，推出一种有固齿功效的药物牙膏，尽快将新产品投放市场。因为该项调查报告表明，在我国中老年中，平均 6%的人有固齿的需要，而目前国内市场上还没有相应的产品。

资料来源：2000 年 MBA 联考管理试题

问题

1. 如果不考虑股东的偏好，那么下列哪一项措施最适合苏星公司的经营条件？（　　）

A. 按照高总的意见，立即调整公司的主业，收缩乃至放弃目前牙膏的生产经营

B. 保持牙膏产品的经营，但要加强对产品特色的宣传，同时寻找新的经营领域

C. 按前几年的策略继续发展下去

D. 保持牙膏产品的经营，同时做好打价格战的准备

2. 在市场渗透和市场开发的策略分析中，苏星公司面临的决策问题分别属于哪种类型？（　　）

A. 追踪决策和初始决策　　B. 初始决策和追踪决策

C. 都是追踪决策　　D. 都是初始决策

3. 从案例资料看，若站在苏星公司的立场上，高总经理对城市白领阶层牙膏消费潜力的判断是：（　　）

A. 中性的　　B. 乐观的　　C. 悲观的　　D. 不定的

4. 如果苏星公司的新产品开发取得成功，那么该企业的替代品威胁将有什么变化?（　　）

A. 变大　　B. 变小　　C. 无法判断

D. 不会改变，因为替代品威胁的状况与新产品开发的成败无关

5. 关于苏星公司为进行市场渗透设计的三项策略，下列哪种说法是不准确的?（　　）

A. 三项策略均有一定的风险　B. 第二项策略风险最大

C. 第三项策略风险最小　　D. 第三项策略收益最大

案例 5　长达公司的战略决策

长达公司是以生产民用橡胶制品为主的中小型企业。公司产品品种繁多，大小 20 余种，主要是传统的民用产品，有一部分也供给其他企业做配件。橡胶制品行业目前处于技术含量不高、产品微利、竞争却非常激烈的状况。但在经济形势日趋好转、国民经济保持稳步发展的环境下，整个行业也略有发展，近年来平均发展速度大体上为 5%。长达公司这几年由于产品品种的缘故，销路尚可，销售增长率缓慢上升，平均保持在 4.5%～4.8%的水平。该公司产品有部分出口，但由于出口量不大，因此国内、国外的销售工作均由销售部负责。最近公司正在为如何开拓市场，扩大市场占有率而花费心机。公司总经理召集各部门经理进行商议。会上有人提出问题在于缺乏有竞争力的产品，现有的产品都是别的企业也有的，大家都“在一个锅里抢饭”，不如另辟蹊径。现在社会上棒球爱好者极多，特别是中小学生在课余时间普遍练习棒球。而真正的棒球钉鞋价钱太高，普通的胶底鞋又不甚合用。公司可以开发出一种硬质的胶底鞋，来满足市场的需要，同时也为自己开辟出一个新的市场。大家对此非常赞同，于是围绕这一创意展开广泛讨论。研究与开发部门认为开发这一新产品技术上不成问题；但生产部门提出是新建还是改建生产线，需要慎重考虑。销售部也提出原来的产品尚有一定市场，不应放弃。财务部经理告诉大家，由于公司的产品在市场上的销路尚可，因此资金的周转基本正常。

总之，从目前公司各方面情况来看，条件还是有利的。经过研究，生产硬质胶底鞋的创意正式通过。研究与开发部随后研制出一种专供打棒球用的硬底胶鞋，质量也不错。生产部门随即改造了一条普通胶底鞋生产线将新产品投入批量生产。与此同时，销售部在全国展开广告宣传，并将产品推向市场。

但是，事与愿违，销售成绩并不理想，批发商和零售商因产品滞销而纷纷要求退货。可以说这一计划是全盘失败了。

问题

1. 该公司为发展新产品而召开的会议上，各部门经理纷纷发言，此时他们行使的是：(　　)

A. 直线职权　B. 职能职权　C. 参谋职权　D. 决策权

2. 案例中虽未详细描述，但根据现有的资料，推知该公司开发新产品的决策属于：(　　)。

A. 确定型决策　B. 风险型决策　C. 战术型决策　D. 非确定型决策

3. 换个角度考虑，长达公司开发出的硬胶底鞋对真正的棒球钉鞋的威胁是哪种？(　　)

A. 很大　B. 很小　C. 没有　D. 无法判断

4. 长达公司失败的原因是：(　　)

A. 决策错误　B. 没有进行市场需求调查

C. 促销方式有问题　D. 产品不适用

5. 现在已是产品滞销，最可行的补救措施是：(　　)

A. 加大促销工作力度，让消费者真正了解产品

B. 停止生产并回收产品，重新加工成其他橡胶再生制品

C. 停止生产并设法以成本价将存货处理掉

D. 重新进行市场调查，根据消费者需要改进产品

案例 6　立德公司的出路在哪里?

立德公司建于 1958 年，现已发展成为研发、生产、经营移动通信等多种电子通信设备的专业厂家。企业决策者认为，随着家电行业同行竞争者的增多，企业的产品如果没有特色就很难获利。1985 年后，立德公司积极寻求有较高技术的新产品，参加了电子工业部组织的激光照排项目的合作攻关，这一努力使立德公司形成了“激光照排为主，数字特高频与移动通信为辅”的经营格局，对提高立德公司的技术能力与今后的技术引进起点，起到了较为关键的作用。

20 世纪 80 年代末期，立德公司生产经营的产品（如无线特高频设备）大都为模拟制式，市场面临衰退。在这关键时刻，立德公司的高层决策者看到，通信必然要实现数字化、全球化。决策者还预测到，邮电将会以高于 30%的速度发展，电话会大面积普及且向移动电话转移的新需求。而当时国家通信建设急需的移动通信设备依靠直接进口。

鉴于此，立德公司的高层决策者根据企业所拥有的技术水平与国内的大市场，果断地提出了“高技术起点、多渠道技术引进”的经营战略，并由此做出了两个具有超凡胆识的决策：一是尽早与美国的 M 公司签订蜂窝电话手持机技术引进合同；二是加盟 HJD04 型数字程控交换机的合作攻关。

两项决策的制定与实现，从根本上改变了立德公司的产品结构，企业发展出现了新的生机。1992年就提前完成了“八五”原定计划，实现销售收入4亿元，1993年销售收入猛增到15亿元；1996年实现销售收入40亿元，全员平均劳动生产率高达86.2万元，与1958年建厂时相比，国有资产增加了二百多倍。立德公司开拓了一条值得国有大中型骨干企业借鉴的自强奋进、跳跃发展的成功之路。

目前，立德公司在发展中面临着技术风险，其基站系统的80%关键部件依赖进口，这种依赖在近几年还将进一步加重。因此立德公司的技术发展方向还受制于国外公司。自主开发能力与跳跃发展的产业规模和经济指标不匹配。

其次，立德公司的经营风险也很大。通讯产品的高利润将吸引越来越多的国内企业加入通信行业；同时，国外大公司会进一步进入中国市场，因此，竞争会更加激烈。

问题

1. 立德公司成功的主要原因是：(　　)
   A. 决策的合理性　　B. 决策的可行性
   C. 决策的超前性　　D. 决策的及时性
2. 立德公司在未来的发展中，最重要的战略行动是：(　　)
   A. 选择新的国际大公司合作　　B. 自主开发新的产品
   C. 加强产品营销　　D. 强调资本运营
3. 立德公司与M公司合作的意图是：(　　)
   A. 获得制造技术　　B. 获得管理技术
   C. 获得营销网络　　D. 获得开发技术
4. 总而言之，立德公司跳跃发展的秘诀是：(　　)
   A. 超前认识　　B. 国外公司的支持
   C. 科技、人才的支持　　D. 政府支持
5. 从本案例看，立德公司的经营风险主要是：(　　)。
   A. 高水平人才少　　B. 产品单一
   C. 未来产品方向不明　　D. 对国外公司的依赖

五、案例分析题

案例1　某印刷厂在有效性和效率上竞争

某印刷厂主要从事报纸广告插页的印刷，这些广告是为超级市场、杂货连锁店及廉价商店登载的。这项业务占该厂当前年销售额的70%。此外，该厂还从事专业印刷，大部分是优质的彩色广告、商品目录和百货公司的推销传单。插页

业务对价格极为敏感，利润率低。专业印刷需要较高的技巧，得考虑产品的一些差别，但用户对价格不过分看重，因而利润率较高。

这个厂的厂长过去一贯追求销售额的增长，着重发展大量的、低利的插页业务。现在他想设法提高销售利润率，以增加盈利。

厂顾问向他介绍了“波特曲线”，这个概念描述了市场占有率与资金利润率之间的假定的关系。根据这一曲线，有两类企业的资金利润率较好：①“讲求有效性”的市场经营者。他们通过产品（质量和特性）差别化、广告和用户服务，去开拓一个不大的但利润率较高的市场。②“高效率”的市场经营者。他们以价格做竞争的基础，用最低廉的成本和价格去争取尽量大的市场占有率。印刷厂实际上面临着两个不同的市场，插页业务无疑是效率型的市场，而专业印刷则更多地应属于有效性的市场。由于工厂现有机器设备能力有限，要出高利去贷款以扩大能力不容易且不一定合算，所以需要在插页业务和专业印刷之间作出选择。

单搞插页业务或专业印刷，都将在未来一段时期内产生不同的后果，丢掉了的业务是难以恢复的，要在二者之间作选择，就是工厂的一个战略决策。再者，如决定单搞专业印刷，那就意味着销售额及其增长率将显著下降，因为可能承接的专业印刷业务肯定不会有插页业务那么多。一贯注重销售额增长的厂长对于有碍销售额增长的任何有意识的决策都是十分怀疑的。

问题

1. 这个厂要在插页业务和专业印刷之间作出选择，需要在外部环境和内部条件的哪些方面进行调查研究、分析和预测？

2. 如果你是厂长，你将如何作出决策？

3. 这个厂有无其他途径去提高销售利润率，增加盈利？

案例 2　选定管理决策的规范模式

美国学者弗鲁姆在“管理决策新探”论文中，从决策的合理性、可接受性和时效性这三种不同的效能要求角度，将管理决策的过程区分为五种规范模式，即第一类专断式（AⅠ），第二类专断式（AⅡ），第一类协商式（C1）、第二类协商式（CⅡ）和群体参与式（GⅡ）。这五种决策模式和风格的界定如下：

AⅠ：管理者利用当时可得到的信息自己解决问题或作出决策。

AⅡ：管理者从下属那里得到必要信息，自己决定解决问题的方案。

CⅠ：管理者和有关下属个别地讨论问题，他作出的决策可以反映出下属的影响，也可以不反映。

CⅡ：管理者和作为一个群体的下属讨论问题，集体地征求他们的意见和建议。

GⅡ：管理者和作为一个群体的下属讨论问题，共同制定和评价解决问题的备选方案，并力求就解决方案达成一致意见。

弗鲁姆认为，每一种决策模式的有效性如何取决于其应用的情景特性。可以从如下七个方面的属性来明确所要决策问题的类型：

① 决策是否有某种质量上的要求，从而使某一解决方法可能比另一方案更为合理？

② 是否已经掌握了作出高质量决策的足够信息？

③ 所做决策是否属于结构性问题？

④ 下属对决策的认可是否对有效执行决策具有重要作用？

⑤ 如果由个人作出决策，是否有适当的把握能得到下属的接受？

⑥ 下属是否愿意参加所要解决问题的决策，以便实现既定的组织目标？

⑦ 下属之间是否可能在编好方案方面产生冲突？

请用弗鲁姆所提出的这一理论来为如下四个案例情况分别确定一种最合适的决策模式。

案　例　(1)

你是一家大电子厂的制造经理。你厂最近安装了一些新机器，实行了一种简化的工作系统。使每一个人包括你自己在内感到惊讶的是，提高生产率的期望并未实现。实际上，生产开始下降，质量降低，离职的雇员数目增加。

你认为机器没有任何故障。你有使用这种机器的其他公司的报告，这些报告坚定了你的想法。你也曾要求制造这种机器的公司的一些代表对机器进行过仔细检查，他们报告说，机器运转正处于最高效率。你怀疑，问题可能出在新的工作系统上。但是，你的直接下属并非都持有这种看法，他们是四个基层主管人，每人负责的一个科组，还有一个是你的物资供应经理。他们对生产率下降的原因看法不同，分别认为是操作工训练差、缺乏适当的经济刺激体制和士气低落。显然，这些问题说明各人各有想法，你的下属中存在着潜在的分歧。

这天早晨，你接到分部经理的一个电话。他刚刚得到你厂近6个月的生产数字，打电话表示他的关切。他说，你应以你认为的最好方式解决这一问题，他很想知道在一周内你计划采取什么步骤。你和部门经理同样关心生产率的下降，并且你知道，你的下属也同样关心。问题在于采取什么步骤扭转这种情况。

案　例　(2)

你是总工长，负责一个铺设石油管道的大队，你必须估算预计的进展率，以便安排把材料运送到下一个作业地点。你了解你巡回的地形特点，并且有计算该地形铺设速率的平均数及方差所需要的历史数据。在给定了这两个变量时，计算把材料和设备运到下一地点所需要的最快时间和最慢时间的问题已经十分简单了。重要的是，你的计算要有适当的准确性，估计过低，会使工长和工人闲着无事干；估计过高，会使材料在使用前有一段时间闲置无用。

铺设管道进展顺利，如果提前完成计划，你的5名工长和大队的其他成员可以得到很多奖金。

案　例　(3)

你正在监督12名工程师的工作。他们受到同样的正规训练，工作经验也很类似，你可以在工程项目上相互交换他们的岗位。经理在昨天通知你，国外的分支机构要求4名工程师出国工作六至八个月。由于某种原因，他提出通过群体方式考虑这一要求，你也表示同意。

不管是从现在的工程项目，还是从未来的工程项目来看，你管理的所有工程师都有能力完成这些任务，没有任何理由可说明某个人比其他人更强。一般认为，此次出国的任务是不受人欢迎的，这种实际情况使问题变的多少有点复杂。

案　例　(4)

你是分部经理所管的工作人员，工作涉及管理、技术等各种各样的问题。分配给你的任务是制订出一种分部所辖的五个工厂通用的标准方法，用于人工查看设备计数器、记录读数，并把评分传递到集中设置的信息系统。

到目前为止，查看和（或）传递数据的错误率很高。某些工厂的错误率明显比其他工厂高，各个厂之间用于记录和传递数据的方法出入很大。因此，有一部分错误率方程最可能是具体的地方条件所造成的，这给建立各厂通用的系统带来困难。你有错误率方面的信息，但是没有各地产生这些错误的实际工作情况的信息，也没有必然造成实际工作差别的地方条件方面的信息。

提高数据质量可以使每一个人都得到好处。某些重要决策要运用这些数据，你通过质量检查员和各个工厂保持联系，他们负责收集数据。他们诚心诚意地想把自己的工作做好，但是对高层管理部门干预他们的工作很敏感。任何解决方案，如果得不到各厂检查员的积极支持，都不可能明显地降低错误率。

问题

1. 对以上四种情形，如果不进行分析，你个人会分别选定哪种管理决策模式？

2. 就每一种决策情形而言，决策的合理性与决策的可接受性，哪一个更重要？各项决策对时效性的要求如何？

3. 你作为案例中的管理者，针对每一种决策的情形，你认为应当分别选用何种决策模式最为合适？为什么？

4. 你经过细致分析后所选定的决策管理决策模式与你最初认定的决策模式是否相同？如果不相同，原因何在？

5. 你认为学习管理理论对管理实践有哪些作用？

案例3 钟表王国的困惑与东山再起

瑞士西部城市比也纳是一个人口不到6万的“钟表之城”，聚集着几十家钟表厂，驰名世界的“劳力士”表就出产于此。

从20世纪70年代中期开始，瑞士钟表业陷入严重的危机。日本和香港采用电子石英技术使钟表的生产效率大大提高，大量价廉物美的电子石英表涌入国际市场。这股狂流冲击着以生产机械表为主的瑞士钟表业。世界钟表市场在逐日扩大，而瑞士产品的销路却在不断缩小。

危机使瑞士两大钟表集团遭受了严重损失，这两大集团是德语区钟表业集团有限公司（ASUAG）和法语区钟表工业联合会（SSIH）。两大集团都在寻找夺回钟表王国霸主地位的途径。ASUAG面对日本的挑战不断进行科研攻关，于1979年1月终于制造出世界上最薄的手表：整个手表只有0.98毫米厚。该表以塑料作为主要材料，是一种大众表，1981年被正式命名为“瑞士表”（Swatch）。它期望“瑞士表”能够像流行音乐、流行服装一样，不断随着时代的变化而变化，成为时代的弄潮儿。

然而，这种不起眼的塑料表的诞生却在这个钟表王国受到广泛批评，没有人喜欢这个80年代的“灰姑娘”，认为它毁坏了瑞士钟表业的形象。

道路不是一帆风顺的。1982年初，ASUAG和SSIH决定与美国一家公司成立合资企业生产“瑞士表”，同年8月，“瑞士表”产量达到每周4000只，型号25种。但产品销售很快出现了问题，失败的情绪笼罩着“瑞士表”。面对种种反对意见，公司负责人果断制定了将“瑞士表”打入国际市场的长远战略，并成立了市场研究小组。1983年3月1日，“瑞士表”的宣传大战正式拉开序幕，这同时也标志着该表的正式问世。

在一个大型记者招待会上，“瑞士表”打出了四张“王牌”：

（1）价格是瑞士石英手表历史上最低的；

（2）质量敢与价格昂贵的手表相比：误差每天1秒，30米深防水压，防震，经久耐用；

（3）是新潮流、新生活的标志；

（4）能够适合各种人的爱好，可做时髦的装饰品。

为使“瑞士表”在更大范围内获得人们接受，公司每年至少将利润的12%用于广告宣传，以扩大企业和产品的影响。

为壮大实力，ASUAG和SSIH在1984年正式合并，组成瑞士微电子钟表工业集团有限公司（SMH）。这家公司在今天已拥有欧米茄、布朗班、浪琴、雷达等高档表以及雪铁纳、铁索和“瑞士表”等12家钟表企业，在瑞士100家大型企业中名列第12位。

根据统计，1993年，瑞士出口手表和机芯达12亿件，约占世界手表市场的50%，其中仅“瑞士表”就有2500万只，占瑞士出口成表的75%。另有资料表明，“瑞士表”的市场已经遍布5大洲的140多个国家和地区。“瑞士表”普遍受到了人们的欢迎和称赞，它的成功在瑞士钟表界已被传为佳话。

问题

请从管理决策角度分析“瑞士表”的成功开发和经营主要得益于什么。

案例4 阿斯旺水坝的灾难

规模在世界上数得着的埃及阿斯旺水坝竣工于20世纪70年代初。表面上看，这座水坝给埃及人民带来了廉价的电力，控制了水旱灾害，灌溉了农田。然而，该水坝实际上破坏了尼罗河流域的生态平衡，造成了一系列灾难：由于尼罗河的泥沙和有机质沉积到水库底部，使尼罗河两岸的绿洲失去肥源——几亿吨淤泥，土壤日益盐渍化；由于尼罗河河口供沙不足，河口三角洲平原向内陆收缩，使工厂、港口、国防工事有跌入地中海的危险；由于缺乏来自陆地的盐分和有机物，致使沙丁鱼的年捕获量减少1.8万吨；由于大坝阻隔，尼罗河下游的活水变成相对静止的“湖泊”，为血吸虫和疟蚊的繁殖提供了条件，致使水库区一带血吸虫病流行。埃及造此大坝所带来的灾难性后果，使人们深深地感叹：一失足成千古恨！

资料来源：洪恩在线，http://www.hongen.com/proedu/mbaxx/lxtg/aa032903.htm

问题

埃及建造阿斯旺水坝的决策，给我们提供了什么启示？

案例5 阿迪达斯与耐克

如果你是一位长跑者，那么在20世纪60年代或70年代初，你只有一种合适的鞋可供选择：阿迪达斯（Adidas）。阿迪达斯是德国的一家公司，是为竞技运动员生产轻型跑鞋的先驱。在1976年的蒙特利尔奥运会上，田径赛中有82%的获奖者穿的是阿迪达斯的运动鞋。

阿迪达斯的优势在于使用新的材料和技术来生产更结实和更轻便的鞋。这种用袋鼠皮绷紧鞋边的四钉跑鞋用的是尼龙鞋底和可更换的鞋钉。高质量、创新性和产品多样化，使阿迪达斯在20世纪70年代中支配了这一领域的国际竞争。

20世纪70年代，蓬勃兴起的健康运动使阿迪达斯公司感到吃惊。一瞬间成百万以前不好运动的人们对体育产生了兴趣。成长最快的健康运动细分市场是慢跑。据估计，到1980年有2500万～3000万美国人加入了慢跑运动，还有1000

万人是为休闲而穿跑鞋。尽管如此，为了保护其在竞技市场中的统治地位，阿迪达斯并没有大规模地进入慢跑市场。

20 世纪 70 年代出现了一大批竞争者，如美洲狮（Puma）、布鲁克斯（Brooks）、新布兰斯（New Balance）和虎牌（Tiger）。但有一家公司更富有进取性和创新性，那就是耐克（Nike），由前俄勒冈大学的一位长跑运动员创办，在 1972 年举行的奥林匹克选拔赛中首次亮相，穿着耐克鞋的马拉松运动员获得了第四至第七名，而穿阿迪达斯鞋的参赛者在那次比赛中占据了前三名。

耐克的大突破出自 1975 年的“夹心饼干鞋底”方案，它的鞋底上的橡胶钉使之比市场上出售的其他鞋更富有弹性。夹心饼干鞋底的流行及旅游鞋市场的快速膨胀，使耐克公司 1976 年的销售额达到 1400 万美元，而在 1972 年仅为 200 万美元。自此耐克公司的销售额飞速上升。今天，耐克公司的年销售额超过了 35 亿美元，并成为行业的领导者，占有运动鞋市场 26%的份额。

耐克公司的成功源于两点：①研究和技术改进；②风格式样的多样化。公司有将近 100 名雇员从事研究和开发工作，包括人体运动调整摄影分析，对 300 个运动员进行的试穿测验，以及对改进的鞋和材料的不断的试验和研究。

耐克公司为消费者提供了最大范围的选择，吸引了各种各样的运动员，并向消费者传递出最完美的旅游鞋制造商形象。

到 20 世纪 80 年代初慢跑运动达到高峰时，阿迪达斯已成了市场中的“荣誉称号”。但竞争对手推出了更多的创新产品，更多的品种，并且成功地扩展到了其他运动市场。例如，耐克公司的产品已经统治了篮球和年轻人市场，运动鞋已进入了时装时代。到 20 世纪 90 年代初，阿迪达斯的市场份额降到了可怜的 4%。

问题

1. 到 20 世纪 90 年代初，阿迪达斯的不良决策如何导致了市场份额的极大减少？不确定性在其中扮演了什么角色？

2. 在 20 世纪 70 年代，阿迪达斯的决策制定并不是围绕群体组成的，对于阿达斯来说，委员会结构会导致不同的结果吗？

3. 耐克公司的管理者制定了什么决策使它成功？

4. 你认为阿迪达斯的管理者今天能采取什么措施纠正它以前的错误？

六、简答题

1. 与个人决策相比，群体决策有什么优缺点？
2. 追踪决策在什么情况下进行？其特点是什么？
3. “头脑风暴”成功的关键是什么？
4. 影响决策过程的因素有哪些？

5. 决策的概念及其特点是什么？
6. 程序化决策与非程序化的决策有何不同？
7. 规范决策理论和行为决策理论有什么差别？
8. 决策的基本步骤是什么，具体包含哪些内容？
9. 现代决策的方案制定方法有哪些？
10. 为什么决策一般遵循满意原则而不是最优原则？
11. “鉴往知来”的管理意义何在？

七、计算题

1. 据市场预测，今后几年市场对某公司产品的需求会扩大（概率 0.7），但也存在着销售量减少的可能（概率 0.3），公司面临几种可能的选择：

第一：扩建厂房更新设备，需投资 700 万元，若需求量扩大，公司每年可获利 300 万元；若需求量减少公司每年亏损 50 万元，服务期限 5 年。

第二：使用老厂房，更新设备，需投资 400 万元，若需求扩大，每年可获利 100 万元；若需求减少，每年也可获利 60 万元，服务期限 5 年。

第三：先更新设备，一年后，若销路好，再扩建厂房，每年可获利 300 万元，共需投资 800 万元，服务期限总共是 5 年。

试利用决策树理论，对方案进行抉择。

2. 某公司 2004 年销售收入为 180 000 元，销售成本为 160 000 元，其中固定成本 88 000 元，若 2005 年计划增加广告费 3200 元，产品单价仍为 40 元/件。要求：

（1）预测 2005 年该公司的保本点；

（2）若 2005 年计划实现目标利润 52 800 元，则目标销售额应为多少？

3. 某企业打算生产某产品。据市场预测，产品销路有三种情况：销路好、销路一般和销路差。该产品有三种方案：a. 改进生产线；b. 新建生产线；c. 与其他企业协作。据估计，各方案在不同情况下的收益见表 7-5，问企业在何种情况选择何种方案？

表 7-5　市场预测损益值表

方案 \ 收益 \ 自然状态	销路好	销路一般	销路差
a. 改进生产线	180	120	−40
b. 新建生产线	240	100	−80
c. 与其他企业协作	100	70	16

第八章　沟　　通

一、判断题

1. 良好的信息沟通是指沟通双方彼此接受对方的观点。（　　）
2. 纵向沟通最大的障碍源自信息手段不完备。（　　）
3. 领导者除组织好信息沟通网络外，还应在日常工作中经常参与沟通过程。（　　）
4. 沟通渠道能够保证信息传递者确知所传递的信息是否被接收者正确地理解。（　　）
5. 良好的信息沟通是指沟通双方准确理解信息的含义，而不是彼此接受对方的观点。（　　）
6. 谈判中需要沟通，沟通也就是双方达成协议。（　　）
7. 非正式沟通是指通过正式组织途径以外的信息流通，这类沟通经常会给组织带来负面影响，因此应杜绝非正式沟通。（　　）
8. 非正式沟通就是传播小道消息，应予以杜绝。（　　）
9. 非正式沟通是正式沟通的重要补充形式。（　　）
10. 没有计划和控制系统，就无法实现组织中的沟通，组织中信息流就会中断。（　　）

二、选择题

1. 公司质管部经理老吕在质量管理的总体目标、步骤、措施等方面与公司主要领导人有不同看法。老吕认为，质量管理的重要性在公司上下并未得到充分重视；公司领导则认为，他们是十分重视产品质量问题的，只是老吕的质量控制方案成本太高且效果不好。最近一段时间，这种矛盾呈现激化现象。一天上午，老吕接到公司周副总的电话，通知他去北京参加一个为期10天的管理培训班，而老吕则认为自己主持的质改推进计划正在紧要关头，一时脱不开身，公司领导应该是知道这个情况的，他们做出这样的安排显然是不支持甚至是阻挠自己的工作。因此，老吕不仅拒绝了领导的安排，还发了一通脾气；而公司副总也是十分恼火，认为老吕太刚愎自用。你认为这里出现的沟通失败的主要原因是：（　　）

A. 周副总发送的信息编码有问题　　B. 信息传递中出现了噪声

C. 老吕对于周副总的反馈有问题　　D. 老吕对于信息的译码出了问题

2. 某企业原先重大战略决策的基本过程是由各部门（如财务部、销售部、生产部、人事部等）独立把各自部门的情况写成报告送给总经理，再由总经理综合完成有关的战略方案。后来，对此过程作了些调整，这就是：总经理收到各部门呈上的报告后，有选择地找些管理人员来磋商，最后由自己形成决策。再后来，总经理在收到报告后，就把这些报告交给一个有各部门人员共同参与组成的委员会，通过委员会全体成员的面对面讨论，最终形成有关决策。对此你的看法是：（　　）

A. 这种处理方式的改变对企业战略决策以及其他方面的工作没什么影响

B. 这种处理方式的改变可以大大提高企业决策的效率

C. 这种处理方式的改变增加了信息沟通的范围，可带来更多的成员满意感

D. 这种处理方式的改变提高了企业上下信息沟通的效率

3. 在一个组织中，保证信息畅通的关键性因素是：（　　）

A. 计算机网络的建设　　B. 管理人员思想观念的一致

C. 管理人员的水平较高　　D. 管理的层次少

4. 书面沟通是管理中最常见的一种信息沟通形式，有许多的优点。下面的说法，哪一种是不对的？（　　）

A. 书面沟通具有权威性

B. 书面沟通有利于信息接受者反复理解

C. 书面沟通有利于沟通双方及时交流

D. 书面沟通有利于避免沟通过程中的沟通双方的当面矛盾冲突

5. 信息沟通网络是由各种沟通途径所组成的结构形式，它直接影响到沟通的有效性及组织成员的满意度。以下四种沟通网络形式中，最能使组织士气高昂的沟通网络形式是：（　　）

A. 轮式沟通网络　　B. 链式沟通网络

C. 环式沟通网络　　D. Y 式沟通网络

6. 一个企业的领导直接管理几个部门的控制系统的沟通形式为：（　　）

A. 环式　　B. Y 式　　C. 轮式　　D. 全通道式

7. 资料表明，语言表达作为管理沟通的有效手段，可分为三种类型：体态语言、口头语言、书面语言，它们所占的比例分别为：50%、43%、7%。根据这一资料，你认为下述哪种观点正确？（　　）

A. 这份资料有谬误，因为文件存档时，最常用的是书面语言

B. 体态语言太原始，大可不必重视它

C. 人与人之间的沟通，还是口头语言好，体态语言太费解

D. 在管理沟通中，体态语言起着十分重要的作用

8. 主管人员与下属之间越是有效地、准确地、及时地沟通联络，整个组织就越会成为一个真正的整体，这是指：(　　)

A. 目标协调原理　B. 激励原理　C. 沟通原理　D. 命令一致原理

9. 信息沟通是一种重要的(　　)

A. 领导职能　　B. 领导环境　C. 领导方式　D. 领导效能

10. 如果发现一个组织中小道消息很多，而正式渠道的消息较少。据此，你认为该组织存在什么问题？(　　)

A. 非正式沟通渠道中信息传递很通畅，运作良好

B. 正式沟通渠道中信息传递不畅，需要调整

C. 其中有部分人特别喜欢在背后乱发议论，传递小道消息

D. 充分运用了非正式沟通渠道的作用，促进了信息的传递

11. 某大学曾有一段时期教员与行政人员之间总是会出现矛盾，矛盾通常缘于每学期的课程安排。课程安排通常是在上学期临近结束时，通过教务秘书向每一个教员口头传达的。教务秘书通常是年轻人，且常常就是本系或本校的毕业生。教员往往会感到自己在受学生辈的指挥和领导，因此总是有一种不舒服的感觉。后来因为偶然的原因，课程安排改为书面形式，并且直接邮送到每一个教员家中。此后，不知不觉中大部分矛盾就都消失了。这一问题的解决可以认为是由于：(　　)

A. 职权系统的改变　　B. 双方态度的改变

C. 人际关系的改变　　D. 沟通渠道的改变

12. 信息沟通的有效性会受到可能在沟通过程的任何环节上造成信息失真的“噪声”的干扰。下面哪种情况属于噪声？(　　)

A. 社会-文化系统　　B. 演讲者突然声音嘶哑

C. 沟通双方的态度　　D. 以上都对

13. 沟通是企业中每时每刻都在进行的活动。没有良好的沟通，企业的运营就不可能顺畅，甚至可能中断。为此管理者必须要想方设法建立畅通的沟通渠道。在下列四种沟通做法中，最不可取的是：(　　)

A. 通过建立各种沟通渠道，让企业的所有员工随时随地了解企业的全部情况

B. 通过下达指令和文件的方式让企业的员工了解企业的使命目标和战略

C. 经常利用口头沟通的方式和下属交流

D. 策略地利用非正式组织在沟通中的作用

14. 某公司产品设计部接受了一项紧急任务，该任务的完成需要进行严密的控制，同时又要争取时间和速度。在这种情况下，最适合采用哪种沟通网

络？（　　）

A. Y式沟通网络　　B. 全通道式沟通网络

C. 轮式沟通网络　　D. 环式沟通网络

15. 对于组织解决复杂问题最有效的沟通方式是：（　　）

A. Y式沟通网络　　B. 全通道式沟通网络

C. 轮式沟通网络　　D. 环式沟通网络

16. 某企业在兼并同行业内的另外一家规模相对较小的街道企业之后，冗员过多带给企业很大的成本负担，这就需要对现有员工重新进行定岗定编；就目前企业的生产能力和市场需求来看，该企业至少要有28%的富余人员下岗。由于这一问题涉及到每个员工的切身利益，公司决定召开重要会议，并提前通过电话告知了每位会议参加者。可是，到开会时，仍有不少人迟到甚至缺席。在以下有关此项开会通知沟通效果的判断中，哪一种最有可能不正确？（　　）

A. 此项开会通知中存在信息接受者个体方面的沟通障碍问题

B. 通知者所发信息不准确或不完整可能是影响此开会通知效果的一个障碍因素

C. 这不是沟通障碍问题，而是特定的组织氛围使与会者养成了不良的习惯

D. 这反映出了沟通障碍问题，很可能是所选择的信息沟通渠道严肃性不足

17. 李总经理一向非常专权，最近参加了一次高级管理培训班后，认为有必要在企业中推行新的领导方式。他开会宣布说："从现在起我们要实行参与式管理！"说着，猛地握紧拳头在桌子上重重地一捶。此举反映出（　　）

A. 他根本无心推行参与式管理　　B. 他推行参与式管理的决心很大

C. 其言语沟通与非言语沟通极不一致　D. 无法判断

18. 吴总经理出差二个星期才回到公司，许多中层干部及办公室人员，马上就围拢过来。大家站在那里，七嘴八舌一下子就开成了一个热烈的自发办公会，有人向吴总汇报近日工作进展情况，另有人向吴总请求下一步工作的指示，还有人向吴总反映公司内外环境中出现的新动态。根据这种情况，你认为下述说法中哪一种最恰当地反映了该公司的组织与领导特征？（　　）

A. 链式沟通、民主式管理　　B. 轮式沟通、集权式管理

C. 环式沟通、民主式管理　　D. 全通道式沟通、集权式管理

19. 随着下属人员的成熟度由较低转为较高，管理者的领导风格以及其他相关的管理措施应作以下哪一种调整？（　　）

A. 管理者可以赋予下属自主决策和行动的权力，管理者本人只起监督作用

B. 管理者应通过双向沟通方式与下属进行充分交流，对下属工作给予更多的支持而不是直接指示

C. 管理者应改进沟通以便更加有效地指导和推进下属的工作

D. 管理者应采取单向沟通方式进一步加强对下属工作的检查、监督，使他们继续发展

20. 下述关于信息沟通的认识中，哪一条是错误的？（　　）

A. 信息传递过程中所经过的层次越多，信息的失真度就越大

B. 信息量越多，就越有利于进行有效的沟通

C. 善于倾听能够有效改善沟通效果

D. 信息的发布者和接收者在地位上的差异也是一种沟通障碍

21. 在组织运作中，纵向的层次设置越多，信息沟通的障碍就越大。这种障碍来源于：（　　）

A. 信息选择中的过滤现象　　B. 信息传递的速度过慢

C. 信息接收者的理解出现偏误　　D. 以上各种情况都存在

22. 通过组织明文规定的渠道进行信息传递和交流，属于：（　　）

A. 口头沟通　B. 书面沟通　C. 非正式沟通　D. 正式沟通

23. 独裁主义气氛比较浓厚的组织中信息沟通的主要方式可能是：（　　）

A. 自上而下　B. 自下而上　C. 横向交叉　D. 非正式沟通

24. 通常存在于参与的和民主的组织环境中的沟通方式是：（　　）

A. 自上而下的信息沟通　　B. 自下而上的信息沟通

C. 横向的信息沟通　　D. 交叉的信息沟通

三、填空题

1. 根据沟通参与者类型的不同，沟通可以分为＿＿＿＿＿＿＿＿、＿＿＿＿＿＿＿＿、＿＿＿＿＿＿＿＿。

2. 组织中依据规章制度明文规定的原则进行的沟通被称为＿＿＿＿＿＿＿＿。

3. 在正式沟通渠道之外进行的信息传递和交流被称为＿＿＿＿＿＿＿＿。

4. 根据沟通时是否出现信息反馈，可以把沟通分为两种：＿＿＿、＿＿＿。

5. 根据双方的输赢导向不同，谈判通常分为两种类型：＿＿＿、＿＿＿。

6. 实现演讲的三个必备条件是：＿＿＿＿＿、＿＿＿＿＿、＿＿＿＿＿。

7. 在沟通过程中，首先应该遵循完全性原则，表现为三个方面：＿＿＿＿＿、＿＿＿＿＿、＿＿＿＿＿。

四、案例分析题

案例 1　张经理的沟通经验

某公司张经理在实践中深深体会到，只有运用各种现代科学的管理手段，充分与员工沟通，才能调动员工的积极性，才能使企业充满活力，在竞争中立于不败之地。几年来，他在调动员工积极性、发挥其创新能力方面进行了改革。

首先，张经理直接与员工沟通，避免中间环节。他告诉员工自己的电子信箱，要求员工尤其是外地员工大胆反映实际问题，积极参与企业管理，多提建议和意见。经理本人则每天上班时先认真阅读来信，并进行处理。他从大量的员工来信中收集到许多对决策有用的信息。如该公司在对生产线进行技术改革时，一名员工通过信箱，毛遂自荐要求担任改造工程现场指挥。张经理及其他管理者在经过调查后，认为该员工技术过硬，善于搞革新，便决定任用，结果，提前圆满的结束任务。自从设立经理信箱以来，先后收到员工来信 500 多封，这反映出员工对公司兴衰的关心。为了激励员工的这种热情，工厂决定，凡是被采纳的建议，给予鼓励；提出带有普遍性问题的来信，张经理给予答复。

其次，为了建立与员工的沟通体制，公司又建立了经理公开见面会制度。定期召开，也可因重大事情临时召开，参加会议的有员工代表、特邀代表和自愿参加的员工。每次会议前，员工代表都广泛征求群众意见，提交经理在公开见面会上解答。1998 年 12 月，调资晋级和分房两项工作刚开始时，员工中议论较多。公司及时召开了会议，厂长就调资和分房的原则、方法和步骤等做了解答，使部分员工的疑虑得以澄清和消除，保证了这两项工作的顺利进行。

最后，张经理还注意公司的舆论，注意对收集到的小道消息进行分析和利用。1999 年，该公司面临供电紧张、原材料涨价、市场竞争加剧的不利形势，许多员工对完成任务信心不足，一时间小道消息漫天飞，认为该公司会裁员，也可能倒闭，人心惶惶。张经理整理了小道消息的内容，临时决定召开公开见面会，给员工以提问的机会。意见集中在两点：一是企业如何生存；二是员工的收入是否会受影响。面对问题，张经理结合工厂面临的实际情况，如实的全面的向员工介绍了公司的经营状况，认为公司面临供电紧张、原材料涨价、市场竞争加剧的不利形势等情况确实存在，可能要暂时影响员工的收入，但公司有信心解决困难，并向员工详细介绍了工厂的经营方针和对策；还请员工对这些政策、方针和对策提供意见，以便及时修改。张经理自动提出扣除自己上半年的奖金。员工对公司的政策十分配合，部分员工自动请求减免上半年的奖金。最后大家一致同意扣除上半年的奖金。这一举动，使公司上下齐心，共同努力，克服了困难，渡过了难关，使产值和利润有了大幅度的增长。

问题

分析张经理与员工在沟通方式上所做的选择的特点及沟通的主要内容，并借用沟通案例，分析管理者在沟通中所起的作用。

案例 2　相关知识：信息沟通的目的、作用

假定你是一家大型全国性公司的一分支机构经理，你对地区事业部经理负责。你的分支机构有 120 名员工，在他们与你之间有两个层次的管理人员——作业监督人员和部门负责人。你所有下属人员都在本分支机构的所在地工作。请对下面描述的两个分案例情形分别制定出有效的沟通方案或策略，并说明你采取这种策略的理由。

分案例 1

你的 1 名新任命的部门经理明显地没有达到该部门预算的目标。成本控制人员的分析报告表明，该部门在上个月，原材料和设备费、加班费、维修费和电话费等项目超支了 40%。当时你没有说什么，因为这是部门经理就任的头 1 个月。但这次你感到必须采取某种行动了，因为这个月该部门的开支又超预算 55%，而其他的部门并没有这样的问题。

分案例 2

你刚刚从地区事业部经理的电话中听说，你们的公司已被一家实力雄厚的企业收购。这项交易在 1 小时内就会向金融界宣布。事业部经理不知道具体的细节，但要求你尽快将这消息告诉你的手下人。

问题

面对以上两种不同的情况，你计划如何进行沟通？为什么要这样沟通？

案例 3　迷你企业（Mini firm）

以下描述的是某管理咨询公司在一次管理培训课程上做的一项练习。

培训师首先将学员分成多个小组，每个小组 6～8 人。小组划分完，培训师要求各小组成员在小组内部选举出 1 位“董事长”，然后由“董事长”从小组成员中挑选并任命 1 位“经理”，其他小组成员作为员工。组织框架基本构建起来后，培训师说明了游戏规则：第一，不许越级指挥和汇报，即“董事长”不能越过经理直接指挥员工，员工也不允许越过经理直接向“董事长”汇报和询问；第二，只允许使用文字方式沟通，不允许讲话。说完规则，培训师给每个小组发了厚厚的一沓类似便笺的空白纸条，供大家沟通时使用。同时，培训师把每个小组的“董事长”请到了事先在门口放好的椅子前坐下，让这些“董事长”远离他们的经理和员工，“经理”和员工坐在一起。一切都安排妥当后，培训师进一步提出了一项规定："不管遇到什么问题，只有'董事长'有权举手示意，并低声向我询问，此外的所有事情都只能在你们组织内部通过文字沟通的方式解决。我们要在30分钟内完成，哪个组最先完成任务就算优胜者。"在询问大家是否都听清了游戏规则并得到肯定回答后，培训师先给每一位"董事长"发了一张上面画有五种图案的纸，图的下面有几行文字说明；接着又给每一个小组的成员发了类似的一张纸，郑重声明不能交换。游戏开始了。

顺便介绍一下，"经理"和员工拿到的纸是一样的，上面画有五种图案，有的图案是一种鸟，有的图案是交通标志，图案下面注明培训师刚刚宣布的游戏规则，此外什么都没有。"董事长"拿到的纸有所不同。除了其他成员掌握的信息外，这张纸上多了一条信息，即"你们小组的每个人都拿了这样一张纸，上面也有五种图案，这些图案是不同的，只有一种图案在你们每个人拿到的纸上都有。你的任务是带领你的下属，在最短的时间内将这个共同的图案找出来，要求小组成员每个人都能向培训师指出这个共同的图案。"

宽敞的房间里没有讲话的声音，有的是焦急、询问的目光，一张张询问、请求指示和下达命令的纸条，很快，地上已经有了很多纸条。仔细观察，每个小组的做法都有所不同。现选择其中两个小组描绘如下：

小组A。游戏开始了，这个小组的所有成员手里拿着培训师发的这张纸，一片茫然。"经理"和员工不知道干什么；"董事长"却以为大家都明确了任务，因为培训师没有告诉他其他人拿到的纸上没有明确任务。观望和等待了足足5分钟，一位员工不耐烦了，写了一张纸条给"经理"：上面有六个字"我们要干什么?""经理"接过纸条后，做了批示："请传阅，并回答这一问题。"纸条在员工们手中转了一圈后，回到"经理"手中，上面多了不少字，都是"不知道"。此时，"经理"意识到该写个纸条向董事长询问了。此时，时间已经过去了10分钟。

小组B。"经理"快速阅读培训师提供的所有信息，然后立即抽出一张纸条，写了几个字，递交给"董事长"询问工作任务。"董事长"马上将任务在他拿到的纸上抄录下来，向"经理"下达。"经理"明确了任务之后，开始依靠文字沟通的方式与下属讨论解决方案。突然，"董事长"要求"经理"过去接受命令。原来，"经理"和员工在讨论的同时，"董事长"也在思考如何解决问题，他想出了一个好主意：他找出一张比较大的纸条，在上面画了一个矩阵，左侧列举了他看到的那五种图案的名称，上方写出他的"经理"和员工的姓名。工具设计出来后，他又抽出一张纸条，在上面写道："经理，请你并通过你让大家认真看各自的图案，对照这个矩阵，如果有相同的图案，则在对应的行上画个对号，大家都看完并做了标记后，立即给我。""经理"接到指令，开始认真执行。很快，"董事长"得到了反馈。他很幸运，从中找到了共同的图案。

他高兴极了，立即向培训师汇报，将共同的图案指给培训师看，培训师点了点头。

资料来源：2004年全国攻读工商管理硕士学位研究生入学考试

问题

结合案例信息，分析A、B两个小组表现存在差异的原因。

案例4　阿维安卡52航班

1990年1月25日晚7：40，阿维安卡（Avianca）52航班飞行在南新泽西海岸上空37 000英尺的高空。机上的油量可以维持近两个小时的航程，在正常情况下飞机降落至纽约肯尼迪机场仅需不到半小时的时间，这一缓冲保护措施可以说十分安全。然而，此后发生了一系列耽搁。首先，晚上8：00整，肯尼迪机场航空交通管理员通知52航班的飞行员由于严重的交通问题他们必须在机场上空盘旋待命。8：45，52航班的副驾驶员向肯尼迪机场报告他们的“燃料快用完了”。管理员收到了这一信息，但在9：24之前，飞机没有被批准降落。在此之前，阿维安卡机组成员再没有向肯尼迪机场传递任何情况十分危急的信息，但飞机座舱中的机组成员却相互紧张地告知燃料供给出现了危机。

9：24，52航班第一次试降失败。由于飞行高度太低及能见度太差，因而无法保证安全着陆。当肯尼迪机场指示52航班进行第二次试降时，机组乘员再次提到他们的燃料将要用尽，但飞行员却告诉管理员新分配的飞行跑道“可行”。9：32，飞机的两个引擎失灵，1分钟后，另外两个也停止了工作；耗尽燃料的飞机于9：34坠毁于长岛，机上73名人员全部遇难。

当调查人员考察了飞机座舱中的磁带并与当事的管理员讨论之后，他们发现导致这场悲剧的原因是沟通的障碍。为什么一个简单的信息既未被清楚地传递又未被充分地接受呢？下面我们对这一事件进行进一步的分析。

首先，飞行员一直说他们“油量不足”，交通管理员告诉调查者这是飞行员们经常使用的一句话。当被延误时，管理员认为每架飞机都存在燃料问题。但是，如果飞行员发出“燃料危急”的呼声，管理员有义务优先为其导航，并尽可能迅速地允许其着陆。一位管理员指出，“如果飞行员表明情况十分危急，那么所有的规则程序都可以不顾，我们会尽可能以最快的速度引导其降落的。”遗憾的是，52航班的飞行员从未说过“情况紧急”，所以肯尼迪机场的管理员一直未能理解到飞行员所面对的真正困难。

其次，52航班飞行员的语调也并未向管理员传递有关燃料紧急的严重信息。许多管理员接受过专门训练，可以在这种情境下捕捉到飞行员声音中极细微的语调变化。尽管52航班的机组成员之间表现出对燃料问题的极大忧虑，但他们向肯尼迪机场传达信息的语调却是冷静而职业化的。

最后，飞行员的文化和传统以及机场的职权也使得52航班的飞行员不愿意声明情况紧急。当对紧急情况正式报告之后，飞行员需要写出大量的书面汇报。另外，如果发现飞行员在计算飞行中需要多少油量方面疏忽大意，联邦飞行管理局就会吊销其驾驶执照。这些消极的强化因素极大阻碍了飞行员发出紧急呼救。在这种情况下，飞行员的专业技能和荣誉感可变成赌注。

问题

1. 运用沟通过程的模型来分析52航班飞行员与肯尼迪机场交通管理员之间的沟通。

2. 具体陈述如何使用积极倾听技巧以阻止这场空难。

3. 目前在主要的国际机场中大量航班是国外航班，因而飞行员与国际空中管理员所使用的母语通常不同，而且文化背景也不同，那么，管理员如何才能做到有效地沟通，避免出现52航班这样的悲剧？

案例5 通用电气公司的情感管理

通用电气公司创建于1878年，公司总部设在美国康涅狄格州菲尔法尔德镇。公司在创业100多年后，1991年销售额达到602.36亿美元，利润额为26.36亿美元，雇员284000人，在世界500家最大的工业公司中排名第8位。通用电气的成就，与它采用的注重员工情感的人本管理方式是分不开的。通用情感管理方式之所以获得成功，是因为通用电器成功地解释并实施了情感管理，揭示了情感管理的内涵。通用电器公司认为情感管理由以下几要素构成，即理解雇员心理、企业就是大家庭、公司内民主、员工第一等。

一般公司根据个人或部门业绩、个人专业能力等来实施管理者晋升和考核，可通用电气公司制订的经理晋升考试制度不同寻常。升级考试命题既不是来自经济学典籍，也不是来自那些晦涩难懂的经营理论专著，而是莎士比亚作品中的一部，试卷则是写一篇我们常说的“读后感”而已。

开始时许多人百思不解，甚至提出意见。后经专家一语破的，才恍然大悟：这是对企业高级管理人员的基本心理素质要求。试想，连一部世人皆知的文学作品中的人物心理尚不得而知的人，又怎样去理解公司内部成千上万的雇员的心理呢？通用电器抓住了情感管理的要素，即经理人员理解雇员心理是情感管理的先决条件。

将企业培养为一个大家庭是一种“高感情”管理方式。通用电器作为高技术企业所面临的竞争激烈，风险大，更需要这种“高感情”管理。它是医治企业官僚主义顽症的“良药”，也是减少内耗、理顺人际关系的“润滑剂”。通用电气公司总裁斯通努力培养全体职工的“大家庭情感”的企业文化，公司领导和职工都对该企业特有的文化身体力行，爱厂如家。从公司的最高领导到各级领导都实行“门户开放”政策，欢迎本厂职工随时进入他们的办公室反映情况，对于职工的来信来访都能负责地妥善处理，公司的最高首脑与全体职工每年至少举办一次生动活泼的“自由讨论”。通用公司像一个和睦、奋进的“大家庭”，从上到下直呼其名，无尊卑之分，互相尊重，彼此信赖，人与人之间关系融洽、亲切。

至于公司内民主，不但有利于企业部门及人员之间的关系融洽，而且有利于决策的科学性和提高生产率。公司为使民主反映在公司人事管理上，近年来改变了以往的人事调配的做法（由企业单方面评价职工的表现、水平和能力，然后指定其工种岗位），而是反其道而行之，开创了由职工自行判断自己的品格和能力、选择自己希望工作的场所、尽其可能由其自己决定工作前途的“民主化”人事管理制度，称为“建言报告”，引起管理界的瞩目。专家认为，“让棋子自己走”的这种“建言报告”式人事管理，比传统的人事管理更能收集到职工容易被埋没的意见和建议，更能发掘人才和对口用人，从而对公司发展和个人前途更加有利。

此外，通用公司还别出心裁地要求每位雇员写一份“施政报告”，从1983年起每周三由基层员工轮流当一天“厂长”。“一日厂长”9点上班，先听取各部门主管汇报，对全厂营运有了全盘了解后，即陪同厂长巡视部门和车间。“一日厂长”的意见，都详细记载在《工作日记》上。各部门、车间的主管依据其意见，随时改进自己的工作，并在干部会上提出改进后的成果报告，获得认可后方能结案。各部门、车间或员工送来的报告，需经“一日厂长”签批后再呈报厂长。厂长在裁决公文时，“一日厂长”可申诉自己的意见供其参考。

这项管理制度实行以来，成效显著。第一年施行后，节约生产成本就达200万美元；公司将节约额的提成部分作为员工们的奖金，全厂上下皆大欢喜。所谓员工第一，不但强调尊重员工，而且表现在企业发展中的作用优先性。1990年2月，通用公司的机械工程师伯涅特在领工资时，发现少了30美元，这是他一次加班应得的加班费。为此，他找到顶头上司，而上司却无能为力。于是他便给公司总裁斯通写信说：“我们总是碰到令人头痛的报酬问题。这已使一大批优秀人才感到失望了。”斯通立即责成最高管理部门妥善处理此事。

三天之后，他们补发了伯涅特的工资。事情似乎可以结束了，但他们利用这件为职工补发工资的小事大做文章。第一是向伯涅特道歉；第二是在这件事情的带动下，了解那些“优秀人才”待遇较低的问题，调整了工资政策，提高了机械工程师的加班费；第三，向著名的《华尔街日报》披露这一事件的全过程，在美国企业界引起了不小轰动。事情虽小，却能反映出通用电器公司“员工第一”的管理思想。

“员工第一”思想在通用电器的日本公司——左光兴产公司表现得更为明显。

左光兴产实施该思想的要点包括：不开除员工，不设打卡机，不规定员工退休制度等等。左光兴产公司规定：即使公司经营最困难的时候也绝不许开除任何一个员工，公司要与员工共渡难关。左光兴产是一家经营石油的公司，二战后，日本作为战败国，其石油经营权受到限制，该公司在国内外的分公司被迫关闭。公司在经营十分困难的情况下，由社长向各级主管下了一道严格的命令：绝不允许开除任何一个员工。公司到处找活干，从社长到每个员工同心协力拼命干，终于渡过了难关。

总而言之，通用电器理解了情感管理，实施了这一金牌原则，自然会取得成功，这并不令人费解。

问题

1. 通用电器公司的经营业绩与情感管理的关系是：(　　)
   A. 优良的经营业绩是情感管理的物质基础
   B. 情感管理是产生优良经营业绩的重要原因
   C. 两者之间无必然联系
   D. 两者之间互为因果
2. 经理人员理解雇员心理的主要意义是：(　　)
   A. 使经理人员与雇员之间心理相容
   B. 便于按需激励，调动雇员积极性
   C. 便于消除雇员的挫折心理
   D. 肯定会大大改善人际关系
3. 认为高情感管理是医治企业官僚主义的良药主要是因为：(　　)
   A. “门户开放”的政策使雇员的意见有发表的机会
   B. 每年一次“自由讨论”可以集思广益
   C. 地位平等，互相尊重，使下级拥护上级
   D. “企业是大家庭”的文化使经理人员不脱离广大雇员
4. “让棋子自己走”的主要作用是：(　　)
   A. 使员工更热爱工作
   B. 使员工各自为个人挑选好岗位
   C. 有利于发掘每个员工的潜力
   D. 使人才很快脱颖而出
5. “一日厂长”制度的主要意义在于：(　　)
   A. 降低生产成本
   B. 集思广益
   C. 提高员工的管理能力

D. 增强员工对企业的认同感和责任心

6. “员工第一”理念的实质是：(　　)

A. 不准开除员工

B. 员工是企业最宝贵的财富

C. 经理人员必须时时把员工放在心上

D. 企业与员工是命运共同体

五、简答题

1. 简述沟通的含义与作用。
2. 简述沟通的过程及要素。
3. 沟通障碍主要存在于哪些方面？如何克服？
4. 正式沟通都有哪些基本形态？
5. 沟通中应该遵循哪些方面的原则？
6. 简述倾听与听的联系与区别。
7. 积极倾听有哪些技巧？
8. 谈判有哪些基本策略？

第九章　激　　励

一、判断题

1. 需要是人们产生激励行为的前提。(　　)
2. 需要的具体表现形式就是动机。(　　)
3. 马斯洛把人的需要归纳为五个层次，由低到高依次为生理需要、安全需要、尊重需要、社交需要和自我实现需要。(　　)
4. 马斯洛的理论揭示的是带有普遍意义的一般规律，而阿尔德弗的观点更侧重于带有特殊性的个体差异。(　　)
5. 保健因素很好时，就形成了某种既不是满意、又不是不满意的中性状态。(　　)
6. 保健因素和激励因素没有绝对的划分标准。(　　)
7. 高度的工作满足一定会产生高度的激励。(　　)
8. 认知型激励理论认为行为是内在需要与激励的函数；行为改造理论则认为外在的或环境的结果决定行为，它强调的是行为与其结果之间的关系。(　　)
9. 努力和工作绩效的结果未必能带来期望的报酬。(　　)
10. 公平理论中与他人的比较称为纵向比较，与自己过去相比较叫作横向比较。(　　)
11. 正强化和惩罚能达到同样的效果。(　　)
12. 自我实现人假设认为，个体从不成熟到成熟，主要是由于主观的因素起作用。(　　)
13. 在工厂里，采用 X 理论能取得较好的效果；而在研究所里，运用 Y 理论进行管理效果较好。(　　)
14. 管理者应该明白，每一职工都有一些基本的需要，但不同的职工，其需要的具体内容是各不相同的。(　　)
15. 根据激励理论，增加职工的工资就能提高他们的工作积极性。(　　)
16. 从马斯洛的需求层次论看，职工对工作自主权的追求应列归“尊重需求”层次。凡事听命于别人的人，怎谈得上有自尊？(　　)
17. 按照马斯洛的需要层次理论，员工同时被多个需要所激励。(　　)
18. 马斯洛提出，人有五种基本需要，当较高层次的需要受到挫折时，可能会产生需求倒退的现象。(　　)

19. 凡已满足的需要，均不再具有很强的激励作用。（ ）
20. 自我实现是一种比生理或安全更重要的需要。（ ）
21. 安全需要与生理需要不是紧密相关的。（ ）
22. 马斯洛认为，尊重的需要有两个组成要素（方面）。（ ）
23. 根据马斯洛的需要层次理论，人的行为是由最高一级的需要所决定的。（ ）
24. 按照需要层次理论，管理者要激励某个员工，就必须了解此人目前所处的需要层次，然后着重满足这一层次或在此层次之上的需要。（ ）
25. 马斯洛认为只有个体低层级的需要得到完全满足后，才会转向追求更高层次的需要。（ ）
26. 文化层次不同，人们的需要层次也会不同。（ ）
27. 双因素理论认为，激励因素通常与工作内容和工作条件有关。（ ）
28. 根据赫茨伯格的双因素理论，工作条件是保健因素。（ ）
29. 保健因素同工作内容有关，激励因素与工作环境有关。（ ）
30. 赫茨伯格认为，当保健因素得到改善时，职工的不满情绪就会消除，对职工会产生积极的激励作用。（ ）
31. 赫茨伯格认为，当保健因素得到改善时，职工的不满情绪就会消除，但要产生使职工满意的积极效果，必须采用激励因素。（ ）
32. 双因素理论认为，消除了人们工作中的不满意因素，就能使工作结果令人满意。（ ）
33. 在管理中充分重视保健因素，提高员工对工作条件和工作环境的满意度，就可以起到激励作用。（ ）
34. 激励物或工作内容因素很容易被员工习以为常，所以这些因素很快就会失去它的激励作用。（ ）
35. 激励因素对维持员工的激励水平是必要且充分的。（ ）
36. 挑战性工作属于双因素理论中的保健因素。（ ）
37. 依据双因素理论，保健因素不起激励作用，只有激励因素才起激励作用。（ ）
38. 一般情况下，成就需求高的人能做一个好经理。（ ）
39. 每个工人都有很高的成就感。（ ）
40. 即使当惩罚没有被平等地应用于所有违纪员工时，它仍然是有效的。（ ）
41. 工资保密影响员工对组织给予加薪的原因的认识。（ ）
42. 根据公平理论，平均分配是最合理的。（ ）
43. 一些人无偿地占有另一些人的劳动成果就意味着剥削，分配中的绝对平

均主义也意味着劳动付出少的人无偿占用了劳动付出多的人的成果，因此与剥削无异。（　　）

44. 企业员工的士气越高，企业的经济效益也必定越好。（　　）

45. 管理者在采用强化手段改造下属行为时，应奖惩结合，以奖为主。（　　）

46. 强化理论主张在行为发生之前，用当事人对行为后果的理解、评价和实现可能性等的心理过程对其行为进行引导和控制。（　　）

47. 根据 Y 理论，多数人都不愿主动地去承担责任。（　　）

48. 阿吉利斯的“不成熟-成熟理论”认为，传统正式组织的性质常常同人的个性成长发生冲突，妨碍了个人的自我实现，使之停留于不成熟状态，因此应设计一种健全的组织，为每个成员创造更多的成功机会。（　　）

49. 管理者对员工的人性假设不同，从而采用不同的领导方式和激励方法。（　　）

50. 经济人的假说认为，人天生懒惰，因此对员工的管理应采取物质刺激加严格管理的方式。（　　）

51. 领导者无法激励没有需要动机的员工。（　　）

52. 内容型激励理论回答的是“什么样的需要会引起激励”这样的问题，而过程型激励理论则解释“激励怎样产生”的问题。（　　）

53. 行为改造理论是一种认知型的内容型激励理论。（　　）

二、选择题

1. 根据马斯洛的需求层次理论，人的行为决定于：（　　）

A. 需求层次　　B. 激励程度　　C. 精神状态　　D. 主导需求

2. 比较马斯洛的需求层次理论和赫兹伯格的双因素理论，马斯洛提出的五种需求中，属于保健因素的是：（　　）

A. 生理和自尊的需要　　B. 生理、安全和自我实现的需要

C. 生理、安全和社交的需要　　D. 安全和自我表现实现的需要

3. 曹雪芹虽食不果腹，仍然坚持《红楼梦》的创作，是出于：（　　）

A. 自尊需要　　B. 情感需要

C. 自我实现的需要　　D. 以上都不是

4. 商鞅在秦国推行改革，他在城门外立了一根木棍，声称有将木棍从南门移到北门的，奖励 500 金，但没有人去尝试。根据期望理论，这是由于：（　　）

A. 500 金的效价太低　　B. 居民对完成要求的期望很低

C. 居民对得到报酬的期望很低　　D. 枪打出头鸟，大家都不敢尝试

5. 马斯洛将人类的需要由低到高划归为五层次。他认为，一般的人都是按照这个层次从低级到高级，一层一层地去追求并使自己的需要得到满足。这就是著名的（ ）。

A. 双因素理论 B. 需要层次理论

C. 过程型激励理论

6. 在人的各种需要中，最高层次的需要是：（ ）

A. 自我实现需要B. 安全需要 C. 尊重需要 D. 社会需要

7. 当人们认为自己的报酬与劳动之比，与他人的报酬与劳动之比是相等的，这时就会有较大的激励作用，这种理论称为：（ ）

A. 双因素理论 B. 效用理论 C. 公平理论 D. 强化理论

8. 从期望理论中，我们得到的最重要的启示是：（ ）

A. 目标效价高低是激励是否有效的关键

B. 期望概率的高低是激励是否有效的关键

C. 存在着负效价，应引起领导者注意

D. 应把目标效价和期望概率进行优化组合

9. 根据马斯洛的需求层次理论，可得的结论是：（ ）

A. 对于具体的个人来说，其行为主要受主导需求的作用

B. 越是低层次的需求，其对于人们行为所能产生的影响也越大

C. 任何人都具有五种不同层次的需求，而且各层次的需求强度相等

D. 层次越高的需求对于人们行为所产生的影响也越大

10. 关于社会人基本假设，正确的是：（ ）

A. 不能从工作上的社会关系去寻求意义

B. 从根本上说，人是由经济需求而引起工作动机的

C. 职工对同事们的社会影响力，要比管理者所给予的经济诱因及控制更为重视

D. 职工的工作效率与上司能满足他们的社会需求无关

11. 期望理论属于：（ ）

A. 过程型激励理论 B. 行为改造型激励理论

C. 内容型激励理论 D. 激励理论

12. 对一个尊重需求占主导地位的人，下列哪种激励措施最能产生效果？（ ）

A. 提薪 B. 升职 C. 解聘威胁 D. 工作扩大化

13. 以下哪种现象不能在需要层次理论中得到合理的解释？（ ）

A. 一个饥饿的人会冒着生命危险去寻找食物

B. 穷人很少参加排场讲究的社交活动

C. 陈景润在陋室中苦攻“哥德巴赫猜想”

D. 一个自我实现需求占主导地位的人，可能因为担心失败而拒绝接受富有挑战性的工作

14. 中国企业引入奖金机制的目的是发挥奖金的激励作用，但到目前，许多企业的奖金已成为工资的一部分，奖金变成了保健因素，这说明：（　　）

A. 双因素理论在中国不怎么适用

B. 保健和激励因素的具体内容在不同的国家是不一样的

C. 防止激励因素向保健因素转化是管理者的重要责任

D. 将奖金设计成为激励因素本身就是错误的

15. 赫兹伯格提出的双因素理论中，被称作激励因素的是：（　　）

A. 薪金　B. 人际关系　C. 赏识　D. 职业安定

16. 激励力 = 效价×期望值，这个公式是（　　）提出的。

A. 期望理论的代表者弗罗姆　B. 公平理论的代表者亚当斯

C. 强化理论的代表者斯金纳　D. 需要理论的代表者马斯洛

17. 马斯洛需要层次理论中，（　　）需要会因为更高层次需要的发展而消失。

A. 生理需要　B. 安全需要　C. 尊重需要　D. 以上都不是

18. 马斯洛需要层次理论中，生理需要满足后人们必然会追求（　　）需要。

A. 自我实现需要　B. 安全需要

C. 尊重需要　D. 以上都不是

19. （　　）理论认为，同一时间可能出现一个或多个需求被同时激活。

A. ERG 理论　B. 领导生命周期理论

C. 需要层次理论　D. 双因素理论

20. （　　）理论认为，马斯洛的理论过分强调个人的自我意识、内生和内在价值，忽略了来自社会的影响。

A. ERG 理论　B. 领导生命周期理论

C. 成就需要理论　D. 双因素理论

21. 以下哪一种性格特征不是强烈成就需要的人所具有的？（　　）

A. 谨慎地设定挑战性的目标　B. 喜欢通过社会交往提高效率

C. 希望尽快得到工作绩效的反馈　D. 喜欢通过自己的努力解决问题

22. 麦克利兰通过对英国等工业发达国家的大量研究，得到以下结论：组织中拥有越多的高成就需要者，组织就发展得越快。这对管理工作提供的启示不包括：（　　）

A. 提供能够发挥个人领导魅力的工作环境

B. 尽可能为高成就需要的人提供具有挑战性的工作环境

C. 注意培养员工的成就需要

D. 对工作成果及时反馈

23. 双因素理论的正确性受到一些质疑，但不包括：（　　）

A. 该理论与马斯洛的需要层次理论脱节

B. 采用方法本身导致了该理论

C. 被调查对象的代表性也不够

D. 不论是有关工作环境的因素还是工作内容的因素，都可能产生激励作用，而不仅是使职工感到满足，这取决于环境和职工心理方面的许多条件

24. 亚当斯的“公平理论”中，纵向比较的参照对象多选自：（　　）

A. 同事　　B. 邻居　　C. 亲朋好友　　D. 自己的过去

25. 西方的许多企业，依据（　　）理论，采用秘密的单独发奖的办法，使职工相互不了解彼此的收支比率。

A. ERG 理论　　B. 公平理论　　C. 成就需要理论D. 双因素理论

26. （　　）模式综合了个体的外部刺激、内部条件、行为表现和行为后果的相互作用等各种因素，把整个激励过程——从激励的激起、绩效的达成、报酬的获得一直到满足的实现——表述得比较完备，将前述弗鲁姆的模式与公平理论有机地结合起来，使其更加具体而系统化。

A. 波特和劳勒期望模式　　B. 公平理论

C. 成就需要理论　　D. 弗鲁姆的期望理论

27. 斯金纳提出了四种行为改造方式，在管理工作中最好采取（　　）的方式。

A. 正强化　　B. 负强化　　C. 忽视　　D. 惩罚

28. （　　）人性理论假设也叫做权变理论。

A. 经济人　　B. 社会人　　C. 自我实现人　D. 复杂人

29. 即时奖励是指一旦发现员工表现卓越，就立刻给予经济奖励。从激励的理论来理解，这种奖励的激励效果确实不错，符合（　　）的观点。

A. 期望理论　　B. 强化理论　　C. 公平理论　　D. 以上都是

30. 浮动工资计划有效的一些原则不包括：（　　）

A. 确保努力和奖赏直接相关

B. 工资计划方案易于理解和计算

C. 标准的设定应较高，使成功概率低于 50%

D. 确保一个基本工资

31. 终身学习有很多功效，但不包括：（　　）

A. 掌握最新的工作技能　　B. 增强员工的自信心和能动性
C. 给员工带来更高的收入　　D. 一种有效的保障方法

32. 外在奖酬必须与内在奖酬区分开来，原因是：（　　）
A. 外在奖酬比内在奖酬更重要
B. 员工对它们有不同的效价，他们受到工作环境和工作内容的影响
C. 员工相信他们对内在奖酬比对外在奖酬没有更多的控制
D. 组织花了更大的力气想影响和控制内在奖酬

33. 赫茨伯格的双因素理论认为（　　）不是激励因素。
A. 责任感　　B. 工资　　C. 成就感　　D. 成长需要

34. 激励因素与保健因素之间的区别在于：（　　）
A. 保健因素能带来工作满意，激励因素与工作不满意相关
B. 保健因素存在时会引发自我实现，而激励是由报酬与津贴的获得而产生的
C. 激励因素最关心外部工作环境中的消极因素，保健因素与个人境遇和身体健康相关
D. 激励因素与工作本身的内容相关，保健因素与工作环境或工作外部因素的特征相关
E. 激励因素被监管者控制，保健因素是工作中的内容方面的因素

35. 以下各项表述正确的是：（　　）
A. 保健因素和激励因素通常都与工作条件和工作环境有关
B. 保健因素和激励因素通常都与工作内容和工作本身有关
C. 保健因素通常与工作条件和工作环境有关，而激励因素与工作内容和工作本身有关
D. 保健因素通常与工作内容和工作本身有关，而激励因素与工作条件和工作环境有关

36. 为了激励职工，主管人员应当：（　　）
A. 一方面提高职工对某一成果的偏好程度，另一方面降低期望值的概率
B. 一方面降低职工对某一成果的偏好程度，另一方面提高期望值的概率
C. 同时提高职工对某一成果的偏好程度和期望值的概率
D. 同时降低职工对某一成果的偏好程度和期望值的概率

37. 在会议进行中，管理者不希望下属不停地提出各种问题干扰会议的进程，于是在有人举手要发言时便无视他们的举动，只顾自己把话讲完。这种影响下属行为的方式是：（　　）

A. 正强化　　B. 负强化　　C. 自然消退　　D. 惩戒

38. 你手下一名工人操作一台噪声很大的设备但没有带耳塞，违反了公司的安全条例。这样一来，他自己也显得很痛苦，这是你和他都不愿意得到的结果。这种事情，你有两种处理办法。一是提醒他，让他戴上耳塞试试。果真，戴上耳塞后，这位工人感到噪音消失了，于是自觉执行公司的安全条例。一是对这位工人说："你不戴耳塞，违反了公司的安全条例。我责令你停职三天，回去反省一下这些安全措施多重要！"以上两种处理办法属于何种方式？（　　）

A. 分别是正强化和负强化　　B. 分别是负强化和惩罚

C. 都是负强化　　D. 都是惩罚

39. 在一定程度上，从管理者所采用的管理方式中可以看出他们对于人性的认识。例如，采用"胡萝卜加大棒"方式的管理者常常把人看作是：（　　）

A. 经济人　　B. 社会人

C. 复杂人　　D. 追求自我实现的人

40. 现代以人为本的管理中，人力的"工具使用论"已被"资源开发论"所取代。下述哪种人性假设更好地反映了人力资源开发的思想？（　　）

A. 经济人假设　　B. 社会人假设

C. 有限理性人假设　　D. 自我实现人假设

41. Y 理论的要点之一是：（　　）

A. 多数人的个人目标与组织目标是相矛盾的

B. 多数人的工作都是为了满足基本的需要

C. 人是由社会需求而引起动机的

D. 在适当条件下，一般人不仅会接受某种职责，而且还会主动寻求职责

42. 权变理论是根据（　　）的观点提出来的。

A. 经济人　　B. 社会人　　C. 自我实现人　　D. 复杂人

43. 在一次管理知识和技能培训班上，就如何调动企业员工积极性的问题展开讨论时，学员们众说纷纭，莫衷一是。这里归纳四种不同的主张，假如四种主张都能切切实实做好，你认为（　　）应成为首选的主张。

A. 成立员工之家，开展文体活动，增强凝聚力

B. 从关心员工需要出发，激发员工的主人翁责任感，从而努力做好本职工作

C. 表扬先进员工，树立学习榜样

D. 批评后进员工，促使其增强工作责任心

三、填空题

1. 美国管理学家贝雷尔森（Berelson）和斯坦尼尔（Steiner）指出："一切内心要争取的条件、希望、愿望、动力等都构成了对人的激励，它是人类活动的一种________。"

2. 沃鲁姆（Vroom）认为，激励就是对个人及________进行控制的过程。

3. 激励的三个关键因素是：________、________和________。

4. 在心理学术语中，"需要"是指特定的结果具有________的某种心理状态。

5. 动机的心理学定义是：动机是直接推动个体活动以达到一定目的的内在动力和________，是引发和维持个体活动的心理状态。

6. 动机的表现形式有很多种：从表现的程度差异上看可表现为________、________、________、________、________等；从表现的可信度差异上看可分为________和________等；从物质还是非物质的角度看可分为________和非物质性动机。

7. 内容型激励理论从________出发，包括________、________、________以及________等。

8. 过程型激励理论则是从________这一过程出发，包括________、________、________以及________。

9. 马斯洛把人的需要归纳为五个层次，由低到高依次为________、________、________、________和________。

10. 赫茨伯格通过调查发现，使员工感到不满的往往是公司政策与管理方式、上级监督、工资、人际关系和工作条件等五种因素，是属于________和________方面的因素。

11. 赫茨伯格认为，满意的对立面不是不满意，而是________。

12. 赫茨伯格认为，激励因素是否具备，强度如何，对应着员工________和________。

13. 弗鲁姆的期望理论的公式为：________。

14. 管理者在向员工下达任务时，必须考虑________的挑战性，使其________能产生重要的刺激作用。

15. 斯金纳通过试验研究得出结论，认为人的行为可分为三类：________、________和________。

16. X 理论的应用使管理者对下属的管理方式有两种选择：一是"________"管理方法，另一种是"________"管理方法。

17. 美国心理学家和行为科学家雪恩归纳分类了人性的四种假设，即理性的经济人、__________、__________和__________。

18. 斯金纳提出，行为塑造的四种方式是________、________、________、__________。

19. 一个人的工作成果，主要依赖于__________，同时还取决于个人的工作能力、对所承担角色的理解力及环境的限制。

20. 组织在采取奖励的方式进行激励时，还要采用各种__________手段予以辅助，以教育那些不采纳组织目标或阻碍实现组织目标的个别人员。

四、案例分析题

案例 1　薪酬激励的作用

2003 年新年后的一天，外贸局王局长坐在办公室里，审阅着财务科刚送来的财务收支情况报表。面对 A 办事处 4 年来业务收入的大起大落，王局长心情沉重，陷入了沉思。

A 办事处是外贸局下属的一个办事处，共有 5 名工作人员，其中 1 名中年人担任办事处主任，另外 4 名均为年轻人。2000 年初王局长到外贸局走马上任，他点燃的头一把火就是搞业务创收，给各下属部门分别制定创收目标，实现目标管理。A 办事处虽然人不多，但业务收入却在全局中占有举足轻重的地位，而且潜力巨大。1999 年 A 办事处的业务收入达 83 万，占全局收入的 36%。为鼓励 A 办事处为创收多做贡献，王局长拟定了一个相当诱人的奖励计划：若 A 办事处能完成 90 万元的任务指标，年终可以计提 3%的奖金；若创收达 120 万元，则给办事处配备一部汽车；若收入达 150 万，则给全处年轻人解决住房问题。奖励方案一经推出，立即在 A 办事处引起轰动，所有人员积极性空前高涨，憋足劲加班加点拼命干，结果 2000 年 A 办事处创收达 156 万，超额完成了计划指标。事后，王局长开始兑现奖励措施，除发放奖金配备汽车解决住房外，还把 A 办事处树立为先进集体，对办事处李主任给予全局通报表扬，越级晋升一级工资，并把一名年轻人提拔为副科长。同时，王局长还承诺如果 A 办事处 2001 年业务收入能维持 150 万的收入，将继续提取 3%的年终奖。王局长本来希望通过奖励的实施来进一步调动 A 办事处员工的积极性，争取 2001 年业务收入再创新高，最低目标也要保持 2000 年的水平。但奇怪的是，奖励实施后，A 办事处人员积极性却骤然下降，有人开始自满，有人觉得不公平，开始闹情绪，不合作。结果 2001 年 A 办事处在外界环境没有明显变化的情况下，业务收入直线下滑到 95 万，没有完成任务指标。王局长对此非常恼火，对 A 办事处下达指令，若 2002 年业务收入不能恢复到 120 万，就撤换办事处主任和其他工作人员。但令人遗憾的是，2002 年 A 办事处的收入再次令王局长失望，全年收入仅 85 万。这种结局让王局长百思不得其解。

问题

1. 王局长上任后为什么能很快提高经济效益?
2. 奖励实施后，积极性为什么反而回落了呢?

案例 2　H 网络公司的股权激励

H 网络公司（以下简称 H 公司）于 2000 年底决定建立长期激励机制，实行股票增值权激励方案。H 公司创建于 1999 年，注册资金为 1000 万元，合计 1000 万股，2000 年底税前利润为 800 万元，净资产为 2000 万元，每股净资产为 2 元，预计每股净资产年增长率为 100%。为实现公司长期战略规划，公司董事会决定接受某咨询公司的建议，自 2001 年开始实施股票增值权计划。

具体实施办法概括为：

定人：包括董事、高层管理人员在内的 5 人核心层被授予股票增值权；

定价：按照 2006 年度每股净资产确定行权价格；

定量：按照总股本的 10%，即 100 万股授予；

定时：采取滚动授予，即每年授予的方式；规定认股权的有效期为五年，股权增值权授予后满一年即可获得首期行权权力，行权权力将分三年获得，比例分别为 3∶3∶4。

资料来源：企业管理资料网

问题

以上股票增值权方案是否能够充分满足企业发展的要求？还有哪些不足?

案例 3

A 公司是一家处于西部地区的中外合资网站，成立于 20 世纪 90 年代末期，其时正值网络行业高速发展时期。在当时，这家网站的规模属于中下水平，资金实力较其他网站明显偏弱，不可能为所需人才付出发达地区同等高水平的薪酬；同时，由于处于内陆地区，较为偏僻和闭塞，工作与生活条件远不及沿海发达地区。以上两方面原因导致该网站在人才竞争领域明显处于劣势，本地人才严重不足，又难以吸引外地高手加盟，尤其在优秀内容编辑这一项上，该网站与竞争对手有很大差距。在网站投资建成几年内，网站内容的深刻度、创新度、吸引力方面都差强人意。2004 年，网站引入了一名新的内容部门负责人 Z 先生，他为激励员工独创了“明星激励法”，情况发生了改变。这一激励法是这样操作的：一方面，为调动众编辑的创造力和工作激情，同时使其得到有效的业务锻炼，Z 先生为每位编辑“量身定做”地选择了一位或几位业界有名的“明星”，先通过各种方式向编辑们传达有关“明星”的名气、声誉、身价、收入、生活方式等信息，使编辑对他们产生向往心理，然后Z先生本人和编辑一起，研究“明星”的成长历程，分析、讨论该“明星”在写作、编辑和其他工作方面的风格、长处、短处，并且用心理暗示、创造条件让编辑与这些“明星”认识、对话和商榷问题等方式，让员工明白，这些“明星”不是天生的，也是普通的编辑、记者锻炼成长起来的，只要自己努力，也一定能够成为业界“名人”。另一方面，在公司的制度上，工作安排上，为编辑创造成名的条件，例如设立以编辑个人名字命名的栏目，尽可能安排他们在各种“出头露面”的活动上亮相等等。这种“明星激励法”并未增加企业任何成本，只是给员工指出了具体的、具有诱惑力的美好前景和现实可行的奋斗目标。这样的激励作用迅速收到了成效，短短的半年时间，该网站众编辑的敬业精神、工作态度、工作能力等明显改善，工作质量大大提升，访问量快速增加，权威性和影响力也获得长足进步。到2004年，该网站以超过竞争对手总和的市场占有率成为业界唯一的领袖。这是一种花费小、效果佳的激励方式，堪称该行业激励的典型。

B公司是一家从事计算机硬件、软件销售和二次开发的电脑公司，公司规模不大，50人左右。公司经过多年的打拼，在本地区小有名气，并占有一定的市场规模。随着市场竞争的激烈化，为了继续保持公司的快速超常发展，提高员工的积极性，该公司总经理借鉴当时业界较为风行的“目标管理法”，对员工进行目标管理。其具体操作是这样的：公司根据第二年销售额的预测（公司希望达到第二年实现销售额翻番的目标，因此，将其营业额的预测定为上一年度的两倍），将这一销售额自上而下分配到每一部门，再由各部门分配到每位员工头上；取消了原执行的按销售比例提成制度，改为未完成任务时只有极低提成，超额完成任务则有巨额提成。表面上看来，如果业绩真如公司所愿，能够继续快速增长，优秀员工在超额完成任务后，收入将大幅度提高，而对于不能完成任务的“不合格”员工，公司又降低了花在他们身上的成本，似乎是一举两得的好事。但员工在仔细分析后发现，由于该公司所处的市场环境竞争加剧，公司产品优势逐渐丧失，公司规模扩大、销售人员增加导致每位销售人员所拥有的潜在“蛋糕”变小，并且公司在资金实力、内部管理、配套服务方面跟不上快速增长的需要，几乎无人有信心完成二倍于前一年的销售额。多数员工产生了“被愚弄”的情绪。一年之后进行核算，全公司没有一个人能得到高额提成，核心销售人员流失殆尽。两年后，该公司已濒于倒闭。

资料来源：成功与失败的激励案例分析，中国管理网

问题

为什么同样是激励却没有同样好的效果？你认为激励成功主要取决的因素有哪些？

五、简答题

1. 罗宾斯对激励的定义是什么？
2. ERG 理论的内容是什么？
3. 麦克利兰认为，具有强烈成就需要的人往往具有哪些性格特征？
4. 成就需要理论对管理有何启示？
5. 强化理论是什么？
6. 在管理工作中运用强化理论时，应遵循的原则是什么？
7. 双因素理论的内容是什么？保健因素和激烈因素各包括哪些内容？
8. “复杂人”假设的观点是什么？
9. 薪酬激励包括哪些方法？
10. 马斯洛需要层次理论的主要观点是什么？

第十章 团　　队

一、判断题

1. 人们加入群体最普遍的原因是距离接近。（　　）
2. 趋同是指相互吸引和具有共同兴趣。（　　）
3. 五阶段发展模型认为，群体的发展要经过五个阶段的标准程序：震荡阶段、形成阶段、规范阶段、执行阶段和终止阶段。（　　）
4. 形成阶段结束的标志是：群体的领导层次逐渐明晰。（　　）
5. 在执行阶段，群体成员开始形成亲密的关系，群体表现出一定的凝聚力。（　　）
6. 所有群体都必须按顺序经历五个阶段。（　　）
7. 群体在发展到某个阶段后，很难返回到上一个阶段。（　　）
8. 群体的绩效与群体所处的发展阶段并无必然的正相关关系。（　　）
9. 五阶段发展模型建立在组织环境基础之上。（　　）
10. 如果某项任务的完成需要使用多种技能，那么团队的效果往往好于个人。（　　）
11. 团队的领导者是非常灵活的，在不同时期和不同领域可能由不同的领导者来承担领导角色。（　　）

二、单项选择题

1. 趋同的内容不包括：（　　）

A. 观念　　B. 地点　　C. 兴趣　　D. 人格

2. 人们通常根据团队建立和存在的目标，把团队分为三类。下面哪种类型是错误的：（　　）

A. 问题解决型团队　　B. 自我管理型团队
C. 跨职能团队　　D. 任务协作型团队

3. 在（　　）中，成员通常来自同一个部门，技术知识面受到局限。

A. 问题解决型团队　　B. 自我管理型团队
C. 跨职能团队　　D. 任务协作型团队

4. （　　）是真正独立自主的团队。

A. 问题解决型团队　　B. 自我管理型团队
C. 跨职能团队　　D. 任务协作型团队

5. 自我管理型团队失效的个体原因是：(　　)

A. 团队成员不愿意放弃旧的做法、权力和职位

B. 某些团队成员并不具备完成团队目标所需的技术、知识和能力

C. 个人与团队在信念和目标上存在的冲突无法协调

D. 全部都是

6. 协调成员之间的工作和活动是由（　　）角色扮演。

A. 任务中心型角色　　B. 关系中心型角色

C. 自我中心型角色

7. 搜集和寻找信息来协助决策，这项职能是由（　　）角色扮演。

A. 任务中心型角色　　B. 关系中心型角色

C. 自我中心型角色

8. 明确团队的目标，确定成员目标的一致性，这项职能是由（　　）角色扮演。

A. 任务中心型角色　　B. 关系中心型角色

C. 自我中心型角色

三、填空题

1. 根据群体的构成原则和方式不同，可以把群体分为__________和__________。

2. 正式群体是指__________的群体。

3. 人们加入群体最普遍的原因是__________。

4. 群体形成阶段结束的标志是：__________。

5. 在群体形成之后，由于成员对于地位、规范和角色的形成和发展等问题存在矛盾和冲突，此时的群体处于震荡阶段，也称为__________。

6. 在__________阶段，群体成员开始形成亲密的关系，群体表现出一定的凝聚力。

7. 在团队中，__________的需要压倒一切。

8. 一般来说，有效的团队把大约__________或更多的时间用于以任务为中心的问题上，把__________或更少的时间放在以关系为中心的问题上。

9. 随着__________等技术的发展，有效团队的规模上限不断增大。

10. 研究表明，__________个成员大概是每个成员可以面对面地与其他成员顺利协作的最大规模。

11. 一般来说，人们认为影响团队工作的因素包括：__________、__________、__________、__________、__________、__________和__________。

12. 在团队中，可以根据与角色相关的工作性质，把工作角色划分为三种类

型：__________、__________、__________。

13. 团队凝聚力主要体现在以下三个方面：____________、____________、__________。

14. 高效团队的规模可选择的范围应当是__________人，人数的多少取决于__________、__________和__________。

15. 成员对规范的遵守分为__________和__________。

16. 由于团队同时肩负__________和__________，因此也可能同时存在两个或多个领导者。

17. 团队凝聚力增强的一个重要标志就是__________。

四、案例分析题

案例 1　高绩效团队的困惑

最近生产管理部经理 A 先生越来越感到本部门的创新氛围大不如前：现在部门成员对本职工作都非常熟悉，工作完成情况较好，但就是都有一种不思进取的态度；另外，部门成员对待其他部门的态度看法也与以前不同，平时言谈中总是流露出不满的情绪，诸如某某部门的人员如何如何没有理念啊，没有思路啊，自满的态度在部门成员间平时的交谈中表露无疑。A 经理感到现在是到了应该好好想想本部门问题的时候了。

A 先生所在的企业是一家合资的生产日用消费品的制造业企业。这几年公司业务发展迅速，平均每年都有 10%以上的增长，虽然近两年国内市场竞争越来越激烈，但是由于公司在前几年培养了良好的企业文化及打下了扎实的管理基础，公司仍能继续保持平稳发展。公司这几年一直采用目标管理（MBO）这一管理工具，强调参与式的目标设置，并且强调所有目标都必须是明确的、可检验的和可衡量的。同时，公司在四年前成功运行了一套企业资源计划系统（ERP），这套计算机管理系统不仅使公司的物流、财流、信息流达到最优化，而且使公司组织结构扁平化，目标设定具体化，对目标的绩效反馈也有很大帮助。目标管理与 ERP 系统相辅相成，使公司具备了良好的管理基础，并形成了目前良好的企业文化。

A 先生于五年前进入此公司并在生产管理部门担任部门负责人，生产管理部共有四位员工，他们是进入公司一年的 B 先生，C 小姐，进入公司三年的 D 先生与 E 小姐。在进入此部门两星期后，A 先生了解到，B 先生做事有条理，交给他做的事总能有计划地完成，但是 B 先生在工作中主动性不够；C 小姐活泼开朗，在工作中会经常提出一些新鲜点子，但是做事条理性欠缺；D 先生从公司刚成立就在此部门工作，经验丰富，而且工作积极主动；E 小姐与 D 先生同为公司资深员工，工作经验丰富，且公司人缘很好，在公司各个部门都有好朋友。

在四年前公司 ERP 系统成功上线后，经过业务流程重组，A 先生负责的生产管理部门主要包括以下这些工作职责：①制作生产计划，主要是根据公司市场部门提供的销售预测及公司财务部门的库存目标，结合工厂产能计划，制作年度、季度、月度的生产计划。②制作产能计划，主要是与工程部门、技术部门、生产部门一起核定生产产能计划，通常每年定期核查，平时如有变化就需及时更改。③安排日常生产流程，主要将客户订单及生产计划变成生产指令下达给生产部门组织生产。④制作采购计划，系统依据生产计划及动态客户订单数量产生基础 MRP 计划，经过人为整合下达采购指令下达给采购部门采购原料。⑤制作分销资源计划，由于公司在全国各地有 5 个仓库向各地发货，所以需要向各仓库分配产品，安排运输，同时还要与各地经营部联络满足各地的订单需求与控制各地库存水平等。

A 先生利用业务流程重组的机会，将手下 4 位员工的工作职责进行了重新划分，经验丰富的 D 先生被安排负责制作生产计划与产能计划，同样经验丰富的 E 小姐负责制作分销资源计划，B 先生负责安排日常生产流程，C 小姐负责制作采购计划。由于部门内所有人在公司上 ERP 项目的时候都经过了系统的完整的培训，同时又都有一定的工作经验，所以大家很快熟悉并胜任了各自的工作。

由于公司采用了目标管理工具，每个员工都要参与制定每个人各自的工作目标，所以大家都清楚知道个人及上级的工作目标。生产管理部门 A 先生的目标是生产计划达成率为 90%以上，原辅料、半成品、成品的库存控制在 4000 万人民币以下，客户订单的交货期为 5 个工作天以下。而此目标又分解到部门其他四位员工。如 C 小姐负责采购计划，她的目标是原料库存在 2500 万人民币以下，缺料率在 2%以下，主要原料缺料率为 0；B 先生负责生产流程，他的目标是客户订单交货期为五个工作日以下，半成品库存为 200 万人民币以下。由于所有人的目标明确，都可衡量，且 ERP 系统保证了所有的数据都可随时提供，绩效反馈非常有效，所以保证了公司激励制度的有效实施。各成员的工作都具有一定的挑战性。A 先生这个部门的工作满意度较高。

由于本部门工作完成情况要与其他部门的配合，所有的工作都需要与人沟通才能完成。如要完成生产计划，不仅要与本部门生产排程、采购计划、分销计划充分沟通，还需要与市场部、财务部、研发部、技术部、工程部等部门进行有效的沟通；制作分销计划，不仅要与本部门的生产流程进行沟通，还要与工厂仓库、运输公司、各经营部客户服务人员、市场部人员、各地仓库等进行沟通。所以 A 先生在部门内一直强调沟通的重要性，并积极提倡协同配合，使大家都明了每个人的工作都需要部门内其他人员的帮助才能完成。而要做到这点，大家都知道互相信任、互相帮助、开诚布公的重要性。

由于在生产管理部门内各成员的工作都相辅相成、互相依赖，大家都有了解别人工作的愿望。A先生要求各成员将各自的具体工作写成流程形式，并包括各类细节，供部门内所有人员参考，还鼓励大家互相学习彼此的工作，而且规定每年必须轮换工作。由于大家的工作业绩都互相依赖，大家都努力学习他人的工作、他人的长处，同时努力帮助他人克服缺点，至今部门内所有人都具备单独完成各项工作的能力。

A先生在部门中一直提倡创新观念。他本人就一直提出各种各样新的观点和想法来帮助大家更好的完成工作；而一般D先生会帮助A先生将他的观念落实，如制定操作程序等等；B先生和C小姐也经常会给对这些观念提些建议；E小姐小心谨慎，她会考虑新观点对各方面的影响。由于A先生的倡导，部门内逐步养成了许多好的观念，如“鼓励提出不同意见”，“不能提出改进意见，就不要反对别人的观点”，“不提出改进意见，就完全按别人意见做”，等等。

经过这几年的成长，生产管理部已成为一个工作绩效高、学习能力强、工作满意度高、内部凝聚力强的团队，部门内的成员都以在这个团队中工作为荣。然而，当前在这个团队中出现了诸如篇头提及的一些不和谐的现象，A先生通过几天的考虑，决定采取行动。

资料来源：中华培训网

问题

1. 请分析A先生是如何成功塑造高绩效的工作团队的？
2. 请描述这个高绩效团队的价值？
3. 目前A先生所领导的团队为什么会出现问题，如何克服？

案例2　这是高素质团队吗？

小王、小张、小赵和老李正围绕在刚生产出来的冰箱周围查找原因，为什么冰箱指示灯显示运转正常而冰箱却没有制冷？这种冰箱是公司新开发的环保节能型冰箱。小王是生产线上的总装工人，小张是负责生产过程排产和工艺的生产工程师，小赵是公司负责研发的经理，老李是产品开发工程师。虽然四人在公司的角色和岗位职责不一样，但是，自这种环保节能型冰箱投入试产以来，他们四人就在一起工作了。在面对问题时，四人并不气馁，他们没有相互埋怨，而是对每一个环节进行仔细分析，查找问题原因，思考解决方案。最后，不但解决了这个问题，而且顺利地完成了公司新产品的试生产任务，在投放市场后一炮走红，取得巨大成功。

问题

1. 这个团队运作是有效的吗？

2. 高效团队表现在哪些方面?

五、简答题

1. 什么是团队? 团队和一般群体的区别是什么?
2. 团队的特征是什么?
3. 团队有那些类型?
4. 自我管理型团队的责任范围包括什么?
5. 为了提高跨职能团队成员的协调性，组织需要采取哪些措施?
6. 团队建设的步骤是什么?
7. 简述五阶段发展模型的内容及对五阶段发展模型的理解。

第十一章　人力资源管理

一、判断题

1. 人力资源管理就是管人。(　　)
2. 人力资源管理工作仅是人力资源部门的事情。(　　)
3. 培训工作是为他人做嫁衣裳。(　　)
4. 人力资源是企业最宝贵的资源。(　　)
5. 人适应战略，而非战略适应人。(　　)
6. 劳动量是影响薪酬水平的唯一因素。(　　)
7. 面试是公司招聘员工的一种重要方法。(　　)
8. 人员外部招聘比内部招聘更有效。(　　)
9. 福利是一种直接奖励。(　　)
10. 人力资源体系对企业战略是被动适应的。(　　)

二、单项选择题

1. 当一个企业面临着各种发展需求时，最基本、最核心的因素就是：(　　)

A. 人力资源　　B. 物力资源　　C. 财力资源　　D. 信息资源

2. (　　) 是员工所得到的最基本的报酬。

A. 工资　　B. 薪水　　C. 薪金　　D. 福利

3. 企业的董事长或总经理属于 (　　) 人才。

A. 管家型　　B. 军师型　　C. 先锋型　　D. 领袖型

4. 人本管理的核心是：(　　)

A. 效率第一　　B. 以人为本　　C. 质量第一　　D. 用户至上

5. (　　) 是整个人力资源管理中的控制系统。

A. 招聘　　B. 绩效评估　　C. 培训　　D. 薪酬管理

6. 下列不属于绩效评估的一般原则的是：(　　)

A. 公开、公平、公正原则　　B. 以理服人原则
C. 沟通原则　　D. 时效性原则

7. “对某类岗位的工作性质、任务、责任、权限、方法、工作应用实例、工作环境和条件，以及本岗位人员资格条件所做的书面记录”被称作：(　　)

A. 岗位规范　　B. 工作说明书　　C. 岗位守则　　D. 工作守则

8. 人员配置的根本目的是：（　　）
A. 使个人能力水平与岗位要求相适应
B. 为任何人找到和创造发挥作用的条件
C. 通过个体之间取长补短形成整体优势
D. 保持所有员工的身心健康

9. 支付相当于员工岗位价值的薪酬，体现的薪酬管理原则是：（　　）
A. 对外具有竞争力原则　　B. 对内具有公正性原则
C. 对员工具有激励性原则　　D. 分配结果均等原则

10. 人员招聘的最终目的是：（　　）
A. 保证组织有足够的人力需求　　B. 选择素质高、质量好的人才
C. 招聘到最优的人才　　D. 达到组织整体效益的最优化

11. 面试开始时应从应聘者（　　）开始发问。
A. 可以预料到的问题　　B. 最预想不到的问题
C. 最难于回答的问题　　D. 简历中有疑问的地方

12. 心理测试的结果是对应聘者的（　　）的一种评定。
A. 智力水平和个性差异　　B. 智力特征和发展潜力
C. 能力特征和个性差异　　D. 能力特征和发展潜力

13. 一般来说，（　　）不适于采用情景模拟测试方法进行挑选。
A. 服务人员　　B. 事务性工作人员
C. 管理人员　　D. 技术操作人员

14. 在考察应聘者的工作能力、工作经验时，最好根据（　　）。
A. 应聘职位要求进行假设式提问
B. 应聘职位要求进行清单式提问
C. 应聘者过去工作行为进行举例式提问
D. 应聘者过去工作行为进行开放式提问

15. 确定员工发展目标时应把其（　　）作为重点考虑。
A. 个性　　B. 共性　　C. 可塑性　　D. 成长性

16. 检测受训者对培训的参与热情和持久性，可了解受训者对培训项目的（　　）。
A. 接受程度　　B. 认知程度　　C. 抵触程度　　D. 把握程度

17. 对培训对象的培训需求进行分类，要求各类培训对象的培训需求有（　　）。
A. 类似性　　B. 一致性　　C. 多样性　　D. 特殊性

18. 为了保证培训取得预期的效果，就必须对培训进行（　　）监控和评估。

A. 部分　　B. 整体　　C. 阶段　　D. 全程

19. 在制定绩效管理方案时，应根据绩效管理的（　　）合理地进行方案设计。

A. 目标和要求　　B. 指标和要求
C. 目标和内容　　D. 指示和内容

20. 在起草绩效管理制度时应体现（　　），这是绩效管理的多维性带来的要求。

A. 明确性与具体性　　B. 相关性与有效性
C. 全面性与完整性　　D. 可操作性与精确性

21. 绩效管理的实施主要是（　　）的职责。

A. 企业高层管理者　　B. 人力资源部门
C. 相关部门各级领导　　D. 领导与各级直线管理人员

22. 绩效考评还须对工作业绩以外的内容进行考评，即对企业员工的（　　）做出正确评价。

A. 综合素质和对企业做出的贡献　　B. 工作态度和对企业的认同程度
C. 综合素质和对企业的认同程度　　D. 对企业的贡献和对企业的认同

23. 绩效管理制度作为绩效管理活动的指导性文件，在拟定起草时，一定要从企业（　　）出发。

A. 生产规模和管理工作水平
B. 实际生产状况和计划达到的生产要求
C. 生产规模和企业现实生产技术组织形式
D. 现实生产技术组织条件和管理工作的水平

24. （　　）是绩效管理的最终落脚点。

A. 绩效改进计划　　B. 评价实施
C. 绩效面谈　　D. 改进绩效的指导

25. （　　）不属于薪酬日常管理的内容。

A. 薪酬调查　　B. 薪酬调整
C. 适时计算　　D. 制定薪酬制度

26. 某企业的企业文化是关注员工的服务质量，那么薪酬管理原则应是：（　　）

A. 奖金与销售收入挂钩　　B. 奖金与客户满意度评价直接挂钩
C. 高工资　　D. 低工资

三、填空题

1. 人力资源管理的核心包括__________、__________、__________、

__________四个环节。

2. 人力资源管理工作的核心环节是__________________________。

3. 人力资源规划是指__________________________________。

4. 工作分析的主要内容是__________和__________。

5. 绩效评估必须坚持以__________、________、__________、__________四个指标来考核。

6. 有形的报酬分为__________、__________两大类。

7. 奖励的方式通常包括__________、__________、__________。

8. 为防止人才流失，企业应建立自己的__________________。

9. 企业的首要目标是__________________。

10. 工薪和奖励主要以____________________为依据。

11. 素质测试包括对应聘者进行__________、__________、__________。

12. 人力资源配置从组织开始，遵循__________、__________的基本原则。

四、案例分析题

案例 1　工作职责分析

一个机床操作工把大量的液体洒在他机床周围的地板上。车间主任叫操作工把洒掉的液体打扫干净，操作工拒绝执行，理由是工作说明书里并没有包括清扫的条文。车间主任顾不上去查工作说明书的原文，就找来一名服务工来做清扫工作。但服务工同样拒绝，他的理由是工作说明书里没有包括这一类工作。车间主任威胁说要把他解雇，因为这种服务工是分配到车间来做杂务的临时工。服务工勉强同意，但是干完之后即向公司投诉。

有关人员看了投诉后，审阅了机床操作工、服务工和勤杂工这三类人员的工作说明书。机床操作工的工作说明书规定：操作工有责任保持机床的清洁，使之处于操作状态，但并未提及清扫地板。服务工的工作说明书规定：服务工有责任以各种方式协助操作工，如领取原材料和工具，随叫随到，即时服务，但也没有包括清扫工作。勤杂工的工作说明中确实包含了各种形式的清扫，但是他的工作时间是从正常工人下班后开始。

资料来源：人力资源管理网

问题

1. 对于服务工的投诉，你认为该如何解决？
2. 如何防止类似意见分歧的重复出现？
3. 你认为该公司在管理上有何需改进之处？

案例 2

某公司的培训工作一直无法顺利进行，尽管各职能部门经理都认为培训非常重要，而且在公司的各种场合都呼吁需要进行这样或那样的培训；但是，每当人力资源部安排好培训之后，他们又说实在抽不出时间，员工们忙得恨不得一人当两人使，哪怕一天都抽不出来，更不要说三天或一周的培训了。为此，人力资源部不得不把培训安排在周末以适应职能部门经理的要求，可每次培训经常出现员工缺勤的现象，他们说，即使给加班费也不愿牺牲公休；而且来培训的员工也往往带有抵触情绪，迟到、早退更是普遍，课堂秩序无法保证。

问题

以上情况在许多公司都存在，试分析其原因？并提出解决办法。

案例 3

一想到明天就要正式到公司报到上班了，李阳心里别提多高兴了。这家公司是业内很有实力的“新生企业”，名牌大学毕业的他要到该公司网络中心开始自己人生的第一次工作了。想到在最后一轮面试时总经理对他的欣赏，李阳认为明天公司肯定会为他们这几个新招来的大学毕业生安排一些“精彩节目”，比如高层管理者的接见与祝贺，同事的欢迎，人事部对公司各种情况的详细介绍和完整的员工手册等。

他首先来到人事部，人事部确认李阳已经来到公司，就打电话告诉网络中心的王经理让他过来带李阳到自己的工作岗位。过了一段时间，王经理才派自己的助手小陈来，小陈客气地伸出手，说：“欢迎你加入我们的公司！王经理有急事不能来，我会安排你的一些事情的。”来到网络中心，小陈指着一个堆满纸张和办公用品的桌子对他说：“你的前任前些天辞职走了，我们还没有来得及收拾桌子，你自己先整理一下吧！”说完，小陈自顾自忙了起来。到中午，小陈带李阳去餐厅用餐，告诉他下午自己去相关部门办一些手续、领一些办公用品。在吃饭时，李阳从小陈那里了解了公司的一些情况，午休时与办公室里的一些同事又谈了一会儿。他感到很失望，公司并没有像他想象的那样热情地接待他、重视他。

第二天，王经理见到李阳，把他叫到自己的办公室开始分派他的任务。当王经理说完之后，李阳刚想就自己的一些想法同他谈一谈，一个电话来了，李阳只好回到自己的电脑前边开始构思他的工作，他的工作是网络制作与维护。他知道，他需要同不少人打交道，但他还不知道谁是谁，只好自己打开局面了。

这几天里，李阳感到好受一点的是另外两个同事对自己还算很热情。李阳曾经问过他俩：“难道公司总是这样接待新员工？”他们的回答是：“公司就是这种风格，让员工自己慢慢适应，逐渐融入公司。公司的创始人是几个工程方面的博士，他们认为过多的花样没多大用处，适应的就留下来，不适应的就走人。不少人留下来是因为公司的薪水还不错!”第一周过去了，李阳望着窗外明媚的阳光感到有些茫然……

资料来源：人力资源管理师 2005 年 11 月考试题

问题

1. 李阳感到茫然的原因是什么?
2. 请简述企业对新员工进行培训的必要性。
3. 假设你是企业培训主管，请你对该公司的新员工培训制定一个培训计划。

案例 4　绩效改革的是是非非

1998 年 12 月 14 日《光明日报》报道：赛特购物中心 B2（该楼层主要经营家电、日用品等），过去考核员工是把他（她）的销售业绩、卫生环境、柜台陈列、账册管理等方面的情况汇总在一块考评，根据综合考评的结果来发放奖金。这样就可能出现销售业绩单项突出而最后综合评价分数不一定高、奖金不一定多的情况，严重影响了员工的积极性。1998 年 9 月份起，中心推出了一套新的改革措施。具体地说，就是首先把总奖金的 40%提出来，作为销售奖金，按销售业绩排序分档，第一名拿一档，第二名拿二档……如果是有客观原因（如生病、事假等）而排在最后一名，则可以按序拿最后一名的奖金，如果没有客观原因而排在最后一名，则不能按序拿最后一名的奖金，而是直落到底，拿收底奖金 50 元。其次把总奖金的 20%提出来，作为销售服务奖，也是按业绩分档排序。再次是拿出总奖金的 5%作为领班奖，奖励领班分配的一些临时性的、不能进入业绩考核的工作。剩下的总奖金的 35%才按过去的办法进行销售、卫生、陈列、账册综合考试。不难看出，新方案与过去最大的不同是突出了员工的销售业绩，并把每个人的业绩摆在明处。

新措施实施后，确实极大地调动了员工销售的积极性，9～10 月份销售额连续增长 20%。同时也引出了负效应：一些员工争抢销售，在一定程度上影响了团结。如来了顾客，两人同时争着上去迎接介绍情况；顾客要掏钱了，这个说是我先迎上去的，那个说是听了我的介绍他才买的。也有一些员工平时劳动态度好，只因为不善与顾客沟通而销售业绩不突出，被排在了末档上，感到很委屈；排在后面的员工觉得没面子，心理压力较大。（节选）

问题

1. 你是怎样评价这项绩效考评改革措施的负面效应的?
2. 为了消除这些负面影响，你认为还有哪些工作须进一步落实。

案例 5

陈平是昆仑电子公司的生产总监，他平时总是尽个人最大能力帮助他的员工，如帮员工渡过“经济危机”，帮员工减少离职损失等；为此，他备受下属的爱戴。

快到年底了，员工王霞却经常不来上班。据了解，王霞的丈夫在去年得了重病，至今仍在家休养；前不久，她的儿子又得了肺炎住院，这对债台高筑的王霞来说，无疑是雪上加霜。

终于到了年底绩效评价的时候了，陈平决定尽可能地帮助王霞。虽然王霞在各方面都不突出，但实际上，陈平在每一项考核指标上都给她评价为“优秀”。由于公司的报酬制度与业绩评价制度是挂钩的，所以，除了正常的生活补贴及福利提高之外，王霞还得到丰厚的绩效奖金，甚至有可能加薪。

由于陈平的车间在本年底已超额完成了分配的定额，于是他给工作不太积极的下属张明的工作数量和工作质量记为“优秀”，在张明的工作态度栏填上了“较差”，但在表格的评价栏中没有任何说明。当填到员工赵杰的评价表时，陈平升起一股内疚感。他知道赵杰被调离现职与自己有关，因而，为了避免面临的尴尬，便给了赵杰较高的分数。

陈平把绩效评价表叠好时，脸上露出了轻松的微笑。一年一度的考核难关终于过去了。

资料来源：组织人事报第 81 期，http://www.emm.com.cn/zznews/Shownewsl.asp?num=rsb-2000/023115610

问题

陈总监就这样完成了一年绩效考评，好在他的车间本年度超额完成了定额，要是明年完成不了定额，陈总监是否还能“照顾、体贴”下属呢？请对陈总监的考核方法进行评价。

案例 6

陈峰是求索咨询服务公司的项目经理。两年前，他获得工商管理硕士学位后，就进入求索咨询服务公司。因为硕士期间他对人力资源管理和开发做了大量的研究，所以对客户的服务也主要集中在人力资源管理和开发方面。他自认为对人力资源管理有了相当不错的理论知识和实践经验。

早晨，陈峰收到一封来自四海公司的邀请信，请他对公司进行综合诊断。看着桌上放着的邀请信，陈峰想起了一周前给四海电子有限公司做的一次培训。四海公司是近两年刚刚发展起来的私营公司，由于良好的市场前景，这家公司的发展速度是非常快的。就在两周前，四海电子有限公司请求索公司对他们的中层经理进行管理培训，原因是他们经理的知识不能满足公司快速发展的需要。他们对培训提出的要求是：既要系统的介绍管理知识，又最好能有一些可以操作的东西。正是在这样一个情况下，陈峰准备的课程是“人力资源管理：绩效考核”。

可是，根据前几位咨询师反馈的信息，陈峰知道：如果不是公司有明确的规定，即不认真参加培训的员工，将被扣除本年度奖金，听课的人会减少一半。陈峰的讲课时间安排在下午 2：30～6：00，直到 2：45，那些经理才陆续到了教室。听课的人中有生产部经理梁超、计划办公室主任张卫国、营销部经理葛洪旗、人事部经理赵建、研究发展部经理王志扬、财务经理杨兆丰，还有一些经理助理等。

陈峰注意到，有些经理一走进教室，就做好了睡觉的准备。“看来不能按原先设想的样子去讲了!”他暗想。“我想，今天听课的除了人事部的赵经理外，其他人对听课的兴趣都不大。如果是这样，与其光听我一个人讲，不如我们一块讨论一些管理问题。难得各位经理都在，大家在四海公司这几年，同企业一同发展。经过大家的努力，企业有了良好的发展势头。不过，随着企业规模的扩大和来自外部市场竞争的加剧，我们正在和将要面临许多挑战。大家不妨从各自的角度谈谈自己在工作中遇到的与人有关的主要问题。”这样一个开场白，让有些经理感到吃惊，那些想睡觉的也有了精神。

沉默了几分钟后，研究发展部的王志扬说：“陈先生，我先介绍一下技术发展部。我们这个部门的前身是四海公司的一个办公室，当初就我和今天的经理助理小沈两个人。我是从市第一电子设备厂退休的，退休后也没什么事，但总也放不下自己的研究。在两年前的招聘会上，刘亮总经理聘我到四海公司做技术顾问。刚开始，我们的工作仅仅是维修设备，做一些简单的设计。这两年，随着企业发展的要求，我们在产品设计开发、技术引进等方面做了大量的工作，同时招聘了一些大专院校的本科生、研究生充实我们的技术力量。目前，让我最头疼的事，或者说是挑战是：技术人员跳槽的太多了。经常是一些学生，在这里工作了半年或一年后，就离开四海公司，去了其他电子公司。我们也做了很多思想工作，可他们说那边的工资高，有更多的晋升机会。现在，我们部门被他们搞的人心惶惶。”

陈峰刚想再问点什么，营销部经理葛洪旗举手示意。“我们营销部应该是四海公司规模最大的部门了，在华北、东北和华东都建立自己的经销网络和维修机构。据上半年的统计，我们的市场份额大概有 35%，比去年增长了 40%。应该说，公司确立的紧抓服务的营销战略是对的。其实今天您的课我是很想听的，因为就在上个月，东北地区的销售经理给我写的信对我的震动很大。”葛经理说，“公司单纯的以销售额来评价各个地区销售业绩的政策影响了东北区的销售。因为不管从消费者数量，还是从收入来说，东北区都明显不如其他两个地区。而公司制定年初目标时，对这方面的考虑似乎不够充分。”他还说：“销售人员的士气有些低落。我想请问，对这种情况，我们应该采取什么样的考核手段或者说方式，来激励员工呢？”“我看我们还是把想说的说出来，然后再讨论吧！”生产部经理梁超大声说，“我们部门的问题和你的关系很大咧。”他冲着赵建摇了摇手。

“为什么这么说呢？你们每次提出培训要求，我们不都积极地安排吗？你们说一线员工感到工作压力大，我们还专门安排了羽毛球比赛和卡拉 OK。还有什么？”赵建有些不高兴。

“你先别生气，听我慢慢解释。根据质检部门的抽查和顾客服务部门的反馈，产品质量出现下滑。上个月，我们召开班组长会，大家讨论的结果是，有些工人的操作不符合规定。三个月前，我们曾经提出了对员工的培训要求。因为是出国培训，你们就选派了那些平时表现好的员工。”

“那当然，我们就是要让所有的员工知道，只有努力工作，才会有更好的机会。”

“这我不管，那些没有得到培训的员工，以前的技术就需要提高，这次又失去了机会。现在，不仅技术有缺点，而且情绪低落。虽然，我们安排了一些文体活动，但似乎没有彻底解决他们的思想压力。我真的很担心，如果这种状态继续持续下去的话，产品质量将很难得到保证。”

财务经理杨兆丰一欠身，慢慢的说：“我们部门的人员较少，类似的问题倒不多。我经常遇到的比较麻烦的问题是：如何给我的财务人员分工。有时候有些人非常忙，而有些人又没有事做。坦率地说，财务部门的效率不高。”

陈峰整理了一下自己的记录，发现计划办公室主任张卫国还没有发言，于是就问：“张主任，你的主要工作职责是什么呢？”

“我们的主要任务是做好企业的整体计划，包括企业的发展计划，生产计划等。有时还会同财务部门做预算。”

“有人力资源计划吗？”

“人力资源计划？这好像是人事部的事，是吧，赵经理？”

“人事部每年都有一个计划，很简单的。主要是有关招聘和薪酬方面。”

“在座的其他人，还有什么问题？”陈峰接着问。

又过了一段时间，陈峰说：“这些问题都不是孤立的，他们之间互有联系。所以任何单纯的就问题论问题，很难有一个妥善的解决方法。今天，我也不想就某一个问题妄下断语，如果有可能，我希望我们能一起解决。”

资料来源：EMBA 人力资源管理案例教学案例辑

问题

1. 四海公司在人力资源管理方面遇到的问题有哪些？

2. 导致这些问题最根本的原因是什么？

五、简答题

1. 与其他资源相比，人力资源有什么特征？
2. 简述人力资源管理的概念及其内容。
3. 简述人力资源规划的意义、原因、作用。
4. 简述人力资源管理的基本原理。
5. 人力资源管理与传统人事管理的区别是什么？
6. 请你谈谈“以人为本”的管理思想的内涵。
7. 人力资源培训的形式、方法有哪几种？
8. 绩效评估的一般原则是什么？
9. 绩效管理与评估的目的是什么？
10. 设计企业薪酬制度的程序是什么？
11. 设计企业薪酬制度时应考虑哪些主要因素？
12. 人力资源部门对员工的职业生涯管理应做到哪几点？
13. 人才应具备的特点是什么？
14. 简述人力资源设置的流程。
15. 简述公司用人要遵从的要求。

第十二章　市 场 营 销

一、判断题

1. 营销的直接目标是识别顾客需要、与顾客实现交换和建立关系。（　）
2. 营销活动是由卖方负责的，买方不需要进行营销活动。（　）
3. 人类的需要是营销商创造出来的，是人类本能的组成部分之一。（　）
4. 在营销学中，产品是指提供给市场并能满足人们某种需要和欲望的实物。（　）
5. 顾客价值是指顾客从拥有和使用某产品中所获得的收益价值。（　）
6. 顾客作为买方，完全能够准确、客观地来判断产品价值。（　）
7. 交换是指通过提供某种东西作回报，从别人那里取得所需物品的行为。（　）
8. 从一定意义上看，营销是使目标公众对某产品、服务、观念或其他事项做出所期望的反应的活动。（　）
9. “缓适营销”的目的是破坏消费者需求，进而在一定的时间内减少或转移需求。（　）
10. 传统的营销理论和实践强调招徕新顾客和创造销售业绩。今天的企业现在正全力以赴地保留现有顾客，建立持久的顾客关系。（　）
11. 每个市场都含有细分市场，可以根据地理、人口、心理和行为因素对消费者进行各种分组，但是并非所有对市场进行细分的方法都同样有用。（　）
12. 大型企业可决定提供一个完整的产品系列，服务于所有的细分市场，最终会选择完全覆盖市场。（　）
13. 有效的市场定位始于切实地使企业的提供物与众不同，从而能够为消费者提供大于竞争对手的价值。（　）
14. 在实施营销活动中，对于那些生产许多不同的产品，这些产品又流入许多不同的地域市场和顾客市场的大型企业，通常会采用职能、地理、产品和市场组合的某一种组织形式。（　）
15. 在指导营销活动的理念中，生产观念适用于两种情况。一是产品的供不应求；二是产品的成本太高，必须靠提高生产率来降低成本。（　）
16. 推销观念经常用于销售那些购买者一般不会关注的滞销商品。（　）
17. 流程型 CRM 系统，通过多渠道的顾客接触点的整合，前台和后台运营

之间的链接与集成，建立关联，实现量化和自动化。（　　）

18. 分析型 CRM 系统通过对流程型 CRM 和原有系统中获得的各种数据进行分析，把大容量的销售、服务、市场及业务数据进行整合，将数据转化为有用的，可靠的信息和知识，进而为企业提供战略上和技术上的决策支持。（　　）
19. 协作型 CRM 系统解决方案实现了全方位的顾客交互服务和多渠道的顾客交流的综合集成，使各种渠道融会贯通，以保证信息的完整、准确和一致，对顾客的要求做出适时的反应。（　　）
20. 顾客互动中心是关系技术应用于 CRM 系统的一种解决方案，它是基于现代通信服务的呼叫中心，采用开放式结构，支持分布式处理，易于扩充。（　　）
21. 数据挖掘（DM）技术是用数据库管理系统和技术来管理多种内容和不同载体的数据，并能够形象生动、富有创造性地展示信息。（　　）
22. 数据仓库（DW）技术是一种大型的、专业化的数据库。（　　）
23. OLAP 作为一种验证型数据仓库分析技术，以多维视图为基础，强调执行效率和对用户命令的及时响应。（　　）
24. 发现驱动型 DM 技术以各种数据源为基础，重在发现隐藏在数据深处的对人们有用的行为模式。（　　）
25. DM、OLAP 是数据仓库的基本分析工具。（　　）
26. 顾客价值是顾客从拥有和使用某产品中所获得的收益价值与为取得该产品所付出的成本之差。（　　）
27. 营销评审是一种对营销及经营活动进行控制的主要的、战术性手段。（　　）

二、单项选择题

1. （　　）是指人所感受到的匮乏的状态。

   A. 欲望　　B. 需求　　C. 价值　　D. 需要

2. 顾客关系管理的目标是：（　　）

   A. 为顾客提供长期价值　　B. 获得更多的超额利润

   C. 收集顾客信息　　D. 提供售后服务

3. 关于营销组合的理论中，最有代表性的是：（　　）

   A. 5W1H 理论　　B. 4P 理论　　C. 4R 理论　　D. 4C 理论

4. 现代营销部门可以用几种方式来组织。最常见的一种营销组织形式是：（　　）

   A. 地区管理组织　　B. 产品管理组织

C. 职能组织　　D. 矩阵式组织

5. 拥有种类多、差别大的产品或品牌的企业，经常采用：(　　)

A. 地理组织　　B. 产品管理组织

C. 职能组织　　D. 组合型组织

6. 在营销实践中，形成了许多指导企业开展营销活动的理念，最新的理念是：(　　)

A. 市场营销观念　　B. 产品观念

C. 推销观念　　D. 社会营销观念

7. 人们在产品观念的指导下，在营销实践中采取的措施会集中于：(　　)

A. 不断地改进产品质量和特色

B. 提高效率、增加产量

C. 追踪消费者，采用大规模的推销和促销活动

D. 目标市场的需要和欲望，采取更有效的方式去满足消费者的要求

8. 人们在生产观念的指导下，在营销实践中采取的措施则会集中于：(　　)

A. 不断地改进产品质量和特色

B. 提高效率、增加产量

C. 追踪消费者，采用大规模的推销和促销活动

D. 目标市场的需要和欲望，采取更有效的方式去满足消费者的要求

9. 人们在市场营销产品观念的指导下，在营销实践中采取的措施会集中于：(　　)

A. 不断地改进产品质量和特色

B. 提高效率、增加产量

C. 追踪消费者，采用大规模的推销和促销活动

D. 目标市场的需要和欲望，采取更有效的方式去满足消费者的要求

10. 人们在社会营销观念的指导下，在营销实践中采取的措施会集中于：(　　)

A. 不断地改进产品质量和特色

B. 提高效率、增加产量

C. 目标市场的需要和欲望，采取更有效的方式去满足消费者的要求

D. 以维持或改善消费者和社会福利的方式向顾客提供更高的价值

11. 通用电气公司在市场营销中坚持认为“只有您满意，我们才满意”，其体现的营销理念为：(　　)

A. 产品观念　　B. 市场营销观念

C. 推销观念　　D. 社会营销观念

12. 中国有句谚语，“酒香不怕巷子深”。它体现的营销观念主要是：(　　)

A. 产品观念　　B. 市场营销观念

C. 推销观念　　D. 社会营销观念

13. 从营销实践看，“脑白金”这个产品的营销活动体现的观念主要是：(　　)

A. 产品观念　　B. 市场营销观念

C. 推销观念　　D. 社会营销观念

14. 在世界石油市场上，英国石油公司（BP）大力倡导环保，提供清洁能源，还支持公益事业，这些做法体现的营销观念主要是：(　　)

A. 产品观念　　B. 市场营销观念

C. 推销观念　　D. 社会营销观念

15. 在营销管理活动中，经营控制通常是根据（　　）检查当前业绩，以保证企业实现计划中的销售、利润及其他目标。

A. 季度计划　　B. 长期计划　　C. 年度计划　　D. 短期计划

16. 在经营实践中，保持顾客的关键是更高的（　　）。

A. 顾客忠诚度　　B. 顾客价值和满意度

C. 价格　　D. 利润

17. 数据仓库 DW 存放数据的方式是：(　　)

A. 文本　　B. 数字　　C. 物理方式　　D. 逻辑方式

18. 产品定位是指产品在消费者心目中所处的位置，一般相对于（　　）而言的。

A. 顾客　　B. 合作者　　C. 竞争对手　　D. 市场

19. 企业选择目标市场时，需要评估每个细分市场的（　　），以选择进入一个或多个细分市场。

A. 吸引力大小　　B. 市场容量　　C. 竞争对手数量　　D. 利润高低

20. 营销组合是指企业为了在目标市场引起想要的反应，而混合采用的一组可控制的战术营销（　　）。

A. 理念　　B. 手段　　C. 原则　　D. 技术

三、多项选择题

1. 从营销活动关注的内容看，人的需要通常可以概括为（　　）

A. 物质需要　　B. 社会需要　　C. 个人需要

D. 精神需要　　E. 交易需要

2. 在营销领域，产品的概念包括：(　　)

A. 实物　　B. 服务　　C. 人员、地点

D. 组织　　E. 活动和观念

3. 形成顾客期望影响因素通常包括：(　　)

A. 购买经验　　B. 朋友的意见

C. 营销者和竞争对手的信息　　D. 营销者的承诺

E. 顾客满意度

4. 人类通过交换方式满足需要，有许多自身的优点。它们是：(　　)

A. 没有必要再去掠夺他人或者依赖捐赠

B. 没有必要掌握为自己生产每样必需品所需的技能

C. 可以集中精力生产他们善于生产的东西

D. 使整个社会能够生产出比其他任何一种方式都要多得多的产品

E. 获得长期的超值利润

5. 建立良好顾客关系的基本方法包括：(　　)

A. 创造顾客价值和顾客满意，增加财务利益

B. 增加社会利益，通过产品和服务具有个性化特点来增进与顾客之间的社会联系

C. 增加结构联系，延长价值链

D. 提高公关和谈判能力

E. 提供满意的延伸服务

6. 从营销的角度看，市场是指产品的现实和潜在的购买者。可以形成市场的购买者具有的条件是：(　　)

A. 有特定的需要或欲望

B. 拥有供交换的资源、愿意用这些资源进行交换

C. 必须是完全理性的

D. 必须拥有货币

E. 愿意提供更多的价值

7. 为实现企业的目标，营销管理部门通过需求管理，来寻找办法影响(　　)。

A. 需求水平　　B. 需求时机　　C. 需求动机

D. 需求构成　　E. 满意度

8. 企业寻求保留顾客的关键是提供更高的(　　)。

A. 顾客价值　　B. 顾客满意度　　C. 价格

D. 广告投入　　E. 顾客忠诚度

9. 根据现代营销理论，营销活动的主要内容包括：(　　)

A. 市场细分　　B. 目标市场选择　　C. 市场定位

D. 设计营销组合　　E. 定价

10. 在产品定位过程中，为了赢得竞争优势，企业必须向选中的目标市场提供更大的价值。实现这一目的的方式包括：（　　）

A. 设定低于竞争对手的价格

B. 设定高于竞争对手的价格

C. 提供更多的利益，以使较高的价格变得合理

D. 提供更多的利益，以使较低的价格变得合理

E. 提供替代品

11. 在营销组合理论中，“4R”理论的“R”分别是：（　　）

A. 建立关联（relating）　　B. 市场响应（response）速度

C. 等级（rating）　　D. 关系（relation）

E. 回报（return）

12. 在营销组合理论中，“4P”理论的“P”分别是：（　　）

A. 产品（product）　　B. 价格（price）

C. 人口（population）　　D. 分销（place）

E. 促销（promotion）

13. 在营销组合理论中，“4C”理论的“C”分别是：（　　）

A. 产品特色（characteristic）

B. 消费者（consumer/customer）需求

C. 消费者愿意支付的成本（cost）

D. 与消费者沟通（communication）

E. 消费者的便利性（convenience）

14. 企业成功的实施营销活动需要制定一个能支持企业战略的、结合紧密的方案，在这个方案中需要综合考虑的因素有：（　　）

A. 行动方案　　B. 组织结构

C. 决策和奖励制度　　D. 人力资源

E. 企业文化

15. 营销评审的主内容有：（　　）

A. 营销环境与营销战略　　B. 盈利能力

C. 营销组织与营销系统　　D. 营销组合

E. 营销效率

16. 在营销实践中，不断地产生许多指导企业开展营销活动的理念，主要的有：（　　）

A. 生产观念　　B. 产品观念　　C. 推销观念

D. 市场营销观念　　E. 社会营销观念

17. 在当前的中国汽车市场上，各大厂商不断推出新型产品和品牌；投入巨

资制作广告，宣传产品质量、安全、性能；针对不同层次的消费者，设计不同档次车型，赋予不同的概念等。其中体现的营销观念主要是：(　　)

A. 生产观念　　B. 产品观念　　C. 推销观念

D. 市场营销观念　　E. 社会营销观念

18. 从海尔集团的广告看，目前主要集中在宣传其不断推出的系列新产品的特性，对消费者的关爱，对中国国民经济和社会的贡献等。其中体现的营销观念包括：(　　)

A. 生产观念　　B. 产品观念　　C. 推销观念

D. 市场营销观念　　E. 社会营销观念

19. 电子化的 CRM 系统中接入管理功能实现与顾客的交互、快速响应并提供技术支持，目前通常包括：(　　)

A. 电子商务系统　　B. 电子呼叫中心　　C. 网络

D. 电子邮件　　E. 电话、传真等

20. 目前，从 CRM 系统实现顾客关系管理功能的程度和范围、所运用的技术看，典型形态有：(　　)

A. 流程型 CRM　　B. 分析型 CRM　　C. 协作型 CRM

D. 经济型 CRM　　E. 市场型 CRM

21. 数据仓库（DW）是数据库技术的一种新的应用。它以物理方式存放数据，而且这些数据并非是最新的、专有的，而是来源于其他的数据库。其主要功能作用有：(　　)

A. 基于全面、完善、跨职能的信息，支持高层决策分析

B. 用于“报告发生了什么”

C. 用于分析“为什么会发生”

D. 用于预测“将会发生什么”

E. 用于提高数据处理的效率

22. 根据新的营销理念，营销活动正逐渐地从试图使每一笔交易都获得最大利润，向与顾客及其他各方建立(　　)关系转变。

A. 平等　　B. 互惠互利　　C. 合作

D. 竞争　　E. 合同

23. 在顾客价值分析中，应特别注重综合考虑(　　)，选择和确定顾客关系计划。

A. 无形的商誉价值　　B. 有形的交易价值

C. 一次交易的价值　　D. 一次交易利润

E. 长期保有关系的价值

四、填空题

1. 营销是指个人和群体通过创造产品和价值，并同他人进行交换以获得所需所欲的一种__________过程。

2. 营销作为一种企业职能，通过识别______________，确定提供服务和进行交易的最佳目标市场，并设计产品、服务和项目，以满足市场的需求。

3. 需要是指人所感受到的__________状态。

4. 欲望是指人类需要经由__________塑造后所表现的形式。

5. 人们想利用有限的金钱资源，选择那些__________最大的产品。

6. 顾客价值是指顾客从拥有和使用某产品中所获得的__________与为取得该产品所付出的成本之差。

7. 顾客满意是消费者所认识的一件产品的效能与其__________进行的比较。

8. 高质量追求的是满足顾客更多的__________，这种需要通过持续改进产品和服务来实现。

9. 当代的质量始于了解顾客需要，终于__________。

10. 营销管理就是为了实现组织目标，建立、维持和深化与目标购买者之间有益的__________而进行的分析、计划、实施及控制的过程。

11. 顾客关系管理（CRM），是企业为了获得顾客满意、留住顾客、挖掘潜在顾客、实现顾客忠诚并最终获得__________而致力于与顾客建立长期良好的关系的活动和管理举措。

12. 所谓市场细分就是将市场分为具有不同______________，因而需要不同产品或营销组合的不同购买者群体的过程。

13. 目标市场选择是指估计每个细分市场的__________大小，并选择进入一个或多个细分市场。

14. 产品定位是指产品相对于竞争对手而言在消费者__________所处的位置。如果消费者认为某产品与市场上另一产品雷同，消费者就没有理由购买该产品。

15. 营销组合是指企业为了在目标市场引起它想要的反应而混合采用的一组可控制的__________手段。

16. 研究发现，在实施营销活动中，成功的企业喜欢采用简单、__________组织结构，使它们能够迅速地适应不断变化的条件。

17. 营销评审通常由独立于营销部门的、有经验的__________客观地进行。

18. 在营销实践中，坚持生产观念的人认为，消费者会喜欢那些随处可买到的__________的产品。

19. 坚持产品观念的人认为，消费者欢迎那些质量最优、性能最好、________

的产品。

20. 推销观念认为，除非机构采用________推销和促销活动，否则消费者不会购买产品。

21. 市场营销观念认为，组织目标的实现有赖于对________的需要和欲望的正确判断，并能以比竞争对手更有效的方式去满足消费者的要求。

22. 社会营销观念认为，组织应该确定目标市场的需要、欲望和利益，然后再以一种能够维持或改善________的方式向顾客提供更高的价值。

23. 在营销实践中，根据产品观念，企业应该致力于对产品不断地进行改进。产品观念也会导致“________”。

24. 社会营销观念要求营销者在制定营销政策时，要考虑________、消费者欲望和社会利益三者之间的平衡。

25. 组织的可达性（accessibility），是指当顾客需要时能够非常方便快捷地联系到相关的部门或人员的这样一种________。

26. 流程型CRM系统，通过多渠道的顾客接触点的整合，前台和后台运营之间的链接与集成，建立关联，实现顾客关系管理的量化和________。

27. 分析型CRM系统通过将客户交互中获得的各种数据进行分析，把大容量的销售、服务、市场及业务数据进行________，将数据转化为有用的，可靠的信息和知识，进而为企业提供战略上和技术上的决策支持。

28. 协作型CRM系统，这种解决方案实现了全方位的顾客交互服务和多渠道的顾客交流的________，使各种渠道融会贯通，以保证信息的完整、准确和一致。

29. 数据仓库（DW）是用数据库管理系统和技术来管理多种内容和不同载体的数据，并能够形象生动或富有创造性的________信息。

30. 数据仓库最根本的特点是以________存放数据，而且这些数据并非是最新的、专有的，而是来源于其他的数据库。

31. 数据仓库以全面、完善、________信息应用为基础，支持高层决策分析。

32. 数据挖掘（DM）技术是一个从数据中萃取和展现可付诸行动的、隐含的和新颖的信息的________。

33. 数据挖掘（DM）技术通过仔细分析大量数据来揭示有意义的新的关系、________和趋势。

34. 关系技术（RT）基于智能化的信息技术和软件系统，通过快速、灵活、具有创造性、专业化、顾客化的________，扩大、增强企业与顾客和供应商的关系，预见和发现________。

35. 顾客互动中心是RT应用于CRM系统的一种解决方案，它是基于现代通信服务的呼叫中心，采用开放式结构，支持__________，易于扩充。

36. 生产导向型组织以__________为关注焦点，管理部门总是把注意力集中在改进生产和__________方面。

五、案例分析题

案例 1 美国银行对市场营销的缓慢认识过程

多年以前，银行界对市场营销既不理解也不注意。银行提供必要的金融服务，银行人员不必为查对账目、储蓄、贷款，或者为保管箱而费心。银行大楼在人们的心目中犹如希腊神殿，使人深深感受到银行的重要和可靠。银行大楼内气氛庄重威严，出纳员的脸上很少有笑容。主管贷款的银行高级职员在办公室安排借款人坐在他的大写字台前面一个比他自己低得多的凳子上，办公室的门窗开在这个银行高级职员的背后，阳光倾注在孤立无援的顾客身上，这位顾客正在努力地诉说着他（或她）为什么要借款的理由。这一切便是营销时代以前的银行的写照。

1. 营销是广告、销售促进和公共宣传

营销进入银行界，并不是以“营销观念”的形式，而是以“广告和促销观念”的形式。银行和其他金融机构正经历着储蓄方面的激烈竞争。有些金融机构决定增加广告和促销预算，他们通过赠送雨伞、收音机和其他“诱饵”来吸引更多新顾客。他们的竞争对手也被迫采用了同样的措施，急不可耐地雇用了一批广告代理商和促销专家。

2. 营销是微笑和友好的气氛

不久它们认识到：银行要吸引一批人并不难，难的是要使这批人成为忠实顾客。这些银行开始形成一个更全面的营销概念，即要尽力博得顾客的欢心：银行职员必须学会微笑；出纳员必须重新培训；必须移走出纳员窗口前的栏杆；银行大楼内的布置必须重新设计，以营造一种温暖、友好的气氛；甚至连银行本身那种古希腊神殿式建筑的外貌也必须加以改变。然而，它们的竞争者很快觉察到所发生的一切，于是兴起了同样的友谊培训和装饰改进的热潮。结果，家家银行都变得如此亲切感人，以至于人们很难以哪一家态度友好作为决策因素来选择银行了。

3. 营销是细分和创新

银行开始寻找新的、有竞争力的工具。它们对市场进行细分，并开发新金融产品为每个目标细分市场服务。例如，现在花旗银行向顾客提供的金融服务多达500种以上。然而，金融服务相当容易模仿，优势的寿命很短。当然，如果一个银行能始终不断地创新，它就能一直处于领先地位。例如，俄亥俄州的哥伦布第一银行之所以成为市场领导并且迅速发展，是基于不断对新的零售银行产品创新的独特能力。

4. 营销是定位

如果所有的银行都做广告，都微笑服务，都细分市场和创新，那又将会发生什么情况呢？显然，它们开始看起来是一样的。于是，银行被迫去探求新的有所区别的基础。它们发现没有一家银行能够同时成为所有顾客心目中的最佳银行，没有一家银行能提供顾客需要的全部服务。一家银行必须有所选择。它必须研究它的各种机会，并在市场上确定一个位置。

定位不等于形象的塑造。塑造形象的银行总是力求在顾客心目中创造一个大的、友好的或高效率的银行形象。它常常利用一种特定的标志，例如一头狮子（芝加哥的哈里斯银行）或者一只袋鼠（芝加哥的大陆银行）来显示自己的特色。但是除了这些标志，顾客还是把所有相互竞争的银行看成基本上是一样的。定位就是试图按照实际业务范围，把某个银行同其竞争银行区别开来，以成为某一细分市场中的服务更佳的银行。定位的目的在于帮助顾客了解竞争银行之间的真正差异，这样顾客就能挑选对他们最适宜的、能为他们提供最大满足的银行。

5. 营销是营销分析、计划和控制

有一种比较高级的银行营销观念，它显示了现代营销的本质。这个问题就是银行是否要建立一个有效的制度来进行营销分析、计划和控制。有一家大银行，在广告、友好、创新和定位诸方面都做得很完善，但却缺少一个健全的营销计划和控制制度。每个会计年度，一些负责商业贷款的高级职员向上面提出本年度的业务量指标，通常都要比上一年增长10%。与此同时他们请求的预算也增加10%。他们在提出这些目标时并没有附上相应的理由或计划。高层管理当局对这些能实现其目标的高级职员深感满意。后来，一位公认的、工作出色的发放贷款的高级职员退休了，接任的是一位年轻人，他提出明年要增加50%贷款的目标！至此，该银行才痛苦地认识到，它没有去衡量不同市场的潜力，没有要求制定营销计划，没有确定定额，也没有建立一个适当的奖励制度。

问题

试分析美国银行营销观念的变化。

案例 2　世界营销冠军——日本人

关于日本人在第二次世界大战以后创造的经济奇迹，现在很少有人会提出异议。日本人在相当短的时间里，在那些过去由强大的企业巨人所控制着的产业领域，取得了全球性的市场领先地位。其中包括汽车、摩托车、手表、照相机、光学仪器、钢铁、造船、钢琴、拉链、收音机、电视机、录像机、计算器等。日本企业在计算机和建筑设备制造方面已居世界第二，并正在迈步进入化工、制药和机床制造业的领先行列。

关于日本的全球性成功，人们提出许多理论加以解释。有的认为，日本人独特的经营实践起着关键的作用，如终身雇佣制、质量管理小组、准时制生产。更多的人认为，日本政府在政策和补贴方面的支持、强大的贸易商社、企业方便地获得银行贷款等，都起着重要的作用。还有一些人认为，日本的成就基于不公正的倾销政策、市场保护政策。

日本人取得成功的关键之一是其制定和实施营销战略方面的技巧。日本人到美国去学习营销管理，回到日本的时候，对其原理的理解竟比美国公司更深刻。日本人懂得如何选择市场，如何以最恰当的方式打入市场，如何占领市场、扩大市场份额，如何维护自己的领先地位不受竞争对手的威胁。

1. 选择市场

日本政府和公司在寻找和确定具有吸引力的全球市场的时候，十分积极而认真。他们喜欢选择那些需要高技能、劳动密集、耗费自然资源少的行业，如家用电子设备、照相机、手表、摩托车和制药等都是他们考虑的对象。他们乐于选择那些技术正在变革的产品的市场。他们喜欢世界各地人都愿意购买同一设计的产品的那种目标市场。他们的目光盯着那些市场主导者正沾沾自喜或资金不足的行业。

2. 进入市场

日本人先派一个研究小组到目标市场国家，进行几个月的调查，评价该国市场，并作出战略构思。研究小组寻找那些现有产品尚未满足的、可以补缺的市场机会。有时候，他们先建立一个立足点，销售一些价格较低的、去掉某些功能的改型产品，有时销售一些与竞争对手产品同质，但价格较便宜的产品，有时销售一些质量更高或者具有新功能或新型号的产品。然后，日本人就开始安排一个有效的分销网，以尽快向顾客提供服务，并大做广告引起公众对其产品的注意。日本人打入外国市场战略的一个最主要特点就是着眼于占领市场而不是一开始就获取利润。日本人是那种有耐心的资本家，甚至愿意等待10年之久才获得盈利。

3. 占领市场份额

日本的企业一旦在外国的市场上站住了脚，便开始致力于扩大其市场份额。他们主要依靠产品开发战略和市场开发战略来扩大市场份额。他们投入大量的资金用于改进产品，使产品升级换代或研制新产品，这样，他们就可以向市场销售比竞争对手品种更多、更好的产品。他们通过市场细分，发现新的市场机会，并随后在许多国家打开市场，然后逐步建立一个世界市场网并进行本地化生产。他们通过积极的收购竞争企业或制定合营生产计划以扩大产品数量。

4. 保护市场份额

日本人一旦占据了市场的主导地位，就置身于防御地位，扮演防守者而不是进攻者的角色。日本人的防御战略通过连续的产品开发和精确的市场细分进行。日本公司采用两项市场导向的原则以保护其领导地位。第一项原则是“把顾客反馈时间减少到零”，他们用这个方法调查近来顾客是否喜欢自己的产品，是否提出什么改进意见。第二项原则是“把产品革新的时间减少到零”，他们用这种方法不断进行产品革新，使其产品一直保持领先地位。日本人在美国为了保护自己的利益，雇用美国律师、公关人士和政府前官员，以保护其利益和改善他们的形象。

5. 美国公司对日本竞争者的反应

尽管美国和欧洲的公司对日本的突袭反应迟钝，但现在大部分公司都正在进行反攻。IBM 公司正在增加新产品，实现工厂自动化，从国外寻购零部件，与其他公司建立战略伙伴关系。布莱克和迪克公司正在填补产品的空白，提高产品质量，实现制造工艺现代化，制定更有竞争性的价格。更多的公司正在仿效日本人有效的做法——质量管理、质量管理小组、准时制生产——将其运用到企业文化中去。还有更多的公司正在进入日本的市场，在其本土上与之竞争。虽说进入日本市场并能经营成功需要耗费巨资和富有耐心，但仍有几家公司做出了杰出的成就，其中包括可口可乐、麦当劳、马克斯·法克特、施乐、IBM 和瓦伦·兰伯特公司。

资料来源：菲利普·科特勒，《营销管理》，上海人民出版社，1999 年 10 月

问题

1. 分析日本企业的营销策略及其借鉴意义。
2. 理解日本企业市场营销的具体活动及其所体现的营销理念。

案例 3　微观市场营销——市场营销的新时代

20 世纪的绝大部分时间，大型消费品企业始终采用大市场营销战略，即对同一种产品用同一种方式进行市场营销并卖给所有的消费者。但许多企业现正采用一种新的方法，即微观市场营销。这些企业使自己的产品和营销方案与地理、人口、心理和行为因素相适应，取代了原先的标准化营销模式。

促使这种变化的原因有三点。第一，世界大市场已慢慢地分裂为众多更小的微观市场。例如，生育高峰期出生的中年人市场，喜欢标新立异的青年人市场；西班牙裔市场，美国黑人市场；职业妇女市场，单身父母市场；阳光地带市场，灰色地带市场。现在，营销人员发现很难只建立一种产品或营销战略来满足所有这些分散市场群的需要。第二，不断改善的信息和市场调研技术也激发了微观市场营销的产生。例如，零售店扫瞄器能够立即跟踪从一家店到另一家店的产品销售，从而帮助企业查明哪几个细分市场在购买什么。第三，零售店扫瞄器给零售

商提供大量的市场信息，这增强了零售商对生产商的影响力。一般情况下，零售商偏向于针对本城或邻近地区消费者的当地化促销活动。所以，为了讨零售商的欢心和取得宝贵的零售货架空间，生产厂商现在必须做更多的微观市场营销活动。

最普通的微观市场营销形式之一是区域化，即使品牌促销手段适合于单独的地理区域、城市，甚至居民区或具体的几家商店。作为区域化的初创者，坎贝尔索普公司已经开发了许多成功的区域品牌。例如，它在西南地区销售加香料的大农场主牌大豆，布朗斯威克牌炖肉香辣椒；在南方销售康佳牌浓汤，在西班牙裔居住区销售红豆汤。沃马特连锁店也调整它在超市中的商品，以便和不同地区消费者的需要和喜好相适应。例如，在得克萨斯州的坎顿周围环绕着众多有娱乐设施的湖泊，沃马特超市中心就划出更大的货架空间给渔具和船上设备。在佛罗里达的巴拿马城海滩，沃马特把更大的销售空间留给了绿色植物。

除了区域化方式以外，企业还对准了人口、心理及行为等微观市场。例如，宝洁公司为它的佳洁士牙膏做了六种广告，分别针对不同年龄和种族的细分市场，包括儿童、美国黑人和西班牙裔人。为了占领这些市场，宝洁用了各种高效的传播手段，如有线电视、直接邮寄、促销活动、电子邮购以及安插在各地的广告牌，如在医生和牙医的候诊室里，或初中、高中的咖啡厅里。

微观市场营销发展到极端就是大规模定制，即为大量的顾客服务，但给予每一个顾客具体所需。现在，营销人员正在试行一项新的制度，以期提供定制的产品和服务。这些产品和服务可以从旅馆住宿和家具一直罗列到成衣和自行车。例如丽兹·卡尔顿公司用电脑记录了其 28 家饭店接待过的每一位客人的喜好。如果某位客人上次在蒙特利尔的丽兹饭店里要了一个海绵枕头，那么几个月甚至几年以后当她住进亚特兰大的丽兹饭店时，就会有一只海绵枕头正等着她使用。

兢兢业业的营销人员还在试探按照顾客的要求生产产品的新方法。例如，摩托罗拉销售人员用手提电脑按顾客意愿设计寻呼系统。设计数据被发往摩托罗拉工厂，不到 17 分钟便开始生产。不到两小时，这些定制的寻呼系统便整装待发了。

尽管微观市场营销带来许多希望，但同时也伴生了许多问题。对十几个乃至几百个微观市场的营销远远复杂于大市场营销。此外，生产不同的产品和进行不同的促销活动会导致更高的制造费用和市场营销费。大多数市场营销人员认为微观市场营销预示着一个全新的市场营销时代的开始，他们说企业能够用一种促销手段有效地把产品推销给消费者的时代已一去不复返了。

问题

1. 微观市场营销有哪些特点？

2. 从微观市场营销思想中可以得到什么启示?

案例 4　花旗银行的客户关系管理

花旗银行是最重要的全球性金融机构之一，其目标之一是在 21 世纪成为全球第一大金融机构。为了实现这一远大目标，同时也认识到最终是其客户队伍和客户忠诚度决定着银行未来的成功，花旗银行已开始运用客户关系管理（CRM）这项运营管理技术来加大其客户响应度。

花旗银行推出的客户关系管理的第一个举措，就是确定那些使客户感到不满意的因素，再对客户投诉进行分析。

他们发现客户投诉最多的是满足客户要求（如对客户问题的响应或发放贷款）费时过多。因此，花旗银行的管理者开始评审其对待每一类客户要求的方式。针对每一项客户要求，银行都组建一支跨职能团队，该团队的任务之一是把特定的客户要求分解成诸多需要个人和部门去执行的步骤。在分析这些步骤时，团队发现，服务过程中的许多步骤往往是没有必要的，完全可以采用合适的信息系统来替代。

他们还发现，之所以服务中经常出现拖延现象，是因为员工确实不知道该如何处理某项客户要求。这些员工未接受过适当的培训，因此当他们不知如何处理一项客户要求时，只能将它放到一边，等待主管来处理。

花旗银行加大其对客户响应力度的第二个举措，是在整个组织范围内实施一个客户关系管理方案。管理者和基层员工的直接主管负责简化客户服务工作的复杂性，找出处理客户提出的每一项具体要求（如贷款要求）的最有效方法。此外，管理者还负责培训员工学会解决客户的每项具体要求。

这两项举措的成果非同寻常。例如，在贷款部，由于推行客户关系管理方案，处理一项客户要求的业务交接环节减少了 75%，该部门对客户的平均响应时间从几个小时降至 30 分钟。到 2000 年，世界各地的92 000多名花旗银行员工接受了新的客户关系管理过程培训。根据处理日益增多的客户要求的速度，花旗银行可以容易地评估其客户关系管理效益。

在花旗银行的互动中心，客户不仅可以办理存取款，还可以同花旗银行的客户代表交谈。这些客户代表可以回答客户的提问，并解决出现的任何难题。

问题

1. 根据花旗银行客户关系管理的实践，理解客户关系管理的核心内容与成效。

2. 花旗银行的客户关系管理方案有哪些需要改进之处?

六、简答题

1. 简述 4R 营销组合理论。
2. 简述 4C 营销组合理论。
3. 简要说明推销观念与市场营销观念的不同。
4. 顾客关系管理的目标是什么?
5. 列举顾客关系管理过程的主要活动?
6. 目前的 CRM 系统的基本功能有哪些?

七、论述题

1. 试论 4P、4C、4R 理论之间的关系。
2. 试述制定营销计划的活动过程。
3. 结合实际说明客户关系管理的关键环节。

第十三章　物 流 管 理

一、判断题

1. 企业物流系统的转换是指企业生产物流，也称厂区物流、车间物流等，它是企业物流的核心部分。(　　)
2. 生产物流是服务于客户的企业物流，其运行的优劣不仅直接影响到客户的生产经营活动，也会给自己造成经济损失。(　　)
3. 第三方物流是指由供方（或发货人）与需方（或收货人）以外的物流企业提供物流服务的业务模式。(　　)
4. 操作性的物流企业常为满足某一特定行业的需求而设计自己的作业能力。(　　)
5. 采购管理是面向采购员的专项职能。(　　)
6. 物流信息系统具有集成化、模块化、实时化、网络化和智能化的特点。(　　)
7. 优化物流活动要遵循集成化、一体化、共同化、规模化、信息化、标准化、专业化、高技术化的原则。(　　)
8. 物流节点之间只能有一条链相连。(　　)
9. 产品是沿分销渠道顺流而“上”，信息流是沿分销渠道逆流而“下”。(　　)
10. 物流系统是物流网络和信息网络的结合体。(　　)
11. 建立物流网络关键是确定各个物流中心的布局，并据此确定物流中心的任务和规模。(　　)
12. 物流信息网络是物流系统构建的前提条件。(　　)
13. 物流集货中心一般设置在交通枢纽站或中心城市等地从事集货业务。(　　)
14. 运输成本是单一设施选址的首要考虑因素。(　　)
15. 仓储成本、固定成本和出入库运输成本存在悖反关系。(　　)

二、单项选择题

1. 根据美国学者对物流活动的定义和对于现代物流的理解，下列几项中不属于其对物流活动概括的为：(　　)

A. 生产管理　　　　B. 客户服务管理

C. 物料装卸搬运　　D. 退货处理

2. 从20世纪50年代至今，现代物流的发展过程可分为三个阶段，不包括下面哪项？（　　）

A. 实物配送阶段　　B. 综合物流阶段

C. 供应链管理阶段　　D. 电子物流阶段

3. 库存管理（　　）是供应物流的核心部分。

A. 采购　　B. 库存管理　　C. 供应　　D. 运输

4. 影响生产物流的主要因素不包括：（　　）

A. 生产类型　　B. 生产规模

C. 生产方式　　D. 企业的专业化和协作水平

5. （　　）的物流企业面向一些有很高专业需求的客户，它们之间的竞争主要在于服务而不是费用。

A. 顾客化的物流企业　　B. 多元化的物流企业

C. 行业倾向性的物流企业　　D. 操作性的物流企业

6. 物流网络当中的链是指：（　　）

A. 不同节点间货物移动路线　　B. 从一地到另一地信息传输的邮件

C. 零售店　仓库　　D. 工厂

7. 大型连锁零售商业企业需要的物流中心多为：（　　）

A. 公共型物流中心　　B. 配送中心

C. 吸收型物流中心　　D. 仓储型物流中心

8. 物流的作用中不包括：（　　）

A. 提高效率　B. 提升服务　　C. 系统优化　D. 降低成本

9. （　　）是指根据客户订单的要求，按照预订的提前期，安全地将订货送达客户指定的地方。

A. 时间要素　　B. 方便性要素

C. 经济要素　　D. 可靠性要素

10. （　　）是企业为保障自身的生产与经营活动，不断组织原材料、零配件、燃料、辅助材料供应的物流活动。

A. 生产物流　B. 供应物流　　C. 配送物流　D. 销售物流

11. 以美国为例，将现代物流的发展过程分为以下三个阶段，20世纪80年代后期至今被称为：（　　）

A. 实物配送阶段　　B. 供应链管理阶段

C. 综合物流阶段　　D. 电子化物流阶段

12. 从物流活动主体划分，（　　）是指伴随着工商企业的生产经营活动而展开的，作为企业生产经营一部分的物流活动。

A. 微观物流　　B. 中观物流
C. 宏观物流　　D. 地区、部门物流

13.（　　）是一切的基础，它不仅使物流的效率提高、成本下降和服务改善，而且对现有的物流理念、物流方法、物流技术都产生革命性的影响。

A. 物流自动化　　B. 物流网络化
C. 物流信息化　　D. 物流智能化

14. 根据业务需求，制定物流作业计划，按照计划要求对物流作业活动进行现场监督和指导，对物流作业的质量进行监控，这是（　　）层面的内容。

A. 物流运作系统　　B. 物流战略管理
C. 物流系统设计与运营管理　　D. 物流作业管理

15.（　　）是供应物流的核心部分。

A. 库存管理　B. 供应　　C. 采购　　D. 销售

三、多项选择题

1. 物流的领域从制造业的角度划分包括：（　　）

A. 供应（采购）物流　　B. 国内物流　　C. 工厂内物流
D. 生产物流　　E. 废弃物物流

2. 物流的领域从物流活动主体划分不包括：（　　）

A. 微观物流　　B. 中观物流　　C. 国内物流
D. 宏观物流　　E. 国际物流

3. 物流作为一个系统由若干子系统构成，物流活动分为基本活动和支援活动，前者包括（　　）活动等，后者指：（　　）

A. 运输　　B. 装卸　　C. 流通加工
D. 信息活动　　E. 包装

4. 按服务特点划分，物流业由四大行业构成：（　　）

A. 邮寄业　　B. 储运业　　C. 交通运输业
D. 通运业　　E. 配送业

5. 按实现方式划分，物流业包括：（　　）

A. 铁道运输业　　B. 远洋货运业　　C. 内河船运业
D. 托运业　　E. 拆车业

6. 可以将 21 世纪国际物流的发展趋势归纳为：（　　）

A. 自动化　　B. 智能化　　C. 电子化
D. 社会化　　E. 精益化

7. 供应物流具体包括一切生产资料的（　　）。

A. 采购　　B. 采购运指　　C. 库存管理

D. 用料管理　　E. 供应输送

8. 组织生产物流的基本要求包括物流过程的（　　）。

A. 连续性　　B. 平行性　　C. 节奏性

D. 比例性　　E. 适应性

9. 销售物流主要考虑的要素有：（　　）

A. 地点要素　　B. 时间要素　　C. 可靠性要素

D. 快捷性要素　　E. 方便性要素

10. 从企业物流内部的视角来观察物流活动，企业物流是由（　　）几部分组成。

A. 供应物流　　B. 生产物流　　C. 销售物流

D. 废弃物物流　　E. 回收物流

11. 第三方物流的特征表现为：（　　）

A. 是第三方企业提供的服务

B. 是合同导向的一系列服务

C. 是个性化物流服务

D. 是建立在现代信息技术基础上的

E. 第三方物流企业与用户企业是联盟关系

12. 物流信息包括：（　　）

A. 客户信息　　B. 需求信息　　C. 库存信息

D. 运输信息　　E. 配送信息

13. 构建物流网络的原则是：（　　）

A. 以城市为中心布局网络　　B. 在商物分离基础上构建网络

C. 按经济区域建立网络　　D. 同时设置信息系统网络

14. 物流中心的基本功能有：（　　）

A. 运输功能　　B. 储存功能　　C. 装卸搬运功能

D. 包装功能　　E. 流通加工功能

F. 物流信息处理功能

15. 物流中心选址应考虑（　　）因素。

A. 人口环境　　B. 经济环境　　C. 自然环境

D. 交通环境　　E. 政策环境　　F. 文化环境

四、填空题

1. 物流中的__________的概念是指一切可以进行物理性位置移动的物质资料。

2. 物流是________从供给者向需求者的物理性移动。主要是创造________

价值和＿＿＿＿＿价值，有时也创造一定加工价值的活动。

3. 物流的基本功能包括＿＿＿＿＿、保管、＿＿＿＿＿、＿＿＿＿＿、＿＿＿＿＿以及信息等活动。

4. 1962 年美国经营学者＿＿＿＿＿在《财富》杂志上发表的一篇题为“经济的黑暗大陆”的文章中指出，物流是降低成本的最后领域，强调应当重视流通领域的物流管理。

5. 对象物＿＿＿＿＿转移的活动称为商流。

6. 根据企业物流活动的特点，企业物流管理可以从三个层面上展开：＿＿＿＿＿、物流系统设计与运营管理和＿＿＿＿＿。

7. 社会经济活动由生产、消费和＿＿＿＿＿活动组成。

8. 商流是与商品的＿＿＿＿＿转移相关的交易活动，通过买卖活动实现商品的价值，体现的是商品的＿＿＿＿＿；而＿＿＿＿＿是紧随商流之后的商品的空间和时间的转移，通过物流活动为实现商品的使用价值提供可能，体现的是商品的＿＿＿＿＿。

9. ＿＿＿＿＿是指从最终用户一直到初始供应，向客户提供增值的产品、服务和信息的商务过程一体化。

10. 物流网络化包括两层含义：一是物流＿＿＿＿＿网络化；二是物流＿＿＿＿＿网络化。

11. ＿＿＿＿＿是指在企业生产经营过程中，物品从原材料供应，经过生产加工，到产成品和销售，以及伴随生产消费过程中所产生的废弃物的回收及再利用的完整循环活动。

12. 企业物流从＿＿＿＿＿开始，必须经过＿＿＿＿＿的转换活动，才能形成具有一定使用价值的产成品，运至用户。

13. ＿＿＿＿＿是一种有别于普通运输的运输活动，是在局部范围内对多个用户实行单一品种或多品种的按时按量联合送货。

14. 物流中心的布局形式有＿＿＿＿＿、吸收型、＿＿＿＿＿和扇型。

15. 运输方式可分为铁路运输、公路运输、＿＿＿＿＿、航空运输和＿＿＿＿＿五种。

五、简答题

1. 简要阐述流和流通的区别。
2. 简述商流和物流的关系。
3. 说明物流管理的定义以及内容。
4. 我国目前企业物流存在的主要问题是什么，应如何改进？
5. 简述企业物流的特征。

6. 按提供服务的种类划分，第三方物流企业可分为几种，各自的区别是什么？

7. 第三方物流的特点和优势是什么？第三方物流可以给生产型企业带来哪些好处？

六、论述题

说明企业物流的分类及管理，并阐明企业物流各部分在企业运营中所起的作用。

第十四章　生 产 管 理

一、判断题

1. 制造业生产类型按生产稳定性和重复性可分为大量生产、成批生产与单件小批生产。(　　)
2. 在对象专业化车间里进行相同工艺的加工，有利于工人技术水平的提高。(　　)
3. 生产活动相关图布置法首先要绘制生产活动相关图，以表明工厂（或系统）各组成部分之间的关系，然后以此为根据，按其相关程度进行布置，以求得最优的总体布置方案，特别适用于物料运量很大的工厂。(　　)
4. 准时制生产方式认为库存的增加是大生产必不可少的产物。(　　)
5. 按对象专业化原则组织的生产单位对产品品种变化有较强的适应能力。(　　)
6. 生产系统是一个输入、输出的转换系统，转换过程就是生产过程。(　　)
7. 单件生产不像连续生产那样要求多技能工人。(　　)
8. 单件生产多采用通用设备。(　　)
9. 生产管理只是针对制造业而言的。(　　)
10. 生产管理、营销和财务三大职能在大多数组织中相互间的关系不大。(　　)
11. 生产管理包括对生产活动进行计划、组织、实施和控制。(　　)
12. 不论其规模大小，只要是汽车制造厂，其生产系统就是一样的。(　　)
13. 定制生产主要是为降低生产成本而产生的。(　　)
14. 企业固定资产的数量，即机器设备的数量决定了企业的生产能力。(　　)
15. 工艺专业化形式是根据不同的生产工艺性质来设置车间、工段、班组等生产单位，因此工艺专业化形式多适用于单件小批量生产型企业。(　　)
16. 制造什么样的产品决定了企业对生产系统的选择。因此，企业选择生产系统要分析市场和用户对产品的要求。(　　)
17. 存货生产是指企业根据市场需求预测安排生产，并通过对产品库存来调节生产与市场需求之间的矛盾。(　　)

18. 物料流向图布置法主要是按照原材料、在制品、成品等物资在生产过程中总的流动方向和搬运量来进行工厂布置。（　　）
19. 产品出产进度计划是指把企业全年的生产任务，按产品品种、规格、数量具体地按季、按月进行分配，也称作主生产计划。（　　）
20. 生产作业计划与生产计划相比计划期较长，计划的内容更具体。（　　）
21. 生产作业计划是生产计划的具体执行计划。（　　）
22. 混合专业化形式就是将工艺专业化形式和对象专业化形式结合起来的一种形式。（　　）
23. JIT 组织生产的方式是推动式。（　　）
24. 精益生产的核心是敏捷制造。（　　）
25. 在编制生产计划时，一般要进行设备负荷计算，其目的是为了发现生产任务与生产能力之间的不平衡状况，以便有计划地采取各种有效措施。（　　）

二、单项选择题

1. 单件小批生产类型的特点是：（　　）
A. 产品品种很少　　B. 产品品种很多
C. 生产条件稳定　　D. 工作地专业化程度很高
2. 工艺专业化班组和对象专业化班组相比，其特点是：（　　）
A. 可以缩短产品的运输路线
B. 生产流程连续性好，可以缩短生产周期
C. 不利于操作工人的技术交流
D. 生产联系复杂，增加了管理的困难
3. 某个工业企业有三大车间，它们依次是：机械加工车间，热处理车间，装配车间。可以认为该工业企业是采取了（　　）原则进行了空间布置。
A. 工艺专业化　　B. 对象专业化
C. 设备专业化　　D. 加工专业化
4. JIT 生产方式是按照什么方式组织生产的？（　　）
A. 推动式　　B. 拉动式　　C. 移动式　　D. 流动式
5. 按业务来源分类，生产类型可以分为：（　　）
A. 订货生产、存货生产　　B. 通用产品、专用产品
C. 流程型、加工装配型　　D. 大量生产、成批生产、单件小批生产
6. 在一个生产单位内，集中着同类型的设备和同工种的工人，则这个生产单位属于：（　　）

A. 对象专业化生产单位　　B. 工艺专业化生产单位
C. 单一化生产单位　　D. 大型化生产单位

7. 企业的设计能力是指：（　　）
A. 企业的实际生产能力
B. 企业产品的设计能力
C. 企业设计任务书和技术文件中所规定的生产能力
D. 企业已有的生产能力

8. 准时制生产方式对库存的认识是：（　　）
A. 一定量的库存是可以理解的
B. 库存的增加是大生产必不可少的产物
C. 库存是一种弊端
D. 库存的水平要保持在合理的水平上

9. 合理组织生产过程的基本要求是：（　　）
A. 连续性、均衡性、比例性、准确性
B. 连续性、稳定性、比例性、适应性
C. 连续性、均衡性、比例性、准时性
D. 连续性、安全性、敏捷性、准确性

10. 汽车装配宜采用：（　　）
A. 流水线布置　　B. 固定位置布置
C. 功能布置　　D. 以上都不是

11. 飞机的总装宜采用：（　　）
A. 流水线布置　　B. 固定位置布置
C. 成组单元布置　　D. 以上都不是

12. 以下哪个条件要求厂址应该接近消费市场？（　　）
A. 原料易变质　　B. 原料笨重
C. 产品运输不便　　D. 原料运输不便

13. 下面哪一条是专业化的优点？（　　）
A. 对工人更多激励　　B. 给工人更多机会
C. 丰富工作内容　　D. 提高生产效率

14. 在生产大纲确定后，一般来说，紧接着进行哪项活动？（　　）
A. 进行生产流程设计　　B. 制定战略性的能力计划
C. 编制产品出产计划　　D. 编制物料需求计划

15. 下列哪项不属于大量生产运作？（　　）
A. 飞机制造　　B. 汽车制造
C. 快餐　　D. 学生入学体检

16. 在编制生产计划时，一般要进行设备负荷核算，其目的是为了发现生产任务与生产能力之间的不平衡状况，以便有计划地采取各种有效措施，以保证计划任务的落实和生产能力的充分利用。在平衡时，主要考虑的是：（　　）

A. 当期产需平衡　　B. 中期产需平衡

C. 长期产需平衡　　D. 长短期结合

17. 按生产对象的（　　）不同，可分为固定流水线和移动流水线。

A. 数目　　B. 轮换方式

C. 连续程度　　D. 移动方式

18. 按对象专业化原则组织的生产单位有很多优点，说法错误的是：（　　）

A. 设备可以按产品的加工工艺过程布置

B. 对产品品种变化有较强的适应能力

C. 生产单位的责任明确

D. 一般采用专用设备和专用工装

19. 大量生产有很多特点，下述说法最有问题的是：（　　）

A. 产品固定，品种单一或品种少　　B. 对工人技术要求较高

C. 工作地专业化程度高　　D. 采用较多的专用设备

20. 按业务来源分类，生产类型可以分为：（　　）

A. 订货生产、存货生产

B. 通用产品、专用产品

C. 流程型、加工装配型

D. 大量生产、成批生产、单件小批生产

21. 单件小批量生产的主要缺点是：（　　）

A. 周期长、成本高、用人多、质量不易保证

B. 市场适应性差、在制品多、质量不易保证

C. 库存多、成本高、用人多、质量不易保证

D. 效率高、成本低、适应性强，质量有保证

22. 厂区总平面布置和车间布置属于生产过程的是：（　　）

A. 时间布置　　B. 空间布置

C. 具体布置　　D. 总体布置

23. 不属于空间组织常见形式的是：（　　）

A. 工艺专业化　　B. 机械专业化

C. 对象专业化　　D. 混合专业化

24. 对象专业化的优点是：（　　）

A. 生产周期短

B. 某台设备出现问题不影响整个生产线

C. 简化生产单位之间的协作

D. 产品制造路线灵活，适应品种变化要求

25. 工艺专业化的优点是：(　　)

A. 生产作业计划工作简单　　B. 产品运输路线短

C. 各生产单位协作简单　　D. 对产品的适应性较高

26. 不属于精益生产方式“四零”的是：(　　)

A. 零库存　　B. 零缺陷　　C. 零时间　　D. 零故障

27. MRPⅡ命名为：(　　)

A. 物料需求计划　　B. 材料需求计划

C. 企业资源计划　　D. 制造资源计划

28. ERP 命名为：(　　)

A. 物料需求计划　　B. 材料需求计划

C. 企业资源计划　　D. 制造资源计划

29. MRP 命名为：(　　)

A. 物料需求计划　　B. 材料需求计划

C. 企业资源计划　　D. 制造资源计划

30. 在企业资源计划的发展历程中，将供应链管理引入资源计划的阶段是：(　　)

A. MRP　　B. 闭环 MRP　　C. MRPⅡ　　D. ERP

三、填空题

1. 生产系统的运行过程一般由________、________、________三个环节构成。

2. 制造业生产类型的划分，按生产稳定性和重复性可分为大量生产、________生产、单件小批生产。

3. 混合专业化形式就是将________和________结合起来的一种形式，在我国企业中应用比较普遍。

4. 按生产过程连续程度不同，流水线可分为________和________。

5. 企业生产能力一般分为________、________和________三种。

6. 精益生产方式起源于日本丰田汽车公司，最早曾被称为丰田生产方式，其后又被称为____________。

7. 在减少无效劳动和浪费上，精益生产方式提出了“四零”，即追求“________、________、________、________”。

8. 定制生产也是 20 世纪 90 年代以来针对市场和消费者需要呈现________、________、________而产生的先进的生产方式之一。

9. 与 JIT（LP）和 MRPⅡ等 20 世纪末的先进生产管理模式相比，敏捷制造更具有__________________。

10. _________可以指挥、控制、调整企业生产过程中的偏差，从而使生产顺畅地进行，生产出符合要求的产品或提供劳务。

11. 厂址选择总体分析是要进行三个层次的决策，首先要进行_________，即在省际甚至在洲际范围内考虑厂址问题；其次要进行_________，决定在哪个城市或乡镇；最后进行_________，落实到具体的厂址、面积等。

12. 按业务来源企业生产可以分为_________和_________两种。

13. 物料流向图布置法主要是按照原材料、在制品、成品等物资在生产过程中总的_________和_________来进行工厂布置。

14. _________是对象专业化组织形式的进一步发展，是一种高效率的先进生产组织形式。

15. 产品出产进度计划是指把企业全年的生产任务，按_______、______、_________具体地按季、按月进行分配，也称作_________。

16. _________是指企业在计划年度内实际能够达到的生产能力，它是企业编制年度计划、确定生产指标时的依据。

17. 编制生产作业计划就是要解决生产的期和量的问题，即_________。

18. _________是对生产作业计划中的生产期限和生产数量，经过科学分析和计算而规定的一套标准数据。

19. 精益生产方式是指运用多种现代管理方法和手段，以__________为依据，以_________为根本，有效配置和合理使用企业资源，最大限度地为企业谋求经济效益的一种新型生产方式。

20. 精益生产方式综合了_________和_________的优点，又避免和克服了这两种生产方式各自的缺点。

21. 在 MRPⅡ的基础上，又发展起来了_________，它把企业的生产经营、销售管理、供应链管理、人力资源管理、办公自动化等几乎全部职能的管理都囊括了进来，实现了更广泛的管理信息集成。

22. 所谓生产作业控制，就是不断监督和检查___________，及时发现计划执行过程中已经或即将出现的___________，分析其产生的原因，并采取有效措施_________。

23. 企业一定要通过自身的努力，使输出大于输入，才能真正实现企业的赢利目标。为此，企业应尽可能采用_________的生产方式，以消耗最少的人力、物力、财力和时间，降低成本，缩短交货期。

24. 厂区平面设计就是将企业内的各种生产设施进行_________的安排，使它们组合成一定的_________，有效地为企业的生产经营服务，以获得最大的经济效果。

四、案例分析题

案例 1　HJ 公司的准时生产方式

HJ 公司是一家股份制企业，成立于 20 世纪 90 年代早期。公司拥有优秀的管理人员、先进的生产设备以及丰富的生产经验，以“质量第一、用户至上、严格管理、合理价格”为服务宗旨。

公司建筑面积 4000 平方米，员工约 200 人，工程技术人员 45 名，资产 3000 万元人民币。公司主要生产网络交换机，年产 20 万台。2000 年，该公司引进了准时生产方式（JIT）。

HJ 公司采取准时生产方式，以应对激烈的市场竞争和适应企业本身发展的需要。1998 年，HJ 公司在生产管理方面出现了很大的问题，表现为物料浪费严重，产能严重不均衡，有的工序超负荷运转，有的产能则大部分闲置，加上经常出现大量的库存，占用了大量的资金，使公司的经营运转出现了很大的困难。因此，HJ 公司不得不打破固有的思维，向拥有先进管理水平的企业学习，力图在成本、品质、生产柔性、市场反应速度等方面有所突破，取得竞争优势。1999 年 8 月，HJ 公司董事长张威先生前往德国商务公干时，被国外同行采取的准时生产方式及其产生的良好效益所吸引。回国后，张威召开专门会议，决定在公司推行准时生产方式。11 月，HJ 公司通过猎头公司招聘了一位 JIT 专家陈晓明先生，开始了公司准时生产方式的进程。

陈晓明经过仔细的研究，认为 HJ 公司以往的生产方式具有典型的推式（push）特点。公司主要根据预测的市场需求，计算出每种产品的需求量和各个阶段的生产提前期，确定每个零部件的投入出产计划，按计划发出生产和订货指令。上游生产车间按计划制造零部件，将实际完成情况反馈到计划部门，并将加工完的零部件送到后一道工序和下游生产车间，而不管后一道工序和下游生产车间当时是否需要。这样就导致了物料流和信息流的分离。

公司最初的装配过程为：先一次性装配大批量的电路板，然后再送去检验，不合格品返工，合格品送往下一道工序。这种生产过程存在一些问题：首先是大量在制品的存在，积压了流动资金。由于装配者的劳动生产率都很高，他们装配出的电路板往往多于实际需要的数量。其次是产品质量低。装配者缺乏检验部门提供的反馈信息，等到检验部门发现质量问题时，大量的有缺陷的装配品的库存已经形成。此外，公司对各种不同的产品设定一些假想的销售水平，继而排定进度，以批量方式生产足以满足数月销售需要的数量，然后储存在仓库里，供未来一段时间销售之用；有些产品的实际需求与预测相符合，有些则超过了预测的需求，也有些低于预测的需求。公司一直被大量库存、较长生产周期、大量的废品和返工现象所困扰。

为了有效推行准时生产方式，公司专门成立了以张威先生为首的准时生产方式管理委员会，委员由公司管理者和工程师们担任。他们通过举办研讨会、学习参观其他实施 JIT 的公司等一系列有效活动，促进了对 JIT 的理解，进而研究了在实践中应用 JIT 可能会遇到的问题，预测了应用成功会带来的效益。委员会下设办公室，由陈晓明任主任，主抓工作。

JIT 委员会的机构为：

主任委员：董事长

副主任委员：总经理

委员：规划部部长、生产部部长、财务部部长、工程师

常设机构：准时生产方式管理办公室

机构职能：监督准时生产方式项目实施进度，检查系统运行情况，发现系统的问题，经研究后采取解决措施，确保 JIT 的顺利实施。

与此同时，公司从内外两方面为 JIT 的顺利实施做了准备工作。

在外部，HJ 公司精心挑选供应商，经过沟通、协商，共同推进 JIT，建立了新的良好合作关系。HJ 公司原来在全国有近 20 个主要的供应商，经过 JIT 公司委员会的比较，精心挑选了 4 个主要的供应商，实施“仓库对仓库”的物料供给方式。这 4 个物料供应商有质量免检的资格，可以通过卡车把物料送到 HJ 公司的生产现场，省却了批量检验、装卸搬运等繁琐活动。HJ 公司还和 4 个供应商把装载容器标准化，使之可以彼此交流使用。这种牢固的合作关系使 HJ 公司减少了成本，获得了小批量、高质量与及时供应的效益。

在内部，HJ 公司主要做了如下方面的工作：

首先是组织变革，将组织扁平化。公司过去实行直线职能制，条块分割很严重。为了顺利实施 JIT，公司尝试将整个组织扁平化，将每一个人纳入一个团队内。公司依产品类别组成小组来管理，每一个小组的领导者都拥有所有生产所需的资源，能计划生产、制造产品和将产品推向市场。

其次，充分发挥高层经理的作用。张威董事长亲自抓 JIT 的推行工作，突破了来自公司内部的阻力，使各项工作得以顺利进行。1999 年 1 月中旬，张威董事长召开全公司的动员会，向全体员工说明了实施 JIT 的重要性。张董事长特别要求公司的高层经理认真学习 JIT，并亲临第一线，带头参与并监督 JIT 的实施。在高层经理的带动下，全公司形成了学习和应用 JIT 的热潮。

最后，专门组织培训。由陈晓明主讲。准时生产方式管理办公室还专门设立了 JIT 培训部，组织力量编写培训教材，并挑选了 10 位聪明能干的员工负责推广准时生产方式，培训其他员工；这 10 位员工也经常在生产第一线，协助各生产小组组长有效执行 JIT。

经过5个月的精心准备，HJ公司实施JIT的条件成熟了。2000年5月，公司正式实施JIT。公司先分析近期的销售水平，检视过去5个月的资料；有时为了更精确，也调查近20天的，以持续修正每日产品组合的排程，使得大部分产品至少每周能生产一次，很多产品甚至是每天都能生产一次。这样，公司更有弹性去适应每日的变化。

JIT委员们设计了一种新的流水线装配布局，使必要的装配操作彼此毗邻。同时，对过去的装配线与测试过程也重新加以组织和细化，转化为每个操作者需完成的三项操作作业，即：每个操作者装配电路板，检查前一位操作者的装配品，传递合格与返回次品。这样做减少了生产周期，降低了库存，提高了产品质量。对产品流控制的实现借助于一个简单的看板系统。在两位操作者之间留出一个黄色的看板区域，通过看板区域的“空”和“满”作为生产的控制信号。一个“空”看板区是向上流操作者发出需要生产的信号，而一个“满”看板区则表明不需要任何产品。每一个操作者也担负起检验的责任，他不仅要检验自己的装配区，还要检验前一个操作者装配的产品，并将次品返回给责任人加以修理。采取这种方式，明确了责任，使质量问题得到了及时的反映，从而消除了大量返工的现象。这种即时的次品信息反馈系统促进了装配过程质量的持续改善与提高。三个月后，试验项目取得了成效：装配周期与在制品减少了85%，质量提高了33%。

HJ公司采取了全员参与形式。在每个工作日的交替班前20分钟，生产工人会一起讨论生产问题及其解决办法，并采用鱼刺图、有方图辅助分析问题。操作者提出行动方案并且使用一些简单的控制图帮助度量方案实施绩效。

公司确立了一个衡量生产效率的方法：依据每日需要数量和确定的循环时间，就可以根据事前规定的每一种产品的期望或目标产量，来评估公司的生产效率。依据循环时间，公司可以评估在适当的时间内可以生产出的数量。当达不到所需的数量时，公司也能够迅速地找出问题的所在。不管是供应商的问题，或者是内部生产体制的故障问题，或者是会影响产量及满足顾客需求服务的问题，都能迅速找出。

通过推行准时生产方式，HJ公司可以将交货时间从3个星期降为6个小时，弹性地每天生产每一种产品，并且是以非常少的库存来生产。在库存方面，包括原材料、半成品和产成品，减少了20%。流动资金周转增加了30%。存货周转率提高为367%，从每年3次增加为每年14次。同时，营业规模增加2倍。HJ委员会预期在该年的年底时，生产能力要提高25%～30%。

当然，以上的绩效并不包括那些不可计量的无形成果，如果将士气、公司信誉和良好的工作环境等这些改善也算入，HJ公司的这次JIT转换效果更加显著。

资料来源：陈荣秋，《生产运作管理习题集及案例》，机械工业出版社，2007年7月

问题

1. HJ 公司推行 JIT 取得成功的最重要因素是什么？

2. HJ 公司正式实施 JIT 之前，做了哪些准备工作？如果没有这些准备工作，JIT 能否成功实施？

案例 2 IBM 信贷公司业务流程

位于美国康乃狄格州老格林威治市的 IBM 信贷公司是 IBM 的一个全资子公司，它为 IBM 公司销售的计算机、软件和服务提供金融服务，即为顾客提供贷款服务。这是 IBM 公司热衷的一项业务，因为这是一种绝对赚钱的买卖。

IBM 信贷公司早期的经营方式非常呆板。如果 IBM 公司的一位销售人员需要这项融资服务时，首先，他要通过电话和信贷公司联系，提出融资要求，接电话的人会在一张申请表上记下这项请求。第二步，有人会把这张表送到楼上的信用部门，在那儿，一位专业人员把有关信息输入到一个计算机系统，检查借方的资金信用情况并把检查结果填在申请表上，送到交易条款部门。第三步，交易条款部门负责修改标准贷款协议以答复顾客申请。贷款协议经过该部门的计算机系统处理后，有关工作人员会把一些特殊条款附加在申请表上。第四步，把申请表送到估价员手中，估价员把有关数据输入个人计算机并由此决定向顾客征收的贷款利率。估价员在一张纸上写下利率，并把这张纸和其他文件一起送到文书小组那里。第五步，在文书小组那里，一位行政主管把所有的信息变成一封报价信，最后由联邦特快邮递公司送到 IBM 公司的地区销售员手里。

整个过程平均耗时 7 天，有时甚至要耗时 2 周。从营销代表的立场看，这个过程实在太长了。因为这等于有 7 天的时间让顾客去寻找其他的融资渠道，更为严重的是这些顾客还可能被别的计算机卖主拉走而终止与 IBM 公司的交易。尽管营销代表会一次又一次打电话询问："我的申请在什么地方？你们什么时候给我们结果？"但却没有线索，因为申请表已经消失在过程链中。

IBM 信贷公司的两位高级管理人员进行了调查研究，他们亲自受理了一份融资申请，并带着这份申请表走遍了上述各部门，让每个部门的职责人放下手中的事情来处理这份申请，结果完成全部工作总共只需 90 分钟。

资料来源：人民日报市场报，2000 年 03 月 17 日第 4 版

问题

1. 上述 5 步工作中有哪些是必要的增值活动？

2. IBM 信贷公司曾决定增设一个控制服务台以便回答营销代表关于交易申请的询问。这时，申请表不是由原过程链中的上一个部门送至下一个部门，而是

令每个部门把所完成的文件先送控制台，由控制台人员将完成情况记录在案后再送至下个部门。这办法使控制台清楚每份申请在过程链中的具体位置，以便向营销代表提供信息。试分析这种做法的利与弊。

3. 设计一个能从根本上改进的服务流程。

案例 3 日本 A 企业提高工人协调技能

汽车零部件市场的特点是需求多样化、变化快。为了适应这种市场环境，汽车零部件企业运用多品种、订货生产的生产方式；要使多品种、订货生产的生产方式真正成为企业竞争的有效手段，劳动组织内部各部门之间的协调生产是不可缺少的条件，而要满足这个条件，工人不仅要具备多样化技能，而且还要具备一定程度的决策能力。请看日本 A 汽车电池制造公司（简称日本 A 企业）的具体实践。

1. 组装车间面临难题

汽车电池是一个盒子，内有数十张放置在电解液中的极板。汽车电池生产包括极板铸造、极板涂铅和电池组装三个部分。它们分别由三个独立的车间承担。这里主要考察其中的电池组装车间。由于电池种类不同，批量大小不等，组装线刚性运作，物流在组装线之间、工序之间时常无法保持均衡流动，以致组装线之间、工序之间高低峰不均、忙闲不均。如果不解决这问题，将会延误某种产品的交货期，甚至导致某种产品的生产根本无法进行。

2. 寻找协调途径

组装车间认为，缓解这种局面的最佳办法是利用因低峰而闲置的力量去填补因高峰而引起的力量空缺，具体来讲，就是让“闲着”的工人去“支援”“忙着”的工人。通过工人在工序之间、组装线之间的移动，使物流在工序之间、组装线之间保持均衡流动，达到均衡化生产，这就是协调生产的内涵。很显然，协调生产要求工人具备多样化的技能，同时，当生产量变化频繁、出现生产计划外的忙闲情况时，还要求工人能够不依靠上级指派，根据自己的判断，主动而及时地“支援”生产。胜任多种作业，能够自我协调生产，是对工人技能的具体要求。

3. 培养协调技能

组装车间认为，丰富的经验是培养协调技能的土壤，因此，要让工人尽可能地多从事不同类型、不同技术难度的作业。为此，组装车间结合每月的生产计划，系统地安排工人到不同岗位“支援”生产。车间管理者首先对每个工人的技能种类、技能水平、技能积累过程做出书面评价，以此为依据，精心设计每个工人每天的作业种类、轮换顺序以及轮换频率。通过对工人的协调技能与优化生产资源配置达到了有机的结合。

让我们以第三组装线为例，考察工人是如何在岗位移动中提高协调技能的。

1992年1～2月，组装车间第三组装线上共有59人工作过，其中22人是这条组装线的工人，占37%，其他37人则是从其他组装线或车间前来“支援”生产的工人，占63%。同一时期，第三组装线派出15人到其他组装线或车间“支援”生产，平均“支援”次数为1.9次。有30%的工人在第三组装线工作不到10天。岗位轮换的方式因人的技能水平而异，但都遵循以下原则：从最简单的工序出发，进而轮换到技术较复杂的关联工序。仅就组装线工序之间的移动而言，就有以下几种移动方式：在22名属于第三组装线的工人中，2人（其中一位是新工人）只在第一和第四道最简单的工序之间移动；5人在前四道工序之间均匀移动；2人以前四道工序为主，在前四道工序与后四道工序之间移动；另有3人在前四道工序与后四道工序之间均匀移动；5人以后四道工序为主，在后四道工序与前四道工序之间移动；5人只在后四道工序之间移动。这样，所有工人至少在两道以上工序之间轮换岗位，至少要做2种以上难易不同的工作。

从以上数据记录中可以看出，第一，岗位移动者多。所有工人参加了工序之间的移动，2/3的工人参加了组装线之间、车间之间的移动。这说明日本A企业的技能培训面向全体工人，而不是局限于个别优秀工人。第二，岗位移动频繁。第三，岗位移动范围大，不仅有工序之间的移动，还有组装线之间的移动，甚至还有车间之间的移动。这说明协调技能以技能的全面发展为基础。第四，岗位移动原则统一，但方式多样化。这说明日本A企业在选择岗位移动方式时既考虑了工人技能积累的可能性，又兼顾了生产效率实现的可能性。通过如此大范围、高频率、大规模的岗位移动，工人逐步掌握了多种不同类型、不同技术难度的作业的操作方法，技能的领域得到了拓宽，技能的深度得到了提高。同时，随着经验的丰富，工人对各种情况、各种作业以及各种作业之间的关系的了解也逐步加深，为提高自我协调能力形成了良好的基础。

4. 创建协调环境

实施大范围、大规模的岗位移动，必须以能给工人提供完成岗位移动所需条件的劳动组织为环境支持。为此，日本A企业在劳动分工、劳动规范化以及决策权分布方面作出了改革，形成了以低度分工、适度规范化和决策权下放为特点的劳动组织结构。第一，不实行岗位之间、工种之间的严格分工。具体来讲，就是不设岗位工，不将工人固定在某个岗位，不严格区分各工种的任务，让一个工种的任务适当延伸到另一个工种，比如，操作工人要适当做一些维修工人的工作。第二，不对车间提供具体的人员配置和工人技能培训计划，车间的生产协调、工人的技能培训基本由车间管理者的“现场干预”来进行。第三，将部分决策权下放到车间及工人。比如，工人有权自动协调生产，进行设备预防维修，解决机器故障等。

问题

1. 结合日本 A 企业的生产实际，简述多品种、小批量生产的特点。

2. 日本 A 企业生产汽车电池存在哪些问题？它是如何解决这些问题的？

案例 4　KFC 的跟进选址策略

肯德基（KFC）对快餐店选址是非常重视的。选址决策一般是两级审批制，经过两个委员会的同意，一个是地方公司，另一个是总部。选址成功率几乎是百分之百，是肯德基的核心竞争力之一。

肯德基选址通常按以下几步骤进行：

（一）商圈的划分与选择

1. 划分商圈

肯德基计划进入某城市，就先通过有关部门或专业调查公司收集这个地区的资料。有些资料是免费的，有些资料需要花钱去买。把资料买齐了，就开始规划商圈。

商圈规划采取的是记分的方法，例如，这个地区有一个大型商场，营业额在 1000 万元算一分，5000 万元算 5 分；有一条公交线路加多少分，有一条地铁线路加多少分。这些分值标准是多年平均下来的一个较准确经验值。

通过打分把商圈分成好几大类，以北京为例，有市级商业型（西单、王府井等），区级商业型，定点（目标）消费型，还有社区型，社、商务两用型，旅游型，等等。

2. 选择商圈

即确定目前重点在哪个商圈开店，主要目标是哪些。在商圈选择的标准上，一方面要考虑餐馆自身的市场定位，另一方面要考虑商圈的稳定度和成熟度。餐馆的市场定位不同，吸引的顾客群不一样，商圈的选择也就不同。

例如马兰拉面和肯德基的市场定位不同，顾客群不一样，是两个“相交”的圆，有人吃肯德基也吃马兰拉面，有人可能从来不吃肯德基专吃马兰拉面，也有反之。马兰拉面的选址也当然与肯德基不同。

商圈的成熟度和稳定度也非常重要。比如规划局说某条路要开，在什么地方设立地址，将来这里有可能成为成熟商圈，但肯德基一定要等到商圈成熟并稳定后才进入。例如，说这家店三年以后效益会多好，但对现今没有帮助，这三年难道要亏损？肯德基投入一家店要花费好几百万，当然不冒这种险，一定是稳健行事，保证开一家成功一家。

（二）聚客点的测算与选择

1. 要确定这个商圈内，最主要的聚客点在哪里

例如，北京西单是很成熟的商圈，但不可能西单任何位置都是聚客点，肯定

有最主要的聚集客人的位置。肯德基开店的原则是：努力争取在最聚客的地方和其附近开店。

古语说“一步差三市”。开店地址差一步就有可能差三成的买卖。这跟人流动线（人流活动的线路）有关，可能有人走到这里该拐弯，则这个地方就是客人到不了的地方。差不了一个小胡同，但生意差很多。这些在选址时都要考虑进去。

在这个区域里，人流动线是怎么样的，人从地铁出来后是往哪个方向走，等等，都派人去掐表，去测量，有一套完整的数据之后才据以确定地址。

比如，对店门前人流量的测定，是在计划开店的地点掐表记录经过的人流，测算单位时间内多少人经过该位置。除了该位置所在人行道上的人流外，还要测马路中间的和马路对面的人流量。马路中间的只算骑自行车的，开车的不算。是否算马路对面的人流量要看马路宽度，路较窄就算；路宽超过一定标准，一般就是隔离带，顾客就不可能再过来消费，就不算对面的人流量。

肯德基选址人员将采集来的人流数据输入专用的计算机软件，就可以测算出，在此地投资额不能超过多少，超过多少这家店就不能开。

2. 选址时一定要考虑人流的主要动线会不会被竞争对手截住

因为人们现在对品牌的忠诚度还不强，顾客不会因为品牌的原因而选择或不选。

但人流是有一个主要流动线的，如果竞争对手的聚客点比肯德基选址更好的情况下那就有影响。如果两家一样，就无所谓。例如北京北太平庄十字路口有一家肯德基店，如果往西一百米，竞争者再开一家西式快餐店就不妥当了，因为主要客流是从东边过来的，再在那边开，大量客流就被肯德基截住了，开店效益就不会好。

3. 聚客点选择影响商圈选择

聚客点的选择也影响到商圈的选择。因为一个商圈有没有主要聚客点是这个商圈成熟度的重要标志。比如北京某新兴的居民小区，人口非常多，素质也很高，但据调查显示，找不到该小区哪里是主要聚客点，这时就可能先不去开店；当什么时候这个社区成熟了或比较成熟了，知道其中某个地方确实是主要聚客点时再开。

为了规划好商圈，肯德基开发部门投入了巨大的努力。以北京肯德基公司为例，其开发部人员常年跑遍北京各个角落，对这个每年建筑和道路变化极大、当地人都易迷路的地方了如指掌。经常发生这种情况：北京肯德基公司接到某顾客电话，建议肯德基在他所在地方设点，开发人员一听地址就能随口说出当地的商业环境特征，是否适合开店。在北京，肯德基根据自己的调查划分出的商圈，已经成功开出了56家餐厅。

肯德基与麦当劳市场定位相似，顾客群基本上重合，所以我们经常看到一条街道一边是麦当劳，一边是 KFC，这就是 KFC 采取的跟进策略。因为麦当劳在选择店址前已做过大量细致的市场调查，挨着它开店不仅可省去考察场地时间和精力，还可以节省许多选址成本。当然 KFC 除了跟进策略外，它对店址的选择也有独到之处，可以借鉴。

有了店址的评估标准和一些成功案例，我们就可以开发出一套店址的评估工具，它主要由下面几个表格组成：租赁条件表、商圈及竞争条件表、现场情况表、综合评估表。它们是我们进行连锁经营店址评估的标准化管理工具。

资料来源：中国创业加盟网

问题

1. 选址对企业生产经营有什么影响？选址目的是什么？
2. 厂址选择的影响因素有哪些？KFC 选址考虑了哪些因素？
3. KFC 选址对生产企业选址有何借鉴意义？

五、简答题

1. 简述生产系统的运动机理。
2. 简述生产作业控制的基本内容。
3. 简述精益生产方式的主要特征。
4. 简述敏捷制造的特点。
5. 简述定制生产的必要性。
6. 简述厂区平面布置的原则。
7. 简述企业生产能力的内涵。
8. 生产计划工作有哪些内容？
9. 备货型生产和订货型生产各有什么特点？各自的生产管理的重点是什么？
10. 生产管理的任务是什么？
11. 简述流水生产线的分类与特征。
12. 简述厂址选择的决策过程。
13. 简述生产作业计划的特点。
14. 简述 MRPⅡ计划管理模式的特点。
15. 简述生产管理的概念及基本内容。
16. 简述工艺专业化及其优缺点。

第十五章　财 务 管 理

一、判断题

1. 广义的分配是指对企业全部净利润的分配。(　　)
2. 企业与职工之间的财务关系体现的是债权与债务关系。(　　)
3. 法律环境是企业最为主要的环境因素。(　　)
4. 金融工具一般具有期限性、风险性和收益性三个基本特征。(　　)
5. 纯利率是指没有风险情况下的社会平均资金利润率。(　　)
6. 已知短期国库券利率为5%，纯利率为4%，市场利率为8%，则通货膨胀补偿率为3%。(　　)
7. 财务管理的核心是财务分析、业绩评价与激励。(　　)
8. 公司治理结构和治理机制的有效实现是离不开财务监控的，公司治理结构中的每一个层次都有监控的职能，从监控的实务来看，最终要归结为财务评价。(　　)
9. 期限风险收益率是指为了弥补因债务人无法按期还本付息而带来的风险，由债权人要求提高的利率。(　　)
10. 国库券的风险很小，通常用短期国库券的利率表示无风险报酬率（纯利率+通货膨胀补偿率），如果通货膨胀水平极低，则可以用短期国库券利率作为纯利率（资金时间价值）。(　　)
11. 投资是指特定经济主体为了在未来可预见的时期内获得收益或使资金增值，在一定时机向一定领域的标的物投放足够数额的资金的经济行为。从特定企业角度看，投资就是企业为获取收益而向一定对象投放资金的经济行为。(　　)
12. 在证券投资中，资金所有者和资金使用者是分离的。投资者只有受益权，没有经营管理权。(　　)
13. 非生产性投资最终成果为非生产性资产，不能形成生产能力以及社会消费或服务能力。(　　)
14. 按照投资的内容，可以把投资分为固定资产投资、无形资产投资、其他资产投资、流动资产投资、生产资料投资、房地产投资、有价证券投资、期货与期权投资、信托投资和保险投资等多种形式。(　　)
15. 从企业来看，对外投资不能使企业取得可供本企业使用的实物资产。(　　)

16. 从项目投资的角度看，原始投资（又称初始投资）等于企业为使该项目完全达到设计生产能力、开展正常经营而投入的全部现实资金，原始投资＝建设投资＋流动资金投资＋建设期资本化利息。（　　）
17. 一次投入是指投资行为集中一次发生在项目计算期第一年年初或年末。分次投入是指投资行为涉及两个或两个以上年度。（　　）
18. 单纯固定资产投资项目的现金流出量包括固定资产投资、新增经营成本、流动资金投资以及增加的各种税款等。（　　）
19. 按照投资方向，可以把投资分为固定资产投资、流动资产投资、其他资产投资等等。（　　）
20. 在项目投资中，只需要估算一次固定资产余值。（　　）
21. 按照项目投资假设，项目投资中不需要考虑借款利息因素。（　　）
22. 同一渠道的资金只能通过某一特定的筹资方式取得。（　　）
23. 所谓资金习性，是指资金的变动与资金需要量变动之间的依存关系。（　　）
24. 资金成本是指企业为筹集资金而发生的代价。（　　）
25. 资金成本可以用绝对数表示，也可以用相对数表示，但在财务管理中一般使用相对数表示，即表示为用资费用和筹资费用之和与筹资额的比率。（　　）
26. 吸收直接投资资金成本的计算与留存收益一样均不需要考虑筹资费用。（　　）
27. 企业向社会公众发行的股票必须为无记名股票。（　　）
28. 在所有的资金来源中，一般来说，普通股的资金成本最高。（　　）
29. 股票的发行方式有公募发行和私募发行，私募发行有自销方式和承销方式，承销方式具体分为包销和代销。（　　）
30. 普通股筹资的筹资风险较大。（　　）
31. 周转信贷协定是银行从法律上承诺向企业提供某一贷款额的贷款协定。（　　）
32. 抵押借款由于有抵押品担保，所以其资金成本往往较非抵押借款低。（　　）
33. 短期借款筹资与长期借款相比，资金成本较高。（　　）
34. 杠杆租赁中出租人也是借款人，他既收取租金又偿付债务，从这个角度看，杠杆租赁与直接租赁是不同的。（　　）
35. 在其他条件相同的情况下，融资租赁的先付租金小于后付租金。（　　）
36. 在不考虑手续费的情况下，银行借款的资金成本可以简化为：银行借款利率×(1－所得税税率)。（　　）

37. 企业利用留存收益获得的资金，其使用不会受到制约。（ ）
38. 永久性资产是指为了满足企业长期稳定的资金需要，即使处于经营低谷时也必须保留的流动资产。（ ）
39. 如果企业的财务管理人员认为目前的利率较低，未来有可能上升，便会大量发行短期债券。（ ）
40. 固定成本总额在一定时期和业务量的一定范围内保持不变，而单位变动成本是一直不会发生变化的。（ ）
41. 净营业收益理论认为资本结构不影响企业价值，企业不存在最佳资本结构。（ ）
42. 从成熟的证券市场来看，企业的筹资优序模式首先是内部筹资，其次是借款、发行债券、可转换债券，最后是发行新股筹资。（ ）
43. 最佳资本结构应当是可使公司的总价值最高、每股收益也最大的资本结构。（ ）
44. 使用公司价值分析法确定的最佳资本结构下，企业的价值最高，且每股收益最大。（ ）
45. 收回发行在外的可提前收回的债券属于资本结构的存量调整法。（ ）
46. 综合资金成本就是指已筹资金的加权平均资金成本。（ ）
47. 边际资金成本采用加权平均法计算，其权数为账面价值权数。（ ）

二、单项选择题

1. 企业支付股利属于由（ ）引起的财务活动。

A. 投资　B. 分配　C. 筹资　D. 资金营运

2. 下列（ ）属于企业销售商品或提供劳务形成的财务关系。

A. 企业与供应商之间的财务关系　B. 企业与债务人之间的财务关系
C. 企业与客户之间的财务关系　D. 企业与受资者之间的财务关系

3. 现代财务管理以（ ）作为财务管理的目标。

A. 利润最大化　B. 每股收益最大化
C. 企业价值最大化　D. 收入最大化

4. 下列不属于财务管理环节的是：（ ）

A. 财务预算　B. 财务报告　C. 财务决策　D. 业绩评价

5. 相对于利润最大化目标，以每股收益最大化作为财务管理目标的优点是：（ ）

A. 反映了创造的利润同投入资本之间的关系
B. 考虑了风险因素
C. 考虑了时间价值

D. 可以避免企业的短期行为

6. 债权人与所有者的矛盾表现在未经债权人同意，所有者要求经营者做的事是：(　　)

A. 发行新债券　　B. 改善经营环境

C. 扩大赊销比重　　D. 发行新股

7. 某投资项目的原始投资额为 100 万元，使用寿命为 9 年。已知项目投产后每年的经营净现金流量均为 30 万元，期满处置固定资产的残值收入为 5 万元，回收流动资金 8 万元，则该项目第 9 年的净现金流量为 (　　) 万元。

A. 30　　B. 35　　C. 43　　D. 38

8. 项目投资中完整的项目计算期是指：(　　)

A. 运营期　　B. 试产期＋达产期

C. 建设期＋达产期　　D. 建设期＋运营期

9. 对于原始投资额不同、项目计算期相同的互斥方案之间的比较最适合采用的方法是：(　　)

A. 净现值率法　　B. 净现值法

C. 差额投资内部收益率法　　D. 年等额净回收额法

10. 已知某投资项目的获利指数为 1.6，该项目的原始投资额为 100 万元，且于建设起点一次投入，则该项目的净现值为：(　　)

A. 160　　B. 60　　C. 100　　D. 0

11. 下列指标中属于静态相对量正指标的是：(　　)

A. 静态投资回收期　　B. 投资利润率

C. 净现值率　　D. 内含报酬率

12. 对于完整工业投资项目而言，如果运营期内不追加流动资金投资，下列计算式不正确的是：(　　)

A. 运营期某年所得税前净现金流量＝该年税前利润＋该年利息＋该年折旧＋该年摊销＋该年回收额－该年维持运营投资

B. 运营期某年所得税后净现金流量＝该年息税前利润×(1－所得税税率)＋该年折旧＋该年摊销＋该年回收额－该年维持运营投资

C. 运营期某年所得税后净现金流量＝该年税前利润×(1－所得税税率)＋该年利息＋该年折旧＋该年摊销＋该年回收额－该年维持运营投资

13. 下列各项中不属于确定收益分配政策的法律因素内容的是：(　　)

A. 资产的流动性　　B. 偿债能力

C. 资本积累　　D. 超额累积利润

14. 下列不属于经营成本的是：(　　)

A. 电费　　B. 工资及福利费
C. 修理费　　D. 还本支出

15. 某项目投资的原始投资额为 100 万元，建设期资本化利息为 5 万元，运营期年均税前利润为 8 万元，年均利息费用为 2 万元，则该项目的投资收益率为：（　　）

A. 9.52%　　B. 10%　　C. 15%　　D. 5%

16. 下列各项企业可以获得负债性筹资的是：（　　）

A. 发行股票　　B. 吸收直接投资
C. 发行债券　　D. 内部留存

17. 下列各项属于变动资金的是：（　　）

A. 原材料的保险储备　　B. 最低储备以外的存货
C. 机器设备　　D. 辅助材料占用资金

18. 企业进行筹资决策时需要考虑的首要问题是：（　　）

A. 限制条件　　B. 财务风险
C. 资金成本　　D. 资金期限

19. 普通股股东的权利不包括：（　　）

A. 优先分配剩余资产权　　B. 查账权
C. 分享盈余权　　D. 投票权

20. 某公司普通股目前的股价为 10 元/股，筹资费率为 5%，第一年预期每股股利为 2 元，股利固定增长率 2%，则该股票的资金成本为：（　　）

A. 22.00%　　B. 23.05%　　C. 24.74%　　D. 23.47%

21. 属于普通股筹资的缺点的是：（　　）

A. 能增强公司的信誉　　B. 容易分散控制权
C. 没有固定到期日，不用偿还　　D. 使公司失去隐私权

22. 认股权证的特征不包括：（　　）

A. 在认股之前持有人对发行公司拥有股权
B. 它具有促销的作用
C. 在认股之前持有人对发行公司拥有股票认购权
D. 用认股权证购买普通股票，其价格一般低于市价

23. 某企业与银行商定的周转信贷额为 1000 万元，年利率 1%，承诺费率为 0.5%，年度内企业使用了 600 万元，平均使用 8 个月，则企业本年度应向银行支付的承诺费为（　　）万元。

A. 2　　B. 10　　C. 3　　D. 1

24. 某企业向银行借款 100 万元，企业要求按照借款总额的 10%保留补偿性余额，并要求按照贴现法支付利息，借款的利率为 6%，则借款实际利率

为：（　　）

A. 7.14%　　B. 6.67%　　C. 6.38%　　D. 7.28%

25. 债券按照有无抵押担保分类分为：（　　）

A. 记名债券和无记名债券

B. 可转换债券和不可转换债券

C. 信用债券和抵押债券

D. 不动产抵押债券和证券抵押债券

26. 债券的偿还时间按实际发生与规定的到期日之间的关系，分为到期偿还、提前偿还与滞后偿还三类。其中具有转期和转换两种形式的是：（　　）

A. 到期偿还　　B. 提前偿还　　C. 强制性赎回　　D. 滞后偿还

27. 某企业发行 5 年期债券，债券面值为 1000 元，票面利率 10%，每年付息一次，发行价为 1100 元，筹资费率 3%，所得税税率为 30%，则该债券的资金成本是：（　　）

A. 9.37%　　B. 6.56%　　C. 7.36%　　D. 6.66%

28. 与其他负债资金筹集方式相比，下列各项属于融资租赁缺点的是：（　　）

A. 资金成本较高　　B. 财务风险大

C. 税收负担重　　D. 筹资速度慢

29. 商业信用条件的主要形式不包括：（　　）

A. 延期付款，不涉及现金折扣

B. 延期付款，早付款可以享受现金折扣

C. 预收货款　　D. 预付账款

30. 某公司普通股目前的股价为 10 元/股，筹资费率为 6%，刚刚支付的每股股利为 2 元，股利固定增长率 2%，则该企业利用留存收益的资金成本为：（　　）

A. 22.40%　　B. 22.00%　　C. 23.70%　　D. 23.28%

31. 按照（　　）可将长期借款分为政策性银行贷款、商业银行贷款和其他金融机构贷款。

A. 借款的用途　　B. 提供贷款的机构

C. 有无担保　　D. 借款的期限

32. 企业向银行取得借款 100 万元，年利率 5%，期限 3 年。每年付息一次，到期还本，所得税税率 30%，手续费忽略不计，则该项借款的资金成本为：（　　）

A. 3.5%　　B. 5%　　C. 4.5%　　D. 3%

33. 某企业权益和负债资金的比例为 6∶4，债务平均利率为 10%，股东权益资金成本是 15%，所得税率为 30%，则加权平均资金成本为：（　　）

A. 11.8%　　B. 13%　　C. 8.4%　　D. 11%

34. 某企业的资金总额中，债券筹集的资金占 40%，已知债券筹集的资金在 600 万元以下时其资金成本为 2%，在 600 万元以上时其资金成本为 4%，则在债券筹资方式下企业的筹资总额分界点是（　　）元。

A. 1000　　B. 1250　　C. 1500　　D. 1650

35. 下列息税前利润的计算式中错误的是：（　　）

A. EBIT$=M-a$

B. 息税前利润＝利润总额－利息

C. EBIT$=(p-b)x-a$

D. 息税前利润＝净利润＋所得税＋利息

36. 某企业 2006 年的销售额为 1000 万元，变动成本 700 万元，固定经营成本 200 万元，预计 2006 年固定成本不变，则 2007 年的经营杠杆系数为：（　　）

A. 2　　B. 3　　C. 4　　D. 无法计算

37. 某企业 2006 年息税前利润为 800 万元，固定成本（不含利息）为 200 万元，预计企业 2007 年销售量增长 10%，则 2007 年企业的息税前利润会增长：（　　）

A. 8%　　B. 10%　　C. 12.5%　　D. 15%

38. 某企业 2007 年财务杠杆系数为 2，2006 年息税前利润为 200 万元，则 2006 年的利息费用为（　　）万元。

A. 200　　B. 100　　C. 150　　D. 50

39. 在其他条件不变的情况下，既会影响经营杠杆系数也会影响财务杠杆系数的因素包括：（　　）

A. 融资租赁租金　　B. 资本结构

C. 销售量　　D. 利息费用

40. 下列说法错误的是：（　　）

A. 拥有较多流动资产的企业，更多依赖流动负债来筹集资金

B. 资产适用于抵押贷款的公司举债额较少

C. 信用评级机构降低企业的信用等级会提高企业的资金成本

D. 以技术研究开发为主的公司负债往往很少

41. 下列关于资本结构理论的说法正确的是：（　　）

A. 净营业收益理论认为企业不存在最佳资本结构

B. MM 理论认为企业不存在最佳资本结构

C. MM 理论认为企业负债达到 100%时的资本结构最优

D. 净收益理论认为企业不存在最佳资本结构

42. 资本结构的调整方法中属于存量调整的是：（　　）

A. 发行新债　　B. 增发新股偿还债务

C. 举借新贷款　　D. 发行新股票

43. 关于每股收益无差别点的决策原则，下列说法错误的是：（　　）

A. 对于负债和普通股筹资方式来说，当预计 EBIT 大于每股利润无差别点的 EBIT 时，应选择负债筹资

B. 对于负债和普通股筹资方式来说，当预计 EBIT 小于每股利润无差别点的 EBIT 时，应选择普通股筹资

C. 对于负债和普通股筹资方式来说，当预计 EBIT 等于每股利润无差别点的 EBIT 时，两种筹资均可

D. 对于负债和普通股筹资方式来说，当预计新增的 EBIT 小于每股利润无差别点的 EBIT 时，应选择普通股筹资

44. 下列项目中，资本保全约束规定不得用于支付股利的权益资金是：（　　）

A. 资本公积　　B. 任意盈余公积

C. 法定盈余公积　　D. 上年末分配利润

45. 下列各项中不属于确定收益分配政策的法律因素内容的是：（　　）

A. 资产的流动性　　B. 偿债能力

C. 资本积累　　D. 超额累积利润

46. 某公司 2006 年度净利润为 500 万元，预计 2007 年投资所需的资金为 1000 万元，假设目标资金结构是负债资金占 60%，企业按照 15%的比例计提盈余公积金，公司采用剩余股利政策发放股利，则 2006 年度企业可向投资者支付的股利为（　　）万元。

A. 25　　B. 100　　C. 500　　D. 75

47. 主要依靠股利维持生活的股东和养老基金管理人最不赞成的公司股利政策是：（　　）

A. 固定或稳定增长股利政策　　B. 剩余股利政策

C. 固定股利支付率政策　　D. 低正常股利加额外股利政策

48. （　　）只是比较适用于那些处于稳定发展且财务状况也较稳定的公司。

A. 剩余股利政策　　B. 固定股利政策

C. 固定股利支付率政策　　D. 低正常股利加额外股利政策

49. 固定股利支付率政策的优点是：（　　）

A. 有利于树立良好的形象

B. 有利于投资者安排收入和支出

C. 有利于企业价值的长期最大化

D. 体现了多盈多分、少盈少分、无盈不分的股利分配原则

50. 在企业的净利润与现金流量不够稳定时，采用（　　）对企业和股东都

是有利的。

A. 剩余股利政策　　B. 低正常股利加额外股利政策

C. 固定股利支付率政策　　D. 固定股利政策

51. 某企业2006年实现销售收入2480万元，全年固定成本570万元（含利息），变动成本率55%，所得税率33%。年初已超过5年的尚未弥补亏损40万元，按15%提取盈余公积金，向投资者分配利润的比率为可供投资者分配利润的40%，不存在纳税调整事项。则2006年的未分配利润为（　　）万元。

A. 365.82　　B. 110.78　　C. 166.17　　D. 276.95

52. 股票分割后没有影响的项目有：（　　）

A. 每股面值　　B. 每股市价

C. 股东持股比例　　D. 普通股股数

53. 下列项目中，资本保全约束规定不得用于支付股利的权益资金是：（　　）

A. 资本公积　　B. 任意盈余公积

C. 法定盈余公积　　D. 上年未分配利润

三、计算题

1. 甲公司计划投资一个单纯固定资产投资项目，原始投资额为100万元，全部在建设期起点一次投入，并当年完工投产。投产后每年增加销售收入90万元，总成本费用62万元（其中含利息费用2万元），该固定资产预计使用5年，按照直线法计提折旧，预计净残值为10万元。该企业由于享受国家优惠政策，项目经营期第1、2年所得税率为0，经营期第3～5年的所得税率为30%。已知项目的折现率为10%。

要求计算：

（1）固定资产的入账价值；

（2）运营期内每年的折旧额；

（3）运营期内每年的息税前利润；

（4）计算期内各年的税后现金净流量；

（5）该项目的净现值。

2. 某完整工业投资项目需要原始投资合计130万元，其中固定资产投资100万元（全部为贷款，年利率10%，贷款期限为5年），开办费投资10万元，流动资金投资20万元。建设期为2年。固定资产投资和开办费投资在建设期内均匀投入，流动资金于第2年末投入。该项目寿命期5年，固定资产按直线法计提折旧，期满有1万元净残值；开办费全部在投产第1年年末摊销。预计投产后每年获7.5万元净利润，所得税率为25%，运营期每年维持运营投资为5万元，流动资金于终结点一次收回，项目的折现率为12%。

要求：

（1）计算项目的计算期；

（2）按照复利计算项目的建设期资本化利息；

（3）计算项目的投资总额；

（4）计算运营期内项目各年的息税前利润；

（5）计算项目的投资收益率；

（6）计算项目建设期各年的净现金流量；

（7）计算运营期内项目各年的自由现金流量；

（8）计算项目的包括建设期的静态投资回收期；

（9）计算项目的获利指数和净现值率；

（10）判断项目的财务可行性。

3. 某公司需用一台设备，设备买价 20 万元，该公司向 A 公司租赁该设备，双方约定每年支付租金 2 万元。回答下列问题：

（1）若采用后付租金的方式支付租金，预计该设备的使用年限为 8 年，若东方公司借款购买该设备，贷款年利率为 4%，请为该公司做出是租赁还是贷款购买的决策。

（2）若采用先付租金的方式支付租金，租期 8 年，则租金的现值为多少？

已知：(P/A，4%，8) = 6.7327，(P/A，4%，9) = 7.4353，(P/A，4%，7) =6.0021。

4. 某企业只生产和销售甲产品，其总成本习性模型为 $y=15\ 000+4x$。假定该企业 2006 年度该产品销售量为10 000件，每件售价为 8 元，按市场预测 2007 年 A 产品的销售数量将增长 15%。

要求：

（1）计算 2006 年该企业的边际贡献总额。

（2）计算 2006 年该企业的息税前利润。

（3）计算 2007 年的经营杠杆系数。

（4）计算 2007 年的息税前利润增长率。

（5）假定企业 2006 年发生负债利息及融资租赁租金共计 5000 元，优先股股息 300 元，企业所得税税率 40%，计算 2007 年的复合杠杆系数。

5. 光明公司原来的资本结构为债券和普通股各占 50%，债券和普通股的金额都是 1000 万元，债券的年利率为 8%，普通股每股面值 1 元，发行价格为 10 元，今年期望股利为 1 元/股，预计以后每年增加股利 4%。该企业所得税税率为 30%，假设发行的各种证券均无筹资费。该企业现拟增资 400 万元，以扩大生产经营规模，现有如下两个方案可供选择：

甲方案：增加发行 400 万元的债券，债券利率为 10%，预计普通股股利不变，但普通股市价降至 8 元/股。

乙方案：发行债券 200 万元，年利率为 8%，发行股票 20 万股，每股发行价 10 元，预计普通股股利不变。

要求：通过计算加权平均资金成本确定哪个方案最好。

6. 某公司成立于 2005 年 1 月 1 日，2005 年度实现的净利润为 500 万元，分配现金股利 300 万元，提取盈余公积 200 万元（所提盈余公积均已指定用途）。2006 年实现的净利润为 800 万元。2007 年计划增加投资，所需资金为 1000 万元。假定公司目标资本结构为自有资金占 50%，借入资金占 50%。

要求：

（1）在保持目标资本结构的前提下，计算 2007 年投资方案所需的自有资金额和需要从外部借入的资金额。

（2）在保持目标资本结构的前提下，如果公司执行剩余股利政策，计算 2006 年度应分配的现金股利。

（3）在不考虑目标资本结构的前提下，如果公司执行固定股利政策，计算 2006 年度应分配的现金股利及可用于 2007 年投资的留存收益和需要额外筹集的资金额。

（4）不考虑目标资本结构的前提下，如果公司执行固定股利支付率政策，计算该公司的股利支付率和 2006 年度应分配的现金股利。

第十六章　信 息 管 理

一、判断题

1. 数据是将信息经过加工处理以后，提供给人们的有用资料。（　　）
2. ERP 的核心思想是供应链管理。（　　）
3. 快速原型法的优点是强调系统开发过程的整体性和全局性以及严格地区分开发阶段，避免了开发过程的混乱状态。（　　）
4. 结构化系统开发方法具有开发周期短、费用低、实用性强等特点，但是也存在着系统性差、规范性不强等缺点。（　　）
5. 快速原型法适用于规模比较小，有可以借鉴的经验的系统开发工作。（　　）
6. 面向对象法（OO）是近 10 年来发展起来的基于问题对象的自顶向下的一种系统开发方法。（　　）
7. 数据与信息的区别在于数据是客观的，它来源于客观的现实世界，信息是人们对数据加工后的结果。（　　）
8. 系统运行与维护阶段是使系统设计的物理模型付诸实现的阶段。（　　）
9. 管理信息系统的最大特点是数据的集中统一。（　　）
10. 结构化系统开发方法具有自动编程的功能，并逐渐发展成可以进行各种需求分析、功能分析、结构图表生成等功能并支持整个系统开发全过程的一种大型综合系统。（　　）
11. 信息加工的种类很多。从加工本身来看，可分为数值运算和非数值处理两大类。（　　）
12. 在各类信息系统中，决策支持系统对信息的要求最高。（　　）
13. 信息系统的基本功能可概括为以下 6 个基本方面：信息的收集、传输、加工、储存、维护和使用。（　　）
14. CIMS 的功能主要是更好地管理物料，提前掌握未来物料的采购等。（　　）
15. 系统设计包括两个方面：首先是总体结构的设计，其次是具体物理模型的设计。（　　）
16. 系统设计的主要内容包括新系统总体结构框架设计、代码设计、程序设计、数据库设计、输入/输出设计、处理流程及模块功能的设计。（　　）

17. 要保证系统的正常运行，必须建立各种制度，包括安全保密制度、软件管理制度和备份制度。(　　)

二、单项选择题

1. 一般说来，系统对已经收集到的数据或信息进行某些处理，以便得到某些更加符合需要或更加反映本质的信息是信息处理中的工作是：(　　)

A. 信息收集　B. 信息存储　C. 信息加工　D. 信息传递

2. 系统的分析设计就是采用先确定逻辑模型，之后再设计下列哪类模型的开发？(　　)

A. 开放　B. 实际　C. 物理　D. 整体

3. 系统开发的主要方法有生命周期法、原型化方法、计算机辅助软件工程方法和 (　　)。

A. 自顶向下法　B. 由底向上法　C. 模块法　D. 面向对象法

4. 下列步骤中不属于系统分析阶段的是 (　　)。

A. 编写程序　B. 可行性研究

C. 系统初步调查　D. 系统详细调查

5. ERP 的核心思想是：(　　)

A. 供应链管理　B. MIS

C. 物料需求计划　D. DSS

6. 决策支持系统的英文缩写是：(　　)

A. MIS　B. ESS　C. OAS　D. DSS

7. 在生命周期法中，除系统分析和系统实施外，中间的阶段是：(　　)

A. 详细设计　B. 系统设计　C. 需求分析　D. 编程调试

8. 在管理信息系统研制的生命周期法中，编写程序是属于哪一个阶段的任务？(　　)

A. 系统分析　B. 系统设计　C. 系统维护　D. 系统实施

9. 系统开发原型法的主要优点是：(　　)

A. 能更确切地获取用户需求　B. 能提高系统开发文档的规范性

C. 能提高编程的效率　D. 能合理设计软件的模块结构

10. 计算机集成制造系统英文缩写是：(　　)

A. CASE　B. MIS　C. DSS　D. CIMS

三、填空题

1. 信息是将__________经过加工处理以后，提供给人们的有用资料。

2. 管理信息系统是一个以__________为主导，利用计算机硬件、软件、网络通信设备以及其他办公设备，进行信息的__________、________、________、________、__________和__________，以企业战略竞争、提高效益和效率为目的，支持企业高层决策、中层控制、基层运作的集成化的__________。

3. ERP 的核心思想是__________。

4. 一个新的系统是在旧的系统基础上产生、发展、成熟、老化、淘汰，最后又被更新的系统所取代。这一反复循环的系统发展过程被称之为__________。

5. 结构化系统开发方法的优点是强调系统开发过程的________和________以及严格地区分__________，避免了开发过程的混乱状态。

6. 快速原型法具有__________、__________、__________等特点，但是也存在着__________、__________等缺点。

7. 快速原型法适用于__________的系统开发工作。

8. 面向对象法（OO）是近 10 年来发展起来的基于问题对象的__________的一种系统开发方法。

9. CASE 具有__________的功能，并逐渐发展成可以进行各种__________、__________、__________等功能并支持整个系统开发全过程的一种大型综合系统。

10. 现代企业管理对信息处理的要求可以归纳为__________、__________、__________、__________4 个方面。

11. 信息系统的基本功能可概括为以下 6 个基本方面：信息的__________、__________、__________、__________、__________和__________。

12. 管理信息系统的最大特点是数据的__________。

13. 根据数据和信息的来源不同，可以把信息收集工作分为__________和__________两种。

14. 系统规划阶段是根据__________的系统开发请求进行初步调查，明确问题，确定__________，确定__________，然后进行__________。

15. 信息加工的种类很多。从加工本身来看，可分为________和________两大类。

16. 在各类信息系统中，__________对信息的要求最高。

17. MRP 的功能主要是更好地________，提前掌握未来物料的________等。

18. CIMS 由__________、产品工程设计系统、__________、质量保证系统、计算机网络及__________等组成。

19. 企业状况分析是总体规划中的重要环节。其关键问题是整理出企业的____________和__________，找出现行管理中的问题。

20. 系统分析过程分两步：首先应将__________弄清楚，然后再提出______________。

21. 系统设计包括两个方面：首先是__________的设计，其次是__________的设计。

22. 系统设计的主要内容包括新系统________、________、________、输入/输出设计、处理流程及模块功能的设计。

23. 系统实施是使系统设计的__________付诸实现的阶段。

24. 要保证系统的正常运行，必须建立各种制度，包括________、______、和__________。

25. 运行与维护阶段的主要任务是做好系统的__________，使系统处于良好状态，在系统运行中不断根据__________要求不断修改、扩充软件，使目标系统更加完善。

四、简答题

1. 什么是信息？什么是数据？信息与数据有何区别和联系？
2. 简述管理信息系统的功能。
3. 企业开发 MIS 系统，应具备哪些基础条件？
4. 简述结构化生命周期法的开发过程。
5. 简述结构化生命周期的优缺点。
6. 简述快速原型法的开发过程。
7. 简述信息管理在企业管理中的作用。
8. 简述 DSS 与 MIS 的一些主要区别和联系。
9. 简述管理信息系统的发展阶段。
10. 简述企业建设 MIS 的必要性。
11. 简述管理信息系统对企业的作用。
12. 现代企业管理对信息处理有哪些要求？

第十七章 质量管理

一、判断题

1. 质量（quality）可以理解为：产品、服务、过程或体系的一组固有特性满足要求的程度。（ ）
2. 在质量的定义中，“要求”的含义是法律、法规的要求。（ ）
3. 从对质量概念的分析看，如果认为“质量是顾客满意的源泉”，那么质量管理的工作就是“提供更多更好的质量特性”。（ ）
4. 在质量管理的概念体系中，内部顾客就是组织内部互相协作的“下一个环节”，“下一道工序”。（ ）
5. 从顾客满意的过程看，顾客忠诚是顾客满意的直接结果；而顾客的抱怨得到出色的解决，也有可能达到顾客满意甚至顾客忠诚。（ ）
6. 在狩野纪昭的模型中，魅力特性是指如果充足的话会使人产生满足感，但不充足也不会使人产生不满的那些特性。（ ）
7. 在狩野纪昭的模型中，线性特性是指如果越充足使人越满意的那些特性。（ ）
8. 在质量管理活动中，质量控制致力于增强满足质量要求的能力。（ ）
9. 在质量管理活动中，有效的质量保证，是质量控制与改进的基础。（ ）
10. 各级人员是组织之本。只有他们的充分参与，才能使他们的才干为组织带来最大的收益。（ ）
11. “一切用数据讲话”，是全面质量管理的最主要的特征之一。（ ）
12. 雇员的活性化是指这样一种状态，即雇员具有做出决定和采取行动的知识、技能、职权和欲望。同时雇员对其行动的后果以及对企业的成功负有责任。（ ）
13. ISO9000族标准的发布为组织实现有序、有效的质量管理提供了方法指导，为贸易双方建立信任、实施质量保证提供了通用的质量管理体系规范。（ ）
14. ISO19011标准用于对一个组织所建立的ISO9000质量管理体系和ISO14000环境管理体系的有效性、充分性和适宜性进行审核。（ ）
15. ISO9001《质量管理体系——要求》，规定了质量管理体系的要求，用于证实组织能够提供满足顾客要求和适用法规要求的产品。（ ）

16. ISO9001 是国际标准，经过 ISO9001 质量管理体系认证的企业，则可以向全球范围内顾客和市场提供信任。(　　)

17. ISO9001 标准属于国际标准，其要求是对于一个组织达成卓越绩效水准的要求。(　　)

18.《卓越绩效评价准则》所体现的一套综合的、系统化的管理模式。其实质是对全面质量管理的标准化，是全面质量管理的实施细则。(　　)

19. ISO9001 标准要求的范围比《卓越绩效评价准则》或是质量奖的要求范围要窄。(　　)

20. ISO9004 的要求比 ISO9001 的要求所覆盖的范围更广，程度更深。(　　)

21. KJ 法具有与一般统计方法不同的鲜明特点，它属于假设查证型，而非问题发现型。(　　)

二、单项选择题

1. 企业质量管理的对象是：(　　)

A. 质量　　B. 产品和服务
C. 质量工具和技术　　D. 组织活动

2. 著名质量专家戴明于 1986 年在其《走出危机》一书中提出，为了向以顾客满意为宗旨的质量型组织转变，组织的管理者必须关注 14 个要点，其中包括：(　　)

A. "适用性"的概念　　B. 统计控制思想和统计控制方法
C. "系统驱动行为"的思想　　D. 质量管理的八项原则

3. 提升顾客满意度的有效措施之一是：(　　)

A. 提高顾客的期望　　B. 提高顾客的认知质量
C. 提高顾客的感知质量　　D. 提高顾客的忠诚度

4. 国际标准化组织(　　)年首次发布了关于质量管理与质量保证体系的 ISO9000 国际标准，在全球范围内掀起了一股贯彻 ISO9000 标准并获取认证的热潮。

A. 2000　　B. 1900　　C. 1987　　D. 1992

5. 我国从(　　)年开始推行全面质量管理。

A. 1961　　B. 1978　　C. 1964　　D. 1976

6. ISO9000 质量管理体系审核中的"不合格"是指：(　　)

A. 产品不合格　　B. 过程不合格
C. 体系不合格　　D. 以上都正确

7. 2000 年版 ISO9001 标准规定的要求为：(　　)

A. 质量管理要求　B. 质量保证要求

C. 质量管理与质量保证模式要求　D. 质量管理体系要求

8. 简单地说，按 2000 年版 ISO9001 标准要求建立质量体系的目的在于：(　　)

A. 社会满意　B. 顾客满意

C. 组织相关方满意　D. 员工满意

9. ISO19011 标准适用于：(　　)

A. 所有组织

B. 质量认证机构

C. 运行质量管理体系的组织

D. 运行质量管理体系和环境管理体系的组织

10. 第三方质量管理体系审核的基本方法是：(　　)

A. 抽样检查　B. 全面检查　C. 查看文件　D. 听取报告

11. 质量改进的目的在于：(　　)

A. 满足质量要求　B. 提供质量要求会得到满足的信任

C. 增强满足质量要求的能力　D. 提高产品性能

12. 质量改进的基本过程是：(　　)

A. 计划、组织、领导、控制　B. 计划、实施、检查、处置

C. 计划、检查、控制、提高　D. 计划、检查、评审、奖励

13. 在狩野纪昭的模型中，某些质量特性即使充分提供也不会使顾客感到特别的兴奋和满意，但一旦不足却会引起强烈不满，那些质量特性是：(　　)

A. 明示特性　B. 魅力特性　C. 隐含相关　D. 必须特性

14. 质量改进中，确认效果时，使用与采用对策前相同的表格进行比较，目的在于：(　　)

A. 简化工作程序

B. 更准确地确认改进效果

C. 节约

D. 改进工具中只有排列图可用于确认效果

15. 因果图的用途是：(　　)

A. 分析变量之间的关系

B. 分析影响产品质量的主要原因及其结果的相互关系

C. 确定影响产品质量的问题点

D. 使数据能更确切反映事实

16. 下列质量改进工具与技术中，按照一定的标志，把搜集到的大量有关某一特定主题的数据和意见加以归类整理和汇总的一种方法是：(　　)

A. 直方图　B. 控制图　C. 因果图　D. 分层法

17. 分层的目的在于：（　　）

A. 识别质量改进的机会　B. 分析质量数据的分布状况

C. 找出质量问题的因果关系　D. 使数据能更确切地反映客观事实

18. 因果图用于表示的是：（　　）

A. 质量特性数据分布状况　B. 质量波动变化规律

C. 两变量相互关系　D. 质量特性与要因的关系

19. 把一个过程的步骤用图的形式表示出来的一种图示技术是：（　　）

A. 直方图　B. 矩阵图　C. 流程图　D. 排列图

20. 下列用来系统地收集资料和积累数据，确认事实并对数据进行粗略整理和分析的统计图表是：（　　）

A. 排列表　B. 因果图表　C. 调查表　D. 对策表

21. ×型矩阵图是由四个（　　）型矩阵图组合而成。

A. T　B. L　C. Y　D. C

22. （　　）图建立在帕雷托原理的基础上。

A. 直方图　B. 散布图　C. 排列图　D. 控制图

23. 国际标准化组织推出 ISO9000 族标准的最主要目的是（　　）。

A. 实行认证制度

B. 提高组织的质量管理水平

C. 提高产品质量

D. 促进国际贸易，降低供应链上的总成本

三、多项选择题

1. 在“质量”概念中的“要求”可以是：（　　）

A. 明示的　B. 隐含的　C. 合同的

D. 法律法规要求的　E. 顾客口头交代的

2. 按照国际标准化组织的定义，组织实际输出的产品中，呈现的形态可能是：（　　）

A. 硬件　B. 软件　C. 流程性材料

D. 服务　E. 以上几种类别的综合

3. 硬件产品的质量特性通常可以区分为：（　　）

A. 性能　B. 经济性　C. 保证性

D. 美学特性　E. 安全性

4. 20 世纪以来，质量管理发展的三个阶段是：（　　）

A. 质量体系认证阶段　B. 质量检验阶段　C. 标准化阶段

D. 统计质量控制阶段　　E. 全面质量管理阶段

5. “全面质量管理”的正确认识包括：（　　）

A. 是对企业质量技术进行的管理

B. 是质量管理发展的一个阶段

C. 是一种以质量为中心的管理方式和管理理念

D. 是全公司范围的质量管理

E. 是实行百分之百检验的管理

6. 在质量管理八项原则中，“领导作用”体现在：（　　）

A. 制定组织的宗旨和方针　　B. 建立质量目标

C. 主持管理评审　　D. 提供资源

E. 为员工创造良好的工作环境

7. 在质量管理八项原则中，“以顾客为关注焦点”体现在：（　　）

A. 树立顾客第一的观念　　B. 了解顾客的需求

C. 满足顾客需求　　D. 超越顾客期望

E. 与顾客沟通，测量顾客满意度

8. 质量管理的过程方法强调：（　　）

A. 把活动和资源作为过程进行管理

B. 识别和确定组织所需的过程及其关系

C. 管理过程及过程的相互作用

D. 质量管理过程就是把顾客要求转化为顾客满意的过程

E. 质量管理过程就是不断地进行 PDCA 循环上升的过程

9. PDCA 循环过程中，计划阶段的主要工作是：（　　）

A. 分析现状、找出问题　　B. 分析原因并找出主要原因

C. 制定措施和计划　　D. 执行计划

E. 检查效果

10. 在企业经营过程中，一般把顾客分为：（　　）

A. 内部顾客　　B. 外部顾客　　C. 中间顾客

D. 竞争者顾客　　E. 潜在顾客

11. 理解质量管理体系概念时，可以把握以下几个侧面：（　　）

A. 是一种管理体系　　B. 是指挥控制组织的体系

C. 是一组要素　　D. 是企业管理体系的一部分

E. 是关于管理质量特性的体系

12. ISO9001 标准所要求的质量管理体系是：（　　）

A. 以顾客满意为目标的体系

B. 一种系统的、透明的管理方式

C. 以过程方法为基础的体系

D. 要求持续改进其有效性的体系

E. 旨在降低成本，使相关方满意的管理体系

13. 《ISO9004 质量管理体系——业绩改进指南》适用于：（　　）

A. 所有的组织

B. 质量体系认证或合同目的

C. 组织追求顾客满意和寻求改进的机会

D. 指导改进质量管理体系审核方法

E. 指导内部质量体系审核工作

14. 组织为了建立、实施并改进其质量管理体系，需要进行的管理活动有：（　　）

A. 识别体系所需的过程

B. 确定各过程顺序及相互关系

C. 确定过程运行和控制准则，测量监视和分析各个过程

D. 提供过程运行和监视所需的支持信息

E. 采取措施，实施持续改进

15. 质量改进过程中，下列活动属于计划阶段的工作有：（　　）

A. 明确问题　　B. 掌握现状

C. 分析问题的原因　　D. 确认效果

E. 拟定对策并实施

16. 质量改进过程中，下列活动属于处置阶段的活动有：（　　）

A. 明确问题　　B. 标准化

C. 明确改进的成果　　D. 找出遗留问题

E. 拟定对策并实施

17. 质量改进过程中，运用因果图分析原因时，要注意的问题是：（　　）

A. 建立假设时考虑的因素尽量多

B. 结果要具体

C. 对所有可能的原因都要进行调查

D. 因果图是验证假设的最好工具

E. 各个因素引起不良品的可能性是相同的

18. PDCA 的特点有：（　　）

A. 四个阶段一个都不能少　　B. 大环套小环

C. 每次循环，质量有所提高　　D. 改进的关键在实施

E. 总结阶段的重点是发布成果，实施奖励

19. 质量改进没有达到预期的对策时，可能的原因有：（　　）

A. 资源不足　B. 对改进必要性认识不够
C. 领导、组织、协调不足　D. 现状把握有误
E. 决策有误

20. 下列构成质量改进障碍的有：(　　)
A. 对质量水平的错误认识　B. 领导者的参与
C. 对失败缺乏正确的认识　D. 员工的顾虑
E. 对质量与成本的关系认识有误

21. 在 QC 小组活动中，可以用于分析原因的方法有：(　　)
A. 检查表　B. 系统图　C. 因果图
D. 散布图　E. 关联图

22. 下列便于与因果图结合使用的工具有：(　　)
A. 检查表　B. 排列图　C. 分层法
D. 散布图　E. 直方图

23. 在 QC 小组活动中控制图可以用于：(　　)
A. 发现过程的正常波动　B. 发现过程的异常波动
C. 确认改进的效果　D. 原因分析
E. 选择改进课题

24. 排列图可用于：(　　)
A. 分析原因，发现主要问题
B. 分析现象，发现主要问题
C. 收集数据，发现最大值与最小值
D. 整理数据，发现问题发生的次数
E. 收集数据，确定某个质量特性的分布情况

25. 直方图的用途是：(　　)
A. 显示不合格品的数量分布　B. 找出质量波动的原因
C. 预测工序质量好坏　D. 显示某个质量特性的分布情况
E. 估计工序不合格品率

26. 散布图的用途包括：(　　)
A. 掌握问题现状　B. 发现主要原因
C. 确定因果关系　D. 验证改进效果
E. 确定两组变量的关系

27. 产品质量取决（　　）质量。
A. 市场调研　B. 设计　C. 符合性
D. 制造　E. 使用

28. 上个世纪以来，质量管理经过了（　　）阶段。

A. 质量检验　　B. 质量控制　　C. 统计控制
D. 部分质量管理　　E. 全面质量管理

29. 我们认为质量管理学是一门边缘学科，因为它涉及了（　　）学科。
A. 经济学　　B. 社会学　　C. 数学
D. 管理学　　E. 数理统计学

30. 全面质量管理的特点具体表现为：（　　）
A. 预防为主　　B. 综合治理
C. 以质量为中心　　D. 强调过程质量
E. 强调满足顾客需要

31. 研究质量成本可用于：（　　）
A. 控制成本　　B. 降低成本
C. 监测质量体系　　D. 评价质量体系
E. 贯彻质量责任制

32. 质量改进中常用的方法有：（　　）
A. 调查表　　B. 分层法　　C. 水平对比
D. 因果图　　E. 头脑风暴法

33. 直方图的应用程序为：（　　）
A. 收集数据　　B. 确定数据极差　　C. 确定组距
D. 确定界限值　　E. 编制频数分布表

34. 在散布图中，常见的点子云形状有：（　　）
A. 强正相关　　B. 强负相关　　C. 弱正相关
D. 弱负相关　　E. 不相关

35. 在狩野纪昭的模型中，从影响顾客满意程度的角度，将质量特性区分为：（　　）
A. 明示特性　　B. 魅力特性　　C. 隐含相关
D. 线性特性　　E. 必须特性

36. 根据 ISO 的质量管理定义，在质量方面的指挥和控制活动中通常包括：（　　）
A. 制定质量方针和质量目标　　B. 质量策划　　C. 质量控制
D. 质量保证　　E. 质量改进

37. “朱兰三部曲”是指：（　　）
A. 质量方针　　B. 质量计划　　C. 质量控制
D. 质量保证　　E. 质量改进

38. 员工参与质量管理的常见方式有：（　　）
A. 提出合理化建议

B. 参与质量改进和质量计划团队

C. 成为业务过程再造小组的成员

D. 对自己的工作过程进行统计质量控制

E. 在工作中进行自我控制

39. 雇员的活性化是指这样一种状态，即雇员具有做出决定和采取行动的(　　)。

A. 知识　B. 技能　C. 职权

D. 欲望　E. 责任

40. 2000年版的ISO9000族标准的核心标准包括：(　　)

A. ISO9000　B. ISO9001　C. ISO9002

D. ISO9004　E. ISO19011

41. 各国推行《卓越绩效评价准则》的主要目的在于：(　　)

A. 推动本国、本地区企业竞争力的提升

B. 各国的企业借助于该准则来进行自我评价、自我改进

C. 促进国际贸易

D. 实行管理体系认证

E. 加强政府对本国、本地区质量管理的力度

42. 标杆分析的作用可以归纳为：(　　)

A. 设定目标　B. 改进绩效

C. 促进组织的变革　D. 制定战略

E. 测算市场份额

43. 某家电厂商面对激烈的市场竞争，决心以提高顾客满意度为突破口，获得市场竞争优势，采取了如下一系列有效措施，经过几年的努力，收到了良好的效果，顾客满意度不断提高，市场份额扩大。试根据所掌握的顾客满意概念及其特点，判断可能的有效措施包括：(　　)

A. 提高产品质量水平并向顾客推介

B. 运用新技术，不断推出新产品

C. 加强售后服务和技术支持，提高服务水平和反应速度

D. 通过问卷和座谈会了解顾客需求与期望，细分市场

E. 产品设计指标高于社会平均水平，功能更多

F. 宣传企业形象，树立社会信誉

G. 做广告，如实宣传企业产品

H. 通过媒体引导顾客消费观念

I. 建立热线电话，解决顾客问题

J. 定期进行顾客满意度调查与分析并与顾客沟通

K. 通过媒体介绍当前市场产品和家电技术水平

四、填空题

1. 质量管理大师＿＿＿＿＿博士曾讲过，“正如 20 世纪是生产率的世纪一样，21 世纪将是质量的世纪”。

2. 目前关于质量管理的知识，已经形成包括基本理念、实施过程、管理系统以及一系列工具方法在内的十分庞大的体系。＿＿＿＿＿成为质量的代名词。

3. 从对质量概念的分析看，如果认为“质量是顾客没有不满意的原因”，那么质量管理的工作就是“减少和消除＿＿＿＿＿”。

4. 当感知质量＿＿＿＿＿顾客期望时，顾客会感到物超所值，会非常满意，很有可能成为忠诚顾客或常客。

5. 在狩野纪昭的模型中，＿＿＿＿＿特性是指即使充分提供也不会使顾客感到特别的兴奋和满意，但一旦不足却会引起强烈不满的那些质量特性。

6. 管理关注过程输出的两个关键因素：一是＿＿＿＿＿，二是效率。

7. ISO9000 标准中定义质量管理为：在质量方面指挥和控制＿＿＿＿＿的协调一致的活动。

8. 质量方针是由最高管理者正式发布的与质量有关的组织总的意图和方向。质量方针应与组织的总方针相一致，并提供制定＿＿＿＿＿的框架。

9. 质量策划致力于制定质量目标并规定必要的＿＿＿＿＿和相关资源以实现质量目标。

10. 质量保证致力于提供质量要求会得到满足的＿＿＿＿＿。

11. 产品和质量体系认证，是一种＿＿＿＿＿质量保证的方式。

12. 提出了“全面质量管理（TQC)”的概念的费根堡姆主张：解决质量问题不能只是局限于制造过程，因为制造过程中出现的质量问题不过是所有质量问题的＿＿%左右而已，＿＿%的质量问题是由制造过程以外的原因产生的。

13. 全球著名质量管理专家朱兰提出的质量即“＿＿＿＿＿”的概念。

14. ISO9000 族标准是指由＿＿＿＿＿制定的所有的国际标准。

15. ISO9000 是一个说明性的标准，为 ISO9000 族标准的制定和应用提供统一的语言和＿＿＿＿＿。

16. ISO9004《质量管理体系——业绩改进指南》的目的在于促进组织的绩效改进，实现顾客及＿＿＿＿＿的满意。它不用于质量管理体系认证。

17. ISO19011《质量和环境管理体系审核指南》，用于指导对一个组织所建立的 ISO9000 质量管理体系和＿＿＿＿＿环境管理体系的有效性、充分性和适宜性进行审核。

18. 质量管理体系认证是由可以充分信任的＿＿＿＿＿证实某一个经过鉴定

的质量管理体系符合 ISO9001 标准或其他规范要求的活动。

19. ISO9001 标准的要求，并不是对于一个组织达成卓越绩效水准的要求，而是一个＿＿＿＿＿要求，是取得经营成功的必要条件而非充分条件。

20. 中华人民共和国国家标准 GB/T19580－2004《卓越绩效评价准则》于＿＿＿＿＿正式发布。

21. 马尔科姆·波多里奇国家质量奖计划，包括 11 个＿＿＿＿＿、1 个《卓越绩效评价准则》、1 套系统的“经营管理质量”＿＿＿＿＿和计分系统。

22. 美国《卓越绩效评价准则》的 7 类要求分为两种类型，前 6 种称为“＿＿＿＿＿”型的要求，第 7 类称为“＿＿＿＿＿”型的要求。

23. KJ 法也称为亲和图法，是由日本的川喜田二郎开发出的一种＿＿＿＿＿问题解决方法，KJ 取自其姓氏的字头。

24. 标杆分析是一个对照＿＿＿＿＿组织或最强的竞争对手持续地对本组织的产品、服务、过程等关键的成功因素进行衡量的结构化的过程。

25. 标杆分析活动是由“标高”和“＿＿＿＿＿”两个基本阶段所构成的。

26. 摩托罗拉公司在质量改进中创造性地引入了一个衡量质量的通用指标，称为“＿＿＿＿＿”，通过将缺陷平均到每个出错机会上，就可以实现不同复杂程度的产品以及过程的比较。

27. 在“六西格玛管理”中，6 个西格玛的质量水平对应着 DPMO 为 3.4。即＿＿＿＿＿个出错机会上，发生 3.4 个缺陷。

五、案例分析题

案例 1　GE 飞行器发动机的质量和控制

20 世纪 80 年代以来，“质量革命”成了人们的口头语，好像质量控制在过去从没有得到应有的重视。如果你了解通用电气飞行器发动机公司，就知道这显然与事实相去甚远：在这里，质量和安全一直是最基本的要求和主要的竞争优势，并且 GE 公司在最近几年对质量的控制方法已经有所改变。

过去，GE 公司有一个专门的质量控制组织。它是一个独立的内部组织，对集团内其他组织的硬件产品和其他配件进行检查。当产品运到客户手中时，它是安全的并且符合性能的严格要求。但是质量成本和从定货到交货时间的限制成为公司沉重的负担。质量的本质是“第一次就把事情做对”。为了保持竞争优势，GE 设计了积极的质量控制方案，在对传统的质量指标检验的同时，主要对速度或转速进行检测。为了达到这一目标，质量控制从检测缺陷（反馈控制）转为防范缺陷（前馈控制）。为了不断减少偏差，客户、供应商、设计师、项目工程师、采购代理商和生产工人组成一个团队为制造性设计提高质量和服务价值的新途径。

随着以提高质量为目标的控制系统的变化，GE在变革企业文化，实施持续改进方面，也花了不少精力：把“团队精神”和“活性化”作为质量管理的最重要的因素。文化变革的结果是，质量控制不再是一个秘密的质量部门，它成了每个供应商、管理者和组织内部员工的最基本的责任。

资料来源：A. 帕克，GE飞行器发动机公司的质量角色变化，《质量》，1993年第9期，第18～22页。

问题

1. GE公司为了保证飞行器发动机的质量，做了哪些工作？有哪些可以改进的方面？

2. GE为什么要变革企业文化？

案例2　斯堪的纳维亚航空公司（Scandinavian Air System）的服务质量

国际航空公司面临的挑战是一个很复杂的问题。在航空企业里，一架飞机上的座位跟另一架飞机上的座位有很大的相似性，各公司之间服务质量的差别是由一线成员的服务质量所决定的。一线人员待人接物态度表现在飞机上、售票处或者是行李区。当客人在海拔1万米以上的高空以每小时800公里的速度进行长时间的飞行时，航空公司要提供什么样的服务才能保证让乘客完全满意呢？

在斯堪的纳维亚航空公司（SAS），各级雇员同顾客的每一次接触被称作是“真实瞬间”。SAS总裁让·卡尔曾（Jan Carlzon）估计SAS雇员与顾客每天的接触当中，大约有5万次真实瞬间。卡尔曾说：“SAS不是一架飞机，也不是一扇机场门，更不是一个飞机维修站。SAS是雇员和乘客的接触。真实瞬间发生在顾客有意识的和无意识的需要航空公司雇员和其他具体的设施来帮助解决问题的时候。如果具体设施的设计能够预计顾客的要求，或者服务计划能够提供所期待的人际交往，那么，真实瞬间是很成功的”。

问题

1. 服务质量与硬件产品质量会有什么不同？

2. 举例说明“真实瞬间”的含义。

案例3　上下同欲者胜——北京乐金飞利浦电子有限公司贯彻《卓越绩效评价标准》的实践

北京乐金飞利浦电子有限公司是LG Philips Displays与中国Peony Electronic的合资公司，主要生产彩色电视机用偏转线圈（DY）。公司成立于1995

年8月9日，位于顺义天竺空港工业区A区，占地20 040平方米，员工1000余人，年产DY 1000万只；市场遍及亚洲、欧洲、南北美洲。公司的产品融合了韩国LG和荷兰PHILIPS—当今世界最先进的DY研发技术，在偏转角度、画面失真、上下失会聚、静态特性等方面处于领先水平。

一、富有特色的战略规划和新颖的内部沟通方式

每年年末，公司最高管理层都会召集专门研讨会议，分析经营业绩、市场环境，研讨公司的远景规划，制定、修订公司的中、长期发展目标和明年的经营目标。与会者为公司的各级管理者。在会议上，大家以经营环境和相关方的需求为背景，充分考虑公司的核心价值观，参考LG发展规划和LPD总公司的战略目标，采用SWOT（strengths、weaknesses、opportunities、threats）分析、3C（customer、competitor、company）分析、FAW（forces at work）分析等工具，制定适合本公司的愿景。

为了使全体员工都能够理解、记忆战略目标，公司采用多种形式进行宣传。

1. 把经营目标编制成易懂易记的“革新口号”，以电子版、社报、网站、现况板、条幅等形式通报全体员工。

2. 公司内部会议开始时，“革新口号”作为互致问候的开始语。

3. 总经理在新年目标发布会、每月例会和内部会议上都要向大家讲解“革新口号”的含义。

2001～2005年公司的“革新口号”如表17-1所示。

表17-1　公司历年革新口号

年度	口号	解　释
2000	革新奋进3218	通过革新与努力达成3218目标 3：销售量30M＄ 2：利润2M＄ 1：DY顾客质量1000PPM 8：FBT顾客质量80PPM
2001	B&J 5615	B：Best（最佳生产率及质量） Base（基本守则，理念改革5S） J：Jump（跳跃，质/量同时成长） 5：DY月生产500K，6：FBT月生产600K 1：DY顾客质量1000PPM，5：FBT顾客质量50PPM

续表

年度	口号	解　　释
2002	TP! 4235	TP：（突破！） T：TDR（办公室） P：P Q（现场） 42：销售 42M$ 3：FBT 顾客质量 30PPM 5：DY 顾客质量 500PPM
2003	ACE 115	A：Accelerating 加速 C：Challenge 挑战 E：Execution 执行 1：年销售 1 千万台 1：每个尺寸 成本节俭 1% 5：DY 顾客质量 500PPM 以下
2004	WIN 123	World Top Foundation Innovation by TDR Activity New Market Development 1：Sales 10M pcs 2：Sales Amount 20% ↑ 3：Quality 300ppm
2005	ENJOY523	Enjoy new game New challenge for global Top3 Jump over competitors Over the limits You and I，we can do it! 5：Sales Smt. 50M 2：Tow digit IFO 3：300ppm Quality

二、注重实行力、形式多样的培训

由于竞争的加剧，越来越多的公司通过变革取得优势。尽管变革纷纭，但有一点却永恒不变——人才是公司最重要的资源。在不断变化的环境中，如何使组织变得更加坚固，持续创造和发挥组织的优势，吸引和留住大批维系组织发展的有用人才，对公司来说显得尤为重要。强企业塑造强人才，强人才创造强企业。目前公司正处于高速发展的阶段，为了实现在 2007 年达到 CPT 用 DY Globe NO. 1 的经营目标，公司下大力气进行人才培养。革新学校、组织负责人管理课程、品质经营意识革新课程是公司开设的教育培训课程中有代表性的课程，分别介绍如下：

革新学校是 LG 电子为了实现“Great Company，Great People”的经营目标，强化团队精神，锤炼员工的意志，培养有强烈激情的员工，进而达成 Globe TOP3 目标，在 2004 年开展的强化课程。课程提出“资源有限，智慧无限”、“不是我，是我们”、“没有 NO 的挑战”等革新基本精神。为了响应总部的号召，公司全部管理层、普通职员共 400 余名参加了四夜五天的封闭训练。在这段时间里，受训者要完成 Morale 训练、打扫卫生间、生产现场浪费问题查找、生产现场作业、40 公里夜行军等高强度的训练。每个训练项目都包含着难以想像的困难甚至要挑战生理极限，且都要经过教官严格的考核，80 分为及格线，连续三天不能达标者将退出训练。课程的最后一项是 40 公里夜行军，由于此前每天只有 3～4 小时的睡眠，这时大家已经是极度疲惫，夜行军一般要从晚上八点徒步走到翌日六点左右，中途还设有挑战项目，到达大本营后还要集体跳绳。每期训练结束，公司总经理都会到大本营迎接凯旋的英雄。喜极而泣的泪水和庆功的美酒告诉大家，只要有了坚强的意志和必胜的信念，相互帮助，团结一致，一定可以战胜一切困难，达成目标。

组织负责人管理课程是专为各部门管理者开发的课程。教材中穿插多个诸如美式足球教练的 Leadership、腌鸭店老板的苦恼、为什么到现在才大声嚷嚷、棒球是一个人打的、应该是谁要打青霉素、盲人火车 Game、请支援领导者等实例，以游戏的方式讲述深奥的哲理，使大家理解经营思想、领导作用、实施方法、结果共享等内容，培养了各位经理人的责任感和业务能力。

品质经营意识革新课程是为了提高生产现场员工的品质意识，减少作业中的浪费，由教育部门联合专业培训机构为现场作业者量身定做的课程，这门课程把抽象的理论知识运用到日常行为中。课程分为三个单元，分别是课程导入单元（包括如果你是总经理、产品的生命周期、又好又便宜地制造、倾听顾客的声音等专题）、如何进行品质经营单元（包括什么是品质经营、品质经营行为两项专题）、品质经营实践单元（包括十大不良项目和品质经营行为训练等）。每单元都有录像穿插其中，录像的内容均取自生产现场，受教育者在录像中可以找到自己的身影。作业是否规范，动作中是否存在浪费，一目了然，印象深刻，寓教于乐，效果显著。讲师在课堂上积极营造敞开心扉、自由说出心里话的沟通气氛，使每个人都积极参与，有所收获。课程的最后一项是每个人写下自己的“零不良宣言”，并当众宣读，请大家在以后的工作中监督。课程共举办 18 期，全部作业者都参加了为期一天的全脱产课程。学员满意度调查结果显示学员的满意度平均值为 4.4 分（5 分满分）。课程结束四周后进行的课程效果评价显示员工们的品质经营行为有明显改变，品质经营行为已经成为工作语言。

三、全员参加的 TDR

“TDR—Tear Down&Redesign”的原意，是改善问题的根本原因，完全打破以前过程中的全部基准，重新再设计解决方案的方式。随着彩电价格的持续下降，国际市场原材料价格的不断上涨，DY 产品市场竞争日趋白热化，要想在如此艰难的市场环境下生存和发展，“改善”已经刻不容缓。由此，TDR 应运而生。

TDR 活动首先要找到影响企业生存恶化的要因及影响企业发展的瓶颈问题，汇集公司相关领域的专门人才，组成一个个临时的常勤 team，展开“一次性结束的”、“需要承担责任的”革新活动。与日常进行的改善活动的区别是：“在问题解决之前不许从 TDR room 出来的思想，使所有成员集中精力，发挥全部的潜能去追求完美的解决方案。公司从 2002 年开始推进 TDR 活动，各个部门根据当年公布的总体的经营方向和目标，结合公司现状及市场环境开展改进课题，从顾客的要求、总公司的经营、部门业务的角度出发，以六西格玛方法为手段进行全方位 TDR 活动，管理层和普通职员每年必须参加至少一个课题，六西格玛 GB 以上人员要参加至少两项。TDR 活动得到高层管理的关心和支持，总经理每月都要到 TDR room 巡视，听取课题进展情况介绍，提供资源保证，帮助解决疑难。每半年公司还要召开 TDR 成果发表会，对取得卓越成果的 Team 给予表彰、奖励。TDR 活动的全面开展，为公司带来了可观的收益，公司的销售收入以每年 20%～30%的速度增长，TDR 活动已经成为公司生存和发展的基础力量。

四、社会责任

公司地处顺义天竺空港工业区 A 区，周围均是日、韩合资企业。企业要想长久的发展，不能仅仅关注利润，还要关注企业形象，关注弱势群体。公司自 1999 年与北京市第二福利院建立联谊关系，由员工与残疾儿童结成对子，通过通信、联谊会、儿童节公园游览、每年春季共同植树、向福利院捐赠电脑及图书等活动，关心残疾儿童的物质需求和情感需求。2004 年金秋，公司全额资助福利院的十余名优秀学生赴韩国五日游，在游览中开阔视野，体验韩国的民俗文化。

五、韩国总统奖

2004 年 9 月 3 日，公司获得了韩国总统颁发的“国家生产性大奖”。韩国国家生产性大奖是授予很好的具备“精确测量、严格评审、高效系统化”模范体系企业的奖项，是韩国企业的最高荣誉。在第 28 届国家生产性大奖的评选中，参加竞争的韩国企业达到 57 家，公司获得的是所有奖项中最具荣誉的“大总统表彰奖”。韩国总统亲自把此殊荣授予公司，是为了表彰公司孜孜不倦的追求以及在生产性革新、品质革新和成本竞争力等方面所取得的日新月异的成绩。

“上下同欲者胜”，这是在现场评审的总结会上，一位质量专家对公司的评价。公司将不断吸纳国际、国内先进的质量管理经验，注重实效，不断提升公司的管理水平。

资料来源：孙玉芝，上下同欲者胜，《电子质量动态》，2005 年第 4 期。

问题

1. 北京乐金飞利浦公司在追求卓越的过程中，有哪些创造性的举措？
2. 分析公司的实践，你猜想公司的核心价值是什么？
3. TDR 本质上是什么？在哪些领域可以广泛应用？

六、简答题

1. 什么是质量与质量管理？
2. 简述我国在推行全面质量管理实践中提出的“三全”。
3. 如何认识质量管理原则中的“持续改进”原则？
4. 如何理解“与供方建立互利的关系”？
5. 简述八项原则之间的逻辑关系。
6. 实施全面质量管理会有什么样的成效？
7. 全面解释“雇员活性化”的含义。
8. 简要说明 ISO9001 所描述的质量管理体系过程模式。
9. 简要说明 ISO9001 质量管理体系认证过程。
10. 简述美国设立“国家质量奖”的目的。
11. 美国卓越绩效评价准则设计的思路是怎样的？
12. 请列举美国卓越绩效模式的价值观。
13. 简要介绍《卓越绩效评价准则》所描述的管理架构。
14. 简要列举实施六西格玛的关键因素。

七、论述题

1. 结合实际，谈谈一个组织如何按照“朱兰三部曲“的思路，进行质量管理。
2. 试述全面质量管理的特征。
3. 试述组织如何开展标高分析。
4. 试分析如何运用六西格玛的“六步法”改进过程绩效。

第十八章　创 新 管 理

一、判断题

1. 企业是支持创新的重要力量。(　　)
2. 企业创新仅仅是企业家的事。(　　)
3. 技术跨越式有可能带动一个企业实现跨越式发展。(　　)
4. 中国企业实施技术跨越的可能性不大。(　　)
5. 中国的高新技术企业，大部分管理水平比较低。在这种情况下，结合中国的国情，创造性的吸收国外的先进管理经验，可以使企业短时期内大大提高竞争力，这也是一种创新，也是一种跨越。(　　)

二、单项选择题

1. 创新必须以(　　)为中心。

　A. 顾客　　B. 企业　　C. 市场　　D. 技术

2. (　　)好比企业的“硬件”。

　A. 观念创新　　B. 体制创新　　C. 管理创新　　D. 技术创新

3. (　　)是企业系统创新战略的先导。

　A. 观念创新　　B. 体制创新　　C. 管理创新　　D. 技术创新

4. (　　)是企业竞争实力的物化。

　A. 知识　　B. 产品　　C. 效益　　D. 风险

三、填空题

1. 创新以__________为导向，以__________为最终目的。

2. 市场经济中，企业竞争成败的关键在于__________，企业创新的关键在于__________。

3. __________、__________、__________、__________四种组织是国家创新体系的承担主体。

4. 企业的系统创新战略由__________、__________、__________、__________四个创新子系统组成。

5. 中国的企业可分为__________、__________、__________三类。

6. 企业的发展模式有__________、__________、__________、__________。

7. 企业进行创新的两个主要科技资金来源为__________、__________。

8. 中国企业实施技术跨越的关键是____________________。

四、案例分析题

案例 1 宝钢技术创新战略分析

宝钢是我国建国以来引进技术最多、装备水平最高、创新力度最强、规模最大的现代化大型钢铁联合企业。宝钢以当代科技为依托，注重技术进步和技术改造的投入，实施技术创新战略后，科技成果转化率达到 95%以上，被国家确定为全国首批技术创新试点企业。

宝钢技术创新的总体战略目标是：实现科技、经济一体化，逐步加大设计、生产、工艺中的新技术含量，在世界冶金最新技术及国际市场领域内占有一席之地，使宝钢成为冶金行业最新技术产业和研究开发基地。具体目标分两步走。第一步是技术跟踪与创新。主要是消化三期引进技术，并采用目前世界先进技术改造一、二期工程，使工艺、技术、装备、产品质量的总体技术水平与韩国浦项钢铁公司相当。第二步是创新技术的储备与输出。实现由引进、消化先进技术为主向开发、创新高新技术为主的战略转变。实现技术开发、技术储备、技术输出多位一体，使工艺、技术、装备、产品质量的总体水平超过同时期韩国浦项钢铁公司的水平，并在国际钢铁领域独占 2～3 项宝钢专有技术。

战略目标越具体，战略实施就越容易。宝钢始终瞄准具有技术领先水平的韩国浦项钢铁公司，有了浦项公司这个参照物，战略目标更有可操作性。

1. "模仿创新与自主创新相结合，产品创新与工艺创新相促进"的技术创新模式

(1) 宝钢的模仿创新

宝钢把国际技术领先的企业作为自己的目标，在引进技术的选择上，坚持高起点、高水平，引进当代世界一流的、代表当今技术发展潮流的成熟可靠的新技术。在引进的基础上进行消化吸收和创新，根据宝钢的实际情况，制定各种技术规程，确定技术参数，使之国有化。对难度较大的技术，通过出国考察、对口培训、资料研讨等一系列举措对新技术加以攻关，真正吃透和掌握新技术。通过模仿创新，很快地掌握了先进的冶炼技术，缩短了时间，节省了研发费用。

宝钢一、二期工程引进的技术、工艺和设备是日本、德国、美国等国家 20 世纪 80 年代冶金新技术的综合，在冶炼、轧钢、电子、传感、计算机和通信等领域具有世界领先水平，其中有数百项专利使用权和技术秘密。为了消化引进技术，宝钢组建了联合攻关小组，拟订了 81 个重点科研攻关项目，各部门又根据本单位关键技术需要确定了 600 多个科研项目。通过攻关，对一期工程 88%的引进设备全部进行了安装调试，把握了核心技术，顺利投产使用。二期工程通过

合作创新，使冷轧、热轧、连铸三大项目设备的国产化率达到 44%，使高炉、烧结和焦化三大项目的国产化率达到 88%，并在 2 号高炉上采用了无料技术，将 3 座 300 吨的顶吹转炉改造为顶底复合吹炼。

（2）宝钢的自主创新

模仿创新实施的是跟随策略，不能领先，也无法超越，总处于被动局面。自主创新则能摆脱技术引进方式下对国外技术的依赖。宝钢决策者很清醒地认识到要想实现技术储备与输出的第二步技术战略目标，必须要进行技术的自主开发与创新。

宝钢的自主创新面很广，几乎涉及冶金技术的各个领域。宝钢对新工艺和新技术的突破和技术攻关都来自于企业内部力量，已取得丰硕的成果，至 1997 年就已开发新技术 165 项，取得科研成果 237 项，有的填补了国内空白，有的替代了技术进口。

（3）宝钢的产品创新

宝钢的新产品开发是以市场为导向，以用户需求为目标，开发研究宝钢自有的高技术产品，使产品高附加值化，产品质量达到和超过国际同类产品的先进水平，并形成富有宝钢特色的完整的产品系列和合理的产品结构。宝钢进行了集团化战略性重组后，加大新产品开发力度，开发新产品 38 项，试制 47 个品种，66 个牌号。对产品创新，宝钢很注意把握以下两点：

①创新产品的质量保证。创新产品往往出现产品的质量性能问题。质量的可靠性，性能的稳定性是宝钢新产品创新的两个关键控制点。宝钢三期工程主要产品镀锡板质量稳定，成材率稳定在 80%，宝翼制罐公司应用宝钢镀锡 DI 材成功生产易拉罐，结束了国产镀锡板只能生产低档次产品的历史。宝钢生产的上海大众新、老桑塔纳轿车共 15 块外覆钢板已全部通过该厂质量认证。

②产品结构优化与系列产品的形成。宝钢已为一汽“小红旗”轿车提供了系列产品，车中的 245 种主要钢板冲压件已有 242 种使用“宝钢板”。钢铁企业在产品生产和新产品开发中始终存在着生产装备大型化和产品品种规格多样化的矛盾。宝钢通过集约化方式生产批量大、工艺稳定的通用产品，取得规模经济效益。同时不断优化产品结构，实行多品种小批量的柔性生产管理，以密集型技术带来高附加值而取得技术独占的高额利润。

（4）以产品创新带动工艺创新

产品创新必然对工艺提出新的要求，工艺创新和产品创新是相互联系又相互促进的。产品创新要以满足用户需求为前提，这是宝钢的一贯做法。用户对产品不断提出新的要求，产品就必须不断地改进和创新，这就推动工艺的连续性创新。另一方面，宝钢实行小批量多品种的柔性生产管理，也要求有敏捷的工艺设计系统和敏捷的工艺制造系统，同样推动了工艺的改进和创新。

2. 实施技术创新战略要建立核心体系和支持体系作为保证

宝钢建立的技术创新的核心体系主要有技术创新的组织、创新的队伍和创新的管理等方面。

(1) 建立灵活善变的技术创新组织网络

组织网络是技术创新的保证，宝钢不仅拥有具有独立开发能力的研究机构，而且广泛利用社会资源，形成开放式的技术创新网络。主要有以下几个方面：

①技术中心。宝钢技术中心是一个高层次、高水平、开放式、集研究开发和工程于一体的富有创新性的科研开发基地。技术中心积极跟踪世界钢铁技术的发展，加速推进技术创新，赶超世界先进技术水平。

②设计研究院。宝钢针对不同的情况，设立不同的研究所、研究院等部门，组织专业技术研究人员，在各个领域开展不同层次的研究工作。

③技术创新联合小组。它是为完成某一项创新任务、某一个前沿课题、某一个高技术创新项目等而设立的。主要是为了在产品、工艺、技术设备的开发上攻克技术难点，或者其他单一技术研究部门所不能解决的技术项目，通过联合小组对重大技术加以突破，如薄带连铸和超纯净钢技术等课题项目。

④敞开式的技术创新网络。为了适应技术创新战略的要求，宝钢的研究开发系统形成一个全方位、多层次、敞开式的创新网络，一方面与国内著名的高等院校和研究力量雄厚的科研院所广泛开展科技合作；另一方面与国际高层次的科研机构联合，如定期召开科技创新研讨会等，有效地利用了社会资源，取得了显著的科研成果。

⑤技术创新的动态联盟。为了适应快速变化的市场环境所带来的机遇，充分发挥各个企业的优势，使企业间资源互补，成果共享，宝钢正在建立灵活多样的技术创新动态联盟。

(2) 组建高效的创新研究队伍

通过多年的培养，宝钢已造就了一批高素质、高效率的科研队伍。经过机构改革、组织的战略调整，形成了结构合理，理论和实践水平较高的技术力量。主要采取的措施有：

①广泛吸纳科技英才。尽管宝钢对每一个工作人员都有严格的工作职责和岗位要求，但对英才的加盟没有任何限制，敞开大门。只要是人才，宝钢一个也不放过。宝钢设立“博士后工作站”，充分利用国家级企业博士后科研工作站的有利条件，在全国范围内招贤纳才。同时在全国高校和科研院所设立的“宝钢教育奖学金”产生了积极广泛的影响，是宝钢人才策略的一个重要方面，为宝钢吸纳人才奠定了基础。

②重视科研人员的研究成果。宝钢 1991 年就颁布了《有突出贡献的科技专家选拔管理办法》，其中明确规定，有突出贡献的专家可享受工作、住房、医疗、

用车等方面的特殊优厚待遇，其工资水平可高于集团董事长和公司总经理。对“先进操作法”用创造者的名字命名，并加以推广。把物质奖励和精神激励结合起来。

3. 宝钢拥有一套推动技术创新的支撑体系

（1）制度和管理创新

要想技术创新，取得竞争优势，必须摆脱旧体制的束缚，建立富有生机活力的新体制。宝钢一直瞄准国际市场对企业制度进行定位，较早地向市场经济转轨，坚持从企业与市场的关系进行制度创新。宝钢在引进国外先进管理体制的基础上，加强创新，形成一套完整的“集中管理、专业分工、社会协作”的管理体系。它在思想观念上、管理理念上、管理模式上和管理机制上进行了创新。

（2）营销战略创新是技术创新的保证

宝钢在营销上主要实施了以下战略：

①以国际规范的综合商社模式为方向的营销战略目标；

②将国际贸易纳入统一贸易体系的集团化贸易营销体制；

③实行直销方式的专营销售和经销、代销方式相结合；

④用户满意为理念的售前、售中和售后全方位服务功能。

（3）企业文化创新是技术创新的导向

追求企业文化创新是宝钢持续发展的精神内驱力，宝钢一直为塑造生生不息的企业灵魂和创造世界一流的企业文化而努力。宝钢从 1995 年 8 月起，首家在全员中普及用户满意理念，开展全方位 CS 活动，即质量、价格、交货期、服务、环境和创新六个方面的工作要一环扣一环，围绕 CS 这个中心运转。

资料来源：http://www.ilib.cn

问题

1. 宝钢采取了什么技术创新战略？

2. 宝钢的技术创新战略带给我们的启示是什么？

案例 2　中国移动通信不断提高自主创新能力

作为一个处于通信应用领域的高科技企业，中国移动通信始终坚持以创新求发展，以发展促创新。通过不断提高自主创新能力，实施管理创新和技术创新，有力地支撑和实现了业务和服务的不断创新，并以卓越的品质吸引了越来越多的人成为中国移动通信的客户，享受中国移动通信的服务。如今，“移动改变生活，创新成就卓越”，已不光是一句简单的口号，在中国每六个人中，就有一个是中国移动通信的客户。正是源于一种不懈追求的创新精神，使中国移动通信跨入了世界一流企业的行列。

中国移动通信的发展史，可以说就是一部不断创新的历史。正如中国移动通信王建宙总裁所言：企业最核心的任务是为国家、社会、股东、客户、员工、创造最大价值，而通过自主创新来实现这些目标，是中国移动通信做世界一流企业的必经之路。今天，创新对中国移动通信变得越来越重要。中国移动通信先后开创了多项全国“第一”：在国内电信企业中，中国移动通信第一个在境外挂牌上市，率先进入国际资本市场，并经过6次分步收购，于2004年第一个实现了主营业务资产整体上市；第一个开展客户品牌塑造，针对年轻一族推出客户品牌“动感地带”，被誉为推倒电信业品牌竞争的第一张多米诺骨牌；第一个推出“开放、合作、共赢”的产业价值链商业合作模式，“移动梦网”拉动我国互联网产业走出低谷，迎来发展的春天；第一个在全球建设移动智能网，推出预付费业务……

坚持以客户为导向，不断进行服务与业务创新，满足不同客户群体的需求，提升服务品质，中国移动通信获得了空前的成功。如今，中国移动通信的“1860”已经成为世界上高水平的客户服务中心，客户满意度处于世界先进水平；通过增强网络覆盖的广度和深度，开展网络优化，网络质量已经达到国际先进水平，“网络质量好”，甚至已经成为中国移动通信的代名词；通过实施品牌经营策略，“全球通”、“神州行”、“动感地带”三大客户品牌优势明显，深入人心；创新推出的VIP延伸服务、“话费误差、双倍返还”诚信服务、跨区服务等举措极大地提升了客户价值；持续推进业务创新，率先推出并成功推广了短信、彩铃、彩信等众多深受客户喜欢的新业务。

以短信业务为例，2005年，中国移动通信短信业务使用客户数占客户总数的比例达到83.8%，短信业务使用量接近2500亿条，短信业务的普及率和使用量均为世界第一。目前，短信已经深刻地影响了人们的日常生活、沟通、工作、学习方式，短信拜年、短信聊天已经成为新的生活的一部分。

2004年12月，中国移动通信又率先提出并设计了中国国内第一个手机音乐方面的排行榜类产品——无线音乐排行榜。无线音乐排行榜以精确的计费平台为基础，以彩铃、互动式语音应答（IVR）等业务为音乐承载平台，以全新的商务模式打造了一条崭新的无线音乐产业链，首次把其他行业吸纳到移动通信产业链中来，唱片公司、信息服务提供商（SP）、著作权人与歌手、客户都能从这一全新的产业链上得到收益，同时各自的资源也得到最大化的共享。新业务的成功推广应用为公司发展带来了蓬勃的生机。2005年，中国移动通信新业务收入占总收入的比例已经超过20%，达到甚至超过了世界许多发达国家的水平。

技术创新是服务与业务创新的坚强基石。作为行业的领先者，中国移动通信在成立之初就有意识地开展自主技术创新工作，专门成立了研究院，从事通信产品和网络技术方面的应用研究和技术支持，相继建成了全球规模和容量最大的网管系统和国内最先进的业务支撑系统，世界最大的软交换汇接网，世界上第一个实现多业务统一综合管理的系统——数据业务管理平台（DSMP）。同时，在技术创新机制的推动下，中国移动通信近年来发布企业技术标准近300项，已申请专利140项，在国际标准体系中发挥越来越大的作用。

谈到创新，中国移动通信总裁王建宙强调："无论是业务也好，服务也好，技术也好，归根到底都是管理的问题，对管理创新应该给予更多的重视。"

中国移动通信既是国有企业，又在海外整体上市，运营管理好这样一个公司本身就是一项开创性的工作。通过海外上市，借助国际资本市场严格的监管要求，中国移动通信引入了与国际接轨的管理思想和管理模式，通过建立诚信、透明、公开、高效的公司管理机制，公司发展更加充满生机与活力。为了使国有企业海外上市的优势充分发挥出来，中国移动通信在运营体制、管理制度方法上进行了大胆探索与创新，形成了战略、预算、绩效、薪酬的闭环管理体系；同时还充分发挥规模优势，在设备采购、网络管理、内部资金调度等方面探索建立并逐步完善了集中化低成本运营管理的模式，提高了管理效益，促进了公司的快速、健康、持续发展。

以创新精神打造世界一流企业，造就了中国移动通信良好的发展业绩。截至2005年底，中国移动通信客户数达到2.46亿户，中国移动通信已经发展成为全球客户数量最多和网络规模最大的移动通信运营企业。公司股票价格在短短一年时间内增长近一倍，市值达到创纪录的1100亿美元，成为亚洲市值最大的电信企业。作为一个国有控股的重要骨干企业，中国移动通信为国有资产的保值增值交出了一份满意的答卷。

作为一个世界一流企业，中国移动通信连续5年进入《财富》世界500强，最新排名224位。一流的管理，优秀的网络，精确的计费系统，满意的客户服务，对客户深入的理解和创新优质的产品，造就了中国移动通信的专家品质。在近日英国《金融时报》联合跨国品牌调研及咨询公司明略行向全球发布的最新"全球最强势100品牌"排名中，中国移动通信以品牌价值392亿美元高居第四名，在全球电信品牌中排名第一，成为中国企业品牌国际影响力扩大的重要标志。

秉承"正德厚生、臻于至善"的核心价值观，以创新精神打造世界一流企业，中国移动通信在创造出辉煌业绩的基础上，站在新的起点，瞄准新的战略发展目标，将继续不断创新，不断跨越，更好地履行"创无限通信世界、做信息社会栋梁"的企业使命，努力"成为卓越品质的创造者"，为满足人们日益提高的通信信息需求，提升国民经济信息化水平，促进社会进步做出新的贡献。

资料来源：工人日报天讯在线，http://www.grrb.com.cn/template/1000-2/file.jsp? aid=254716

问题

1. 中国移动通信是如何不断提高自主创新能力的?

2. 本案例给我们的启示是什么?

案例 3 伯特克雷兹公司——提供非同寻常的经历

伯特克雷兹是一家经营电影院的比利时公司。从 20 世纪 60 年代到 80 年代，比利时的电影放映业逐步衰退。在录像带和卫星、有线电视的冲击下，比利时人均去电影院的次数从每年 8 次下降到每年 2 次。到了 80 年代，许多电影院被迫关闭。

剩下的电影院老板发现，他们在一个不断缩小的市场上互相竞争。所有人都采取相同的行动，他们把电影院隔成多个小放映厅，放宽了电影放映的限制以吸引各层次的观众，提供食物和饮料的服务，同时增加电影放映次数。

当伯特克雷兹在 1988 年创造了金宝利斯后，那些试图发掘现有资产潜力的方法就不再有用了。金宝利斯不是普通的电影院，也不是多幕电影院，而是世界上第一个拥有 25 个屏幕和 7600 个座位的超级影院。通过提供给观众一种非同寻常的经历，金宝利斯在布鲁塞尔第一年就赢得了市场份额的 50%，并且扩大了大约 40%的市场份额。今天，许多比利时人不再说晚上去看电影，而是说去金宝利斯。

让我们考察一下金宝利斯和其他比利时影院的区别。典型的比利时多幕影院只有很小的空间，仅仅 100 个座位，7 米×5 米的屏幕，35 毫米的放映设备。金宝利斯却拥有将近 700 个座位，座位之间的空间很大，当有人出入时观众无需移动。伯特克雷兹安装了特大的、拥有独立扶手的座椅，并将地面设计成一个大斜坡以保证每个人都不会被挡住视线。在金宝利斯，屏幕为 29 米×10 米，并且都安放在各自的基座上，避免声波从一个屏幕传到另一个屏幕。许多放映厅拥有 70 毫米的放映设备和现代化的音响设备。伯特克雷兹还向这个行业的传统观念(强调最佳的、市中心房地产对电影院的重要性)提出了挑战，它们将金宝利斯建在离市中心有 15 分钟路程的环布鲁塞尔的公路上。顾客可以将车免费停在宽大而照明良好的停车场里。为了解决布鲁塞尔大多数观众的一个主要问题——匮乏而又昂贵的停车位，公司准备放弃步行的观众。

因为超级影院的概念给它们带来了该行业中最低的成本结构，伯特克雷兹得以在不增加票价的情况下提供这样非同寻常的影院服务。在金宝利斯，平均装一个座位的成本大约是 7 万比利时法郎，比一般的布鲁塞尔影院少一半多。为什么?超级影院地处郊区，地价很便宜，它的规模给它带来采购方面的经济性、与电影发行公司讨价还价的余地以及更高的总利润，一个中央售票大厅服务于 25

个放映厅，金宝利斯实现了在人力和费用上的经济效益。另外，公司几乎不花广告费，因为它的价值创新产生了良好的口碑。

在这个一般认为没有吸引力的行业中，金宝利斯实现了令人惊奇的增长和利润。由于金宝利斯的存在，现在比利时的电影观众经常去影院，就连从未去过电影院的人也被吸引来了。与打败竞争者争夺目标市场份额的做法不同，伯特克雷兹摆脱了竞争。

为什么比利时的其他影院没有抓住这个机会呢？大多数经营者都在或明或暗地沿着这一思路考虑：行业在萎缩，因此我们不应该再做大的投资——尤其是在固定资产上。但是，如果我们在每一个竞争的关键环节上都超过我们的对手，就可以改善我们的业绩。我们必须有更好的影片，更好的服务和更好的市场销售。

伯特克雷兹尊崇的是不同的战略逻辑。公司的出发点不仅仅是使顾客在影院的感受胜过对手，而且使顾客得到完全不同的和不可抗拒的感受。公司将自己看成是一个刚进入市场的新手，期望通过关注大众的共同需要来尽力满足电影观众的要求。为了给绝大多数观众一系列高质量的服务，公司放弃了传统的对于影院的看法，并且公司在做这些的同时也降低了成本。这就是价值创新背后的逻辑——创造新的价值曲线。

传统的战略逻辑与价值创新逻辑的区别在于战略的5个基本方面。这些区别决定了经营者提出什么样的问题，他们追寻什么样的机会以及他们如何理解风险。

资料来源：报童网

问题

1. 伯特克雷兹非同寻常的创新表现在哪几个方面？
2. 本案例中的创新管理给我们什么启示？

案例4　阿高公司——增加顾客最需要的服务

怎样把创新者的逻辑变成企业在市场上的产品呢？我们考察了阿高的案例。在20世纪80年代中期，法国的廉价旅馆业非常不景气，需求过剩。阿高的两位主席，保罗·杜布鲁尔（Paul Dubrule）和杰拉德·佩利森（Gerard Pelisson）要求公司的管理层为顾客创造一个价值跃升，要求管理者忘记他们所熟知的一切，包括现有的规则、惯例和行业的传统。经理们被迫回答如果阿高重新开始该如何去做的问题。

当阿高推出Ⅰ号计划（Formule Ⅰ，一系列便宜的旅馆）时，在廉价旅馆业中存在两个不同的市场层次：第一个层次包括无星级和一星级旅馆，每个房间每夜的平均价格是60～90法郎，顾客完全是冲着低价而来；另一个层次是二星级旅馆，每个房间每夜的平均价格是200法郎，这些稍微贵一些的旅馆通过提供比无星级和一星级旅馆更好的住宿环境来吸引顾客。人们希望能够物有所值：要么多花钱得到一晚舒适的睡眠，要么少付钱而忍受劣质的设备。

阿高的管理者从确定所有廉价旅馆（无星、一星和二星）顾客的共同需要开始：以低廉的价格获得一夜良好的睡眠。根据这一广泛的共同需要，阿高的管理者看到了克服行业强迫顾客作出让步的机会。他们向自己提出了以下4个问题：

- 本行业被赋予的要素中，哪种要素是应该取消的？
- 哪些要素应该削减到行业标准之下？
- 哪些要素应该提升到行业标准之上？
- 哪些要素是从未提供过而应该由企业创造的？

第一个问题迫使管理者去考虑公司所具有的竞争要素是否确实能给顾客提供价值。通常这些要素被认为是天赋的，尽管它们没有价值甚至会降低价值。有时顾客的价值发生了根本性的改变，但是企业却仍然一个个紧盯着行业标准，不会因此而有所行动，甚至不会察觉这种变化。第二个问题迫使管理者确定是否为了在竞争中对抗和取胜，使自己的产品和服务在功能设计方面出现过剩的现象。第三个问题迫使管理者发现并取消本行业强迫顾客做出的妥协。第四个问题帮助管理者打破现有的行业界限，去发现全新的能给顾客带来价值的源泉。

在回答这些问题的过程中，阿高提出了旅馆业的一个新概念，从而导致Ⅰ号计划的推出。首先，公司取消了诸如高消费的餐馆和吸引人的休息室这些标准酒店的特色。阿高认为就算会失去一部分顾客，但没有了这些设施，大多数人仍会入住。

阿高的经理们相信廉价旅馆对顾客的服务在别的方面同样也有些过度。在这一点上，Ⅰ号计划比许多无星旅馆所提供的要少。例如，只有在旅馆入住和离店的高峰时间，才会使用大堂接待员，在其他时间，顾客使用的是自动答录机。在Ⅰ号计划中，旅馆的房间很小，只有一张床和很少的必需品（没有文具、桌子或者装饰品，代替壁橱和镜橱的是一些架子和房间角落的衣竿，房间本身是由工厂生产的组合模块组装而成的）。这个方法带来了生产上的规模经济、高品质的质量控制和良好的隔音能力。

Ⅰ号计划给阿高带来了相当大的成本优势，公司建造一间房间的平均成本减少了一半。企业的人力资源成本从占销售收入的35%～25%（行业平均水平）下降到23%～20%，节省的成本使阿高得以改善顾客最看重的服务，使其远远超过法国一般的二星级旅馆的水平，但其价格仅比一星级旅馆略高一些。

顾客对阿高的价值创新给予很高的评价。公司不仅吸引了法国廉价旅馆的大部分顾客，而且扩大了市场。从卡车司机——以前他们通常睡在自己的车里，到只需几个小时休息时间的商人，新的顾客被廉价旅馆吸引而来。Ⅰ号计划摆脱了竞争。根据最新的统计，Ⅰ号计划在法国的市场份额比排在其后的5个旅馆所占市场份额的总额还大。

阿高放弃行业传统逻辑的结果可以从我们称之为价值曲线的示意图中看出。价值曲线描述的是一个公司相对于该行业关键性成功要素的业绩表现。依据竞争的传统逻辑，一个企业的价值曲线遵循一个基本的形状。对手们试图通过提供比对方多一些的服务来提高价值，但是大多数都不会改变曲线的形状。

资料来源：报童网

问题

1. 阿高公司的服务创新是如何实现的？
2. 阿高公司的案例给我们什么启示？

案例5 SAP——放弃顾客的需求差异

所有我们研究过的高增长公司基本上都创造了新的非同寻常的价值曲线，它们通过淘汰某些要素、创建某些要素以及将某些要素减少或者提升到行业前所未有的水平的组合应用，实现了价值曲线的突破。以SAP为例，SAP是一个由5个前IBM的雇员在20世纪70年代初期在德国的沃尔多夫（Wolldorf）创建的商务软件公司，现已经成为该行业世界范围内的领袖。直到20世纪80年代，商务应用软件的制作者只关注对市场进行细分并且为了迎合购买者的需要而定制产品，提供诸如产品管理、后勤、人力资源和工资管理等方面的软件。

当大多数软件公司集中精力提高某个特定应用产品的性能时，SAP将目标定位于大多数购买者。他们并不就顾客的需求差异进行竞争，而是寻找顾客在价值上的重要相同点。公司提出了这样的设想：对于大多数顾客来说，高度度身定做的、个性化的软件模块的性能优势都被高估了。这种软件模块丧失了集成系统的效率和信息优势，而集成系统允许在公司内部进行数据实时交换。

1979年，SAP推出了R/2——为大型计算机主机设计的实时集成商务应用软件。R/2对于主机的硬件平台没有限制，购买者可以利用能得到的最好的硬件，同时大幅度减少维修成本。最重要的是，R/2在精确度和效率上带来很大的收益，因为一个公司只需输入一次数据。同时R/2也改善了信息传输，例如，通过交叉访问产品数据库，销售经理就可以得知产品什么时候发出，为什么会晚到。1992年，SAP通过R/3（为客户—服务器市场设计的一系列软件）实现了新的价值创新。目前SAP的增长与利润已经超越整个行业的水平。

一旦一个公司创造了新的价值曲线，会发生什么事呢？竞争者迟早都会企图进行仿制。通常模仿者无处不在，因此，价值创新者不管自己的意图有多么美好，最后都有可能陷入一场为了取胜的竞争中，为市场份额所困扰，公司可能陷入传统战略逻辑的陷阱。如果企业找不到脱困的方法，那么其价值曲线的基本形状可能就开始看起来像对手的曲线形状了。

因此监控价值曲线可能使一个公司在从现今的产品中仍然能够得到巨大利润的时候就盯住创新。在一些快速发展的行业中，公司必须不断地革新。在许多其他行业中，公司可能在一段较长的时间都能坐享成功之利：一条具有本质差异的价值曲线对于同行来说是很难模仿的，并且由价值创新带来的巨大的数量优势会使模仿者的成本很高。例如金宝利斯、Ⅰ号计划都已经享有很长时间无挑战的统治地位。受提高独有竞争力或是追求最新技术的内部压力驱动，我们已经发现公司为了新奇而追求新奇。价值创新关系到提供空前的价值，而不是技术或是竞争力。这与成为市场第一是不同的。

高级主管们如何促进价值创新呢？首先，他们必须确定并标明公司现行的战略逻辑。然后他们必须向它提出挑战。他们必须停下来考虑整个行业现有条件、公司的战略核心以及战略方法（对顾客、资产与能力以及产品和服务的提供），价值创新是为了同时寻求购买者在本质上的非凡价值和降低公司的成本。

对于业务多元化公司的经理们来说，他们可以利用价值创新逻辑来确定其业务组合中最具前景的增长机会。

公司的“开拓者”是指那些创造了空前价值的业务。它们是利润增长最有力的源泉。处于另一个极端的是“定居者”，其价值曲线与整个行业价值曲线的基本形状相吻合。“定居者”一般对公司的增长没有多大贡献。“游牧者”的潜力介于两者之间。这种业务通过给顾客多一些或少一些价值来改变行业的价值曲线，但它们并没有改变价值曲线的基本形状。

对于追求增长的管理者来说，一个有用的尝试是在开拓者-游牧者-定居者的地图上规划公司现在和未来的业务组合。

如果当前的业务组合和未来计划的产品主要由“定居者”构成，那么，公司具有一条低增长轨道，并且迫切需要进行价值创新，公司极有可能已经陷入竞争陷阱。如果现在与未来计划的产品由许多“游牧者”构成，那么，可以期望公司能有合理的增长。但是公司没有发现它的增长潜力，同时有被价值创新者抛弃的危险。这种尝试对于那些希望看透今天公司业绩的经理们来说是非常有价值的。收入、利润率、市场份额和客户满意度都是衡量一个公司现状的尺度。与传统战略思想相反，这些尺度不能指出通往未来的路，开拓者-游牧者-定居者地图可以帮助公司预测并计划未来的增长与利润，在快速变化的经济环境中，这是一项特别艰巨却又非常重要的任务。

我们曾经研究了全世界大约 30 个行业中的 30 多家公司，并研究了在利润与收入方面同时高速增长的公司和一些业绩相对较差的公司。我们寻求产业或组织的模式，并且从被认为是与一个公司增长潜力有关的各个方面对两类公司进行了比较。非上市公司是否比上市公司增长得更快？所在行业对公司的总体增长有什么影响？新创企业是否比老企业更有优势？年轻且具有创造力的激进分子所领导的公司是否比年老经理们领导的公司增长得更快？

我们发现在所有这些因素中，没有一种因素能够起到系统的作用。小企业和大企业、高技术产业和低技术产业、新公司和老公司、上市公司和非上市公司以及来自不同国家的公司都能实现高速增长。我们发现，高速增长公司的经理们，不管他们来自什么行业，全部都描绘出被我们称之为价值创新的逻辑，而不太成功的公司经理们都遵循传统战略的逻辑。

通过研究100多家公司的业务扩展，我们发现86%的业务扩展是直线扩张式的（也就是量的改善），它们占总收入的62%和总利润的39%，剩下的14%的业务扩展（属于真正的价值创新）产生了38%的收入和61%的利润。

资料来源：报童网

问题

1. SAP公司在价值曲线上是如何创新的？
2. 管理者如何实现价值创新？

案例6　鲜京集团的新选择

20世纪60年代初着手制定经济开发计划时，韩国政府认为有必要创造一批能够灵活运用丰富而廉价劳动力的出口产业，并从先行发展中国家的情况着眼，认定纤维产业比较合适。此后，纤维产业得到了积极的扶植和发展，它不仅为非熟练的劳动者提供了就业机会，而且也为工业发展所必需的外汇的获取作出了极大的贡献。纤维产业的成长促进了合成纤维的诞生。

60年代末，三种主要合成纤维——尼龙、聚酯纤维、丙烯纤维——全部都投入了生产，结果，韩国一跃成为了世界市场上主要的纤维出口国家。

虽然这种趋势一直持续到70年代初，但是，由于国内经济的迅速发展和国内劳动力的相对减少，以及东南亚等后续新兴工业国的猛烈追赶，韩国断定国内的纤维工业最终将在国际上丧失自己的比较优势。

因此在第三个经济开发五年计划中，韩国开始努力摆脱劳动密集型产业，谋求向技术密集型产业的转移。另外，世界上的聚酯产业在继续发展，进入70年代后，它的生产量自合成纤维开始生产以来首次超过了尼龙的生产量；这一点，韩国也不例外。70年代初，韩国的聚酯生产量40 000M/T，是世界排名第13位的生产大国。

但是产量的增加和发达国家进口限制的逐渐强化，使企业的经营战略也发生了重大的变化。企业开始慎重地研究纤维制品系列的多样化代产品的开发。

聚酯作为高分子聚合物是一种可用于生产纤维、薄膜、黏合剂等产品的用途广泛的化合物。关于聚酯的研究已有较长的历史。在学术界及企业研究所里，关于聚酯的分子结构、化学分析、物理的及机械的性质，以及用途的开发等各项研究都在活跃地进行着。当今称霸于产业用聚酯薄膜市场的产品是芳香族聚酯——聚乙烯对苯二酸所制成的薄膜，通常称这种 PET 薄膜为聚酯薄膜。

PET 薄膜的特性是，有很强的韧性、柔软性、低吸湿性、低透气性，对化学药品的高抗腐性及良好的绝缘性，同时，它还可以轻易地制成多种不同的厚度。由于 PET 薄膜具有这样卓越的特性，所以，它的用途也是多样的。它现在已用作包装材料、装饰纱、电池绝缘体、工业用皮带、磁带、卫生器具等。

PET 薄膜的最大用途是生产磁带。在美国约有 90%的磁带是用 PET 薄膜生产的。在磁带中，音响及计算机磁带所占比重约为 80%，录像及计测器用磁带所占比重约为 20%。PET 薄膜在磁带生产中深受欢迎的理由就是前面所说的强韧性和耐久性，以及它对湿度、温度的低感应变化性。

同时还因为 PET 薄膜可以由许多企业生产成多种规格及厚度的制品，所以，依据用途进行选择的可能性很强，这也是 PET 薄膜得以广泛普及的原因之一。另外，由于 PET 薄膜在加工成磁带时对工程条件要求不苛刻，所以，与其他塑料薄膜相比，加工上的难点比较少，这也可以说是它的优点。

PET 薄膜出色的绝缘性、强韧性、柔软性及对水分的安全性，作为电气绝缘体来讲，又可以说是一种极好的材料。目前，PET 薄膜正在被广泛地用于电动机、变压器、蓄电池、电子装置中的印刷电路、电线及电缆的包装等各个生产领域。特别是 PET 薄膜良好的韧性，为电气绝缘材料生产工程的自动化提供了极大的帮助。

另外，它的强度高、透明度好、耐久性强，气体与水分的透过度低，作为包装材料也是极佳的；由于它的强韧性、高透明度、对温度与湿度的系数安全性，所以，作为照相和 X 光用的基本软片，它也常受人们的青睐。尽管 PET 薄膜具有前面所说的那些多种用途与良好的特性，但是，1976 年末时，韩国的技术尚不能生产它，也没有生产它的企业，产品全部依赖进口。当时的 PET 是以 4.5 美元/公斤（A 规格制品，CIF 标准）和 4.0 美元/公斤（B 规模制品，CIF 标准）的价格从日本等地进口的，主要用于金银丝线或磁带等二次加工产品的生产与销售。如果国内能够生产这种基础薄膜的话，那么，不仅可以针对国内需求发挥进口替代效应（按当时计算，预计年产 3000M/T，可产生 1000 万美元的进口替代效果），而且还可以获得作为重化工业制品的出口创汇效果。

即使从全世界的角度来看，PET 薄膜的制造企业也不过就是 20 余家，而且拥有其制造技术和知识的也只有 5 个国家、十几家公司。所以，它是一种竞争度极低的制品。全世界对它的需求（1977 年为 30 余万 M/T）每年增长 15%以上，如果国内能够生产，那么，这一行业的增长率和收益性将是相当可观的。

还有，如果PET薄膜开发成功，作为它的附带效果，聚酯纤维生产部门预计也会得到惠泽，即如果开发出技术的核心——削片的生产技术那么聚酯纱的质量水平也将会得到提高。鲜京合纤（株）之所以能够果敢地插手于PET薄膜的开发工作，不仅是因为上述的外部条件，而且还因为它在某种程度上拥有着能够对付这种环境变化的内在素质与能力。

虽然在这种内部条件中有许多重要的条件因素，但是，最先引人注目的则是最高经营者的企业观和他的经营哲学。鲜京合纤所属的鲜京集团总帅崔会长很早便认识到技术革新与技术积累的重要性，对技术发展和人才培养进行了果敢的投资，并在生产制造方面也摆脱了对外国制品的模仿，强调依靠自己来生产新产品。

而且在企业扩大发展方面，与吞并现有企业式的扩张相比，他更注重在现实的范围内选择新兴的行业来参与竞争。崔会长在与某记者的一次座谈中曾这样说过："必须彻底做好技术革新和经营管理。……另外，我认为企业决心要做的工作就应该不太受景气或不景气的束缚而一个劲儿地做下去。但是，我绝不插手别人已经从事着的行业，或其他企业中正进展顺利的事业，以免引进毫无意义的过火竞争。"实际上，鲜京集团也曾果断地投入过需要有冒险性战略决策的大规模的新兴事业，从而多次震惊了财界。例如，除PET薄膜的开发以外，80年代初在开发进口印度尼西亚原木、中东原油、美国谷物等方面也取得了成功。

鲜京集团之所以引起财界的关注，就是因为它所新参与的大型投资事业大体上都是通过与其他财阀集团的激烈竞争而争取的，其中代表性的事例就是在PET薄膜的开发上与M集团所展开的竞争；此外，中东石油的导入及国营炼油公司——大韩石油会社的接管等也都是在与其他集团的激烈竞争中获得的。除了崔会长对技术开发的强烈欲望和坚定信念之外，能够使鲜京合纤参与PET薄膜开发的另一个重要原因就是它能够得到整个集团的支持。当然，由于鲜京集团的最高经营者崔会长极为关心这一事业，那么从下属各会社的立场上来讲，自然也不能表现出不关心的样子。特别是由于M集团下属的M合纤（株）主张应该引进PET薄膜的生产制造技术。

结果，想充当该项事业先锋的鲜京合纤与M合纤的欲望便超出了个别企业的范围，扩大成了鲜京集团与M集团之间的竞争。为此，整个鲜京集团都关心起这项工作，借助于这一优势，使PET薄膜开发所需要的资金有了在集团本身内部得以筹措的可能。鲜京合纤能够参与PET薄膜开发的第三个重要因素是，鲜京合纤已经有了10多年聚酯纤维生产制造技术的经验，在国际上也达到了一定的水平，因而具有能够轻易消化掉聚酯薄膜制造技术的能力，即该会社作为合成纤维行业的先行者，当时已经开发出了醋酸酯合成纤维和抗燃烧、能绝缘的聚酯纤维，并于1978年1月向印度尼西亚出口了醋酸酯纤维的制造技术，又于同年2月向印度尼西亚出口乔其纱的制造技术，从而在合成纤维领域已经达到了技术出口的阶段。

鲜京合纤有10多年聚酯纤维的生产历史，当时没能制造出PET薄膜的原因，大致有以下两点：

第一，可以说是生产薄膜所需的PET削片的产品质量低的缘故。为要生产出高质量的薄膜，就需要有分子量分布幅度小而固定、乙烯乙二醇及低分子量环状化合物、含有量低的PET削片。然而，当时国内的重合技术水平尚没有达到能够生产出这样高质量削片的程度。特别是PET薄膜制造技术的重合工程催化剂等添加剂部分，大都是先行开发厂商的绝密技术核心。

第二，是缺乏关于制造PET薄膜的技术。虽然很早以前就普及了包装用聚乙烯PVC和聚丙烯等简单的薄膜制造技术，但是，对于像PET薄膜那样需要经过横延伸和纵延伸及热处理过程技术的高度的薄膜制造技术，当时尚缺少经验。另外，这里所需要的延伸机械等也是要求误差不得大于1/10 000mm的高度的精密机械。

由于这些难点，鲜京合纤首先开始探索了从发达国家先行开发的厂商引进技术的可能性，为此，该会社决定成立一个专门负责PET薄膜制造技术的引进与开发的计划班子。

当时鲜京集团任命经营企划室室长为该项工作的负责人，组成了包括1名科长、1名组长及社员级法人在内的10多人的专门领导班子。这样，该会社的这个计划领导班子从70年代初开始，大约在4～5年间巡访了世界各国先行开发的厂商40多次，要求这些国家的厂商提供技术。

但是这些国家为了继续维持自已的垄断地位，对于这种收益性高、预计将来会持续增长的制品，不愿意轻易将这一技术转让给韩国这类迅速成长起来的国家。所以尽管PET薄膜的制造技术已开发出了20多年，所有主要的专利都已过期，但是，关于它的制造技术，各制造厂商还是完全地隐藏着。

以往这些发达国家先进的开发制造商曾向韩国等国家提供过纤维技术，但是，后来当他们看到这些开发中国家通过技术的引进、消化和改良，积累了技术，从而威胁到自己在国际市场上的垄断体系的时候，他们便形成了一个技术卡特尔，即通过要求支付巨额的专利费来回避技术转让。在这当时，国内合成纤维制造企业中的M社、L社、E社等也都就引进该项产品的先进制问题展开了多方面的交涉，但也都被以同样的理由遭到了拒绝。

在发达国家先行开发的企业如此坚决拒绝提供技术的状况下，鲜京合纤断定从海外引进技术已根本不可能，于是，终于在1976年初决定了在国内努力自行开发工作。

为此鲜京要求 KIST（韩国科学技术院）为实现 PET 薄膜的国产化而共同参与技样，KIST 便对此开始了基础调查。首先是收集世界各国关于 PET 薄膜制造的专业书籍、杂志及报刊，从中挑选和分划出核心的情报。这样，数量庞大的技术情报便得到了整理和严格的审定，从而使他们能够明确地了解 PET 薄膜的技术现况，最终揭示了 PET 薄膜制造技术的核心，就是：①制造优质的 PET 削片的技术；②制造技术和纵横延伸技术；③热处理工程技术。

同年 12 月，鲜京终于与韩国科学技术院签订了科研合同，从而就 PET 薄膜的开发开始与研究机关的合作，当时的科研劳务费是 2000 万元。另外，根据双方事前的协议，他们又将研究的范围分成以下三个方面，并对此制定了分工计划，以保证相互合作。

（1）为了制造 PET 薄膜所需要的优质的 PET 削片，关于酯交换反应和重合反应催应条件的研究、热稳定剂和添加剂及反应调节剂的研究等化学工程的研究要先行。这主要由 KIST 来负责，包括制定研究计划，推出生产 PET 的最佳条件。

（2）有关薄膜制造的机械设计、订货、安装、试运负责延伸等其他有关薄膜生产技术的情况调查工作。

（3）制定一套能够辨别薄膜和削片质量的物理、化学及机械的检索标准的问题，由韩国科学术院负责，同时最大限度地灵活运用鲜京合纤现有的设备和多年积累的质量管理技术和试验技术。

鲜京合纤在本企业技术人员与 KIST 研究人员共同着手国内研究开发的期间，对外又与日本的 DS 会社达成了有关机械制造的协议；同时又巡访了一些先行开发 PET 薄膜的厂商与机械制造商外围，拜访了各国已经隐退的技术专家、顾问和教授等高分子方面的学者，搜集了必要的情报和资料。特别是与情报员个人的、非正式的面谈而获取的技术情报，对技术开发起了很大的帮助。

1977 年 12 月末，KIST 的研究人员与鲜京纤的技术人员终于成功地完成了 PET 薄膜制造技术的国内开发工作。从 1976 年初决定自行开发并大规模开始研究以来，在整整 2 年的时间里共投入研究开发费约 5 亿元。此后，1978 年5 月 PET 薄膜制造厂竣工，这是因为鲜京集团已在 1977 年 1 月就以 2 亿元左右的设备投资完成了年产 900M/T 薄膜的工厂建设招标。1978 年 6 月，该工厂经过试运转后便投入了开工生产，从而为韩国生产出了第一批 PET 薄膜。

与此同时，同年 3 月和 5 月又追加订购了年产量分别为 3000M/T 和 1500M/T 的生产设备外，为了适应国内需求和出口需求的不断增长，还制定了使 PET 薄膜生产设备最终达到国际生产标准规模——年产10 000M/T 的连续扩展计划。鲜京集团决定另行设立经营 PET 薄膜生产工厂的法人，将现有的旁系全社——鲜京油化改名为鲜京化学，并由鲜京合纤的李基本副社长兼任鲜京化学的代表理事。另外，与这一薄膜工厂的建设相关联的是鲜京集团建立的录音磁带的生产企业——水原电子，从而使 PET 薄膜能够尽可能地应用于音响系统电子制品的生产，同时也使化学工业形成合理性的技术体系。

此后 PET 膜一直主要供给国内电子工业，用于生产盒式录音带；1978 年 10 月首次出口香港，证明了国产 PET 薄膜质量在提高。另外，“12 薄膜出口的同时，更高密度的 6 薄膜”的技术成功，从而进一步加快了产品质量的提高。

资料来源：办公资源网

问题

1. 鲜京集团是在何种情形下选择开发 PET 薄膜生产技术的？鲜京集团在技术开发上投入巨资说明了集团对产品开发的何种态度？这种态度对于鲜京集团的成功有何影响？

2. 鲜京集团在开发 PET 薄膜的过程中做了哪些方面的努力？这些对于中国企业技术开发现状有何借鉴意义？

3. 通过鲜京集团开发 PET 薄膜案例，叙述你对技术开发在企业经营中所处地位的认识。

五、简答题

1. 简述企业创新的概念及地位和作用。
2. 简述企业创新的动力。
3. 简述企业创新的环境包括哪些？
4. 简述企业创新制胜的原则。
5. 简述企业的系统创新战略包括哪些？
6. 简述企业的技术跨越战略。

第十九章　知 识 管 理

一、判断题

1. 劳动密集型产业已失去以往的霸主地位，取而代之的是知识密集型的高科技产业，它成为所有产业中产出、出口和就业增长最快的行业。（　　）
2. 知识是一种包含了结构化的经验、价值观、关联信息以及专家的见解等要素的流动态的混合物。（　　）
3. 手册属于隐性知识。（　　）
4. 信息就是数据，数据可以提供信息。（　　）
5. 知识经济以知识资源开发自然资源，以高科技产业为支柱，在经济的运行中知识占支配作用。（　　）
6. 知识管理的主要任务是要对企业的知识资源进行全面和充分的开发以及有效的利用，这也是知识管理区别于其他管理的一个主要方面。（　　）

二、填空题

1. ＿＿＿＿＿不但是企业竞争力的来源，也逐渐成为一个国家提高竞争力的焦点。

2. 经济的发展不再是完全靠＿＿＿＿＿的占有与配置，更多的是取决于＿＿＿＿＿的占有与配置，＿＿＿＿＿成为了最重要的生产要素。

3. ＿＿＿＿＿是建立在个人经验基础之上并涉及各种无形因素，如个人信念、观点和价值观等的知识，是难以＿＿＿＿＿和＿＿＿＿＿的。

4. ＿＿＿＿＿是被给予一定的意义和相互联系的事实。

5. OECD认为，知识经济是建立在＿＿＿＿＿和＿＿＿＿＿的生产、分配和使用之上的经济。

6. 知识经济是全球一体化的经济，具有＿＿＿＿＿特征。

7. 知识管理就是以＿＿＿＿＿为核心的管理，它是通过确认和有效利用已有的和获取的知识，并通过对各种知识的连续性管理，提高企业的＿＿＿＿＿和＿＿＿＿＿，以满足企业现有和未来开拓市场机会的需要的一种过程。

三、案例分析题

案例　惠普的知识管理

20 世纪 90 年代以前，惠普的宗旨是设计、制造、销售和支持高精密电子产品系统，以收集、计算、分析资料，提供信息，帮助决策，提高个人和企业的效能。90 年代后，随着信息时代取代电子时代，惠普适时地调整，得到了现今企业宗旨，即创造信息产品，以便加速人类知识的进步，并且从本质上改变个人和组织的效能。对比惠普前后宗旨，不难看出，公司一贯重视员工个人能力的提升。惠普重视人才的宗旨源远流长，但这一宗旨根据时代发展也在进行自我更新，具体来说，就表现在其工作重心的总体转变——由技术管理转向信息、知识管理。

1995 年，惠普总部在信息总监兼副总裁 Bob Walker 的倡导下尝试开展知识管理，总部在安永咨询公司的辅导下，采用 IT 手段开展了基于网络论坛的共享观念和共同推进知识管理的文化建设，基于培训师网上讨论库的产品知识汇总与及时传播管理，基于专家地图网络的专家头脑隐性知识管理，基于工艺流程技术和管理方法全球网上共享的生产机构管理，以及基于自动化用户咨询的交易服务知识管理等。这些知识管理活动效果立竿见影，有力地支持了企业的经营发展。

在惠普公司高度分权的机制下，没有自上而下地对知识进行管理的指令，而是由各分公司总裁部门自觉地为更好地管理知识做出具体的努力，许多管理人员都尝试获得和分配在他们自己的业务部门内存在的知识。惠普知识管理在全球不同地区的组织形式各异。在 1995 年，产品程序部在信息系统组内建立了一个知识管理小组，该小组开发了“知识链”的以网页为基础的知识管理系统，将来自各种不同职能部门包括销售、开发、设计和制造的有关产品产生过程的知识鉴定、编选和组合增值。中国惠普在 2001 年 9 月成立了知识管理委员会，并设有首席知识官，负责中国惠普知识管理的建设；然而，有些地区则质疑在这样一个分权的公司设立一个专门的知识执行官没有太大的意义。因此，在网上及各种资料中，没有明确指出惠普知识管理组织形式的说法。

问题

你认为惠普公司在知识管理方面是否存在不足？请你提出改进的建议。

四、简答题

1. 当前的经济范式发生了什么样的改变？
2. 知识具有哪些方面的特征？
3. 什么是知识经济？知识经济具有哪些方面的特征？

4. 知识管理的主要内容有哪些？

5. 知识管理的实施有哪些阶段与步骤？

6. 成功的知识管理项目具有哪些主要特征？

7. 成功的知识管理具有哪些促进因素？

第二十章　战 略 管 理

一、判断题

1. 20世纪60年代初，美国著名管理学家钱德勒的《竞争战略》一书出版，开企业战略问题之先河。(　　)
2. 如果一个产业的进入壁垒比较低，对产业的现有企业的威胁就小。(　　)
3. 企业竞争战略理论认为，行业吸引力是赢利性的主要决定因素，企业的恰当定位是获取竞争优势的基础。(　　)
4. 企业的所有资源和能力都有潜力或可能成为持续竞争优势的基础。(　　)
5. SWOT是一种最常用的企业内外环境因素综合分析方法。(　　)
6. 企业愿景是企业战略家对企业前景和发展方向一个高度概括的描述。(　　)
7. 进入威胁的大小主要取决于进入壁垒的高低，以及现有企业的反应程度。(　　)
8. 企业战略目标可按四大内容展开：市场目标、创新目标、盈利目标和社会目标。(　　)
9. 特许经营是指特许方利用自己的品牌、专利或技术，通过签署特许协议，转让特许权，让受让方利用这些无形资产从事生产经营活动的战略联盟形式。(　　)
10. 差异化战略的核心是取得某种对顾客有价值的独特性。(　　)
11. 市场细分的实质是需求的细分。(　　)
12. 企业战略是指企业在市场经济竞争激烈的环境中，为谋求生存和发展而作出的决策。(　　)
13. 企业的外部环境主要包括宏观环境、产业环境、微观环境。(　　)
14. 产品进入成熟期后，销售的增长速度下降，各企业还要保持其自身增长率就必须降价，从而使产业内企业竞争加剧。(　　)
15. 战略联盟是一种边界模糊、关系松散、灵活机动的公司群体。(　　)
16. 根据资金流向的不同，市场增长率-相对市场占有率矩阵把公司从事的多项业务分为四类，即问号类、明星类、金牛类和瘦狗类。(　　)

二、单项选择题

1. 进入壁垒高和退出壁垒高对产业获利能力影响表现为：（　　）

A. 稳定的高利润　　B. 稳定的低利润

C. 高利润高风险　　D. 低利润低风险

2. 在市场占有率-相对市场占有率矩阵中，当企业市场增长率低，相对市场占有率高的时候，该企业属于（　　）企业。

A. 问号类　　B. 明星类　　C. 金牛类　　D. 瘦狗类

3. 企业竞争优势的根基是：（　　）

A. 核心能力　　B. 财务能力　　C. 营销能力　　D. 科技能力

4. 环境分析技术主要有战略要素评估矩阵和（　　）两种。

A. 核心能力分析　　B. SWOT 分析

C. 财务分析　　D. 生命周期分析法

5. 电视机制造企业兼并显像管制造企业，这种一体化类型属于：（　　）

A. 前向一体化　　B. 后向一体化

6. 所谓差异化战略，是指为使企业产品与（　　）有明显的区别，形成与众不同的特点而采取的一种战略。

A. 原产品　　B. 竞争对手产品

C. 本企业产品　　D. 同行业产品

7. 当市场逐渐成熟时，行业未来仍然有发展前途时，可以选择的市场进入战略类型是：（　　）

A. 强化营销　　B. 一体化营销

C. 多元化经营　　D. 集中性营销

8. 如果企业处于 SWOT 矩阵的第Ⅱ象限，那么宜采取的战略是：（　　）

A. 发展型战略　　B. 先稳定后发展战略

C. 紧缩战略　　D. 多元化战略

9. 企业战略家应当具备的核心素质是：（　　）

A. 政治素质　　B. 思想素质

C. 心理素质　　D. 技能素质

10. 纺织印染厂原来只是将胚布印染成各种颜色的花布供应服装厂，现在纺织印染厂与服装厂联合，这属于：（　　）

A. 前向一体化　　B. 后向一体化

C. 横向一体化　　D. 混合一体化

11. 企业通过有效途径降低成本，使企业的全部成本低于竞争对手的成本，甚至是同行业中最低的成本，从而获取竞争优势的一种战略是：（　　）

A. 低成本战略　　B. 营销战略
C. 竞争优势战略　　D. 差异化战略

12. 市场渗透战略是由企业现有产品和（　　）结合而成的战略。
A. 原有市场　　B. 现有市场　　C. 相关市场　　D. 新市场

13. 集中化战略一般有两种变化形式，一种是低成本集中化，另一种是：（　　）
A. 差异的集中化　　B. 产品线集中化
C. 顾客集中化　　D. 地区集中化

14. 某牙膏厂原来只生产两面针药物牙膏，现在又增加牙刷生产，这属于：（　　）
A. 同心多元化　　B. 水平多元化
C. 集团多元化　　D. 一体化

15. 进入壁垒高与退出壁垒低的产业是：（　　）
A. 高利润高风险　　B. 稳定的高利润
C. 低利润高风险　　D. 稳定的低利润

16. 评估判断一个企业的现实经营能力，首先必须对企业的（　　）进行客观公正地分析。
A. 财务状况　　B. 利润水平　　C. 管理概况　　D. 领导艺术

17. 战略联盟这一概念首先由美国 DEC 公司总裁霍普罗德和管理学家（　　）提出。
A. 法约尔　　B. 内格尔　　C. 波特　　D. 魁因

18. 在成熟产业中选择竞争战略时，如果是大批量生产则采用（　　）较好。
A. 差异化战略　　B. 集中战略
C. 成本领先战略　　D. 市场开发战略

三、多项选择题

1. 进入壁垒高低的因素主要有：（　　）
A. 规模经济　　B. 产品差异优势　　C. 资本需求
D. 产品价格高低　　E. 转换成本

2. 差异化的基本途径有：（　　）
A. 产品　　B. 服务　　C. 人事
D. 形象　　E. 价格

3. 优秀战略就是适应战略，具体讲就是战略要与（　　）相适应。
A. 竞争对手　　B. 环境　　C. 资源

D. 文化　　E. 组织

4. 一个好的企业使命应该具备以下几个方面：（　　）

A. 明确企业生存目的

B. 使本企业区别于其他同类企业

C. 作为评价企业现在和未来活动的框架

D. 清楚明白，易于为整个企业所理解

E. 针对核心业务

5. 成本领先战略有哪些具体类型？（　　）

A. 简化产品　　B. 改进设计　　C. 材料节约

D. 降低人工费用　　E. 生产创新

6. 企业要突出自己产品与竞争对手之间的差异性，主要有（　　）的基本途径。

A. 产品　　B. 服务　　C. 人事

D. 形象　　E. 价格

7. 战略实施的模式有：（　　）

A. 指挥型　　B. 变革型　　C. 合作型

D. 文化型　　E. 增长型

8. 战略目标的特征有：（　　）

A. 可接受性　　B. 可检验性　　C. 可实现性

D. 可预测性　　E. 可挑战性

9. 企业战略管理过程是由三个环节相互联系、循环反复、不断完善动态管理过程组成，它们是：（　　）

A. 战略分析　　B. 战略制定　　C. 战略评价

D. 战略实施　　E. 战略控制

10. 企业宏观环境主要包括（　　）等宏观因素。

A. 政治法律　　B. 经济　　C. 财政货币政策

D. 技术　　E. 社会文化

11. 战略目标的基本目标有：（　　）

A. 利润目标　　B. 市场目标　　C. 竞争目标

D. 发展目标　　E. 价格目标

12. 紧缩型战略的类型有：（　　）

A. 转向战略　　B. 放弃战略　　C. 暂停战略

D. 清算战略　　E. 维持战略

13. 市场战略选择的几种模式是：（　　）

A. 单一市场集中化　　B. 市场专业化　　C. 产品专业化

D. 全面进入　　E. 选择性进入

四、填空题

1. 企业以__________为基点，在分析__________和内部条件的现状及其变化趋势的基础上，为寻求和维持持久__________而作出的有关全局的重大筹划和谋略。

2. 钱德勒认为__________是“决定企业基本的长期目标与任务，制定行动方案，配置必要的资源以实现这些目标”。

3. 企业经营战略的特征有全局性和系统性、__________、__________、稳定性和适应性、__________、__________。

4. 单一业务的企业战略结构分为__________、职能战略和__________。

5. __________是一个企业的整体的战略总纲，是企业最高管理层________和__________企业的一切行动的最高行动纲领。

6. __________是指分权型组织结构中的一个管理层次，该层次主要根据地理区域、产品或服务、用户、工艺等四个方面的因素归并组织而成。

7. 从企业战略管理理论的发展时间顺序来看，大致划分为__________、竞争战略管理理论、__________和超越竞争战略管理理论。

8. __________是关于企业存在的目的或对社会发展的某一方面应做出的贡献的陈述，有时也称为企业宗旨。

9. 一般来说，确定战略目标需要经历调查研究、__________、__________和目标决断这样四个具体步骤。

10. __________的着眼点在于企业形象，企业文化的建设，通常以公众满意度和社会知名度为保证的支持性的目标。

11. 一个企业的__________能够最好地体现这个企业的精神，反映这个企业的需要。

12. __________战略是指在内外环境的约束下，企业准备在战略规划期使企业的资源分配和经营状况基本保持在目前状态和水平上的战略。__________战略是指进入与公司现在的业务在价值链上拥有竞争性的，有价值的“战略匹配关系”的新业务。

13. __________是指一个企业通过购买另一个企业全部或部分的资产或产权，从而控制、影响被并购的企业，以增强企业竞争优势、实现企业经营目标的行为。

14. 战略联盟具有如下主要形式：________、研究与开发协议、________、__________、相互持股。

15. __________战略的动机既不是经济衰退，也不是经营的失误，而是为了谋求更好的发展机会，使有限的资源分配到更有效的使用场合。

16. ＿＿＿＿＿是企业战略思想的集中体现，是企业经营范围的科学规定，同时又是制定规划（计划）的基础。

17. 实现低成本领先的方法有＿＿＿＿＿和＿＿＿＿＿。

18. 企业采用＿＿＿＿＿战略，可以很好的防御行业中的五种竞争力量，获得超过行业平均水平的利润。

19. ＿＿＿＿＿战略是指把经营战略的重点放在一个特定的目标市场上，为特定的地区或特定的购买者集团提供特殊的产品或服务。

20. 企业战略实施的模式一般有五种类型：＿＿＿＿、变革型、＿＿＿＿、文化型、增长型。

五、案例分析题

案例　“老牌”企业的竞争

海清啤酒成功地在中国西部一个拥有 300 万人口的 C 市收购了一家啤酒厂，不仅在该市取得了 95%以上市场占有率的绝对垄断，而且在全省的市场占有率也达到了 60%以上，成为该省啤酒业界名副其实的龙头老大。

距离 C 市 100 公里内有一金杯啤酒公司，3 年前也是该省的老大。然而，最近金杯啤酒因经营不善全资卖给了一家境外公司。

金杯啤酒在被收购后，立刻花近亿元的资金搞技术改革，还请了世界第四大啤酒厂的专家坐镇狠抓质量。但是新老板很清楚，金杯啤酒公司“最短的那块板”就是营销。为一举获得 C 市的市场，金杯不惜代价从外企挖了 3 个营销精英，高薪招聘 20 多名大学生，花大力气进行培训。

省内啤酒市场的特点是季节性强，主要是春末和夏季及初秋的半年多时间。一年的大战在 4、5、6 三个月基本决定胜负。作为快速消费品，啤酒的分销网络相对稳定，主要被大的一级批发商控制。金杯啤酒没有选择正面强攻，主要依靠直销作为市场导入的手段，由销售队伍去遍布 C 市的数以万计的零售终端虎口夺食。

金杯啤酒的攻势在春节前的元月份开始了，先是成功地推出了 1 月 18 日 C 市要下雪的悬念广告，接着是礼品附送，使产品的市场覆盖率和重复购买率都大大超出预期目标。但是，金杯在取得第一轮胜利的同时，也遇到了内部的管理问题。该公司过度强调销售，以至把结算流程、财务制度和监控机制都甩在一边。销售团队产生了骄傲轻敌的浮躁，甚至上行下效“不捞白不捞”。公司让部分城区经理自任经销商，白用公司的运货车，赊公司的货，又做生意赚钱，又当经理拿工资。库房出现了无头账，查无所查，连去哪儿了都不知道。

面对竞争，海清啤酒在检讨失利的同时，依然对前景充满信心。他们认为对手在淡季争得的市场份额，如果没有充足的产量作保障，肯定要跌下来；而且海清的分销渠道并没有受到冲击，金杯公司强入零售网点不过是地面阵地的穿插。

如今，啤酒销售的旺季，也就是决胜的时候快到了，你认为海清啤酒应该怎样做才能把对手击退，巩固自己的市场领导地位呢？

资料来源：http：//netcourse. shtvu. edu. cn/qyzlgl/frame/web/anlijingxuan/anli2/anli2. htm

问题

1. 运用 SWOT 分析法，分析海清啤酒面临的环境。

2. 如何评价金杯啤酒的竞争战略？

3. 海清啤酒应采用什么样的战略（公司战略、竞争战略、职能战略）？

六、简答题

1. 紧缩型战略有什么利弊？

2. 美国红十字公司的业务使命是：改善人们的生活质量；提高自力更生的能力和对别人的关心程度；帮助人们避免意外事故，为意外事件做好充分的准备，处理意外事故。根据该公司对其业务使命的表达，简要回答对企业使命表述的认识。

3. 企业战略管理有什么特点？

4. 莱凯公司是一家设计、开发、销售运动鞋（健身鞋、跑步鞋、训练鞋、慢跑鞋和散步鞋）的公司。在运动鞋市场，被耐克、锐步和吉尔这三个主要的公司统治着。第二等级的竞争者包括阿迪达斯、艾韦尔、阿斯克斯和肯维斯。所有这些公司都比莱凯公司资金雄厚，资源丰富。1992 年，莱凯的销售收入是 1210 万美元，而耐克是 34 亿美元，锐步是 30 亿美元，吉尔是 4.3 亿美元。运动鞋市场被认为是一个成熟的市场。然而，一部分细分市场却快速膨胀，除了整个行业增长的原因之外，还因为高度专业化、技术革新和迷人的形象和样式。

根据上述资料，你认为莱凯公司应当采取哪种竞争战略？采取该种战略应具备什么条件？

七、论述题

1. 20 世纪 80 年代中期，计算机存储芯片是英特尔公司的主要业务。而日本的制造商想要占领存储芯片业务，因此相对英特尔以及其他芯片生产商的价格降低了 10%。每一次美国企业在价格上进行回应后，日本生产商就又降低 10%。针对日本生产商的挑衅性策略，可供英特尔选择的方案有：设计更加高级的存储芯片；撤退到日本生产商并不感兴趣的市场上去。最终，英特尔决定放弃存储芯片业务，转而致力于为个人计算机开发更加强大的微处理器。

根据该材料谈谈你对企业战略的认识。

2. 面对国内家电企业一轮又一轮的价格战，大家都会听到这样一个声音：要把竞争的焦点转向技术、转向创新。但是，由于国内许多企业生产的产品，其核心技术都掌握在国外大型跨国公司手中，而且在技术投入方面，国内也存在着极大差距，所以对于这些企业来说，不进行技术投入，竞争力就不能提高，这是在等死；而进行大规模的技术投入，虽然技术水平有了一定提高，却难以在产品和市场上超越竞争对手，技术投入往往得不偿失，这是俗称的“找死”。在这种情况下，我国企业应该如何做出选择呢？

同时，我们也应该看到另外一种现象：虽然许多产品如电视机、冰箱、计算机、手机等的核心技术，掌握在国外企业手中，但是我国仍有许多企业在竞争中胜出，如海尔、联想、格兰仕等都成为世界的佼佼者，不但在国内获得很高的市场份额，其产品也打入国际市场。

根据上述资料简述你对企业核心能力的理解。

答　　案

第一章　管理与管理学答案

一、判断题

1. ×；　2. √；　3. ×；　4. √；　5. √；　6. ×；　7. √；　8. √；　9. √；　10. ×；　11. ×；　12. √；　13. ×；　14. √；　15. √；　16. ×

二、单项选择题

1. D；　2. D；　3. A；　4. C；　5. C；　6. C；　7. B；　8. A；　9. D；　10. C；　11. D；　12. D；　13. B；　14. C；　15. B；　16. C；　17. A；　18. A；　19. C；　20. C；　21. C；　22. A；　23. D；　24. C

三、多项选择题

1. ABC；　2. AC；　3. AB；　4. ABCDE；　5. ABC；　6. ABCD；　7. BCD；　8. ABCDE；　9. ABCDE；　10. ACDE；　11. ABCDE；　12. BD；　13. ABCE；　14. CE；　15. BDE

四、填空题

1. 自然（生产力）　社会（生产关系）；
2. 人　财　信息　时间；
3. 生产力　上层建筑；
4. 计划　领导　控制　计划；
5. 战略管理层　作业管理层　人事管理　财务管理　决策　组织；
6. 技术环境　社会文化环境　自然环境
7. 系统原理　信息与反馈控制原理　效益原理；
8. 法律的方法　行政的方法　教育的方法；
9. 计划；
10. 实践性；
11. 灵活性；
12. 领导；
13. 决策　组织　决策　组织　决策；
14. 计划　领导　控制　人力　财力　组织目标；
15. 管理目标　管理职能　管理方法　管理工具；

16. 共性原理　基础理论；
17. 管理活动　作业活动；
18. 科学性　艺术性；
19. 明确的目标　人　系统性的结构；
20. 管理者　操作者；
21. 人际关系角色　决策制定角色；
22. 决策层　中间层；
23. 控制；
24. 设计组织　组织运行；
25. 责任原理　职责　利益；
26. 权变原理；
27. 效益；
28. 具体管理方法　一般的管理方法；
29. 归纳法；

五、案例分析题

案例　查克·斯通曼的一天

1. 答：从案例中可见，查克在一天工作的开始是有计划的，但最终没能够按照计划完成工作是因为在组织、领导和控制方面出现问题。首先，工厂的组织结构存在着明显的问题，这使得查克需要管理和处置工厂的一切事物，即使是一些极其琐碎的事物。其次，在领导方面，查克工厂的领导更加类似于集权制，权力没有足够的下放，这让查克忙碌于繁杂的工作中，而忽略了一些作为管理者所应做的工作。最后，在控制方面，由于查克总是忙碌地处理琐碎的事物和一些应急工作，所以几乎无暇关注工作的实施情况。

由此可见，作为工厂的管理者，查克的活动并不成功。

2. 答：系统原理要求管理工作必须要有统筹兼顾的全局性，把中提优化作为根本的出发点。而从查克的活动来看，他并没有很好地处理整体与局部因素的关系，而且对各管理局部的分工与协调工作也不够，导致一天的忙碌工作但却无所收获。

所以，用系统方法来评价，查克的活动是不成功的。

3. 答：查克在完成他的职责上没有效率，但在无效率的工作中也取得了一定的效果。

在管理工作中，效率是指单位时间内所取得成果的数量，体现的是输入与输出之间的关系。而从查克一天的工作来看，他投入了大量的时间，但所取得成果的数量并不多，所以说，其工作是没有效率的。而效果是指经过投入转换所得到的有用成果，它体现的是对组织目标与任务的完成情况。虽然查克工作是没有效率的，但在工作中还是取得了一定的成果，解决了部分的问题，所以说是有效果的。

4. 答：要成为更好的管理者，我认为查克首先要对工厂的组织结构进行一定的调整，将权力合理下放。应将工厂厂长提升为查克的直接下属，并由工厂厂长来直接管理工厂运营中的一些非重大事物，而重大事物则需向查克请求意见，这样能够让查克有更多的时间来考虑全局性的问题，只需把握重大问题即可。这将更加有利于发挥管理者的作用。

其次，要想成为更好的管理者，查克要努力地提升自己，让自己在理论层次以及工作方法上有所提高；在完善工厂体制、组织结构的同时，以更好的管理理论和方法来领导工厂不断前进。

六、问答题

1. 答：首先，管理是计划、组织、控制、激励和领导五项基本活动。这五项活动也称为管理的五大基本职能；其次，管理是通过协调人力、物力和财力资源实现组织目标的活动，即围绕着组织目标使组织的各类资源的利用和谐化、同步化的活动；再次，管理是协调组织资源使组织成员更加高效率地达到组织目标的过程。

2. 答：(要点) 管理主体　管理客体　管理目标　管理职能　管理手段。

3. 答：管理是一门科学，管理工作有其内在的规律性，管理的科学性表现在它是大量管理实践经验的升华，管理活动的基本规律以及从事管理活动的科学手段与方法，对从事任何管理工作均有重要的指导作用。

管理也是一门艺术，艺术的含义是指能够熟练地运用知识并且通过巧妙的技能来达到某种效果。而有效的管理活动正反映了此特点。

管理的艺术性，即强调管理的实践性，没有实践则无所谓艺术。当然，最富有创造性的“艺术”总是以对它借助的科学的理解为基础的。因此，科学和艺术并不是相互排斥的，而是相互补充的。因此，管理的科学性和艺术性反映了理论知识和灵活运用相结合的必要性。

4. 答：(1) 科学技术是生产力，已经成为人们的共识，而科学技术和管理的发展从来就是相辅相成、缺一不可的。

①科学技术的落后，固然是阻碍生产发展的重要因素，但是高新技术并不一定都能形成很高的生产能力。只有通过有效的管理，才能使科技转化为生产力。

②现代的社会大生产不同于任何历史时期的小生产，管理工作的复杂性远远超过某些单纯的技术工作和作业工作。如果管理不善，不仅会导致效率低下，甚至会阻碍社会和企业的发展。

(2) 中国近 20 多年来改革开放的实践，使人们更加体验到加强管理的必要性。建设具有中国特色的社会主义市场经济就要加强管理，将有限的资源进行合理的配置和利用，使其最大限度地形成有效的社会生产力。中国进一步发展市场经济，要选择地学习发达国家的先进管理理论、方法和手段，有步骤地进行管理体制和管理方法的改革。同时更要不断地创新和发展。

总之，中国社会和经济的未来的发展需要现代化的管理。

5. 答：组织是指一种由人们组成的、具有明确目的和系统性结构的实体。特征：①每个组织都有一个明确的目标；②每个组织都是由人组成的；③每个组织都发育出一种系统性的结构，用以规范和限制成员的行为。

凡是管理者都要执行管理职能，但由于管理者在组织中所处的层次不同，他们在执行这些职能时也就各有侧重。所有管理者，无论他处于哪个层次，都要制定决策，履行计划、组织、领导和控制职能，只是他们花在每项职能上的时间不同。

6. 答：系统原理、人本原理、责任原理、权变原理、效益原理、信息原理。

7. 答：定性和定量分析相结合的方法、系统分析方法与结构分析方法、自组织分析方法、归纳法、试验法、演绎法。

8. 答：管理学是一门综合性的学科，不仅具有社会科学的属性，而且具有自然科学的属性。首先，在内容上，它需要从社会生活的各个领域和方面、从各类组织的管理活动中，概括和抽象出对各门具体管理学科都有普遍指导意义的管理思想、原理和方法；其次，在方法上，它需要综合运用现代社会科学、自然科学和技术科学的成果，来研究管理活动过程中普遍存在的基本规律和方法。管理学同其他许多社会科学和自然科学有着密切联系，是综合利用各学科成果来发挥作用的学科。

9. 答：(1) 管理学的广义研究对象：生产力、生产关系和上层建筑。

①生产力方面。主要研究生产力的合理组织问题，即研究如何根据组织目标合理配置组织中的各项资源，以求获得最佳的经济、社会效益的问题。

②生产关系方面。主要研究如何处理各类组织之间、组织内部人与人之间的经济关系、协作关系和分配关系，建立完善的管理体制，为实现组织目标服务。

③上层建筑方面。主要研究如何使组织内部环境和组织外部环境相适应的问题；研究如何使组织的各项规章制度、劳动纪律与社会的政治、哲学、法律、道德等上层建筑保持一致的问题，从而维持正常的生产关系，促进生产力的发展。

(2) 管理学的狭义研究对象：管理原理、管理职能、管理方法、管理者和管理历史。

①管理原理。管理学首先研究管理的基本规律，即研究适用于一切社会和个别社会形态的各种基本规律，如管理的目的、过程、原则和内容等。

②管理功能或职能。管理的各种功能既体现管理的基本任务，又反映了管理的全过程。

③管理的主要方法、技术和手段。管理功能的执行和完成，是靠管理方法、

技术和手段来实现的。因此，对管理方法、技术和手段的研究是管理学的重要内容。

④管理者。管理者是管理的主体，是能否实施有效管理的关键因素。管理者群体结构的优化以及他们之间的关系，是管理学研究的重要课题。

⑤管理历史。管理学要研究管理思想及实践的发展历史，以便更好地继承和发展管理理论和方法。

10. 答：（要点）企业的基本资源要素可概括为人、财、物、信息、技术和时间，企业的管理活动在于使各资源要素能更好地整合，更好地发挥作用。

第二章　管理思想的演进答案

一、判断题

1. √；　2. ×；　3. √；　4. √；　5. √；　6. √；　7. √；　8. ×；　9. ×；
10. √；　11. √；　12. ×；　13. √；　14. √；　15. ×

二、单项选择题

1. A；　2. D；　3. A；　4. A；　5. B；　6. D；　7. C；　8. C；　9. A；
10. D；　11. C；　12. A；　13. D；　14. C；　15. B；　16. C；　17. D；　18. B；
19. D；　20. C；　21. A；　22. B；　23. C；　24. C；　25. C；　26. C；　27. C；
28. B；　29. B；　30. D；　31. D；　32. C

三、填空题

1. 计划　组织　指挥　协调　控制　计划；
2. “理想的”行政组织体系　组织理论；
3. “跳板”；
4. 泰勒；
5. 14；
6. 霍桑　梅约　人际关系；
7. 压服　妥协　利益结合　利益结合；
8. 明确的目标　协作的意愿　信息沟通；
9. 西蒙；
10. 下级的认可；
11. 莫尔斯　洛希　费德勒；
12. 儒　道　墨　法　商　改革派　洋务派　改良派　民主派　毛泽东　邓小平；
13. 管理理论萌芽　古典管理理论　行为科学理论　现代管理理论；
14. 亚当·斯密　大卫·李嘉图　罗伯特·欧文　查尔斯·巴贝奇；
15. “经济人”　静态　科学管理理论　管理过程理论　行政组织体系理论；
16. 罗伯特·欧文　雨果·明斯特伯格　玛丽·帕克·福莱特　切斯特·巴纳德　玛丽·帕克·福莱特　玛丽·帕克·福莱特；
17. 人际关系　科学实验　心理学　社会学；

18. 员工个体行为　员工群体行为　组织行为；

19. “需要层次理论”　双因素理论　期望（机率）模式“X－Y 理论”；

20. 领导行为理论　组织变革和发展

四、案例分析题

案例 1　如何进行管理

分析要点：基于权变的观点，不存在符合任何人、任何环境的万能的管理方式，运用管理方式只能因人、因地、因时制宜。

1. 若下属成熟度较高（即下属能力、经验和主动性等情况），宜采用 A 厂长的管理方法（即梅约的行为科学管理方法；或叫以人际关系为中心的领导风格）

如：研究开发性的工作，工作弹性大，员工素质高

2. 若下属成熟度较低（即下属能力、经验和主动性等情况），工作便于衡量，宜采用 B 厂长的管理方法（即泰勒的科学管理方法，或叫以任务为中心的领导风格）

如：工作任务相互依赖性大

案例 2　UPS 的管理

分析要点：根据动作研究和时间研究确定的管理方式。

适用于企业：工作目标——明确、简单、具体、统一；

操作过程——重复率高，可实行标准化操作、工作程序便于监督；

工作结果——便于衡量，同事之间协作程度要求低。

人员培训——操作人员可以进行统一的标准化的培训。

不适宜企业：科研单位，研制开发单位，不便于计量的服务单位等。

案例 3　沃尔玛（Wal-Mart）超速模式

答：（1）领袖人物。

萨姆·沃尔顿，美国人，密苏里大学毕业。从中学到大学一直担任领导角色，擅长鼓动。对新方法、新手段勇于尝试。既能大胆放权用人，仁厚待人，又善于制衡控制，精明过人。

（2）同步发展最大化。

① 避开竞争强手，选择有绝对竞争优势、有绝对致胜把握的市场作为扩张目标。如沃尔顿早期选择小城镇为目标市场，走在别人前面，采取自选商场和廉价策略，建立了独特的竞争优势。

② 用最快的速度开设密集覆盖的分店网络，抢占市场，让后来的对手无处立脚或无优势可依；率先建立先进、复杂的信息管理系统，使沃尔玛能够同时控制数千家分店。

③ 创造超值商品，比竞争者的价格低 20%。比竞争者给顾客提供更多、更快、更新的商品，提供更多更好的服务。

④ 建立低成本控制制度，如采取倒推式的硬性规定：管理、采购费用不得超过 2%。低于同行的费用水平。

⑤ 率先建立足够多的强大分销售中心，使货物配送成本比竞争对手低 2 个百分点，使货物配送时间比对手缩短 3 天，建立并拥有世界最大的顾客数据库。

（3）发展结构优化，善于迅速学习与推广外部的成功经验。

① 鼓励各个分店开展创新。将成功的分店经验向各店推广。快速地、先行一步利用先进技术，如电脑、卫星通讯等现代手段，提高经营与管理的效率。

② 多渠道、广泛地利用外部资金，如合资、银行货款、上市融资和利用制造商延期付款的货源等。

③ 产权结构优化，采取合伙人制，如早期每开一个分店让分店经理少量投资，分享股权。

④ 采取股份公司制。倡导员工为了合伙人的价值观，推选员工参与利润分享计划与雇员购股计划，建立全面运营机制。

⑤ 创立自己的企业文化，推行顾客至上、员工为尊的价值观。在建立全面运营机制中贯彻以下原则：超速发展、加强控制、系统管理、责任下放、推行自治、员工参与、保持精简、反对官僚。

五、简答题

1. 答：儒家思想为代表的中国传统管理思想和管理文化的内核，归纳起来包括以下方面：

（1）民本思想。民本思想强调管理活动要“以民为本”，重视人的因素，提倡“德治”和“仁政”。

（2）中庸。中庸是孔子和儒家管理思想的基础，中庸的本意是讲对事不偏不倚、折中和调和。中庸思想体现了孔子认识事物的三分法，即“过”、“中”与“不及”。孔子主张要把握住“过”和“不及”两个极端，而用中庸去引导人们。中庸思想启发大家去认识在管理工作中存在着一个“度”的问题，如用财有度，用人有度，赏罚有度，批评有度，处理人际关系有度等。

（3）人和。孔子和儒家主张“礼之用，和为贵”。“人和”在现代管理中，可以理解为企业成员之间通过彼此理解和沟通，建立良好的人际关系，同心协力，完成组织目标。从广义的观点看，还包括企业与外部环境之间、部门之间相互协调和平衡。

（4）义利观。孔子所强调的“义”是指礼仪道德，“利”是指利益（即功利）。孔子在《里仁》一文中强调“君子喻于义，小人喻于利”。这里的君子可以理解为管理者，他们的价值取向应是先义后利，先人后己；而对被管理者的价值取向应是先利，亦所谓“先富之，后教之”。从现代的观点看，“利”和“义”也是矛盾的统一体，彼此相互渗透、相互转化，企业经营和激励中的义利观也是辩证的统一。对人的管理既要重视物质利益，又要重视精神因素。尤其是领导层，重义轻利、先义后利的提法实质上是对西方国家早期功利主义的批判和否定。

（5）教育观。强调“为政在人”，管理者要十分注意选才和育才；提倡“学而优则仕”，即学习要达到一定的“度”，才能成为人才，才有可能为事业作出贡献；主张“有教勿类”、“诲人不倦”；倡导“因材施教”。

2. 答：（1）无为而治的管理原则。老子把“道”作为宇宙本源，认为万物都由“道”派生出来。“自然无为”成为老子的宇宙法则。自然界是“无为”的，“道法自然”也是“无为”的，人循道也要无为。于是，“无为”就成为老子及其道家管理的最高原则。

（2）以弱胜强的管理策略。《老子》的“以弱胜强”思想包括以下内容：

①“哀者胜”——以弱胜强的前提条件。“哀者胜”实际上是一个战争性质的问题，“哀者”显然是正义的一方。因为只有进行正义战争的一方，才能有内部的同仇敌忾和外部的得道多助。

②“以正治国”——以弱胜强的基础。要想在战争中取胜，首先要做好内部工作来加强自己的实力，诸如将帅及各级军事干部的选拔、培养、考察，兵士的征集、编组、训练，武器和其他军事物资的准备以及整个国家的政治、经济情况的改善等。

③后动制敌——以弱胜强的实现。老子的以弱胜强思想，除了要求“以正治国”外，还要求“以奇用兵”。“以奇用兵”最大的特点是提倡后敌而动、伺机制敌的原则。

（3）善下的用人思想。老子说：“知人者智。”这就是说，认识人才，发现人才，才称得上有智慧。领导者还要做到“常善救人”，这样才“故无弃人”。这就是说，要做到人尽其才，才能做到不遗弃人才。善下的用人思想，提倡“知人者智”、“善用人者为之下”，以及“常善救人，故无弃人”，这对于现代管理中如何识别人才、使用人才有启示作用。

3. 答：墨子是战国时期墨家学派的创始人，墨家的管理思想是针对当时社会的现实问题、站在劝说当权者治国的立场、阐述有关管理问题的，有丰富的内容和值得借鉴之处。

（1）管理目标——民富治国。墨子认为，统治者治理国家的目标是政治清明，法纪井然，国富民强，民富国治。他借鉴历史的经验，把富国和消除民困的“三患”即“饥者不得食、寒者不得衣、劳者不得息”作为努力的目标。

（2）人际关系——兼相爱，交相利。墨子认为，统治者维护封建等级制，损民以自立，以至全社会都处于“交相别”的对立中。所谓“兼相爱”，即是长幼贵贱皆爱；所谓“交相利”，就是利人才能利己，利人也是为了利己。只有这样才能万民和，国家富，百姓暖衣温饱无忧虑的理想目标便可达到了。

（3）用人之道——尚贤。墨子主张用人唯贤，“不辨贫富、贵贱、远迩、亲疏，贤者举而尚之，不肖者抑而废之”，这是“为政之本”。用贤前要先根据人才能力的大小授官，贤人一旦录用，就要使他们有职有权，“任之以事，断予之令”。在墨子的理想中，官无常贵，不存在终身制。墨子的尚贤思想，如果补上人才的培养一环，则将是先秦时期最系统的人才管理思想。

（4）行政管理——尚同。尚同是与尚贤相辅而行的行政管理原则。墨子认为，政令不一，只能导致社会纷乱。尚同与尚贤一样，是“为政之本”。墨子的尚同思想是高度的集权主义，实施自上而下的控制与有效管理。它要求一切统一于上级，从组织系统的领导关系到思想意识，都要绝对地统一于上级，服从于上级，绝对不许反其道而行之。

（5）消费原则——节用。墨子是主张节俭的最突出的代表，其基本观点是：其一，以满足人们的基本生理需要为标准；其二，以限制上层统治者的奢侈浪费为目标；其三，节俭的目的不是为了用于积累和扩大再生产，而是为了保证劳动者的基本生理需要和维持小生产者的简单再生产；其四，提出“其生财密，其用之节”这样一个解决经济问题的基本原则，认为“生财”和“用财”这两个方面的情况及其关系，决定着一个国家的贫富；其五，认为只有满足人们生理必需的消费品才能算是财富，奢侈品是被排挤在他的财富观念之外的；其六，认为节用是富国富民的主要手段，而生产只是次要手段，节用可使财富成倍增长；其七，指出统治者的不节用，是造成“国家必贫，人民必寡”的重要原因，也是统治者“厚作敛于百姓，暴夺民衣食之财”的主要原因。可见，墨子的消费观实质是小生产者的消费观。

4. 答：法家是战国时期形成的一个重要学派，它是代表当时新兴地主阶级的一个政治派别。在历史上先秦法家对封建地主阶级经济生产关系的产生、国家的统一以及封建中央集权制的建立起过重要的积极作用。主要代表人物有李悝、吴起、商鞅、韩非等。

（1）以法治国的行政管理思想。法家以法治国思想的主要内容是严刑厚赏，意思一是强调刑法，二是注重赏罚。需要指出的是，法家的“法治”观念和国家主义是密切相关的。法家强调富国，却又主张“民弱”、“民愚”、“民贫”、“民怯”等。他们认为民弱则国强，“故有道之国，务在弱民”，所以，法家以法治国的目的，是要达到“富国强兵”，而不是“富民”。他们主张“国强民弱”，主要是从施展法禁的角度讲的。

（2）“富国以农”的经济管理思想。法家是极端的重农主义者，他们把农业看作是富国的唯一途径，甚至看作是国民经济的唯一部门，这种思想在现在看来过于偏激和片面。法家的重农不仅有理论体系，而且它还以基本国策的形式表现出来，成为法家学派“富国之学”的核心。此外，法家学派还有些很好的经济管理思想。如商鞅提出的“无宿治”的思想，即办事不拖拉积压、兢兢业业；商鞅还提出“国富而贫治”的思想，即富国要当贫国来治理；还有“国贵少变”，即治理国家要注意相对稳定和事物发展的阶段性，切不可朝令夕改。

（3）用人唯贤的人事管理思想。法家提倡用人唯贤的人事管理思想，他们主张利用人们趋利避害的天性实行赏罚制度，反对单凭个人喜怒好恶用人的人事管理原则。法家还主张对全国的人才进行管理。韩非认为，真正精明的管理者并不在于他个人的才智要比一般人高明多少，而在于善于集中众人的智慧，充分发挥众人的聪明才智。英明的领导者无须事必躬亲，他应该什么也不干而居于最高领导地位，监督部下忠诚勤恳地为他工作。

5. 答：商家，亦称“治生之学”，是先秦时期一个颇有特色的管理思想流派。由于中国长期实行重农抑商政策，商家思想的精髓也被后代的研究者长期忽视了。直到近代，当新式的资本主义工商业开始在中国出现后，才有人对古代商家的思想发生兴趣。商家的学派宗师和代表人物主要有子贡、陶朱公、白圭等，这些代表人物是中国传统商业经营管理思想的奠基者。

（1）重视市场预测的思想。商家提出了一些关于市场预测的基本观点，诸如要根据市场形势的变化，预测市场行情，在市场预测的基础上及时决策和行动等。白圭认为，商业经营不但要善于“乐观时变”，而且要“趋时若猛兽、鸷鸟之发”。也就是说，不但要预测市场变化，而且在看准行情之后，要能够及时决策，迅速行动，就像猛兽扑食、雄鹰搏兔一样，以迅雷不及掩耳之势，抢先于竞争者进行抢购或抛售，这样才能立于常胜不败之地。

（2）重视商业经营策略的思想。在商品的定价方面，先秦的商家认为：第一要掌握价格变化规律，上下波动是物价运动的基本形式；第二要贯彻薄利多销原则。

在商品购销方面，白圭确定商品购销的基本方针是：“人弃我取，人取我与。”“人取我与”是以“人弃我取”为前提的，两者在具体经营过程中是连续运用而又不可分割的。

在商品质量方面，陶朱公在具体商品的经营上，提出要注意商品的质量，即所谓“务完物”，就是贮藏货物务必保持完好。同时，又指出“腐败而食之货勿留”，容易腐败的食物不可久留。所以，贱取的时候，要注意不要取容易腐烂的食物来囤积。

（3）重视商业经营者素质的思想。先秦商家都重视商人的素质。司马迁把陶朱公的经营之道归结为善于“择人而任时”。“任时”、“趋时”，都要由人来实现。

“择人”比“任时”对商业经营的成败具有更重要的意义。

6. 答：与儒家思想同样具有深远影响的是公元前五世纪的中国著名军事家孙武和他所著的《孙子兵法》。在这部为世人称颂的兵书中，包含着朴素的唯物主义和系统的管理思想，不仅受到中国，也受到世界各国军事家和企业家的重视。

《孙子兵法》共有兵法13篇，语言简练，内容博大精深。例如，在《孙子兵法》第一篇“计篇”中，孙武指出决定事物成败和战争胜负的“五事”（五个因素），即所谓“道”、“天”、“地”、“将”、“法”。这里所说的“道”是指道义，即只有顺道，才能做到上下同心同德。“天”是指天时，“地”是指地利，即企业面临的内外环境。“将”是指人才，“法”是指组织与管理。台湾企业家陈茂榜先生将孙子兵法的“五事”理解为企业管理的五大原则，即：道——经营目标，天——机会，地——市场，将——人才，法——组织与编制。正是由于“五事并重”，使其成了“生意兴隆通四海”的著名经营者。

在人才素质方面，《孙子兵法》提出了领导者应具备“五德”，即“智、信、仁、勇、严”。在经营谋略方面，《孙子兵法》提出了“知己知彼，百战不殆”、“兵不厌诈”、“攻其不备，出其不意”、“避实就虚”、“令之以文，齐之以武”、“兵贵胜，不贵久”、“有备无患”、“不可取于鬼神，必取于人”等许多著名论断，这可以说是给后人，特别是给军事家、企业家们留下的极其宝贵的财富。

7. 答：(1) 泰勒的科学管理有三个基本的出发点：一是谋求最高的工作效率，科学管理的中心问题是提高劳动生产率；二是谋求取得最高工作效率的重要手段；三是要求管理人员和工人双方实行重大“精神变革”。在工作中要互相协作，共同努力。

1911年泰勒根据这三个出发点，在试验的基础上，出版了著名的《科学管理原理》一书，其主要内容有：

①操作方法标准化，即动作研究。通过分析研究工人的操作，选用最合适的劳动工具，集中先进合理的操作动作，省去多余的不合理的操作动作，最终制定出各种工作的标准操作方法。

②劳动工时的合理运用，即时间研究。通过对工人工时消耗的研究，规定完成合理操作的标准时间，制定出劳动的时间定额。

③实行有差别的计件工资制，即按照工人在工作中的实际表现，而不是根据工作类别来支付工资。对于按照标准做法在规定时间定额内完成工作任务的工人，以较高的工资率计发工资，而未完成者，则以较低的工资率（正常工资的80%）计发工资。

④按标准操作方法对工人进行培训。泰勒主张运用科学的手段挑选和系统培训工人，使他们掌握和合理运用操作方法和工具，在体力和能力都有所提高，成

为“第一流的工人”。

⑤计划职能和执行职能的明确分工。泰勒认为计划职能人员负责研究计划、调查、控制以及指导，逐步形成管理人员专业化，即实行“职能工长制”。将管理工作进一步细化，所有的管理者只承担一种职能。而工人只负责具体作业，管理者和劳动者分工合作，各负其责。

泰勒的理论和实践，是管理工作的一场革命，对当时企业管理从单凭经验到走向科学化的道路起到了重要作用。他所推行的一套制度和方法被称为“泰勒制”，泰勒本人也被奉为“科学管理之父”。

（2）泰勒的科学管理主要有三大贡献：

①在历史上第一次使管理从经验上升为科学；

②讲求效率的优化思想和调查研究的科学方法；

③计划职能与执行职能相分离。

（3）科学管理理论是建立在“经济人”假设的前提下的，因此兼之与时代的局限性，使得科学管理存在以下不足：

①泰勒对工人的看法是错误的；

②泰勒仅重视技术的因素，不重视人群社会的因素；

③内容窄，局限于车间管理。

8. 答：（1）1933 年梅约在《工业文明中的人性问题》一书中，发表了著名的“人际关系理论”，其基本观点是：

①人是“社会人”。影响人的生产积极性的因素，除物质条件以外，还有社会与心理因素。

②生产率的提高和降低，主要取决于人的士气，而士气是来自家庭的、社会的和企业的人与人的关系。

③注意到企业中非正式群体的存在，这种无形的组织有其特殊的规范，影响着群体的行为。

④一个新型的领导者应该具备解决技术经济和处理人际关系两种能力。

人际关系理论强调社会人的观点，否定了传统的生产效率与工作条件（工资、福利、劳动条件）之间存在的一种单纯的因果关系，建立了由图 2-1 所体现的管理新模式：

（2）梅约的人际关系理论的主要贡献包括：

①对人性作出了不同的假设，提出人是“社会人”的观点。

②首次提出了非正式群体（组织）的概念。强调群体，尤其是非正式群体对职工的影响，这一理论对企业管理思想和组织工作有重大指导意义。

③为行为科学的发展奠定了基础。人际关系理论是行为科学最重要的奠基理论之一。

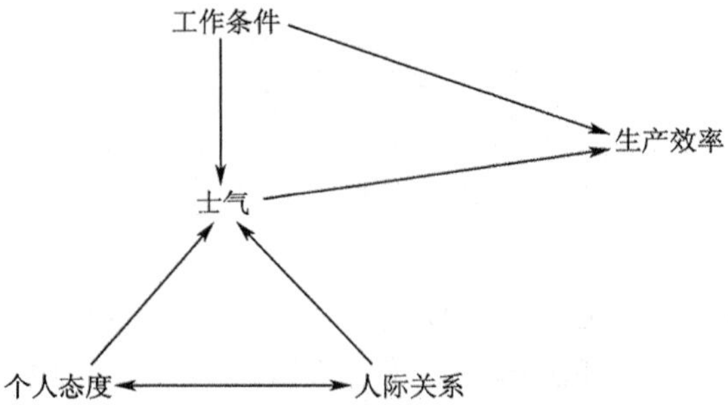

图 2-1　人际关系理论中行为和效率的关系

9. 答：20 世纪 50 年代之后，随着社会生产力和现代科学技术的迅速发展，世界各国，特别是发达国家对管理理论、方法、手段的研究日臻深入，形成了各具特色、流派纷呈的现代管理思想丛林。孔茨在 1980 年出版的《再论管理理论的丛林》将现代管理理论分为 11 个学派，包括：管理过程学派、人际关系学派、群体行为学派、经验（或案例）学派、社会协作系统学派、社会技术系统学派、系统学派、决策理论学派、数学学派或管理科学学派、权变理论学派、经理角色学派。

第三章　计 划 答 案

一、判断题

1. ×；　2. √；　3. √；　4. √；　5. √；　6. ×；　7. √；　8. ×；　9. √；　10. √；　11. ×；　12. √；　13. ×；　14. √；　15. √；　16. √；　17. √；　18. ×；　19. ×；　20. √；　21. ×；　22. ×

二、单项选择题

1. A；　2. A；　3. B；　4. A；　5. D；　6. A；　7. A；　8. D；　9. D；　10. A；　11. C；　12. A；　13. B；　14. B；　15. C；　16. B；　17. B；　18. A；　19. B；　20. D；　21. D；　22. C；　23. A；　24. B；　25. B；　26. C；　27. D；　28. B；　29. C；　30. D；　31. D；　32. B；　33. B；　34. C；　35. C；　36. C；　37. A；　38. B；　39. C；　40. B；　41. C；　42. D；　43. B；　44. D；　45. A；　46. B；　47. A；　48. C；　49. B；　50. A；　51. C；　52. C；　53. D；　54. C；　55. B；　56. C；　57. C；　58. C；　59. B；　60. C；　61. D；　62. C；　63. D；　64. D；　65. D

三、多项选择题

1. ACD；　2. BCDE；　3. ACDE；　4. BCDE；5. ACDE

四、填空题

1. 战略计划　行动计划；
2. 定期修订计划并逐期向前滚动的计划方法；
3. 全企业性　全过程　全员性；
4. 计划内容的全面性　计划时间的全面性　计划执行的全面性；
5. 彼得·德鲁克；
6. 长期计划　中期计划　短期计划；
7. 首要性　目的性　效率性　普遍性　创造性；
8. 改变航道原则；
9. 许诺原理；
10. Y理论；
11. 决定组织将要追求的目标　决定为了实现这一目标需要采取的行动路线

决定如何配置组织资源来实现上述目标；

12. 综合计划　部门计划　项目计划；

13. 指令性计划　指导性计划；

14. 应变计划　弹性计划；

15. 宗旨　目标　战略　策略　政策　程序　规则　规划　预算

五、案例分析题

案例 1　小天鹅公司的战略性思考

答：按经营层次划分，战略分为总体战略、事业部战略和职能战略。总体战略是涉及企业总体方面，起着统帅全局作用的战略。事业部战略或称分公司战略，是由事业部制定的，一般发生在事业部层次，重点是改善公司产品和服务在其所处的具体行业或细分市场中的竞争地位。职能战略是由职能部门制定的，它是总体战略按专门职能的落实和具体化，如市场、产品发展、技术、人才开发等职能领域的战略。小天鹅通过横向一体化，达到扩大生产能力和市场份额的目的，是属于事业部层战略，通过兼并竞争对手扩大洗衣机事业的规模。制定这一层的战略应考虑兼并后如何处理兼并企业与被兼并企业之间的关系，如人员、品牌、生产能力和企业文化等。

案例 2　新宇化工公司的目标管理

答：目标管理能够发挥企业各部门和全体职工的积极性，是一种全方位的管理，它可以取得全面的管理效果。目标管理实际上也是一种参与管理制度。在目标管理的实施过程中，它让全体职工参与管理，实行企业管理民主化。目标管理是一种“主动”的管理方式，自觉地努力追求目标的实现，以积极的行动代替空洞的言论，以自我要求代替被动从属，以自我控制代替被人把持。目标管理非常强调成果，注重目标的实现，重视目标的评定，因此也叫做“根据成果进行企业管理的方法”。

目标管理也是一种过程管理，其过程是不断循环，并不断提高的。实行目标管理应注意那些没有成为目标项目的内容，有可能被忽视。因此，为了能更好地贯彻目标管理应同时实行全面质量管理或多目标优化。另外，目标之间有时会存在矛盾，应注意协调这方面的问题。

案例 3　科宁公司的计划

答：计划按计划的期限分类可分为长期计划、中期计划和短期计划。长期计划往往是战略性计划，它规定组织较长时期的目标以及实现目标的总的方法。对一个工商企业来说，长期计划包括经营目标、战略、方针、远期的产品发展计划、革新等。短期计划通常是指年度计划，是根据中长期计划规定的目标和当前的实际情况，对各种活动作出的详细的说明和规定，它具有较强的可操作性。短期计划在执行的过程中灵活选择的范围较小，有效的执行是其最基本也是最重要的要求。中期计划介于长期、短期计划之间，起到衔接长期计划和短期计划的作用。长期计划以问题为中心，而中期计划以时间为中心，将长期计划的内容细化为每个时段的目标。可以说，中期计划既赋予了长期计划的具体内容，又为短期计划指明了方向。中期计划则为组织指明路径，而短期计划则为组织规定行进的步伐。(具体中、短期计划略)

案例 4 乔森家具公司五年目标

答：相关知识——目标的概念、目标的确定

目标是组织在一定时期内通过努力争取达到的理想状态或期望获得的成果，它包括组织的目的、任务，具体的目标项目和指标，以及指标的时限。在确定目标的具体问题上，由于组织的各部门职能不同，不同时期、不同条件的目标不同，其目标的确定肯定各有千秋。不过从总体上考查，要使目标合理有效，就必须遵循以下基本原则：

(1) 统一性。任何组织最重要的是确定组织的总目标。

(2) 系统性。目标的确定要注意目标之间的协调关系。

(3) 预见性。目标是组织希望达到的预期效果。

(4) 应变性。组织的外部环境和内部条件都是在不断发展变化的，组织的目标应当随着情况的变化而相应地调整或作出必要的修改。

(5) 科学性。目标必须在对象、要求和时限上是明确的和单义的。

这些目标并非从公司发展和市场的实际出发制定，而是出于某种目的，但又很难说不合理，主要看他的战略意图。如果他是为了卖掉公司，这个目标的短期实现是有利于这个战略目的的。但如果说是为了企业的长期经营目的，不切实际的目标必然是以牺牲公司的长期利益来换取短期的经营业绩。

案例 5 目标管理的实施

答：

(1) 设定的目标不全面。每个部门只专注于对自己非常重要的几个目标。

(2) 因为这家公司的传统是一年进行一次绩效评估，目标一旦定下来就不能再改变。所以即使他们发觉有些目标有问题，他们也不会进行及时的修改。

(3) 各部门的目标互相之间没有联系，只是和组织内上下级之间有联系。

(4) 修改后的系统仍然存在定性或主观评估。

六、简答题

1. 答：不对。“计划跟不上变化”主要是由于计划没做好。一个好的计划必须建立在预测的基础上，通过事先估计内外部环境的变化，在一定程度上起到防范风险的作用；同时计划本身具有灵活适应性，可以借助应急计划和滚动计划等方法不断调整计划实施中的偏差，使计划符合实际，从而对企业管理起到指导作用。

2. 答：认识机会；确定目标；拟定前提条件；确定可供选择的方案；评价可供选择的方案；选择最终方案；编制支持计划；编制预算。

3. 答：职工“参与管理”体现在：职工群众自主地参与目标的制定、实施、控制、检查和评价。实施目标管理的基本过程是：制定目标和目标展开；逐级授权；过程管理；成果评价。

4. 答：性质——首要性、目的性、普遍性、效率性、创造性。

计划的作用——计划是管理活动的依据；计划是合理配置资源、减少浪费、提高效益的手段；计划是降低风险、掌握主动的手段；计划是管理者制定控制标准的依据。

5. 答：滚动式计划法是根据计划的执行情况和环境的变化情况，定期调整修改计划，并逐期向前滚动推移的方法。

基本特点：①计划是动态型的。通过逐期滚动调整，把计划由静态计划变为动态计划。

②近细远粗。近期计划细致具体，远期计划较为粗糙；执行远期计划时再由粗变细。

③保持各期计划的灵活性。每执行完一期计划，都要根据变化了的情况，对下一期和以后各期计划进行调整，增加了计划的弹性。

④保持各期计划之间的连续性。滚动计划法使长期、中期和短期计划相互衔接，便于根据环境变化及时进行计划调整，从而使各期计划基本保持一致。

⑤计划更加切合实际。这是滚动计划法最突出的优点。由于人们无法对未来的变化作出正确的预测，而且计划的时期越长，这种不准确性越大，而滚动计划法相对来说缩短了计划时期，增大了准确性，能更好地保证计划的指导作用，提高计划的质量。

6. 答：作为管理过程的起点，计划是在一定时间内对组织预期目标和行动方案所作出的选择和具体安排，即确定组织未来发展目标以及实现目标的方式，是一切管理活动的前提。计划可以分为三个步骤：决定组织所要追求的目标；决定为了实现这一目标需要采取的行动路线；决定如何配置组织资源来实现上述目标。

7. 答：首先，计划与决策是相互区别的，因为这两项工作解决的问题不同。决策是关于组织活动方向、内容以及方式的选择；而计划则是对组织内部不同部门和成员在一定时期内具体任务的安排。

其次，计划和决策又是相互联系的，因为：第一，决策是计划的前提，计划是决策的逻辑延续；第二，在实际工作中，计划与决策相互渗透，有时甚至是不可分割地交织在一起。

8. 答：计划的表现形式有八项：

①目的和任务；②目标；③战略；④政策；⑤程序；⑥规则；⑦规划；⑧预算。

9. 答：计划是对组织未来活动进行的预先筹划，控制是确保组织按预先要求运作的一项管理活动；控制是依据计划标准，分析组织运行中出现的偏差，制定纠正措施，计划是控制的起点；环境变化使得重新制定计划成为必然时，控制则成为新计划制定的开始；计划与控制是同一事物的两个方面。首先，计划是实现控制工作的依据，主管人员往往是根据计划和目标来设计控制系统、确定控制标准和进行控制工作的。其次，控制是实现计划的保证，有目标和计划而没有控制，人们可能会知道自己干了什么，但无法知道自己干得怎样，存在哪些问题，哪些地方需要改进。

10. 答：目标管理是一种综合的以工作为中心和以人为中心的管理方法，是一个组织中上级管理人员同下级管理人员，以及同职工一起共同制定组织目标，使目标统组织内每个人的责任和成果相互密切联系，并明确规定了每个人的职责范围，同时用目标来进行管理、评价和决定每个成员的贡献和奖励报酬等。由此可见，与其他管理方法相比较，目标管理具有以下几个方面的特点：

（1）组织目标是上级与下级共同商定的，而不是上级下达指标，下级仅仅是执行者。

（2）每个部门和个人的任务、责任及应该达到的分目标是根据组织的总目标决定的。

（3）每个部门和个人的一切活动都围绕着这些目标展开，这就使履行职责与实现目标紧密地结合起来。

（4）个人和部门的考核均以目标的实现情况为依据。

11. 答：要确保制定的目标对组织有效，就应该遵循一定的指定目标的基本原则，并满足目标的基本特性。在确定组织目标时，应遵循以下的基本原则：

（1）以满足社会或市场需求为前提；

（2）以提高组织的绩效为出发点；

（3）所制定的目标值应是经过努力有可能实现的；

（4）考虑组织的社会责任。

12. 答：计划工作是全部管理职能中最基本的职能，与其他四项职能有密切的关系。围绕计划规定的目标，去从事组织工作、领导工作和控制工作，以达到预定的目标。

计划作为管理过程的起点，是一定时间内对组织预期目标和行动方案所作出的选择和具体安排，即确定组织未来发展目标以及实现目标的方式，是一切管理活动的前提。可以说，离开了计划，其他管理职能就无法行使。有效的计划不仅为组织指明了发展的目标和方向、统一了组织的思想，同时也为组织制定行动步骤提供了衡量的基点。

13. 答：(1) 推行目标管理要有一定的思想基础和科学管理基础。

(2) 能否推行目标管理关键在于领导。

(3) 目标管理要逐步推行，长期坚持。先试点，在试点的基础上总结经验，再推广。

第四章　组 织 答 案

一、判断题

1. √；　2. ×；　3. √；　4. ×；　5. √；　6. √；　7. ×；　8. √；　9. √；　10. √；　11. √；　12. ×；　13. √；　14. √；　15. ×

二、单项选择题

1. B；　2. A；　3. A；　4. D；　5. B；　6. C；　7. C；　8. A；　9. D；　10. A；　11. D；　12. C；　13. B；　14. C；　15. D；　16. D；　17. D；　18. C；　19. A；　20. B；　21. C；　22. B；　23. B；　24. D

三、填空

1. 法约尔；
2. 组织结构　复杂性　正规化　集权化；
3. 目的　程序　权责角色结构系统；
4. 目标　人员与职务　职责与职权　信息；
5. 职务分析与设计　部门划分和层次设计　结构形成；
6. 组织机构系统图　职务说明书；
7. 决策权限；
8. 直线职权　参谋职权　直线　参谋；
9. 现代信息技术　业务流程　质量　成本　业务；
10. 显著　根本　流程　重新设计；
11. 非正式组织；
12. 按职能划分；
13. 矩阵制组织结构；
14. 事业部制；
15. 控股型组织；
16. 现代信息技术　契约关系；
17. 团队；
18. 组织变革；
19. 个体、群体　组织本身　外部环境；
20. 解冻　改革　冻结；

21. 价值观　信仰　共识　生活准则；

22. 英雄；

23. 口号；

四、案例分析题

案例1　助理为何受到攻击?

分析要点：本案例涉及到直线人员与参谋人员之间的关系；涉及到追踪决策引起的心理效应问题。

1. 为什么这位助理工作做得那么好，却受到副总经理们的憎恨?

原因：

(1) 直线人员和参谋人员之间存在差异。

副总和参谋之间存在年龄差异、受教育的程度的差异、职权的差异，所以副总和助理之间容易产生矛盾冲突。

(2) 追踪决策会引起不良的心理效应。

追踪决策是在初次决策的基础上，对组织活动方向，内容与方式的重新调整，容易引起不良的心理效应。

成本失控可能产生在主要产品、主要零部件或关键工艺等方面。成本失控可能涉及到生产部门，采购部门，销售部门等。为此，总经理应首先找出成本失控的主要原因及涉及到的主要部门、主要人员，尽量避免更多人产生心理压力。

(3) 存在结构差异。

结构差异是因为组织赋予他们的权责角色不同而形成的差异。副总属直线人员，他们要对本部门的成本失控负责，而助理属于参谋人员，对成本失控不负任何责任。

这次助理制定纠偏措施，实际上是批评生产、采购、销售等各部门的副总在管理过程中存在控制不力、效率低下的错误，因此这些副总很容易产生抵触心理。

2. 若诊断小组的调查结果是准确的，那么总经理、助理、副总经理及其他人应怎样做才能使这些调查结果有助于解决问题?

总经理应调整他们的关系，找出关键问题，解决他们之间的矛盾。

① 协调关系。

总经理应让副总经理（或派代表）参加诊断小组活动，共同研究制定解决问题的方案。

② 向助理提供所需信息。

副总经理向助理及时提供准确、可靠的信息，以便助理作出正确决策。

③ 明确职责范围。

明确规定助理，副总经理的工作职责范围，避免互相干扰与冲突.

直线关系，是一种命令关系，是上级指挥下级的关系，

参谋关系，是为了方便直线主管的工作，减轻他们的负担。

主要任务是提供某些专门服务，进行专项研究，以提供对策建议。

案例 2　比特丽公司的分权管理

答案（要点）：合理利用参谋的作用，要做到以下几点：一是明确关系，明确直线和参谋的关系，分清双方的职权关系与存在价值，从而形成相互尊重、相互配合的关系；二是授予权力，授予参谋机构必要的职能权力，以提高参谋人员的积极性；三是提供信息，直线经理要为参谋人员提供必要的信息条件，以便从参谋人员处获得有价值的支持。

案例 3　BT 公司经营业务的发展与组织

答：1. D　2. C　3. A　4. A

五、简答题

1. 答：

扁平结构形态。扁平结构形态是指组织规模已定、较大的管理幅度而较少的管理层次的一种组织结构形态。

优点：首先，由于管理层次少，有利于缩短上下级之间的距离，同时信息传递快，减少了中间管理层的信息过滤；其次，较大的管理宽度需要较少的管理人员，从而降低了企业的成本开支；最后，由于管理幅度大，上级对每名下属的控制相对较松，使下属拥有较多的自主性，从而提高了他们的工作积极性，获得更多的满足感。

缺点：上级对下属的控制较松，容易失控；同级之间的沟通比较困难，影响信息的及时利用。

锥形结构形态。锥形结构形态是指较小的管理幅度而较多的管理层次形成高、尖、细的金字塔式结构。

优点：中上级能给予下级更多的指导，上下级之间沟通方便。

缺点：上级对下级的控制过于严密，遏制了下属积极性、主动性、创造性的发挥；过多的管理层次不但增加了过多的管理人员，使管理成本上升；延长了组织中的等级链，使信息沟通的环节增多，从而加大了信息失真的可能性；使计划的控制工作复杂化。

组织设计要尽可能地综合两种基本组织结构形态的优势，克服它们的局限性。

2. 答：组织设计必须确保实现组织目标活动的每项内容都能落实到具体的

职位和部门，做到“事事有人做”，而不是“人人有事做”。这样，组织设计中自然就要求从工作特点和需要出发，因事设职，因职用人。但这并不意味着组织设计可以忽略人的因素、忽视人的特点和人的能力。组织设计必须在保证有能力的人有机会去做他们真正胜任的工作的同时，使工作人员的能力在组织中获得不断的提高和发展。一句话，“人”和“事”的要求应该得到有机的结合。

3. 答：直线关系是一种指挥和命令的关系，授予直线人员的是决策和行动的权力；而参谋关系则是一种服务和协调的关系，授予参谋人员的是思考、筹划和建议的权力。

从理论上来说，设置作为直线主管助手的参谋职务，不仅有利于适应复杂管理活动对多种专业知识的要求，同时也应该能够保证直线系统的统一指挥。然而在实践中，直线与参谋的矛盾冲突，往往成为造成组织运行缺乏效率的重要原因之一。考察这些低效率的组织活动，通常可以发现两种不同的倾向：要么保持了命令的统一性，但参谋作用没有充分发挥；要么参谋作用发挥失当，破坏了统一指挥的原则。这使得两者常常在实际中相互产生一种不满、对立的情绪。

4. 答：正式组织中的某些成员，由于工作性质相近、社会地位相当，对一些具体问题的认识基本一致、观点基本相同，或者由于性格、业余爱好和感情比较相投，他们在平时相处中会形成一些被小群体成员所共同接受并遵守的行为规则，这种群体称为非正式组织。

非正式组织的积极作用主要表现在：它可以为员工提供在正式组织中很难得到的心理需要的满足，创造一种更加和谐、融洽的人际关系，提高员工的相互合作精神，最终改变正式组织的工作情况。

非正式组织的消极作用主要在于：如果非正式组织的目标与正式组织目标发生冲突，则可能对正式组织的工作产生极为不利的影响。非正式组织要求成员一致性的面对压力，可能会束缚其成员的个人发展。此外，非正式组织的压力还会影响到正式组织的变革进程，造成组织创新的惰性。

对于非正式组织要因势利导，善于最大限度地发挥非正式组织的积极作用而克服其消极的作用。一方面，管理者必须认识到，正式组织目标的实现，要求有效地利用和发挥非正式组织的积极作用，管理者必须正视非正式组织存在的客观必然性和必要性，允许乃至鼓励非正式组织的存在，为非正式组织的形成提供条件，并努力使之与正式组织相吻合；另一方面，考虑到非正式组织可能具有的不利影响，管理者需要通过建立、宣传正确的组织文化，以影响与改变非正式组织的行为规范，从而更好地引导非正式组织作出积极的贡献。

5. 答：人员配备的作用是：保证组织有效的活动；为组织的发展作准备。

人员配备的内容包括：人员的需求量分析；人才的开发；人员的选拔；人员的考评；人员的培训。

1）“内升制”的优缺点

从内部提升管理人员的优点：

（1）由于对机构中的人员有较充分可靠的资料，可了解候选人的优缺点，以判断其是否适合于新的工作。

（2）组织内成员对组织的历史和现状比较了解，能较快地胜任工作。

（3）可激励组织成员的进取心，努力充实提高本身的知识和技能。

（4）工作有变换机会，可提高组织成员的兴趣和士气，使其有一个良好的工作情绪。

（5）可使过去对组织成员的人力资本投资获得回收，并可判断其效益如何。

从内部提升管理人员的缺点：

（1）所能提供的人员有限。尤其是关键的管理人员，当组织内有大量空缺职位时，往往发生“青黄不接”的情况。

（2）会造成“近亲繁殖”。因为组织成员习惯了组织内一脉相承的做法不易带来新的观念。而创新对组织是不可缺少的要素。

（3）组织内没有被提升到的人的积极性将会受到挫伤。

2）“外求制”的优缺点

外部招聘的优点：

（1）有较广泛的来源来满足组织的需求，并有可能招聘到一流的人才。

（2）可避免“近亲繁殖”，给组织带来创新的潜力。

（3）可避免组织内没有提拔到的人的积极性受挫，避免造成因嫉妒心理而引起的情绪不快和组织成员间的不团结。

（4）由于大多数应聘者有一定的经验，可节省在培训上所耗费的大量时间和费用。

外部招聘的缺点：

（1）由于不了解应聘者的实际情况，不容易对应聘者作出客观评价，有时会造成很大的失望。

（2）应聘者对组织的历史和现状不了解，需要有一个熟悉的过程。

（3）如果组织中有胜任的人未被选用，会使内部应聘者感到不公平，从而对自己的前途失去信心。

6. 答：集权是指决策权在组织系统中较高层次的一定程度的集中；与此相对应，分权是指决策权在组织系统中较低管理层次的程度上的分散。

集权和分权主要是一个相对的概念。绝对的集权意味着组织中的全部权力集中在一个主管手中，组织活动的所有决策均由主管做出，主管直接面对所有的实施执行者，没有任何中间管理人员，没有任何中层管理机构。这在现代社会经济组织中显然是不可能的。而绝对的分权则意味着全部权力分散在各个管理部门，甚至分散在各个执行、操作者手中，没有任何集中的权力，因此主管的职位显然是多余的，一个统一的组织也不复存在。

集权制的优点主要是：

（1）它具有对组织的绝对控制权，确保坚持既定政策；

（2）它方便管理，易于分辨每一职能的重点；

（3）有可能在整个组织中拥有通用的标准；

（4）有可能雇佣一批十分称职的职能型专家；

（5）集权制所产生的管理工作量使采用计算机进行管理成为合理的事，它降低了工资单处理、会计和存货控制等这些领域的成本。

集权制的缺点主要是：

（1）控制可能会变为独裁式的，而且缺乏灵活性，降低组织的造就能力；

（2）当员工们，特别是管理者无法自行斟酌决定而必须按照僵硬的规定办事时，可能导致挫折感；

（3）可能采用一些官僚性控制手段，从而导致表格和刻板程序的激增，降低组织的运行效率；

（4）管理者可能不认为自己是独立的决策者而自视为接受命令的下级，从而降低组织成员的工作热情，使组织的发展失去基础；

（5）大规模组织的主管远离基层，基层发生的问题经过层层请示汇报后再作决策，则不仅影响决策的正确性，而且影响决策的及时性，降低决策的质量。

分权制的优点主要是：

（1）由于控制权分散到各处，所以具有灵活性，能够很好地满足局部不断变化的需求；

（2）由于能够发挥自己的主动性和判断力，管理者和员工们感到工作的价值，从而提高了工作满足感；

（3）它为管理者提供了极好的管理经验；

（4）虽然可能有必要更多地向总部控制机构进行汇报，分权制可以将操作层上的文档类工作降到最低水平。

分权制的缺点主要是：

（1）由于各部门可能并不遵循同样的程序模式，所以总部很难控制；

（2）分权制可能比集权制需要进行更多的汇报或视察性工作；

（3）由于实际上组织是以一系列小单位的形式经营，所以难以享受批量购买、集中会计制度和其他类似的集中式管理所带来的好处，会造成较昂贵的经营成本；

（4）某些分权后的部门可能会以狭隘的目光和短浅的观点来看待整个组织，从而导致与其他部门的关系紧张。

第五章　领 导 答 案

一、判断题

1. ×；　2. √；　3. √；　4. √；　5. ×；　6. ×；　7. ×；　8. √；　9. ×；　10. ×；　11. √；　12. √；　13. √；　14. ×；　15. √；　16. ×；　17. √；　18. √；　19. ×；　20. √；　21. ×；　22. √；　23. √；　24. √；　25. ×；　26. √；　27. ×；　28. √；　29. ×；　30. √

二、选择题

1. A；　2. A；　3. C；　4. D；　5. B；　6. C；　7. A；　8. A；　9. C；　10. C；　11. D；　12. D；　13. D；　14. C；　15. C；　16. A；　17. C；18. C；　19. A；　20. B；　21. A；　22. A；　23. C

三、填空题

1. 群体　组织成员　组织目标；
2. 能力　依赖性　重要性　稀缺性　不可替代性；
3. 沟通协调作用　指挥引导作用　激励鼓舞作用；
4. 领导者　被领导者　情境；
5. 运用支持关系原则　集体决策和重叠的组织结构　树立高标准的工作目标；
6. 领导者与下属的关系　任务结构　职位权力；
7. 任务导向型　关系导向型；
8. 工作行为　关系行为　下属的成熟程度；
9. "四分图理论"　"管理方格理论"　"不成熟—成熟理论"；
10. 努力程度　工作成果　报酬　满足；
11. 四分图；
12. 期望及目标效价；
13. 员工或工作环境方面　绩效和满意度；
14. 成熟程度；
15. 成熟程度　领导方式

四、案例分析题

案例 1　为葛多特当餐厅服务员

1. 答：高任务性质的领导方式，同时他认为人都是 X 性人。这样的领导方式不是十分适合餐厅服务业，因为餐厅服务业直接面对广大的顾客，只有高关系型的领导才能使得员工心情舒畅地面对广大顾客，提高服务质量。

2. 答：首先要明白，员工才是老板利益的有力助手，所以葛多特应改进自己的领导方式，多注意关心人，从满足员工的需求出发，给予丹妮更多的指导帮助和鼓励支持，提高员工的满意度。只有这样，才能通过员工这条线，更好地服务于顾客，员工从心里表现出来的微笑服务才是最真诚的服务，才能赢得更多的回头客。

3. 答：如果我是丹妮，我首先可能会跟老板好好地交流一下，将我的想法传达给他，在案例中我没有看到丹妮曾经试图这样做过。通过沟通可以将自己的想法传递给老板，增进相互的理解，争取老板对自己工作的支持。

4. 答：首先要明白员工最希望得到什么。一般情况下，在新来的员工看来可能工资是一个不错的激励手段。但随着时间的推移，单单金钱上的激励已经不能满足员工的要求了，他们可能更希望有一个好的工作环境，有一个好的工作关系，得到老板的赏识，得到老板的赞赏，所以在这一时期，老板做的更多的应该是关心。

案例 2　老刘的分工

答：老刘可能自己感觉良好，认为自己在进行分工，并与团队成员进行了沟通，而且授予他们权力，并交代了事情的紧迫性，事情应该有条不紊地进行。事实正好相反，团队成员认为老刘不考虑成员的现实工作，没有考虑事情的协调运行，打乱了成员的工作节奏，是在制造混乱和引发压力，而且不给成员提出工作合理建议的机会。他们可能感到困惑，认为老刘难以沟通，不提供充分的信息。

那么，老刘为什么会有这种管理方式呢？我们先来看看，一般管理者是如何学习管理的。

在成为管理者以前，大多数人都是通过很长一段时间在具体的专业或技术岗位上工作，并因为表现杰出而晋升到管理岗位来的。他们开始的时候都是实干家——如工程师、行政人员、技术工人等，任何事情都是亲历亲为。走上管理岗位以后，在遇到问题时他们自觉不自觉地都倾向于自己独立做事或寻找能人做事。案例中老刘就是这种情况——只注重给团队中业务能力特别强的成员安排工作，比如在回办公室的途中居然都没有看到自己部门的另一名员工——小金。

作为新走上管理岗位的人员，他们一方面是通过观摩或感受自己以前上级的管理方式进行管理，另一方面是通过自己的直感进行管理，从而慢慢形成自己的管理方式。但是，令人遗憾的是，如果上级的管理方式不正确，或自己领悟错误，这种错误的管理方式就会得到延续而自己还很难察觉。

案例中，老刘就没有察觉到自己对团队管理方式的不当，而且自我感觉还不错。那么团队中正确的管理方式是怎样的？老刘应该怎样做才对呢？

正确的做法是，老刘在开完新项目论证会以后，不应急急忙忙地去找各位团队成员单独对话，而应先考虑一下现有团队成员的能力，将要开展的工作理出一份任务清单，并对其优先排序；再按照团队角色进行工作预先安排，之后再召集团队各个成员一起开会。在会上，老刘应交代一下新任务的背景及对公司的重要性，明确新任务在团队工作任务中更重要。

接下来，让团队成员说一下自己对新任务的理解，以及相应的困惑，并给予成员清楚的解释：各位成员必须能够理解那种打断正常工作给他们带来的不便。老刘需要团队成员的支持，并说明如果团队成员能够尽快完成这个新项目任务，就能越快回到手上的工作中去。

然后，老刘应将工作任务分解说明分发给各个团队成员，并在会上予以说明和加以确认。接着与团队成员一起进行新工作任务的讨论，协调各个成员之间工作的配合、进度安排等事宜；对团队成员间的工作接口加以说明，鼓励团队成员进行沟通，并对工作任务的阶段性关键之处随时保持核对。最后，明确告诉团队成员配合项目任务的工作会议在何时、何地召开，出现问题将如何进行处理等。这样，当老刘离开后可能会是另一番景象。

从这个案例中可以看出，作为团队领导，只有改变传统的管理方式，才能更有效地开展团队工作，达到团队协同效应。具体可以从以下几个方面着手：

（1）让团队成员充分理解工作任务或目标。只有团队成员对工作目标有了清楚、共同的认识，才能在成员心中树立成就感，也才能增加实施过程的紧迫感。我们知道“个人因有了目标改善了整个生存状况，是由于它赋予个人从事工作更多的意义”；同样，达成共识的团队目标，也能赋予成员克服障碍、激发能量的动力。

（2）在团队中鼓励共担责任。要鼓励团队成员共担责任，团队领导应帮助团队成员之间共享信息，建立一种鼓励信息共享的氛围；让团队成员知道团队任务进展状况，以及如何配合整个任务的完成；在团队中提供成员之间的交叉培训，使每个成员都清楚认识到自己并不知道所有的答案，确保有关信息的传递。

（3）在团队中建立相互信任关系。信任是团队发挥协同作用的基础，最终达到 $1+1>2$ 的效果。建立信任管理应从两方面进行。一方面是在团队中授权，即要勇于给团队成员赋予新的工作，给予团队成员行动的自由，鼓励成员创新性地解决问题，而不是什么事情都亲历亲为，一步一汇报。另一方面是在团队中建立充分的沟通渠道，即鼓励成员就问题、现状等进行充分沟通，激发思维的碰撞，创造一种公平、平等的沟通环境，公开的、以问题为导向的沟通方式，积极正面的、共鸣的沟通氛围。

案例 3　公司承包经营的失败

答：1. B；　2. A；　3. C

五、简答题

1. 答：领导是指导和影响群体或组织成员的思想和行为，使其为实现组织目标而作出努力和贡献的过程或艺术。

领导和管理的关系是：

(1) 领导职能是管理职能的一部分，可以说管理职能的范围要大于领导职能。

(2) 领导和管理活动的特点和着重点有所不同。

(3) 所有的管理者都应该是领导者，但领导者不一定是管理者。

2. 答：权力的实质：权力是指一个人藉以影响另一个人的能力；从权力的来源看，权力就是对资源拥有者的一种依赖性。

权力的类型有：法定权、奖赏权、强制权、专家权、感召权。

3. 答：领导者、被领导者、情境。

领导的有效性＝F（领导者，被领导者，情境）。

4. 答：领导特质理论研究的主要内容是：领导者的个人素质、品质和个性特征。就是要研究领导者应当具有哪些优秀的品质和能力，并试图以此来培养、选拔和考核领导者。

意义：为组织提供了一些选拔领导者的依据。

5. 答：领导行为理论认为，领导是群体中的一种现象，所谓领导就是领导者推动和影响群体成员和下属，引导他们的行为按领导者预期的方向发展，为共同的目标而努力。主要有以下几种理论：

1) 基于权力运用的领导方式分类

(1) 勒温的“三种领导方式理论”；

(2) 利克特的“支持关系理论”。

2) 基于态度和行为倾向的领导方式分类

(1) 斯托格弟和沙特尔的“四分图理论”；

(2) 布莱克和穆顿的“管理方格理论”。

权变理论认为：并没有万能的、固定不变的有效领导类型，某种领导方式在实际工作中是否有效主要取决于具体的情境和场合，应当根据情境之不同而采取不同的领导方式，方为有效。没有最好的领导模式，只有最合适的领导模式。主要有以下几个理论：

（1）领导行为连续统一体理论；

（2）费德勒的领导权变模型；

（3）领导生命周期理论 ；

（4）途径-目标理论；

（5）领导者参与模型。

6. 答：管理方格理论将对生产的关心和对人的关心这两个方面的程度各划分为 9 等份，1 代表关心程度最小，5 代表中等的或平均的关心程度，9 代表关心程度最大，交叉形成 81 方格，每一个方格代表这两个方面以不同程度结合的不同的管理方式。

（9.9）型不一定是最有效的领导方式，因为不同的情境适合不同的领导方式。

7. 答：影响领导有效性的环境因素主要有三方面：

（1）领导者与下属的关系；

（2）任务结构；

（3）职位权力。

领导权变模型结论是：

（1）在对领导者最有利和最不利的情况下，采用任务导向型领导方式，其效果较好；在对领导者中等有利的情况下，采用关系导向型领导方式，效果较好。

（2）要提高领导的有效性应从两方面着手：①先确定某工作环境中哪种领导者工作起来更有效，然后选择具有这种领导风格的管理者担任领导工作；②先确定某管理者习惯的领导风格，然后改变他所处的工作环境。

8. 答：领导的有效性取决于工作行为、关系行为和下属的成熟程度。由工作行为和关系行为相组合形成四种领导方式：

（1）高工作低关系——命令式；

（2）高工作高关系——说服式；

（3）低工作高关系——参与式；

（4）低工作低关系——授权式。

下属的成熟程度分为四个等级：不成熟、稍成熟、较成熟和成熟。

当下属不成熟时，领导者必须给予下属明确而具体的指导以及严格的控制，采取命令式的领导方式；

当下属稍成熟时，领导者采取说服式的领导方式；

当下属比较成熟时，领导者采取参与式的领导方式；

当下属成熟时，领导者采取授权式的领导方式。

9. 答：（1）决策是否有质量上的高要求；

（2）是否已掌握了进行有效决策所需的各种信息情报；

（3）决策者获得和分析各种信息情报的渠道是否畅通，信息情报传递的组织结构是否已形成；

（4）下属对决策的接受程度对完成任务是否很重要；

（5）如果决策者单独进行决策的话，下属是否会接受决策；

（6）下属是否愿意参加有关组织任务目标的决策；

（7）决策是否在下属中引起冲突。

10. 答：途径-目标理论是指领导者如何帮助下属认清和设定自己的工作目标以及个人目标，并找到实现这些目标的途径，从而增强下属的工作能力，在更大的范围和程度上由于目标的达到而获得满足。

（1）指示型领导方式适合于：任务不明或压力过大，内部存在激烈的冲突，下属的经验和能力较低，外控型下属；

（2）支持型领导方式适合于：下属执行结构化任务，组织中正式权利关系明确、官僚化；

（3）参与型领导方式适合于：内控型下属；

（4）成就导向型领导方式适合于：任务结构不清。

第六章　控 制 答 案

一、判断题

1. √；　2. √；　3. √；　4. ×；　5. √；　6. √；　7. ×；　8. √；　9. √；　10. √；　11. ×；　12. ×；　13. ×

二、单项选择题

1. D；　2. C；　3. B；　4. D；　5. A；　6. A；　7. D；　8. B；　9. A；　10. D；　11. B；　12. B；　13. D；　14. C；　15. A；　16. B；　17. B；　18. B；　19. C；　20. A；　21. C；　22. A；　23. B；　24. C

三、多项选择题

1. ABCDE；　2. ABC；　3. ACD；　4. BC；　5. BC；　6. AD；　7. ACE；　8. ABCE；　9. BCD；　10. ADE；　11. ABDE；　12. ABCDE；　13. BCD；　14. ABC

四、填空题

1. 关键控制；
2. 实物标准；
3. 方法　成效；
4. 钱　物；
5. 急性　慢性；
6. 相对　封闭；
7. 美　维纳；
8. 衡量　评价；
9. 可考核；
10. 信息反馈；
11. 控制标准　控制机构；
12. 拟定标准　纠正偏差；
13. 维持现状　打破现状；
14. 可以控制　不可以控制；
15. 偏差；

16. 组织结构　职位；
17. 素质；
18. 客观的　适当的；
19. 灵活性；
20. 预测　措施；
21. 管理；
22. 历史结果；
23. 全局　局部目标；
24. 主观意志；
25. 同期控制　反馈控制　前馈控制；
26. 合格　少；
27. 计划　非财务数字；
28. 管理信息系统；

五、案例分析题

案例 1　美孚 USM&R 的平衡计分卡

答：（要点）（1）绩效测量是控制及至全部管理活动的重要环节。没有有效的测量，在一定意义上就没有有效的管理；然而糟糕的测量比没有测量更糟糕。

（2）组织绩效测量体系的建立应该随着经营战略和组织再造而重新调整或进行彻底的再设计。

（3）平衡记分卡为组织绩效测量提供了一种全面的、平衡的、整合化的绩效测量途径。它可以使组织全面关注关键的绩效，可以综合多维绩效均衡全面地评价组织绩效，同时将组织战略与各个业务流程及至每个人的活动整合起来。

（4）平衡计分卡包括财务、顾客、过程和发展四个测量维度。每个维度由目标、测量指标和相应的支持措施构成；平衡计分卡围绕组织使命和愿景，从组织高层向中层、基层及至每个员工层层展开，解释和展开组织战略。

（5）USM&R 的实践展现了一个组织了解经营背景，分析关键过程和关键目标，反思绩效测量实践，进而选用、设计、展开平衡计分卡，全面评价经营绩效，并成功改进组织绩效的全过程，提供了运用平衡计分卡的典范。

案例 2　网络时代的控制

答：（要点）（1）所面临的新问题：

①员工在工作时的“精神涣散”；

②潜在的骚扰、偏见及其他有害行为。

网络时代的控制，首先是控制指导思想和控制方式的转变，从传统的行为控制，转变为核心理念和思想的统一；从传统的侧重于间接控制，转变为直接控制和自我控制。在具体的控制方法方面，如文中所言综合运用前馈、同期和反馈控制对新问题进行有效的控制。

(2) 答题思路：①简述控制的目的，目的有二：一是“维持现状”；二是“打破现状”。

②控制的作用及其重要性。

③综合以上两点谈文中观点的不妥之处。

④最后根据个人的理解谈谈新形势下控制的改进方法。

案例 3 林肯电器公司

1. 答：(要点) 属于前馈控制。例：制定严格的标准；从中学直接招工进行培训和教育；预测问题。

2. 答：(要点) (1) 组织文化价值观、坦诚沟通、正式控制系统和薪酬体系相互作用，将管理者、员工和组织的目标整合在一起，形成组织凝聚力。

(2) 鼓励组织及员工的学习和发展。

3. 答：(要点) 公司的控制方式倾向于分权控制。主要表现以下几个方面：

(1) 运用奖励强化公司的价值观，从而实现员工的自我控制。

(2) 该公司的工作任务是严格、明确、详细界定的，员工必须达到苛刻的、可以测度的绩效标准。

(3) 公司制定了面向所有高级管理者、中层管理者和生产工人的开放性政策，鼓励大家进行经常的、面对面的沟通和交流；只要工人们认为公司的做法和报酬比例不公平，公司鼓励工人们勇敢地挑战管理层的权威。

(4) 跨职能的团队被授予决策权，负责产品的设计、开发和市场营销工作。

(5) 关于公司经营和财务状况的信息是在公司的所有员工中公开共享的。

案例 4 药物检验：关于控制系统的争议

1. 答：(要点) (1) 控制方式不够人性化，容易导致员工的反感。

(2) 控制标准不严谨，“阳性”并不一定能够说明员工服用了违禁药物。

(3) 信息存在不对称，员工提供的信息不一定是控制系统所要控制的信息。

2. 答：控制标准虽然是客观可测的，但是没有发挥应有的作用。事实上人的行为来源于动机，对个体行为实施的控制必须前置，即控制需求和动机的形成。同时，有效地控制个体行为的标准有更高的要求，它需要首先得到认同。这是基本的前提。从信息传递的内容上看存在着很严重的信息不对称问题，员工对信息的理解存在着偏差，而信息传递的目的不仅仅是把信息传达到对方，还包括对方对信息正确、完整的理解；从信息传递的方式上看，在选择信息传递的方式时要灵活，要考虑到接收者的背景情况（如性别、学历、家庭环境等多方面因素），不能一味地以上级下达命令式的方式，这样的方式很难令人信服，也很难得到员工的普遍认同；从信息传递的途径上看，配合正式的途径还有很多个人通道等非正式途径，利用这些途径的传达和交流、沟通，弥补在正式途径中没有取得的传递效果，即使解决存在的对信息的任何异议。员工对这种控制的抵触情绪使得这一控制系统的有效性不高，不能达到预期控制目的，甚至适得其反。事实证明，该控制系统的有效性很低。

案例 5　苏南机械有限公司

1. 答：1998 年公司完不成任务的责任不在进出口公司，因为订单来了，本公司分厂不能及时交货，价格也有问题，所以只能让其他厂去做。进出口部作定购，这样既控制价格、质量，又能及时交货，问题表现在分厂的市场意识薄弱。实际上公司的协调机制也有问题，首先一个组织的控制是地系统的控制，需要按照系统的思想实施，某个局部的问题通常是系统设计的剖。另外控制是一个过程，必须通过有效的过程来保证，某个环节的活动或某个环节的优化不一定能够保证系统的成功。

2. 答：大量销售人员之所以外流，是因为他们可以获得更加丰厚的待遇。尽管员工是“社会人”，但同时也是“经济人”。所以必须在进出口公司实行不同于其他部门的机制，如弹性工资制等，让其收入与业绩挂钩，从而调动积极性。与此同时，整个公司必须进行现代企业制度的改革，让职工看到光明的前景。对人员的控制，实质是个激励问题，必须通过有效的激励和领导来保证。

案例 6　施贵宝公司内部控制制度

1. 答：有记录监控、内部审计、程序控制、产品质量和数量等的验收、定期复核、账目核对、信息分析等控制方法。

2. 答：优点：公司实施的内部控制方法系统而又较为完备，特别是不相容职务相分离原则，有效防止了组织对员工的失控；公司的控制反映了公司的计划；公司的控制适宜了组织的结构；控制中抓住了关键点；在控制中注意控制例外等。缺点：各种控制方法的一致性较差；应对各种方法进行整合，使他们更协调一致。在确保不相容职位相分离原则的同时容易造成人员重复设岗，导致管理费用的增加，使工作流程复杂化；可以引进电子商务系统，精简人员设置，控制管理和人工成本。严格的审批程序增加了业务办理的耗费时间，不利于对于突发情况进行及时反映，降低了组织的柔性；可以在这一程序之外设立一个例外情况处理程序，简化审批流程，提高企业对的顾客需求的响应速度。同时可以考虑引进企业内部的信息共享系统，在库存和进、发货之间建立起即时的信息交流，提高工作效率，加速货物的流转，缩短库存时间，降低库存成本，有效控制成本。

案例 7　华润公司运行 6S 管理体系

1. 答：6S 管理体系是华润公司从自身实际出发探索出的管理多元化集团企业的一种系统化管理模式。6S 既是一个全面预算管理体系，也是一个多元化的信息管理系统。它的主要内容是将集团内部多元化的业务及资产划分为责任单位并作为利润中心进行专业化管理，其组织领导及监督实施机构是集团董事会下设的6S委员会。

2. 答：优点：可以通过预算的目标来量化企业的目标；可以导致出更好的计划和协调；更容易进行量化的控制。缺点：过于繁琐带来的危险；预算目标取代了企业目标带来的风险；预算潜在的效能低下。

六、简答题

1. 答：控制工作与其他各项管理职能的关系可以表述为：

（1）控制工作通过纠正偏差的行动与其他四个管理职能紧密结合在一起，使管理过程形成一个相对封闭的系统。

（2）在这个系统中，计划职能选择和确定组织目标、战略、政策和方案以及实现程序。然后组织工作、人员配备、指导与领导去实现计划。为了保证目标的实现，必须根据有计划产生的控制标准，检查计划执行情况。

（3）控制工作存在于管理活动的全过程，它不仅可以维持其他职能的正常活动，而且在必要时可以采取纠正偏差的行动来改变其他管理职能的活动。

2. 答：一般控制与管理控制相同之处表现在：

（1）有相同的基本活动过程；

（2）管理控制系统实质上也是一个信息反馈系统，通过信息反馈，发现管理活动中的不足之处，调节和改进系统，以趋于稳定、完善，直至达到优化的状态；

（3）管理控制系统和一般控制系统一样，也是一个自组织系统。

不同之处表现为：

（1）一般控制是一个简单的信息反馈过程，它的纠正措施往往是即刻就可以付诸实施的，而管理控制的信息非常复杂，因此它的纠正措施往往有一定的时间滞后。

（2）简单反馈中的“信息”，是一个一般意义上的词汇，反馈的信息往往是比较单纯的。管理控制中的“信息”，是根据管理过程和管理技术而组织起来的在组织活动中产生的，并且经过了分析整理后的信息流或信息集。

（3）一般控制系统中，控制活动的目的是设法使系统运行中所产生的偏差不致超出允许的范围而维持在某一平衡点上。管理控制的目的不仅是要使一个组织按照原定计划，维持其正常活动，以实现既定目标；而且还要力求使组织活动有所前进，有所创新，以达到新的高度，提出和实现新的目标。

3. 答：实现管理突破有六个步骤：①论证必要性；②组织落实；③进行诊断；④治疗过程；⑤克服阻力；⑥在新的水平上控制。

4. 答：控制工作与其他四项管理职能的关系表现在：

（1）控制工作通过纠正偏差的行动与其他四个职能紧密结合在一起，使管理过程形成一个相对封闭的系统。

（2）在这个系统中，计划职能选择和确定组织目标、战略、政策和方案以及实现程序。然后，通过组织工作，人员配备，指导和领导职能去实现计划。为了保证计划目标正确实现，必须根据由计划产生的控制标准，检查计划执行情况。

（3）控制工作存在于管理活动的全过程中，它不仅可以维持其他职能的正常活动，而且在必要时还可以采取纠正偏差的行动来改变其他管理职能的活动。

5. 答：直接控制的优点表现为：

（1）在对个人委派任务时有较大的准确性，同时为使主管人员合格，对他们经常进行评价，必会揭露实际工作中存在的缺点，并为消除这些缺点而进行专门培训提供依据。

（2）可以加速采取纠正措施并使其更加科学有效。

（3）由于提高了主管人员的素质，减少了偏差发生的可能性，也就有可能减少间接控制造成的负担，节约经费开支。

（4）直接控制可以获得良好的心理效果。

6. 答：对控制工作的要求包括：

（1）控制系统应切合主管人员的个别情况；

（2）控制工作应确立客观标准；

（3）控制工作应具有灵活性；

（4）控制工作应讲究经济效益；

（5）控制工作应有纠正措施；

（6）控制工作应有全局观念；

（7）控制工作应面向未来。

7. 答：实施有效的前馈控制有六个前提条件：

（1）必须对计划和控制系统作出透彻的、仔细的分析，确定重要的输入变量；

（2）建立前馈系统模式；

（3）保持前馈系统模型的动态性即经常检查模式，了解所确定的输入变量及其相互关系是否还反映实际情况；

（4）必须定期收集输入变量的数据，输入控制系统；

（5）必须定期估计实际输入数据与计划输入数据的偏差，评价其对最终成果的影响；

（6）必须有措施保证。不仅要发现问题，还要有纠正措施来解决问题。

8. 答：运用预算控制方法可能的风险包括：

（1）预算过于繁琐带来的危险。

（2）让预算目标取代了企业目标带来的风险，即发生了目标的置换。

（3）预算潜在效能低下的风险。

9. 答：编制预算步骤归纳如下：

上层主管人员将可能列入预算或影响预算的计划和决策提交预算委员会。

（1）负责编制预算的主管人员向各部门主管人员提出有关预算的建议并提供必要的资料。

（2）各部门主管人员编制本部门预算并相互协调矛盾。

（3）各部门的预算汇总整理成总预算，预拟资产负责表及损益表计算书，以表示组织未来预算期限中的财务状况。最后将预算草案交预算委员会和上层主管人员核查批准。

10. 答：管理信息系统是服务于管理领域的信息系统。管理信息系统的基本功能是产生并向有关部门提出决策和控制信息。管理信息系统作用于组织及其资源，产生了多方面的影响：

（1）管理信息系统对组织管理方式的影响。采用信息系统能促使管理方法由定性向定量发展。

（2）管理信息系统对组织的影响。利用现代的信息技术，使上层的主管人员能较容易掌握反映了整个组织活动的信息，从而能作出较为合理的决策。同时现代信息技术也出现了有促进分权管理的趋势。

（3）管理信息系统对组织发展的影响。信息系统的好坏直接影响组织的生存和发展。

11. 答：盈亏平衡分析在控制中经常用于：

（1）预测实现目标的销售量。

（2）分析各种因素变动对利润的影响。

（3）进行成本控制。

（4）判断企业经营的安全性。

12. 答：控制关键点原理认为：为了进行有效的控制，需要特别注意基于计划来衡量工作绩效时有关键意义的那些因素。控制住了关键点，也就控制住了全局。比如在施工项目管理过程中，关键在于控制各项活动的作业时间和活动之间的相互关系。通过使用网络图，识别和显示各个关键时间点和作业之间的关系；通过观察工序进度，把握关键工序，进而配置和调整资源，即通过把握关键，而不是所有的细节，便可以更有效地保证按计划完成项目。

13. 答案要点：

（1）建立有效的控制系统，包括：施控主体、受控对象、控制机制及系统的输入和输出。

（2）按照科学的过程实施控制，包括：确立标准，衡量绩效，纠正偏差以及实施改进和突破。

(3) 遵循控制工作的原理，包括：反映计划要求，组织适宜性，控制关键点，控制趋势，控制例外，实施直接控制等。

(4) 同时注意几个方面的主要问题，包括控制系统应切合主管人员的个别情况，控制应确立客观标准，控制应具有灵活性，应讲究经济效益，应有纠正措施，要具有全局观点等。

七、论述题

1. 答：管理控制是指主管人员对下属的工作成效进行测量、衡量和评价，并采取相应纠正措施的过程。

控制工作的步骤是：

(1) 拟定标准。标准是计量实际或预期工作成果的尺度。

(2) 衡量成效。按照标准，衡量工作成效，取得大量信息。

(3) 纠正偏差。这是控制工作的关键，纠正实际情况中的偏差，是整个管理过程系统中的一部分内容。

控制工作的重要性表现为：

(1) 任何组织，任何活动都需要控制。由于主客观原因，主管人员的预测不可能完全准确，所制定的计划在执行过程中可能会出现偏差，还会发生未曾预料到的情况，因此需要加强控制工作。

(2) 控制工作的重要性表现在它在管理的五个职能中的地位和相互关系上。通过纠正偏差与其他职能紧密地结合在一起，使管理过程形成一个相对封闭的系统。不仅可以维持其他职能的正常活动，而且在必要时采取纠正偏差的行动来改变其他职能活动，使其达到预定目标。

2. 答：预算也是一种计划，它使用数值编制的反映组织布未来某一个时期的综合计划。尽管预算是一种普遍使用的、行之有效的计划控制方法，但它也存在着一些不足之处。

(1) 容易导致控制过细。某些预算控制计划太全面，太详细，以致束缚了主管人员应有的自主权，出现预算工作过细过死的危险。

(2) 容易导致本位主义。预算目标有时会取代组织目标。

(3) 容易导致掩盖效能低下的缺点。通常预算是在去年成果的基础上按比例增长来编制，一些不合理的费用也作为今天预算的依据；一般预算费用的申请数会大于它的实际需要数。

(4) 最大缺陷也许是它缺乏灵活性。实际情况往往会与预算不同，如果这时主管人员还受预算约束的话，那么预算的有效性就会减弱或者消失。

为了克服上述预算的不足，有一些改进的预算方法：

(1) 可变的或灵活的预算。

(2)“可抉择的预算”和补充预算。

(3) 零基预算。

(结合实际阐述)

3. 答：计划技术是一种用来观察在时间和项目的推移过程中，如何把计划的各个局部恰当地结合在一起的方法。它有五个优点：

(1) 它促使主管人员去进行计划工作。

(2) 它促使主管人员将计划的拟定工作交给下级去做。

(3) 它促使主管人员把注意力集中在可能需要采取纠正措施的关键问题上。

(4) 从某种意义上说，它是一种前馈控制。

(5) 使整个网络系统各分系统有可能在恰当的时间、针对组织结构中恰当职位和管理层次提出报告和为采取行动施加压力。

时间计划技术的缺点表现在：

(1) 由于作业时间的长短对于发挥 PERT 的作用具有重要意义，所以如果规划本身模糊不清，或对进度作出不合理的“瞎估计”，这样的 PERT 可能就没有意义。

(2) PERT 最主要的缺点是它只强调时间因素而不强调费用因素。

4. 答：(要点) 间接控制的五个具体假设为：

(1) 工作绩效是可以计量的；

(2) 人们对工作绩效具有个人责任感；

(3) 追查偏差原因所需要的时间是有保证的；

(4) 出现的偏差可以预料并能及时发现；

(5) 有关部门或人员将会采取纠正措施。

然而这些假设有时却不能成立，例如：

(1) 有许多合理工作中的绩效是很难计量的。例如，主管人员的决策能力、预见性和领导水平是难以精确计量的；对完成计划起关键影响作用的部门的工作绩效是不能和非关键部门的工作绩效相比较的，即便是前者的工作绩效大，也不能说明后者的工作难度一定低于前者。

(2) 责任感的高低也是难以衡量的。有许多工作，其绩效不高，却与个人责任感关系不大或无关。例如，由于缺乏廉价燃料时不得不使用另一种昂贵的能源而使费用支出增加。

(3) 有时主管人员可能会不愿花费时间和费用去进行调查分析造成偏差的事实真相，这往往会阻碍对违反标准的原因进行调查。

(4) 有许多偏离计划的误差并不能预先估计到或及时发现，而往往是发现太迟以至难以采取有效的纠正措施。

(5) 有时虽能够发现偏差并能找到产生的原因，却没有人愿意采取纠正措施，大家互相推卸责任，或者即使能把责任固定下来，当事的主管人员却固执己见，不愿纠正错误。

间接控制并不是普遍有效的控制方法，它还存在着许多不完善的地方。

5. 答：(要点) 直接控制的可靠的假设包括：

(1) 合格的主管人员所犯的错误最少；

(2) 管理工作的绩效是可以计量的；

(3) 在计量管理工作绩效时，管理的概念、原理和方法通常是一些有用的判断标准；

(4) 管理基本原理的应用情况是可以评价的。

这些前提条件在管理过程中，通常是成立的，例如……(略)

直接控制的优点：

(1) 在对个人委派任务时能有较大的准确性；同时，为使主管人员合格，对他们经常不断地进行评价，实际上也必定会揭露出工作中存在的缺点，并为消除这些缺点而进行专门培训提供依据。

(2) 直接控制可以促使主管人员主动地采取纠正措施并使其更加有效。它鼓励用自我控制的办法进行控制。由于在评价过程中会揭露出工作中存在的缺点，因而也就会促使主管人员努力去确定他们应负的职责并自觉地纠正错误。

(3) 直接控制还可以获得良好的心理效果。主管人员的质量提高后，他们的威信也会得到提高，下属对他们的信任和支持也会增加，这样就有利于整个计划目标的顺利实现。

(4) 由于提高了主管人员的质量，减少了偏差的发生，也就有可能减轻间接控制造成的负担，节约经费开支。

第七章　决 策 答 案

一、判断题

1. ×；　2. ×；　3. ×；　4×；　5. √；　6. ×；　7. √；　8. ×；　9. √；
10. √；　11. ×；　12. √；　13. ×；　14. √；　15. √；　16. ×；　17. √；
18. ×；　19. √；　20. ×；　21. ×；　22. √

二、单项选择题

1. C；　2. D；　3. C；　4. D；　5. B；　6. D；　7. D；　8. D；　9. B；　10. D；
11. B；　12. B；　13. D；　14. A；　15. B；　16. C；　17. A；　18. A；　19. B；
20. B；　21. B；　22. A；　23. B；　24. B；　25. B；　26. D；　27. D；　28. C；
29. A；　30. D；　31. B；　32. B；　33. C；　34. A；　35. D；　36. C；　37. C；
38. C；　39. B；　40. A；　41. C

三、填空题

1. 大；
2. 程序化决策　非程序化决策　程序化决策；
3. 初始决策　追踪决策　追踪；
4. “经济人”　“社会人”；
5. 有限理性模型　成功管理模型　社会模型；
6. 限制性；
7. 头脑风暴法　奥斯本的震脑法　哥顿法　特殊的头脑风暴法；
8. 德尔菲法；
9. 长期决策　短期决策　长期决策；
10. 战略决策　战术决策　业务决策　战略决策　业务决策；
11. 单目标决策　多目标决策　多目标决策；
12. 可以计量其成果　规定其时间　可以确定其责任；
13. 追踪决策要优于初始决策　要在能够改善初始决策实施效果的各种可行方案中，选择最优或最满意的决策；
14. 信息　符合事物发展规律；
15. “最优”　完全理性；
16. 经济指标　技术指标　对环境影响。

四、案例分析单选题

案例 1　新民钟表公司：D；C；D；A；D；A

案例 2　马厂长和他的“党政联席会议”：D；A；D；A；C

案例 3　E 公司的发展：C；D；A；D；C

案例 4　苏星公司的战略选择：B；A；C；B；D

案例 5　长达公司的战略决策：D；D；B；B；D

案例 6　立德公司的出路在哪里？C；B；D；A；D

五、案例分析题

案例 1　某印刷厂在有效性和效率上竞争

1. 答：根据 SWOT 分析原理，外部环境方面需要在深入分析两种业务的市场需求前景、潜在竞争者的进入障碍、主要竞争对手相关信息、买方卖方议价能力、客户价值、顾客满意度等方面找出本厂现阶段存在的机会和威胁；内部环境方面需要对本厂的生产成本、产品质量、两种产品销售状况、生产能力、技术水平、财务状况、人员特点等进行分析，找出印刷厂的优势与劣势，并进行比较分析，立足长远发展而不是眼前利益，最终作出战略决策。

2. 答：根据本文提供的信息，得知本厂没有足够的生产能力来进行“高效率”生产，也就是说本厂不具有绝对的实力来扩大生产规模，大幅提高市场占有率进而以成本优势取胜的能力；且插页印刷技术含量低，需求价格弹性大，潜在竞争者进入障碍小，所以若保持现规模的重复生产，或较小规模的增长只能使企业处于被动位置，不利于印刷厂的长足发展；而专业印刷属“有效性”产品，它的差异化使得经营者具有更大的灵活性，产品可以满足不同需求的顾客，利润率高，且其高技术含量阻止了过多潜在竞争者的进入，有利于本厂的长远发展。综合考虑后，我会选择将有限的资源投入到“有效性”产品中。

3. 答：本厂在没有能力兼顾两种产品生产的情况下，可以选择将插页产品进行外包，自己着力生产专业印刷品。由于广告插页不会有太大的差异性，技术含量低，所以可以选择几家实力相对较弱的厂家将插页印刷外包出去，自己主要专注于拓展专业印刷业务，将“有效性”产品进一步做大做强。

案例 2　选定管理决策的规范模式

1. 答：第 1 个案例选协商式（CI），2 选（GⅡ），3 选（AⅡ），4 选（AⅡ）

2. 答：对于第一个案例来说，决策的可接受性更为重要，它关系着决策的实施情况。在时效性上没有非常严格的要求。

第二个案例中决策的合理性非常重要，并且铺设管道的计划时间比较紧凑，因此尽快作出合理的决策的时效性要求比较高。

第三个案例中决策的可接受性就比合理性来的重要，并且如果出国的任务的时间越紧则此决策时效性越强。

最后一个案例中决策的合理性就决定了决策的可接受程度，因此一个更为合理的决策就更为重要，信息的收集快慢和处理决定了决策的时效性。

3. 答：对于第一个案例来说，我（制造经理）怀疑可能是由于工作系统上的问题（非结构性的问题），但是并没有完全掌握了作出高质量决策的足够信息，因此必须要在下属那里得到必要的信息。但同时四个基层主管人对生产率下降的原因看法和我不同，存在着潜在的分歧，所以如果由我个人分别讨论收集信息作出决策则没有把握能得到下属的接受。当下属和部门经理都关心问题原因时，如果把下属作为一个群体来参与讨论则更有利于分析讨论出问题所在，了解各种可能的原因及作出一个大家都比较容易接受的方案。因此选（CⅡ）

第二个案例中对计划的时间、材料、地点等信息都已经掌握，而没有确定的进展率则和工长和大队的其他成员的效率有较大关系，因此管理者要从下属那得到必要的信息如进度，工人的士气，并且可以借助奖金等激励手段去能动地控制进展率。因此选（AⅡ）

第三个案例中12名工程师都能胜任已有的工程项目，而且出国的任务一般认为是不受欢迎的，因此把大家聚在一起开诚布公地说明自己对出国机会的态度和看法是非常重要的，所以管理者应该和作为一个群体的下属讨论问题，共同制定最后的出国方案。因此选（GⅡ）

最后一个案例中只有错误率方面的信息，缺少实际数据和情况的信息；而各个工厂会积极提供数据但比较排斥高层的干预行为，因此要和有关下属各别地讨论问题并作出合理决策。因此选（GI）

4. 答：通过细致分析决策的七个方面的属性，从信息掌握程度，是否为结构化问题等方面考查决策的合理性，从下属之间的关系和态度上考查决策的可接受性，再从任务的性质上考虑决策的时效性，这几个因素共同决定了最后的决策模型。所以这种决策管理模式是从决策的性质出发来选择不同的决策风格的，这和没有经过细致分析并放在特定的情景中考虑得出的结果是不一样的。

5. 答：理论起着指导思想的作用，扎实的管理理论对解决实际问题起着一个清晰思路和形成框架的重要作用；但同时考虑实践问题有时候也要把理论放在一个特定的场景中去，系统全面地考虑各种因素，并对其细致分析，才有可能找到问题的所在和解决方案。

案例3　钟表王国的困惑与东山再起

答：主要得益于：企业家的创新意识和冒险精神；决策方向和目标正确，注重满足市场和顾客的潜在需求，期望“瑞士表”能够像流行音乐、流行服装一样，不断随着时代的变化而变化，成为时代的弄潮儿；决策过程科学，注重对市场和顾客潜在需要的研究，注重对消费需求的引导和潜在市场的开发；决策内容方面，既制定了明确的国际化竞争战略，又有落实该项战略的市场营销策略及组织结构设计方面的匹配措施，并通过营销手段引导消费。

案例4　阿斯旺水坝的灾难

答：主要启示是：现实中的决策往往是多目标决策，人们在作出决策时，对于决策结果究竟要达到什么样的预定目标的认识往往与价值判断有关；任何决策方案在带来实现预定目标所希望的正面效果的同时，往往也可能引起各种负面效果。

案例5　阿迪达斯与耐克

1. 答：市场的不确定性确实有一定影响，但更重要的是阿迪达斯公司没有准确地预测到市场的变化，导致公司不能生产出适合市场需求的产品。

2. 答：在关于企业发展的战略性决策上，委员会结构的决策机制可以综合群体智慧，能够有效避免个人决策带来的风险。

3. 答：进行准确的市场预测，预计到健康运动的发展将会对运动鞋市场产生重要影响。在技术方面持续进行改进，向顾客传递最完美的旅游鞋制造商形象。

4. 答：紧跟市场变化，改变原有的产品单一化模式，满足顾客的高品质、多样化需求。

六、简答题

1. 答：优点：①集思广益；②有利于决策的执行；③更能承担风险。

缺点：①决策速度慢；②责任不明；③个人对群体的操纵；④个人屈服于群体压力。

2. 答：追踪决策是在初始决策的基础上对组织活动方向、内容或方式的重新调整。追踪决策一般是在内外部环境发生变化，或者由于组织对环境特点的认识发生了变化时而作出的。

与初始决策比，追踪决策具有如下特征：①回溯分析；②非零起点；③双重优化。

3. 答：(1) 选择好会议参加者；

(2) 要有高明、机敏的主持人；

(3) 创造一个良好的环境，任何人提出的任何意见都要受到尊重，不得指责或批评，更不能阻挠发言。

4. 答：在决策过程中，影响决策的因素有很多，但主要的因素可以归纳为以下几类：①决策的重要性因素；②决策者的因素；③其他有关人员；④环境因素。

5. 答：决策是人们为实现一定的目标而制定行动方案并准备实施的活动，也是一个提出问题、分析问题、解决问题的过程。

从决策的概念看，决策具有下列特点：①决策是行动的基础；②决策具有超前性；③决策具有明确的目的性；④决策方案的可选择性；⑤决策的过程性。

6. 答：程序化决策是按原来规定的程序、处理方法和标准去解决管理中经常出现的问题，又称常规决策、重复性决策、例行决策。这类决策问题比较明确，有一套固定的程序来处理。由于程序化决策所涉及的变量比较稳定，可以预先建立数学模型，编成计算机处理程序。

非程序化决策是解决以往无先例可循的新问题，具有极大的偶然性和随机性，很少发生重复，又称非常规决策、例外决策。其决策步骤和方法难以程序化、标准化，不能重复使用。由于非程序化决策需要考虑内外部条件变动及其他不可量化的因素，除采用定量分析外，决策者个人的经验、知识、洞察力和直觉、价值观等因素对决策有很大的影响。

7. 答：规范决策理论主要是建立在“经济人”假说的基础上的。“经济人”假说认为人类从事经济活动的目的是追求利润最大化，忽视了人所具有的情感态度及价值观。在“经济人”假说的基础上形成了规范决策理论假定决策者具备完全的理论知识，追求效用最大，通过冷静客观的思考进行决策。规范决策理论是一种理想化模式，不一定能指导实际中的决策。

行为决策理论是西蒙在提出决策的“满意标准”和“有限理性标准”后，用“社会人”取代“经济人”作为决策的假说而提出的并逐步得到发展。这一理论包括了有限理性模型、成功管理模型和社会模型。

规范决策理论和行为决策理论的主要差别在于决策信息的完备性、决策的标准和决策的理性程度。从规范决策理论模型到行为决策理论模型，表明了决策从完全理性到完全非理性之间的变化。

8. 答：科学决策是一个动态的系统反馈过程，包括了一定的步骤和程序。由于客观世界的复杂性，决策的具体过程不可能全都相同，但在实践经验的基础上，可将决策过程划分为七个步骤：①分析问题，确定决策目标；②价值准则；③拟定可行方案；④分析、评价方案；⑤抉择方案；⑥实施决策方案；⑦评价执行结果。

9. 答：方案制定方法有头脑风暴法、哥顿法、德尔菲法。

定量分析方法：利用一定数学模型，通过定量分析技术与计算来选择最优方案的方法。现代决策的方案制定方法有：

（1）确定型决策分析法。主要有线性规划法、盈亏平衡分析法等。

（2）风险型决策分析法。主要有决策树、最大可能准则、期望值等方法。

（3）非确定型决策分析法。主要有悲观准则、乐观准则、乐观系数准则、等可能性法则、“后悔值”决策准则等。

10. 答：决策一般遵循满意原则而不是最优原则，是因为最优原则要做到：①获得与决策有关的全部信息；②真实了解全部信息的价值所在，并据此制定所有的可能方案；③准确预测到每个方案在未来的执行结果。但在现实中，上述条件往往得不到满足，或时间不允许，或经济性不合理。具体说：①组织内外存在着对组织的现在和未来都会有直接或间接地产生某种程度的影响因素，但决策者很难收集到反映这一切情况的信息；②对于收集到的有限信息，决策者的利用能力也是有限的，因而决策者只能制定出数量有限的方案；③任何方案都是在未来实施，而人们对未来的认识是不全面的，对未来的影响也是有限的，从而决策时所预测的未来状况可能与实际的未来状况有出入。

现实中的上述状况决定了决策者很难作出最优决策，只能作出相对满意的决策。

11. 答：“鉴往知来”就是通过历史演绎未来。它在管理学的基本概念中与预测有相同的含义，是进行正确决策的前提与依据，尤其是做追踪决策时要考虑初始决策已经形成的影响。

七、计算题

1. 答：

（1）根据条件绘制决策树。

（2）结点④300×1.0×4－400＝800（万元）

结点⑤100×1.0×4＝400（万元）

由于800＞400　故决策Ⅱ选择扩建厂房。

（3）结点①[300×0.7×5＋(－50)×0.3×5]—700＝275(万元)

　　结点②[100×0.7×5＋60×0.3×5]—400＝40(万元)

　　结点③[100×0.7×1＋800×0.7＋60×0.3×5]—400＝320(万元)

结论：由于320＞275＞40

所以应选择第三方案，即先更新设备，若销路好一年后再扩建厂房。

2. 答：

（1）根据2004年的数据可知：

2004的固定成本为88 000元，2005年固定成本不变，仍为88 000元；

2004年销售额为180 000元，产品单价为40元/件，销售量为180 000/40＝4500件；

2004年总的变动成本为160 000－88 000＝72 000元，单件变动成本为72 000/4500＝16元。

（2）2005年的保本点计算为：（设2005年保本点的产销量为Q）

固定成本 88 000＋增加广告费 3200＋变动成本 16Q＝40Q

求出 2005 年保本点的产销量为 3800 件。

(3) 若 2005 年计划实现目标利润 52 800 元，则目标销售额为：

先求出实现目标利润需要的销售量 Q 为 6000 件，

(固定成本 88 000＋广告费增加 3200＋变动成本 16Q＋目标利润 52 800＝40Q)

再算出计划实现目标利润 52 800 元的目标销售额为 6000×40＝240 000 元。

3. 答：

这是一种非确定型的决策问题，根据企业对风险的态度和承受能力可分别采取谨慎的悲观准则、保守的“后悔值”准则、敢于冒险的乐观准则与折中的乐观系数准则或等可能法则进行决策。

1) 谨慎的悲观准则

a 方案的最小收益为－40 万元，b 方案的最小收益为－80 万元，c 方案的最小收益为 16 万元，经过比较，c 方案的最小收益最大，所以谨慎者可选择 c 方案。

2) 保守的“后悔值”准则

在销路好这一自然状态下，b 方案（新建生产线）的收益最大，为 240 万元。在将来发生的自然状态是销路好的情况下，如果管理者恰好选择了这一方案，他就不会后悔，即后悔值为 0。如果他选择的不是 b 方案，而是其他方案，他就会后悔（后悔没有选择 b 方案）。比如，他选择的是 c 方案（与其他企业协作），该方案在销路好时带来的收益是 100 万元，比选择 b 方案少带来 140 万元的收益，即后悔值为 140 万元。各个后悔值的计算结果见后悔值表：

后悔值表

	销路好	销路一般	销路差
a. 改进生产线	60	0	56
b. 新建生产线	0	20	96
c. 与其他企业协作	140	50	0

由后悔值表看出，a 方案的最大后悔值为 60 万元，b 方案的最大后悔值为 96 万元，c 方案的最大后悔值为 140 万元，经过比较，a 方案的最大后悔值最小，所以保守者可选择 a 方案。

3) 有冒险精神的乐观准则

a 方案的最大收益为 180 万元，b 方案的最大收益为 240 万元，c 方案的最大收益为 100 万元，经过比较，b 方案的最大收益最大，所以有冒险精神的可选择 b 方案。

4）折中的乐观系数准则

假设乐观系数为 α=0.6，乐观期望值=最高收益×α+最低收益×(1−α)。

a 方案的乐观期望值为:180×0.6+(−40)×(1−0.6)=92;

b 方案的乐观期望值为:240×0.6+(−80)×(1−0.6)=112;

c 方案的乐观期望值为:100×0.6+16×(1−0.6)=66.4。

所以，企业乐观系数为 0.6 时，可选择 b 方案。

5）折中的等可能法则

等可能法则基于决策者认为各种自然状态出现的概率均等。

a 方案的期望值为：180×1/3+120×1/3+(−40)×1/3=86.67;

b 方案的期望值为:240×1/3+100×1/3+(−80)×1/3=86.67;

c 方案的期望值为：100×1/3+70×1/3+16×1/3=62。

所以，折中的等可能法则可在 a 方案或 b 方案中进一步筛选。

由本题可知：谨慎者可选择 c 方案，保守者可选择 a 方案，有冒险精神的可选择 b 方案，折中的乐观系数准则在 0.6 时选择 b 方案，折中的等可能法则可在 a 方案或 b 方案中进一步筛选。可见，企业对风险的态度和承受能力对决策的影响是很大的。

第八章 沟通答案

一、判断题

1. ×；　2. ×；　3. √；　4. ×；　5. √；　6. ×；　7. ×；　8. ×；　9. √；10. √

二、选择题

1. D；　2. C；　3. B；　4. C；　5. C；　6. C；　7. D；　8. C；　9. A；　10. B；11 D；　12. D；　13. A；　14. C；　15. B；　16. C；　17. C；　18. D；　19. B；20. B；　21. D；　22. D；　23. A；　24. B

三、填空题

1. 机-机沟通　人-机沟通　人-人沟通

2. 正式沟通

3. 非正式沟通

4. 双向沟通单向沟通

5. 分配型谈判综合型谈判

6. 演讲者　听众　当时的环境

7. 沟通中是否提供全部必要信息　是否根据听众的反馈回答了询问的全部问题　是否为了实现沟通目的在需要时提供额外的信息。

四、案例分析题

案例1　张经理的沟通经验

1. 答：根据各种不同的标准张经理选择了正式沟通、轮式沟通方式、电子媒介沟通等形式。

2. 答：主要特点：①正式沟通是组织中依据规章制度明文规定的原则进行的沟通。其优点是沟通效果好，有较强的约束力；缺点是沟通速度慢。②轮式沟通又称主管中心控制型，该种沟通网络图中，只有一名成员是信息的汇集发布中心，相当于一个主管领导直接管理几个部门的权威控制系统。这种沟通形式集中程度高，信息传递快主管者具有权威性。但由于沟通渠道少，组织成员满意程度低，士气往往受到较大的影响。③电子媒介是指运用各种电子设备进行信息的传递。如电视会议、电子邮件等。尤其是电子邮件的运用已经全球化，使信息传递速度大大加快。

3. 答：沟通的内容主要是员工在工作中感到的实际问题与企业管理方面的建议和意见。例如，要求员工尤其是外地员工利用电子邮件直接反映实际问题，并对这些问题进行处理等。

4. 答：管理者在沟通中起的主要作用有：①建立和利用了多种沟通渠道；②积极的与员工进行沟通。

案例 2　相关知识：信息沟通的目的、作用

答：针对分案例一可首先采用个别交谈，给部门经理留些面子，如不能解决问题，则采用正式的、公开的沟通方式来处理问题，如会议通报批评或撤职。

针对分案例二可采用链式沟通，直接向下级层层传达，因链式沟通的速度最快。

案例 3　迷你企业（Mini firm）

答：领导的目标、计划工作、组织、领导、沟通工作。

合适的工作方式，领导风格（参与、互动型）。

案例 4　阿维安卡 52 航班

1. 答：(1) 发送者信息传递不全，没有清楚明确地传达出油量不足的真正含义。

(2) 接受者接受信息不全，未能充分全面捕捉到发送者油量不足信息的全部含义。

(3) 信息发送者和信息接受者沟通反馈不畅通，没有做及时充分的双向反馈。

(4) 信息接受者管理员没有充分了解飞行员的文化和传统。

2. 答：首先注意倾听；其次运用解释的技巧，即管理员用自己的语言解释飞行员所讲的内容，检查自己的理解是否全面准确；最后在双方多次反馈双向沟通的基础上，综合对方表达的内容得出“油量不足”的真正含义，从而进行紧急导航，避免事故的发生。

3. 答：倾听飞行员的语言，找到其中的关键信息；与飞行员进行交流，对自己解码的信息进行确认；更深入地了解各国的文化和习俗。

案例 5　通用电气公司的情感管理

答：B、B、A、C、D、D

五、简答题

1. 答：沟通就是为了设定的目标，人们在互动过程中，信息发送者通过一定渠道，以语言、文字、符号等表现形式为载体，与信息接收者进行信息、思想和情感等方面的交流、传递和交换，并寻求反馈以达到相互理解的过程。

信息沟通涉及九大要素：发送者、接收者、编码和解码、目标、背景、信息、管道或媒介、反馈、噪声。

2. 答：沟通就是为了设定的目标，人们在互动过程中，发送者通过一定渠道，以语言、文字、符号等表现形式为载体，与接收者进行信息、思想和情感等方面的交流、传递和交换，并寻求反馈以达到相互理解的过程。沟通具有以下几个方面的含义：沟通首先是意义的传递；信息不仅要被传递到，还要被充分理解；有效的沟通是双方准确地理解信息的含义；沟通是一个双向的、互动的反馈和理解过程。

沟通具有非常重要的作用：沟通是组织与外部环境之间建立联系的桥梁；沟通是组织协调各方面活动，实现科学管理的手段；沟通是领导者激励下属、履行领导职能的基本职能；沟通有利于满足员工的心理需要，改善人际关系。

3. 答：沟通障碍主要来自于三个方面：发送者的问题、接收者的问题以及信息传播通道的问题。

发送者的问题：表达能力不佳、信息传送不全、信息传递不及时或不适时、知识经验的局限、对信息的过滤。接收者的问题：信息译码不准确、对信息的筛选、对信息量的承受力、心理上的障碍、过早地评价、情绪。沟通通道的问题：选择沟通媒介不当、几种媒介相互冲突、沟通渠道过长、外部干扰。

要克服障碍，应当从三个方面入手：信息发送者；形象渠道的选择；信息接收者。

信息发布者必须注意以下因素：要有认真的准备和明确的目的性；正确选择信息的传递方式；沟通的内容要准确和完整；沟通者要努力缩短与信息接收者之间的心理距离；沟通者要注意运用沟通的技巧。

渠道的选择要注意：尽量减少沟通的中间环节，缩小信息的传递链；要充分运用现代信息技术，提高沟通的速度、广度和宣传效果；避免信息传递过程中的噪音干扰。

信息接收者要注意：要以正确的态度去接受信息；要学会“听”的艺术。

4. 答：正式沟通是指组织内规章制度所规定的沟通方式，由组织结构的建立。它的基本形态有以下几方面：

（1）自上而下的沟通：上级向下级下达命令、指示；从高到低，独裁。

（2）自下而上的沟通：从下属到上司：从低到高，参与、民主。

（3）横向交叉的沟通：同一层次间，或个人间。

不同层次间无隶属关系，具有业务协调作用。在正式组织环境中，正式网络沟通可以有五种沟通形态：链式、环式、y 式、轮式、全通道式。

5. 答：完全性原则、对称性原则、对事不对人的定位原则、责任导向的定位原则和事实导向的定位原则。

6. 答：对于大多数人讲，倾听意味着由我们听到别人讲话的声音时开始。但是，从学术意义上讲，“倾听”和“听”还是有区别的。“听”是人体感官对声音的一种生理反应，是感官对外界声音的接受。而“倾听”虽然也以听到声音为前提，但它更多的体现在人对所听到的声音的反应。也就是说，“听”是一种人体感官的被动接受，“倾听”是人体感官有选择的接受。倾听必须是人主动地参与过程，在这个过程中，人必须有参与并理解，并作出必要的反馈。同时，倾听的对象不仅限于声音，还包括对方的语言、手势和面部表情等。我们在进行倾听的过程中，绝不是闭着眼睛听别人的声音，而是要注意别人的肢体语言。通过倾听，不仅可以获得信息，而且还能了解情感。

7. 答：解释、向对方表达认同、简要概括对方表达的内容、综合对方表达的内容得出一个结论、站在对方的角度进行大胆的设想。

8. 答：谈判可以分为分配型谈判与综合型谈判。

分配型谈判的策略：心理战术、声东击西策略、拉锯战、白脸红脸策略、最后期限策略、出其不意攻其不备策略、以林遮木、以退为进策略、得寸进尺策略。

综合型谈判的策略：开诚布公策略、休会策略、感情联络策略、非正式接触策略、留有余地策略、权力有限策略。

第九章　激 励 答 案

一、判断题

1.√；　2.√；　3.×；　4.√；　5.√；　6.√；　7.×；　8.√；　9.√；　10.×；　11.×；　12.×；　13.√；　14.√；　15.×；　16.×；　17.×；　18.×；　19.√；　20.×；　21.×；　22.√；　23.×；　24.√；　25.×；　26.√；　27.×；　28.√；　29.×；　30.×；　31.√；　32.×；　33.×；　34.×；　35.×；　36.×；　37.√；　38.×；　39.×；　40.×；　41.√；　42.×；　43.√；　44.×；　45.√；　46.×；　47.×；　48.√；　49.√；　50.√；　51.√；　52.√；　53.×

二、选择题

1.D；　2.C；　3.C；　4.C；　5.B；　6.A；　7.C；　8.D；　9.A；　10.C；　11.A；　12.B；　13.D；　14.C；　15.C；　16.A；　17.D；　18.D；　19.A；　20.C；　21.B；　22.A；　23.A；　24.D；　25.B；　26.A；　27.A；　28.D；　29.D；　30.C；　31.C；　32.B；　33.B；　34.D；　35.C；　36.C；　37.C；　38.B；　39.A；　40.D；　41.D；　42.D；　43.B

三、填空题

1. 内心状态；

2. 组织的行为；

3. 需要　努力　组织目标；

4. 吸引力；

5. 主观原因；

6. 兴趣　意图　愿望　信念理想；真实动机　伪装动机；　物质性动机

7. 人的需要　马斯洛的需要层次论　阿尔德弗的“生存、关系、发展”理论　麦克利兰的成就需要理论　赫茨伯格的双因素理论；

8. 需要的未满足　弗鲁姆的期望理论　亚当斯的公平理论　波特和劳勒的期望模式　斯金纳的强化理论；

9. 生理需要　安全需要　社交需要　尊重需要　自我实现需要；

10. 工作环境　工作条件；

11. 没有满意；

12. “满意”　“没有满意”；
13. 激励力（M）=效价（V）×期望概率（E）；
14. 工作本身　效价；
15. 本能行为　反应性行为　操作性行为；
16. “严厉　强硬的”　“温和　软弱的”；
17. 社会人　自我实现人　复杂人；
18. 正强化　负强化　自然消退　惩罚；
19. 个人的努力程度；
20. 惩罚

四、案例分析题

案例 1　薪酬激励的作用

1. 答：王局长上任后很快能提高经济效益的原因有以下几点：

(1) 根据弗鲁姆的期望理论，一种激励因素（或目标），其激励作用的大小，受到个人从组织中所取得的报酬（或诱因）的价值判断以及对取得该报酬可能性的预期双重因素的影响，前者称为效价，后者称为期望值（期望概率）。表现公式为

激励力(M)=效价(V)×期望概率(E)

在本案例中，奖金、配备汽车和解决住房问题对 A 办事处的员工来说是有很大的吸引力的，这些奖励足以吸引他们为之付出努力。A 办事处很有潜力，人员搭配合理，经过他们的努力有能力实现目标，王局长颁布了奖励方案，只要 A 办事处的员工实现了目标肯定会得到他所提出的奖励。在目标效价和期望概率都很高的情况下，王局长所承诺的奖励对 A 办事处的员工就有很强的激励力，激励他们去努力工作来实现目标，从而能很快地提高经济效益。

(2) 根据赫茨伯格的双因素理论，某些因素与工作满意相关，与不满意关联度很低，这些因素叫做激励因素。另一些因素则总是与工作不满意相关，与满意关联度很低，这些因素叫做保健因素。由于 A 办事处多是年轻人，奖金和住房对他们来说是激励因素，这些因素能起到激励作用，这些因素可以给员工带来积极的态度，激励他们实现目标。

(3) 奖金，汽车等不仅仅是一定数目的金钱和实物，它们代表了身份、地位和员工的工作能力。这两种形式的奖励可以有效激励员工的工作热情，提高员工的工作效率。

(4) 王局长在 A 办事处推行目标管理，给 A 办事处设立的目标清晰具体，陈述清楚，目标也是很容易就可以检验和评估的。刚一开始的目标即具有挑战性也具有可实现性，这样的目标可以使员工集中注意力，增强他们的努力程度，对

工作坚持不懈，从而使员工能够完成任务，提高经济效益。

2. 答：奖励实施后，A办事处员工的积极性反而回落的原因有以下几点：

（1）第二年王局长许诺完成任务再提取3%的奖金，根据弗鲁姆的期望理论，由于前一年员工既拿到了奖金，又分到了房子，第二年的目标效价与前一年低了很多；前一年A办事处完成了156万，第二年仅仅给他们设立了150万的任务，这些对员工来说没有多大的挑战性。所以在目标效价不高的情况下，激励力也不会很高，这样的奖励对员工的激励作用不大，所以员工的积极性下降了。

（2）根据赫茨伯格的双因素理论，此时对于A办事处的员工来说，奖金已经不再是激励因素，而是转变成了保健因素。对于已变成保健因素的奖金来说，有它员工只会感到“没有满意”，此时奖金对他们已经没有了激励作用。此时王局长若想调动他们的积极性，不仅要注意物质利益和工作条件等外部因素，更重要的是要注意对他们进行精神鼓励，寻找到对他们起激励作用的激励因素。

（3）根据亚当斯的“公平理论”，报酬的公平性会影响到员工的工作积极性。员工的公平感来自比较，即包括横向的比较也包括纵向的比较。在本案例中，由于第二年的奖励仅为3%的奖金，比第一年的奖励少很多，这次使员工在进行纵向比较时会感到不公平，即

$$\left(\frac{O}{I}\right)_{\text{过去}} > \left(\frac{O}{I}\right)_{\text{现在}}$$

在这种情况下员工的积极性就会下降。

（4）也可以用马斯洛的需要层次理论和阿尔德弗的“生存、关系、发展理论”来解释。

案例2　H网络公司的股权激励

答：企业在提高一个国家的国际竞争力、推进经济结构转化中起着重要的作用。而中小企业实施股权激励制度不仅可以降低企业代理成本、提高公司业绩，更重要的是通过股权激励，聚集一批优秀的人才，不断进行技术创新，实现持续、快速、稳定发展。

1）该方案更富现实性和操作性

比较其他实行股票增值权的公司，H公司的激励方案主要有以下特点：

（1）方案使用每股净资产的增加值来激励其高层管理人员及董事，由于使用的是虚拟股票的概念，轻易解决了股票期权激励机制中的股票来源问题，绕开了当前我国法律、政策上的诸多障碍。这种方案无需报财政部、证监会等机构的审批，只要经股东大会通过即可实施，具体操作起来方便、快捷。

（2）方案把公司的董事也考虑了进去。按照国外惯例，董事一般都直接拥有公司的股份，作为出资方和委托人参与企业治理，一般不参与期权激励计划。而在中国内地，大多数董事都仅仅作为国有出资方的代表，而个人并不拥有企业的

股份。实质上，他们作为代理方出现在治理结构中，是比较符合我国实际国情的。

(3) 减少了公司高级管理人员的短视行为。该方案由于分三年来执行，每年只能执行其中的一部分，高层管理人员只有在增加股东财富的前提下才可同时获得收益，从而与股东形成了利益共同体。这种资本剩余索取权驱动高层管理人员不断努力提高公司业绩，最终达到股东和高层管理人员双赢的局面。

(4) 稳定并吸引优秀人才。该方案通过每年滚动授予的方式，一方面激励公司现有高层管理人员勤勉工作，另一方面也可吸引外来优秀人才加盟。通过滚动授予，该方案成功解决了其他企业由于一次性授予而不能给后进的高层管理人员以激励的局限性。

2) 该方案长远规划略显不足

(1) 该方案是用每股净资产的增值作为激励来源来绕开法律政策上的障碍，其不足之处亦非常明显：每股净资产的增幅在初始年度可能会达到如 100%甚至更高的比例，但是后期却难以预测，可能难以产生较大的激励作用；另外，资产评估的主观因素较大，容易虚增资产。

(2) 该方案没有和资本市场结合起来，仅仅是一种资产性的激励，没有充分利用资本市场的有效性和回报放大作用，方案的制定思路略显狭隘。

(3) 该股票增值权激励方案的执行没有设立薪酬委员会，从国内目前已经实施的几个股权激励方案来看，其方案都是由薪酬委员会来提出的。由薪酬委员会提出股权激励方案，已成为上市公司实施股权激励的一种趋势。虽然该网络公司并非上市公司，但是从规范的公司治理角度来看，由薪酬委员会来提出股权激励方案更显公正、更显客观，也显得更为合适。

对中小企业如何实施股权激励，解决其股东与经营者之间的委托——代理问题，最高效地利用优秀人才，提高企业整体运营效率，是当前我国中小企业中亟待解决的问题。H 公司实行增值权计划，是我国较早利用公司净资产增值来激励高层管理人员的方案，是建立激励约束机制的一个尝试。在中小企业中实施切实有效的激励约束机制，对完善企业治理结构、实现股东与经营者的目标趋同、降低代理成本、控制经营者的道德风险具有十分重要的现实意义。该方案虽然存在着一些缺陷与不足，但其积极意义是可以肯定的。

3) 股权激励带来的启示

通过 H 公司这个实际案例，准备实行股权激励的中小企业应当得到一些深刻的启示，以积极的行动顺应股权激励在我国的发展趋势。

在国家未开设创业板之前，针对我国目前资本市场现状，中小企业应侧重实施股份期权、股票增值权等变通的股票期权激励方式。股权激励的初始对象应该侧重核心层激励，核心层的人员素质将决定企业的命运。由于中小企业一般都资金紧缺，因而不可能承担巨大的财务压力对较大范围的员工进行激励。随着企业的不断发展，可以考虑激励范围的逐步扩大，如包括技术骨干等。

在国家开设创业板之后，中小企业应积极申请上市，并侧重实施股票期权计划。股票期权与股份期权、股票增值权应做到自然过渡，并将股票期权计划作为公司股权激励的趋势。其授予对象也应从高层管理人员开始，逐步扩大受益范围。

中小企业实施股权激励难点更多的并不在于法律、财务等技术性、制度性的问题，更多的是观念、认识的问题。我们相信随着国家政策、法规的进一步明确和系统化，以及社会生活和市场经济的改革发展，这些难题均将迎刃而解。

案例 3

答：从以上两则案例可以分析出，激励能否取得成功主要取决于以下几项因素：

第一，激励所采取的方案本身是否在满足企业利益的前提下，能够满足员工的切身需要。

从 A 公司的情况来看，Z 先生激励员工的目的很明确。从公司角度，培养出了高素质员工并充分发挥了他们的潜能；对于员工本人来说，其能力的提高、声誉的确立也会直接带来其自身利益的提高。事实也证明了这一点，经过激励后的员工自身潜力得到了极大发挥，收入也相应增加，不少人还成为业界抢手的“俏货”。当然，A 公司的管理者在优秀员工流失这一点上观念开明，他们认定作为一家学习型企业，成为业界的“黄埔军校”，已经成名的员工要离开也不勉强挽留，而是依赖更多低成本并极富进取精神的“学员”去打拼市场。而 B 公司从激励的目的来看，更多地考虑了公司的利益——销售额增加、成本降低，而没有更多地考虑员工的利益。因此，从激励的出发点来看，过于一厢情愿，最终没有达到激励的目的。

第二，激励措施是否现实可行，并为员工所认可和接受。

A 公司方面，其激励措施对员工个人有利而无弊。他们自身虽然会付出一定的努力——更多地加班，更为积极地分析和思考、更加勤恳地写作，但这一牺牲相对于可能取得的重大回报是值得的，事实上公司为他们确立的激励目标对几乎所有员工都极有诱惑力。同时公司管理层采取各种措施引导员工，为他们指明成为优秀编辑的方法和途径，向他们传授“成名”的秘诀，让员工认识到成功其实并非遥不可及，因此在激励操作的过程中，员工普遍积极响应、主动配合。而 B 公司员工在认真核算过公司对他们的考核标准后，失望地发现公司并没有从实际出发，而是主观地设置绩效目标，即使经过超常努力，也很难达到公司的目标，在完成任务之前，收入却不会因业绩的增长而提高。因此，从目标管理一开始推行，就受到了员工心理上的抵制和排斥，而企业又未能及时发现员工的这一趋向采取补救措施，以致最后激励失败，并导致核心员工的大量流失，企业发展的基础也受到动摇。

第三，在实施激励的过程中，组织是否提供了必要的资源支持。

在A公司实施激励的过程中，其管理者不是单方面地为员工设置激励目标，而是为其提供必要的资源支持：针对每个员工的不同特点和水平的差异，分别为其设定瞄准的目标对象——知名编辑，并对这一目标对象进行了具体的分析，其优秀、值得借鉴的地方在哪里，员工如何进行学习，都有较为详细的指导和帮助；并且，公司还利用各种资源，创造员工近距离甚至零距离接触“名人”的机会，创造员工成名的机会，因此，其激励最后才能落到实处，从资源上保证了员工能够实现激励的目标。B公司的情况就大不一样，其管理者从主观的、自身需要的角度选择了目标管理法，其目标的客观性、可操作性、可实现程度就值得怀疑。更重要的是，在激励实践的过程中，公司未能提供必要的资源支持，如资金、技术、后勤服务等。员工在工作过程中，随着业务量的增加，售前服务的费用增加，对公司技术支持力度的需求和对达成的订单的后续服务需求也在增加，而公司没有认真考虑这些因素，更没有采取相应措施，因此常常不能满足客户提出的关于产品送货、安装、维修、技术支持等方面的要求，并且随着优秀员工流失，这一情况越来越严重，客户对于公司的服务越来越不满，员工增加销售额的目标越来越难以实现。如此恶性循环，最终导致了公司的濒于破产。

五、简答题

1. 答：激励是一种意愿，是个体为了满足自身的某些需要，通过高水平的努力，来实现组织目标的意愿。该定义包括了激励的三个关键因素：需要、努力和组织目标。

2. 答：(1) 生存的需要是人最基本的需要，包含了人的一切生理上的物质需要，人的衣食住行、报酬、工作环境等基本条件都包括在此种需要当中。马斯洛理论中的生理需要和安全需要都包含在该项中。

(2) 相互关系的需要是指人际关系（社会交往）方面的需要，包括安全感、归属感、友情、受人尊重等方面的需要。该需要对应于马斯洛理论中的社会需要和尊重需要中的外在部分。

成长的需要是指发展自己，使自己在事业、能力上有所成就和提高的需要。这对应于马斯洛理论中尊重需要的内在部分和自我实现需要。

3. 答：(1) 谨慎地设定挑战性的目标。他们对成功有强烈的需要，但同时也担心失败，倾向于设定与自己能力相当的、中等难度的目标，对风险采取了一种现实主义的态度。因为如果目标过低，伴随着成功的是较少的成就满足感；而目标过高，则风险很大，成功的机会过于渺茫，会使他们难以体会到成功的喜悦。

（2）喜欢通过自己的努力解决问题，不依赖偶然的机遇坐享成功。高成就需要的人，重视的是个人成就而不是成功或报酬本身。他们喜欢独自解决问题，一有时间就考虑如何把事情做得更好些，在工作中相信自己的能力，敢于作出决断，愿意承担责任。希望通过自己的努力获得成功，这样他们才会有成就感。

（3）希望尽快得到工作绩效的反馈。他们对工作的结果非常关注，希望立即得到信息反馈，因此他们不愿意从事成果要很长时间以后才见分晓的工作。

4. 答：（1）提供能够发挥个人能力的工作环境。

（2）尽可能为高成就需要的人提供具有挑战性的工作环境，且对其工作成果及时反馈。

（3）注意培养员工的成就需要。

（4）由于成就需要可以后天培养，因此组织应当为员工创造良好的工作环境，培养员工的成就需要。

（5）高成就需要的人未必会成为优秀的管理者。

5. 答：斯金纳提出“操作条件反射”理论，认为人或动物为了达到某种目的会采取一定的行为作用于环境。当这种行为的后果对他有利时，这种行为就会在以后重复出现，这种状况即称作强化刺激，能增强这种行为发生频率的刺激物称作强化物；当行为后果不利时，这种行为就会减弱或消失。人们可以用这种正强化或负强化的办法来影响行为的后果，从而修正其行为，这就是强化理论。

这种操作性行为会随着强化刺激的增强而增强，也会随着强化刺激的减弱而减弱。这样，人们就可以通过控制强化物来控制行为，引起行为的改变。由于这一理论的中心思想在于通过强化刺激来改变人们的行为方向，故又称作行为改变理论。

6. 答：（1）要明确强化的目的或目标，明确预期的行为方向，使被强化者的行为符合组织的要求。

（2）要选准强化物。每个人的需要不同，因而对同一种强化物的反应也各不相同。这就要求具体分析强化对象的情况，针对他们的不同需要，采用不同的强化措施。可以说，选准强化物是使组织目标同个人目标统一起来，以实现强化预期要求的中心环节。

（3）要及时反馈。为了实现强化的目的，必须通过反馈的作用，使被强化者及时了解自己的行为后果，并及时兑现相应的报酬或惩罚，使有利于组织的行为得到及时肯定，促使其重复；而不利于组织的行为能得到及时的制止。

（4）要尽量运用正强化的方式，避免运用惩罚的方式。斯金纳发现，“惩罚不能简单地改变一个人按原来想法去做的念头，至多只能教会他们如何避免惩罚”。

7. 答：双因素理论的基本内容是：赫茨伯格通过分析调查结果，发现某些因素总是与工作满意相关，与不满意关联度很低；而另一些因素则总是与工作不满意相关，与满意关联度很低。使职工感到满意的，都是属于工作本身或工作内容方面的；使职工感到不满的，都是属于工作环境或工作关系方面的。他把前者叫做激励因素，后者叫做保健因素。

（1）保健因素：

这类因素不具备或强度太低，容易导致员工不满意，但即使充分具备、强度很高也很难使员工感到满意，因此赫茨伯格将这类因素称为“保健因素”，又称作“维持因素”。

使员工感到不满的往往是公司政策与管理方式、上级监督、工资、人际关系和工作条件等五种因素，是属于工作环境和工作条件方面的因素。

（2）激励因素：

那些能带来积极态度、满意和激励作用的因素就叫做“激励因素”

这些大多是属于工作本身和工作内容方面的因素，包括成就、赏识、挑战性的工作、增加的工作责任，以及成长和发展的机会。

这类因素具备后，可使员工感到满意，但员工感到不满时却很少是因为缺少这些因素 。

8. 答：（1）不同的人有不同的需要结构。

（2）人的很多需要不是生来就有的，而是在后天的环境影响下形成的。

（3）人对不同组织或组织的不同部门会有不同的需要。

（4）一个人在组织中是否感到满足、肯于奉献，关键在于该组织的状况是否同他的需要结构相一致。

（5）由于每个人的需要和能力各不相同，因而他们对一定的管理方式就会产生不同的反应。

9. 答：（1）浮动工资计划（variable pay plans）；

（2）技能工资（skill-based pay）；

（3）灵活福利（flexible benefits）。

10. 答：（1）人的需要是有层次的。五种需要又可以分为两个大的层次。其中生理需要、安全需要和社交需要是第一层次的需要，是生存层次的需要，是人类的本能需要；而尊重需要和自我实现需要则是高一层次的需要，是发展层次的需要，是通过后天的教育、培养形成的。

（2）五种需要按照层次逐次递进。人们受到五种普遍的需要的激励，而这五种需要是有序的纵向排列的，它们依次被满足。马斯洛认为人们按照“失望-满足”（deprivation and gratification）的过程，从低到高地经历五个需要层次。

（3）人在特定时期存在特定的主导需要。在同一时间地点和条件下，人存在多种需要，其中最为人渴望得到而又未得到的需要是主导需要，它对人的行为起决定作用。只有满足主导需要，才能起到最大的激励作用。

优势需要具有转移性，当原有的优势需要得到满足后，它便不再是行为的积极推动力，于是其他需要开始发生作用，出现新的优势需要。人在不同的时期、发展阶段，其需要结构不同，但总有一种需要发挥主导作用。因此，管理者必须注意当前对员工起主要作用的需要，以便有效地加以激励。

(4) 任何一种需要都不会因为更高层次需要的发展而消失。高层次需要的发展和持续存在依赖于低层次需要的满足，只是人类的行为受到了需要发展程度的影响。

(5) 五种需要的等级循序并不是固定不变的，存在着等级倒置现象。一种情况是，有些人的愿望可能永远保持着僵化或低下的状态，也就是说，有些人可能只谋求低层次的需要而不再追求高层次的需要；另一种情况是，有些人可能牺牲低层次的需要而谋求实现高层次的需要，那些具有崇高理想、人生价值观的人，即使低层次的需要尚未得到满足，仍会追求高层次需要。一般来说，人的各种需要的出现往往取决于本人的职业、年龄、性格、受教育程度、经历、社会背景等。

(6) 各种需要相对满足的程度不同。实际上，绝大多数人的需要只有部分得到满足，同时也有部分得不到满足，而且随着需要层次的升高，满足的难度相对增大，满足的程度逐渐减小。

第十章　团队答案

一、判断题

1. √；　2. √；　3. ×；　4. ×；　5. ×；　6. ×；　7. ×；　8. √；　9. ×；　10. √；　11. √

二、单项选择题

1. B；　2. D；　3. A；　4. B；　5. D；　6. A；　7. A；　8. B

三、填空题

1. 正式群体　非正式群体；
2. 由组织结构确定的、职责划分很明确；
3. 距离接近；
4. 人们开始把自己看作群体的一员；
5. 群体内部冲突阶段；
6. 规范；
7. 协作；
8. 2/3　1/3；
9. 互联网和电子邮件；
10. 12；
11. 外部环境　目标　规模　成员角色　规范　凝聚力　领导；
12. 任务中心型角色　关系中心型角色　自我中心型角色；
13. 成员的参与程度　对团队规范的遵从程度　对团队目标的重视程度；
14. 4～12　团队的目标　成员　工作性质；
15. 被动遵守　主动遵守；
16. 关系中心型目标　任务中心型目标；
17. 成员对团队目标的重视程度不断提高

四、案例分析题

案例 1　高绩效团队的困惑

1. 答：(1) 其团队人员较小，整个部门总共 5 个人，相互交流的障碍较少，比较容易达成一致，也比较容易形成凝聚力、忠诚感和相互信赖感。

（2）成员能力较强，且搭配合理。其成员都经过系统的培训，且有一定的工作经验，而且具备技术技能、人际技能、解决问题技能等不同类型。

（3）团队角色分配合理。所谓人们在团队中喜欢扮演的9种潜在团队角色，包括创造者一革新者、探索者一倡导者，评价者一开发者，推动者一组织者，总结者一生产者，控制者一核查者，支持者一维护者，汇报者一建议者，联络者等，在其团队中都有人能够承担且愿意承担几种角色。

（4）有共同的目标承诺及相承的个人目标。由于采用了目标管理工具，团队及个人都有具体的、可衡量的、可行的绩效目标，团队与个人都承担相联系的责任，目标对团队起到了推动力的作用。

（5）公司绩效评估与激励制度有效，团队与个人的目标相辅相成，绩效也互相影响，个人与团队没有冲突。

（6）倡导信任、沟通，使团队成员相互间彼此信任，互相帮助。

（7）提倡创新，不断改进工作。

总之，A先生能够利用及创造适合团队形成的环境与氛围，并积极投入团队建设中去，使员工与他人合作，共享信息，包容个人差异，从而成功塑造了一个高绩效的工作团队。

2. 答：第一，这个高绩效的团队使得部门各成员都积极参与本部门各种工作、使工作变得有趣，提高了他们的工作满意度。

第二，在这个高绩效团队中工作产生了正向协同作用，提高了部门的工作效率。

第三，在这个高绩效团队中，成员间互相学习、互相帮助，满足了他们归属、合群的需要。

第四，在这个高绩效团队中，成员间需要加强相互交流，在这个互相依赖的环境中，提高了彼此的沟通能力。

第五，在这个高绩效团队中，成员的相互学习促进了他们各项工作技能的提高。

第六、在这个高绩效团队中，彼此的学习使他们都能胜任他人的工作，增强了公司的灵活性。

3. 答：这是因为在这个团队中，由于成员彼此间相互学习、沟通充分，大家都相信能了解彼此，这就受了群体思维的压制，熟悉滋生了冷漠，由于内部凝聚力的增强，外部创新的观念较难进入，成功导致了自满、保守、封闭的态度。

要克服这种现象，首先要使大家明白现在这种情况是团队成熟的一个自然的问题，所有成熟团队都会经历这个阶段。其次进行再次培训，培养成员具备更强的解决问题、人际、技术能力。最后不断提高团队的整体工作目标，同时要将不断改善也作为团队的发展目标，使他们不断学习、不断合作，继续发展。

案例 2　这是高素质团队吗?

1. 答：从这个案例我们可以知道，小王、小张、小赵和老李能够顺利完成团队任务，这表明其团队运作是有效的。

2. 答：(1) 目标一致。目标是团队努力的方向，只有在方向一致的情况下，大家齐心协力才能做到心力一致。不然大家方向不一样，最后的合力可能为零甚至还有可能为负（所有人忙着内讧而放弃了工作）。

(2) 协作高效。团队整体运作所取得的工作成效通常远远大于单个人员取得的工作成效。如果让团队的每个人单独去解决这个问题，最后的结果将是无功而返。

(3) 取长补短。在团队中成员之间互相学习、互相弥补各自的不足，使团队“木桶”能容更多“水”。工程师向工人学习实践的技术，工人向工程师学习科技。市场的推广人员和技术人员共同面对市场才能生产出顾客需要的产品。

(4) 各尽其能。团队集体里每个人都有自己的特长，当特长在统一的领导下充分的发挥出来就是伟大的成功。高效的团队就是这样在一起工作的。

(5) 相互理解。理解产生信任，理解产生友谊。这个团队如果遇到困难就相互埋怨，各自为政，其后果可想而知。建立在理解基础上的团队文化是有巨大的包容力和整合力的。

五、简答题

1. 答：我们可以把团队理解为：为了实现某一目标，由知识技能互补、相互协作的若干个体组成的正式群体，所有成员都对目标的实现负有共同的责任。

工作中形成的群体叫工作群体。工作群体与团体的区别如下：

(1) 工作群体的绩效是群体中所有成员绩效的加和，而团队的绩效不仅依赖于个体的绩效，还依赖于所有团队成员的共同努力所产生的协同作用。这种协同作用是团队的绩效水平远远大于个体成员绩效之和。

(2) 在工作群体中，工作绩效有个体负责，成员通常不对超出自己范围的结果负责。在团队中，成员不仅对自己的工作绩效负责，也要对整体绩效负责。因为整体绩效的结果取决与协作的好坏，而协作是每个成员的责任。这里的关键点在于，工作群体是对单个个体的管理，而团队是将所有个体看作一个整体来管理的。

(3) 工作群体一般具有强有力的、明确的、集中的领导，而团队的领导角色是分享的。工作群体的结构决定了其领导角色的分配，而以目标和协作为核心的团队则以绩效最大化为导向来分享领导角色。

2. 答：根据团队的定义，我们在界定一个群体是否有效地形成了一个团队的时候，需要判别该群体是否具有团队的以下三个特征：

（1）清晰的目标。构成和维持团队的一个基本条件就是，所有成员有共同的努力目标。团队的目标赋予团队存在的价值和团队成员的认同感。团队的有效运作，需要成员对于要达到的主要目标有清晰地了解，并坚信这一目标具有重大的意义和价值。目标的重要性有助于团队成员把个人目标升华到团队目标中去。在有效的团队中，成员愿意为团队目标作出承诺，清楚地知道自己的任务和使命。

（2）成员之间相互依赖、彼此协作。在团队中，由于每个成员的工作绩效都受到其他成员的影响，因此需要成员之间的相互协作和依赖。所有成员只有通过协作才能提高绩效，才能实现共同的目标。

在协作中，团队成员除了需要具备完成目标所需的知识和技能外，还要具备协作所需的个人品质。这两点缺一不可。没有必备的知识和技能，就一定无法完成团队的目标；而仅具有过硬的技术能力，却没有协调团队内部关系的技巧，也无法形成有效的团队。

（3）所有成员负有共同的责任。所有团队成员都需要共同分担它们在达到共同目标中的责任。当一个团队成员开始进入团队并负担一项任务时，就意味着对团队作出了的承诺，而团队目标的实现就成为每一位成员的责任。

3. 答：每个团队都有自己的目标，人们通常根据团队建立和存在的目标，把团队分为三类：问题解决型团队、自我管理型团队和跨职能型团队。

4. 答：自我管理型团队的责任范围包括：

（1）制定工作计划和节奏；

（2）确定任务分配和实行工作轮换；

（3）吸纳和淘汰团队成员；

（4）决定团队领导者；

（5）设置团队的主要目标；

（6）团队成员相互评估绩效。

5. 答：为了提高跨职能团队成员的协调性，组织需要采取以下措施：

（1）注意选拔人员，务必保证所挑选的人员具有团队所需的业务和沟通技能；

（2）明确团队的目标，保证目标对团队成员具有足够的吸引力；

（3）确保团队成员了解团队的运作方式；

（4）进行高强度的团队建设，确保团队协调性；

（5）使团队成员能看到取得的成果，从而激发团队的士气。

6. 答：团队建设的步骤有：获取信息；招聘新人；确定团队结构；制定团队规则；建立团队的初步工作模式；团队成员角色的形成与运作。

7. 答：五阶段发展模型认为，群体的发展要经过五个阶段的标准程序：形成阶段、振荡阶段、规范阶段、执行阶段和中止阶段。

对五阶段发展模型的理解：

（1）并非所有的群体都必须按顺序经历这五个阶段。有的群体可能会跳过某个发展阶段，也有的群体很难区分这五个阶段。有时，群体在发展到某个阶段后，由于内外环境的原因有可能返回到上一个阶段。

（2）群体的绩效与群体所处的发展阶段并无必然的正相关关系。

（3）五阶段发展模型忽略了组织外部环境。

第十一章　人力资源管理答案

一、判断题

1. ×；　2. ×；　3. ×；　4. √；　5. √；　6. ×；　7. √；　8. ×；　9. ×；10. ×

二、单项选择题

1. A；　2. C；　3. D；　4. B；　5. B；　6. D；　7. B；　8. A；　9. B；10. D；　11. A；　12. D；　13. D；　14. C；　15. A；　16. B；　17. A；　18. D；19. A；　20. C；　21. D；　22. C；　23. D；　24. A；　25. D；　26. B

三、填空题

1. 选人　育人　留人　用人；
2. 绩效考核；
3. 通过详细评估为选拔找出重点培养对象、安排岗位及升迁路线；
4. 工作描述　工作要求；
5. 德　能　绩　勤；
6. 直接报酬　间接报酬；
7. 奖金　佣金　利润分享；
8. 职业生涯设计系统；
9. 满足自己员工（内部用户）发展需要；
10. 工作表现；
11. 智力测试　性格测试　职业倾向性测试；
12. 因事设岗　因岗设人

四、案例分析题

案例 1　工作职责分析

1. 答：出现问题的原因是工作职责出现分歧，在工作说明书中并没有详细规定出工作中清扫地板的职责由什么人员来承担。那么在规定出现漏洞，不能及时作出修改的情况下，就应该运用企业的组织文化来规范员工的行为。作为公司的一员，就应该去做这样看似很小的事情。很显然，案例中从操作工到服务员都没有自觉去清扫。对于员工的投诉，应该与其沟通并讲明每位员工尽所能解决工作中的事情。

2. 答：解决的办法：

(1) 制定任职说明书时考虑周详；

(2) 详细阅读和掌握说明书；

(3) 修改原任职说明书，明确任务到人。

3. 答：改进的地方：

应该加强工作分析；建立一个积极向上的企业组织文化。

案例2

答：经理们感到业务太忙，没时间搞培训。这可能是管理者能犯的最严重的错误之一。首先要使其认识到发展人力资源与其他任何方面的工作至少同等重要，经理们应该合理的支配时间。时间就像海绵，只要重视，总是挤得出的。

而且，像案例中所讲，来培训的人员也只是人到，而并未真正地学习培训知识，往往就流于形式而不是掌握技能。从本质上讲，经理们并没有重视培训，也没有将培训的重要性告知员工，没有很好地与员工进行沟通。员工在心理上也没有认识到培训的重要性，当然就不会对培训加以重视。

解决办法：

首先，要使经理和员工意识到培训是企业重要的战略组成部分。要使经理明白发展人力资源与其他任何方面的工作至少同等重要，不能光做业务而舍弃培训，也要使员工明白培训是一种激励，是对将来职业生涯规划的帮助，从而提高自我发展意识。

其次，制定好培训计划，根据不同岗位和工作制定不同的培训方案和计划。要考虑到员工的特点实施不同的培训内容、时间和形式。

再次，制定有效的培训效果评估机制。要做到公正和绩效挂钩，并为下一次的需要评定提供资料，使企业的培训活动得到良性循环。

案例3

1. 答：新员工在进入企业之初将面临如下三个典型问题：

①是否会被群体接纳？每个人都会有这样的感受——进入一个新环境，是否会被这一个小群体接纳？曾经有一个性格有些内向的女孩子在刚进入企业之初对我说："在学校时同学们都说，工作中的人们比较难以相处，我也看了不少杂志上的文章反映工作中人际关系的复杂。我现在也很担心，不知道同事们会不会喜欢我，我是否会被别人说闲话，我的私人生活会不会被别人过分地干扰。听说，工作之初有不少同学都为难以与同事们相处而换工作的。但愿我能幸运一点吧！"不难发现，只有当这个女孩的上述疑虑完全烟消云散之后，她才能以一种愉快的心情来充分地展示她的才智。

②公司当初的承诺是否会兑现？有不少企业为了能吸引优秀的人才，在招聘

时许以美好的承诺，而一旦员工进入公司，便出现了虚假的情况，或者要求于员工的条件过多、给予员工的过少。相对于员工的工作准则、企业的历史及目标来说，员工更加关心自己的工资、福利、假期、发展前景等。只有自己的切身利益得到保障之后，他们才可以从心理上接受企业的文化、融入公司的群体中，否则他们会表现消极；即使是积极的，他们也是在准备工作经验假以时机而跳槽。

③工作环境怎么样？这里所说的工作环境既包括工作的条件、地点，也包括公司的人际关系、工作风格等。新的环境是吸引新人的，还是排斥新人的？同事们是否会主动与新员工交往并告诉他们以必要的工作常识和经验？第一项工作有人指导吗？他们是否完全明白了自己的工作职责？为了完成工作，他们得到了必要的工作设备或条件吗？上述问题直接关系到新员工对企业的评价和印象。

2. 答：使新员工获得职业生涯所必需的有关信息，开始适应组织环境。要通过职前培训活动，让新员工熟悉工作场所，了解企业的规章制度和晋升、加薪的标准，清楚企业的组织结构和发展目标，从而有利于新员工适应新的环境。

明确工作职责，适应新的职业运作程序，掌握一定的操作技能，开始胜任工作。通过员工手册、职位说明书、必要的参观活动和一定的技能培训，新员工明确了自己的工作任务、职责权限和上下级汇报关系，适应了新的工作流程，对利用一定的工作不再感到陌生，从而有利于新员工开始胜任自己的工作。

建立良好的人际关系，逐渐被一定的团体接纳，增强员工的团队意识与合作精神。通过参加初级的沟通游戏、团队协作课程等，使新员工树立团队意识，也使老员工与新员工充分接融、相互交流，形成良好的人际关系。

通过一定的态度改变和行为整合活动，促使新员工转变角色，从一个局外人转变成为企业人。新员工或者从校园步入企业，或者从另外的企业加入到本企业，对于职业的理解、领导的概念、职业生活的“游戏规则”等有着各自不同的理解。为了使企业的使命得到贯彻，为了使企业的行动目标和品牌得到维持，企业有必要将自己的经营理念和企业文化等融入到员工的行为与观念体系中，从而使员工成为本企业真正的“企业人”。

为招聘、甄选和录用、职业生涯管理等提供信息反馈。通过岗位培训，新员工在招聘与甄选活动中“制造”的假象会暴露或者招聘负责人的错误认知和主观偏见会得到证实，而且新员工也会充分地表现自己的全面形象，加深了企业对员工的了解，这些都会给招聘、甄选和职业生涯管理等提供信息反馈。

3. 答：(1) 公司概况。有效的新员工培训方案首先应让员工全面了解、认识公司，减少陌生感，增强亲切感和使命感。公司概况既包括有形的物质条件，如工作环境、工作设施等；也包括无形的，如公司的创业过程、经营理念等。一般来说，公司概况应包括如下信息：

①工作场所与设施；

②企业历史、使命与前景规划；

③企业的产品、服务及工作流程；

④企业的客户和市场竞争状况；

⑤企业的组织结构及重要人物。

（2）职位说明及职业必备。要向新员工详细说明职位说明书上的有关条款，需要向新员工描述出恰当的工作行为，并作出示范，制定日程安排，并在规定的时间内让新员工掌握工作方法和工作技能，要接受新员工提出的问题并给予必要的指导。对于绩效考核、晋职、加薪等规定也要详加说明。所谓“职业必备”是指员工应掌握的在具体工作中的同事的联络、上司的管理风格、必要的保密要求、公司中的一些“行话”等。

（3）法律文件与规章制度。法律文件是指劳动合同、公司的身份卡、钥匙、考勤卡、社会保障等方面基于法律和有关规定而签署的文件。规章制度是新员工工作和行为的准则，有关员工工作和人事管理方面的规章制度必须让员工了解，这些通常载于内部刊物或员工手册中。如何使新员工成为你的“企业人”？这一问题所需求的信息包括加强团队协作精神、内化企业经营理念、增强员工对企业的忠诚感和归属感等活动所传达给员工的信息。

案例 4　绩效改革的是是非非

1. 答：本案例描述的负面效应在一定程度上显示了新措施已产生激励作用，所以负面效应有一定的积极作用，关键是如何正确引导，使这种负面效应能充分转化为正面的激励作用。另外，任何一项改革都将对一部分人产生阵痛、产生更大的压力，相反若一项改革对任何人都产生不了任何刺激，则这项改革是失败的。本案例中新措施使即使劳动态度好但不善沟通者产生较大的心理压力，从长远来看，这倒是好事，因为人的可塑性很强，环境能造就人，压力能转化为动力，当然转化的关键是合理地引导和对这些员工作针对性的辅导和培训。总之，新措施所带来的负面效应是暂时的，只要组织和员工都有耐心，一起努力，而组织能及时向员工解释新措施，听取员工的意见和吸纳合理化建议，必要时作微调，那么不久的将来，这种负面效应将转化为正面效应。

2. 答：为消除这种暂时的负面效应，需要进一步落实的工作主要有：一是向员工解释新措施的目标和合理性；二是在适当时间和地点召集员工就新措施听取员工们的意见和建议，并认真地考虑和吸纳；三是引导员工开展集体创优活动，使个人间的争斗转化为集体合作；四是采取有效措施（如培训和互助式等方式）提高那些态度好但难出成效的员工，使之在不久的将来能创造佳绩。

案例 5

答：为了正确而有效地进行人员考绩，首先要明确人员考绩所必须遵循的基本原则，一般有以下几条：

1）公平原则

公平是确立和推行人员考绩制度的前提。不公平，就不可能发挥考绩应有的作用。在考绩中，各级领导和人事部门要排除一切干扰，本着实事求是的精神，客观、全面、真实地考察和评价工作人员，要摒弃个人的好恶恩怨，防止用感情和偏见来代替政策。企业的人事考评标准、考评程序和考评责任都应当有明确的规定，而且在考评中应当严格遵守这些规定。同时，考评标准、程序和对考评责任者的规定在企业内都应当对全体职工公开。这样才能使职工对人事考评工作产生信任感，对考评结果抱理解、接受的态度。

2）严格原则

考绩不严格，就会流于形式，形同虚设。考绩不严，不仅不能全面地反映工作人员的真实情况，而且还会产生消极的后果。考绩的严格性包括：要有明确的考核标准；要有严肃认真的考核态度；要有严格的考核制度与科学而严格的程序及方法等。

3）单头考评的原则

对各级职工的考评，都必须由被考评者的“直接上级”进行。直接上级相对来说最了解被考评者的实际工作表现（成绩、能力、适应性），也最有可能反映真实情况。间接上级（即上级的上级）对直接上级作出的考评评语，不应当擅自修改。这并不排除间接上级对考评结果的调整修正作用。单头考评明确了考评责任所在，并且使考评系统与组织指挥系统取得一致，更有利于加强经营组织的指挥机能。

4）结果公开原则

考绩的结论应对本人公开，这是保证考绩民主的重要手段。这样做，一方面，可以使被考核者了解自己的优点和缺点、长处和短处，从而使考核成绩好的人再接再厉，继续保持先进；也可以使考核成绩不好的人心悦诚服，奋起上进。另一方面，还有助于防止考绩中可能出现的偏见以及种种误差，以保证考核的公平与合理。

5）结合奖惩原则

依据考绩的结果，应根据工作成绩的大小、好坏，有赏有罚，有升有降，而且这种赏罚、升降不仅与精神激励相联系，而且还必须通过工资、奖金等方式同物质利益相联系，这样，才能达到考绩的真正目的。

6）客观考评的原则

人事考评应当根据明确规定的考评标准，针对客观考评资料进行评价，尽量避免渗入主观性和感情色彩。也就是说，首先要做到“用事实说话”。考评一定要建立在客观事实基础上。其次要做到把被考评者与既定标准作比较，而不是在人与人之间比较。

7）反馈的原则

考评的结果（评语）一定要反馈给被考评者本人，否则就起不到考评的教育作用。在反馈考评结果的同时，应当向被考评者就评语进行说明解释，肯定成绩和进步，说明不足之处，提供今后努力的参考意见等。

8）差别的原则

考核的等级之间应当有鲜明的差别界限，针对不同的考评评语在工资、晋升、使用等方面应体现明显差别，使考评带有刺激性，鼓励职工的上进心。

案例 6

1. 答：人力资源管理方面遇到的主要问题有：

（1）薪酬和福利系统缺乏竞争性，人力资源流动性比较大。

（2）绩效考核标准不合理，员工士气低落。

（3）员工培训不到位。

（4）分工不合理，效率低下。

（5）人力资源规划不系统。

2. 答：导致这些问题的根本原因是：公司缺少系统的企业整体规划，乃至于企业没有系统的人力资源规划，从而使培训、绩效评估、薪酬体系等都缺少指导性。

五、简答题

1. 答：不可分离性、再生性、社会性、能动性、连续性、流动性。

2. 答：人力资源管理应以“选人、育人、留人和用人”为核心，以具体的科学的人员招聘、配置、发展、考评、薪酬、激励与约束等人力资源管理制度为保证，并以学习型组织的建立为基础。

3. 答：意义和原因：人力资源规划是一种战略规划，着眼于为未来的企业生产经营活动预先准备人力，持续和系统地分析企业在不断变化的条件下对人力资源的需求，并开发制定出与企业组织长期效益相适应的人事政策的过程。它是企业整体规划和财政预算的有机组成部分，因为对人力资源的投入和预测与企业长期规划之间的影响是相互的。

作用：人力资源规划在企业人力资源管理工作中具有重要作用。

（1）人力资源规划是企业制定战略目标的重要依据。

（2）人力资源规划是企业满足组织发展对人力资源需求的重要保障。

（3）人力资源规划能使企业有效控制人工成本。

（4）人力资源规划有助于满足员工需求和调动员工的积极性。

4. 答：一般来讲，人力资源管理通常遵循下列原理进行：

（1）系统优化原理：指人力资源系统经过组织、协调、运行、控制，使其整体动能获得最优绩效。

（2）能级对应原理：不同能力的人，其在企业中的责、权、利应有差别，合适的人放到合适的位置上。

（3）系统动力原理：通过一定的方式激发人的工作热情，包括物质动力、精神动力，这个就是我们常讲的绩效考核机制。

（4）反馈控制原理：人力资源管理中的各个环节是相互关联的，形成一个反馈环，某一环节发生变化都会产生连锁性反应。

5. 答：第一，现代人力资源管理在理念上将员工视为组织最有价值的资源和资产，以支持为主，尽量满足员工的各种需求，使其充分发挥主动性、积极性，自主完成各自的工作任务，而不是将员工视为被管理和控制的对象。

第二，现代人力资源管理组织机构管理具有较高的灵活性，重视放权。

第三，重视决策的制定和选择过程，人力资源管理部门直接参与和制定企业的战略决策，为组织提供外部信息，分析内部优势、劣势，与其他部门协调合作，共同完成组织的战略目标。

第四，在时间上注重较长时间内的变化和规划，强调政策对组织持久的长期的影响。因此，现代人力资源的开发与管理越来越受到最高管理层的重视，最高管理者通常直接参与人力资源战略的制定和实施。

6. 答：人是企业经营的主体，是确保竞争优势地位中决定性的因素，各种资源中，人力资源应放在首位。“以人为本”是指对管理对象自觉地遵守规章制度的基础上所进行的比较高层次的一种管理方式，是指在企业管理的一切活动，始终把人放在核心位置，追求人的全面发展，充分调动所有职工的积极性和创造性，使企业获得最大的效益。“强调创造一个自我学习、自我激励的企业环境。”这是以人为本的内涵。

“以人为本”的管理思想就是要尊重人、理解人、关心人、爱护人、帮助人、造就人。人力资源是比资金、产品等更重要的资源。人是生产力诸要素中最具主观能动性的因素，是企业在日趋激烈的市场竞争中立于不败之地的重要保证。

7. 答：人力资源培训的形式、方法有：①举办培训班；②目标任务式培训；③特殊人才培训；④实践学习培训。

8. 答：绩效评估的一般原则：

（1）公开、公平、公正原则；

（2）以理服人原则；

（3）沟通原则；

（4）利益原则；

（5）效益原则；

（6）体系化、过程化原则；

(7) 实用性原则。

9. 答：绩效管理与评估的目的是：

(1) 控制、反馈以最终提高绩效；

(2) 协助管理者，依照下属的表现和绩效决定工资；

(3) 决定员工将来的任用、调职、晋升、降职和解聘；

(4) 帮助管理者是否对员工进行培训；

(5) 通过反馈激励员工。

10. 答：(1) 明确企业薪酬政策与目标；

(2) 不同地区、行业、不同类型企业的薪酬调查；

(3) 企业薪酬制度结构的确定；

(4) 设定薪酬等级与薪酬标准；

(5) 执行薪酬制度、控制和调整薪酬制度。

11. 答：设计企业薪酬制度时应考虑：

(1) 遵守所有有关的法律和规定；

(2) 企业花费应具有有效性；

(3) 不论在企业内部、外部还是个人之间，员工均应受到公平对待。

12. 答：人力资源部门对员工的职业生涯管理应做到以下几点：

(1) 人力资源规划：通过详细评估为选拔找出重点培养对象，认真安排他们的岗位与升迁路线。

(2) 指导与考评：帮助员工做好自我分析，提供企业中可供选择的发展途径信息，考核其绩效并及时给予反馈。

(3) 培训与开发：企业组织要有预见地拟定出正式的培养计划，使当事人尽快成材。

(4) 奖励措施：包括合理奖酬制度的建立与实施，鼓励员工在发展的道路上的任何可取的进展。

13. 答：(1) 知识层次高和知识结构合理化；

(2) 人才应具有能力多样性；

(3) 人才的个性化特征；

(4) 身心健康。

14. 答：人力资源设置的流程一般是：

(1) 按着组织机构来设置岗位；

(2) 按着岗位要求进行工作分析，并提出相应的人力资源计划和标准；

(3) 按着人力资源标准进行招聘；经过考核、选拔决定是否录用；

(4) 对录用人员进行培训与开发。

15. 答：用人要遵从两方面的要求：一方面是企业战略、企业文化、企业价值观、企业人才观所要求的标准；另一方面是根据工作岗位的要求提出具体的用人标准。

参考这两方面基本要求，可以制定人力资源的录用标准和测试方法。录用标准必须体现企业的真正需求，测试方法要能检验应聘者是否符合企业的要求。

第十二章　市场营销答案

一、判断题

1. √；　2. ×；　3. ×；　4. ×；　5. ×；　6. ×；　7. √；　8. √；　9. ×；　10. √；　11. √；　12. √；　13. √；　14. ×；　15. √；　16. √；　17. √；　18. √；　19. √；　20. √；　21. ×；　22. ×；　23. √；　24. √；　25. √；　26. √；　27. ×

二、单项选择题

1. D；　2. B；　3. B；　4. C；　5. B；　6. D；　7. A；　8. B；　9. D；　10. D；　11. B；　12. A；　13. C；　14. D；　15. D；　16. B；　17. C；　18. C；　19. A；　20. B

三、多项选择题

1. ABCD；　2. ABCDE；　3. ABCD；　4. ABCD；　5. ABCE；　6. AB；　7. AD；　8. AB；　9. ABCD；　10. AC；　11. ABDE；　12. ABDE；　13. BCDE；　14. BC；　15. ABCDE；　16. ABCDE；　17. BCDE；　18. BDE；　19. ABCDE；　20. ABC；　21. ABCD；　22. ABC　23. ABCE

四、填空题

1. 社会及管理；
2. 顾客的需要和期望；
3. 匮乏；
4. 文化和个性；
5. 价值和满意度；
6. 收益价值；
7. 期望值；
8. 需求和期望；
9. 顾客满意；
10. 交换关系；
11. 顾客长期价值；
12. 需要、特征或行为；
13. 吸引力；

14. 心目中；
15. 战术营销；
16. 灵活的；
17. 外部单位；
18. 价格低廉；
19. 特色突出；
20. 大规模的；
21. 目标市场；
22. 消费者和社会福利；
23. 营销近视症；
24. 企业利润；
25. 能力；
26. 自动化；
27. 整合；
28. 综合集成；
29. 展示；
30. 物理方式；
31. 跨职能的；
32. 流程；
33. 模式；
34. 信息互动　机会；
35. 分布式处理；
36. 组织内部　销售效率

五、案例分析题

案例 1　美国银行对市场营销的缓慢认识过程

答：(1) 从产品为导向的营销理念到由市场为导向的营销理念。多年前，银行业的产品和服务供不应求，属于卖方市场，银行都是等客上门。现在，各银行和金融机构的竞争异常激烈，迫使他们不得不转变观念，思考顾客想要什么，提供顾客所需要的，并让顾客满意。

(2) 从漠视与顾客的关系到进行顾客关系营销。过去银行对顾客居高临下，服务质量差，现在开始主动寻找、吸引并留住顾客，注重从促销手段、银行氛围等方面与顾客保持良好关系，建立顾客忠诚。

(3) 从面向所有顾客提供单一产品到为目标客户提供个性化产品。任何一家银行不可能满足所有顾客的需要，因此，他们开始进行市场细分，选择合适的目标市场提供服务。从无计划营销到进行营销分析、计划和控制。营销战略的制定由过去的感性地决定，到现在经过科学的分析、预测、计划、控制，形成一整套机制。

案例 2　世界营销冠军——日本人

1. 答：日本人首先选择对自己最有利的市场，然后以高质量或低价格打入市场，他们主要依靠产品开发战略和市场开发战略来扩大市场份额占领市场；日本人一旦占据了市场的主导地位，他们就置身于防御地位，扮演防守者而不是进攻者的角色。其借鉴意义在于怎样选择细分市场、如何占领市场份额，以及在占领市场后是否进攻策略等，其核心是识别顾客个性化需求，开发、提供高质量的、满足个性化需求的的产品和服务。

2. 答：日本企业遵循的是市场营销观念。认为目标的实现有赖于对目标市场的需求和欲望的正确判断，并能以比竞争对手更有效的方式满足消费者的要求。日本企业基于对目标市场的分析判定，采用了高质量、低价格的策略打入市场，靠产品开发战略和市场开发战略来扩大市场份额。因其采用低价策略，所以在占领市场后没有采用进攻策略，以达到节约成本。

案例 3　微观市场营销——市场营销的新时代

1. 答：微观市场营销是使产品和营销方案与地理、人口、心理和行为因素相适应的营销模式。促使这种变化的原因有三点：第一，世界大市场已慢慢地分裂为众多更小的微观市场；第二，不断改善的信息和市场调研技术也激发了微观市场营销的产生；第三，零售店扫瞄器给零售商提供大量的市场信息，这增强了零售商对生产商的影响力。

2. 答：得到的启示如下：企业生产的产品和使用的营销方案必须以顾客为中心，紧紧围绕顾客的需求开展活动；企业在进行微观市场营销时实际上是在细分市场，在各个细分市场上做出不同的产品和营销方案，因此要更加深入地理解各个微观市场上人们的心理、行为、习俗等，对企业营销提出了更高的要求；微观市场营销会使企业的生产和营销成本上升，因此，企业必须使两者之间达到很好的平衡。

案例 4　花旗银行的客户关系管理

1. 答：客户关系管理使企业为了获得顾客满意、留住顾客、挖掘潜在顾客、实现顾客忠诚并最终获得顾客长期价值而致力于与顾客建立长期良好关系的活动和管理举措。建立客户关系管理可以与顾客进行富有意义的交流，理解并影响顾客的行为，吸引和保持更多的顾客，降低获取顾客和留住顾客的成本，创造更高的价值，最终赢得顾客。

2. 答：从材料看，可能的改进领域有：银行只找出了现在存在的不满，没有进一步建立系统化的客户满意分析与常设的抱怨处理流程，分析可能引起顾客不满意的因素，做到预防，应进一步对顾客满意的因素做出分析；建立顾客关系管理档案，细分客户及其生命周期价值，对顾客进行长期的关系管理。

六、简答题

1. 答：所谓的4R理论即：

（1）与顾客建立关联（relating）。要提高顾客的忠诚度，赢得长期而稳定的市场，重要的营销策略是通过某些有效的方式在业务、需求等方面与顾客建立关联，形成一种互助、互求、互需的关系，把顾客与企业联系在一起。这样就大大减少了顾客流失的可能性。

（2）提高市场响应（response）速度。企业必须建立快速响应机制，提高响应速度和回应力。这样可以最大限度地减少抱怨，稳定客户群，减少客户转移的概率。

（3）关系（relation）营销日益重要。当代市场环境中，抢占市场的关键已转变为与顾客建立长期而稳固的关系，从简单交易关系变成长期承诺，从顾客变成拥趸者，从管理营销组合变成管理和顾客的互动关系。

（4）回报（return）是营销的源泉。市场营销的真正价值在于其为企业带来短期或长期的收入和利润的能力。首先，追求回报是营销发展的动力；其次，回报是维持市场关系的必要条件。

2. 答：4C营销理论说明了营销组合的四个关键因素。

（1）瞄准消费者（consumer/customer）需求。首先要了解、研究、分析消费者的需要与期望，而不是先考虑企业能生产什么产品。

（2）消费者所愿意支付的成本（cost）。首先了解消费者满足需要与期望愿意付出多少钱（成本），而不是先给产品定价，向消费者要多少钱。

（3）消费者的便利性（convenience）。首先考虑交易过程如何给顾客方便，而不是先考虑销售渠道的选择和策略。

（4）与消费者沟通（communication）。以消费者为中心实施营销沟通是十分重要的，通过互动、沟通等方式，将企业内外营销不断进行整合，把顾客和企业双方的利益无形地整合在一起。

3. 答：推销观念认为，除非机构采用大规模的推销和促销活动，否则消费者不会购买产品。而市场营销观念认为，组织目标的实现有赖于对目标市场的需要和欲望的正确判断，并能以比竞争对手更有效的方式去满足消费者的要求。

推销观念采用由内向外的视角。它从厂商出发，着重企业现有的产品，并且需要大力进行推销和促销活动，以实现有利的销售。它强调的是征服顾客，即取得短期销售量，而不怎么关注是谁在购买以及为什么购买。市场营销观念恰恰与此相反，它采用的是由外向内的视角。它从一个界定明确的市场出发，以顾客需要为中心，协调所有影响顾客的营销活动，并通过建立基于顾客价值和满意的长期顾客关系来取得利润。在市场营销观念的指导下，企业提供消费者想要的产品和服务，从而满足消费者的需要并获取利润。

4. 答：顾客关系管理的目标在于通过富有意义的交流沟通，理解并影响顾客行为，通过提供快速、周到、优质的服务来吸引和保持更多的顾客，通过优化面对顾客的工作流程以减少获取顾客和留住顾客的成本，创造更高的价值，最终实现赢得顾客、留住顾客和顾客忠诚的目的。

5. 答：顾客关系管理的过程包括：①获取顾客信息，识别顾客；②管理顾客沟通，了解需要和期望；③掌握顾客满意度；④研究顾客价值，确定顾客关系战略；⑤分析差距，实施产品和服务改进；⑥留住和造就忠诚的顾客。

6. 答：CRM 系统的基本功能是：

（1）接入管理——通过电子商务、呼叫中心、网络、电子邮件、电话、传真等实现与顾客的交互、快速响应并提供技术支持；

（2）流程管理——实现营销、销售、服务等职能和过程的精细管理和工作自动化；

（3）决策支持——借助数据仓库、数据挖掘、决策支持、知识管理等技术，提供顾客关系管理和企业经营的决策支持。

七、论述题

1. 答：营销组合是指企业为了在目标市场引起它想要的反应而混合采用的一组可控制的战术营销手段。营销组合包括企业为影响产品需求而做的各种事情。营销组合理论，表明了在新的市场和竞争环境下，影响消费者对企业需求的关键因素。

4P 理论将影响需求的关键因素大致分为产品（product）、价格（price）、分销（place）和促销（promotion）等四类；4C 理论将影响需求的四组关键因素大致分为消费者（consumer / customer）需求、消费者愿意支付的成本（cost）、消费者的便利性（convenience）与消费者沟通（communication）等四类；4R 理论将影响需求的关键因素大致分为建立关联（relating）、市场响应（response）速度、关系（relation）、回报（return）等四类。

三类营销组合理论相互联系：①4C 理论是一种彻底的顾客导向的营销理论。企业的营销战略和计划完全是以顾客为中心而确定的。4C 理论是对 4P 理论的发展，是顾客导向的 4P 理论。②4R 理论的最大特点是以竞争为导向，在新的层次和环境中概括了营销的新框架。4R 体现并落实了关系营销的思想。响应机制为互动与双赢、建立关联提供了基础和保证，同时也延伸和升华了便利性。“回报”兼容了成本和双赢两方面的内容。市场营销理论还处于不断发展之中，4R

理论与4C、4P理论不是取代关系而是完善、发展的关系。由于企业经营环境产品和服务内容不同，在一个时期内，4P还是许多企业营销的一个基础框架，4C也是很有价值的理论和思路。两种理论仍具有适用性和可借鉴性。4R不是取代4P、4C，而是在4P、4C基础上的创新与发展，不可以把三者割裂开来甚至对立起来，应该把三者结合起来指导营销实践，才会制定出更好的营销策略和营销组合。有效的营销方案应该把所有的营销组合因素融入一个统一的计划之中，这个协调的计划通过向消费者提供价值来实现企业的营销目标。

2. 答：制定营销计划的主要活动包括：

（1）分析营销现状。制定营销计划的第一步是说明目标市场和企业在市场中的地位。

（2）把握威胁和机会。经理人员必须预测产品可能面对的主要威胁和机会，以预计会对公司产生影响的重要发展趋势。

（3）明确目标和问题。设立营销目标并考虑会影响这些目标的问题。

（4）提出营销战略。在分析机会和威胁的基础上，针对已定的营销目标，列出主要营销战略举措和“行动计划”来实现目标。

（5）制定行动方案。营销战略必须转变为具体的行动计划或操作计划。

（6）编制预算。基于营销行动计划，编制一个可行的营销预算。

（7）提出控制要求。制定营销计划的同时，还要考虑到计划如何进行控制，制定用来监督整个营销过程的程序。

3. 答：（要点）有效的顾客关系管理重要环节，包括：

（1）组织的可达性与承诺；

（2）选拔和培训与顾客直接接触的员工；

（3）明确顾客接触要求；

（4）有效的投诉管理；

（5）全面分析顾客价值；

（6）寻求战略伙伴与联盟。

第十三章　物流管理答案

一、判断题

1. √；　2. ×；　3. √；　4. ×；　5. ×；　6. √；　7. √；　8. ×；　9. ×；　10. √；　11. √；　12. √；　13. ×；　14. √；　15. √

二、单项选择题

1. A；　2. D；　3. B；　4. C；　5. A；　6. A；　7. B；　8. B；　9. D；　10. B；　11. B；　12. A；　13. C；　14. D；　15. A

三、多项选择题

1. ACDE；　2. CE；　3. ABE；　CD；　4. BCDE；　5. ABCDE；　6. ABDE；　7. ABCDE；　8. ABCDE；　9. BCE；　10. ABCD；　11. BCDE；　12. ABCDE；　13. ABCD；　14. ABCDEF；　15. BCE

四、填空题

1. 物；
2. 物质实体　时间　空间；
3. 运输　包装　装卸　流通加工；
4. 德鲁克；
5. 所有权；
6. 物流战略管理　物流作业管理；
7. 流通；
8. 所有权　社会属性　物流　物理属性；
9. 供应链管理；
10. 信息　组织；
11. 企业物流；
12. 原材料采购　生产过程；
13. 配送；
14. 辐射型　聚集型；
15. 水运　管道运输

五、简答题

1. 答：流和流通的区别，主要有两点：一是涵盖的领域不同。流不但涵盖流通领域，也涵盖生产、生活等领域。凡是有物发生物理性位移的领域，都是流的领域。流通中的流从范畴来看只是全部流的一个局部。另一个区别是，流通并不以其整体作为流的一部分，而是以其实物物理性运动的局部构成流的一部分。流通领域中商业活动的交易、谈判、契约、分配、结算等所谓商流活动和贯穿其间的信息流等都不能纳入物理性运动之中。

2. 答：物流作为流通活动的一部分与商流活动共同构成流通活动的整体，物流和商流从两个不同的侧面体现着商品流通的内容。商流是与商品的所有权转移相关的交易活动，通过买卖活动实现商品的价值，体现的是商品的社会属性；而物流是紧随商流之后的商品的空间和时间的转移，通过物流活动实现商品的使用价值提供可能，体现的是商品的物理属性。

3. 答：物流管理的定义：所谓物流管理是指社会再生产过程中，根据物质资料实体流动的规律，应用管理的基本原理和科学方法，对物流活动进行计划、组织、指挥、协调、控制和监督，使各项物流活动实现最佳的协调与配合，以降低物流成本，提高物流效率和经济效益。

物流管理的内容：

（1）对物流活动诸要素的管理，包括运输、储存、包装、配送、装卸、流通加工等环节的管理。

（2）对物流系统诸要素的管理，即对其中的人、财、物、设备、方法和信息等六大要素的管理。

（3）对物流活动中具体职能的管理，主要包括物流计划、质量、技术、经济等职能的管理。

4. 答：我国企业物流的问题，集中表现在：

（1）物流还未得到足够的重视。很多企业还没有建立起物流的观念，有的企业则把物流看作是一种可有可无的辅助活动，还没有将物流看成优化生产过程、强化市场经营的关键。

（2）物流管理水平落后。物流管理是企业管理的重要组成部分。但是目前就大多数企业而言，从管理机构设置上还没有专门的物流管理组织；从经济核算和财务管理上也没有专项的物流成本核算和物流财务分析。

（3）缺乏现代物流技术的有力支撑。现代物流运作方式与企业生产方式、生产规模和销售方式等密切相关。从硬件技术上观察，我国企业的仓库设施、物流设备等大多还较落后，企业的设备更新、改造等仍是重点。从软件技术上观察，设备和物流能力的合理应用及充分发挥现有的能力和效率也大多未能实现。

(4) 物流专业人才短缺。

5. 答：(1) 企业生产物流的连续性。企业的生产物流活动不但充实、完善了企业生产过程中的作业活动，而且把整个生产企业的所有孤立的作业点、作业区域有机地联系在一起，构成了一个连续不断的企业内部生产物流。企业内部生产物流是由静态和动态相结合的结点连接在一起的网络结构。

(2) 物料流转是企业生产物流的关键特征。物料流转的手段是物料搬运。在企业生产中，物料流转贯穿于生产、加工制造过程的始终。

(3) 企业物流成本的二律背反性。“二律背反”主要是指企业物流功能间或物流与服务水平之间的二重矛盾，即追求一方必须舍弃另一方的一种状态，是两者之间的对立状态。

企业物流管理肩负着“降低企业物流成本”和“提高服务水平”两大任务，这是一对相互矛盾的对立关系。整个物流合理化，需要用总成本评价，这反映出企业物流成本管理的二律背反特征及企业物流对整体概念的重要性。

6. 答：(1) 以资产为基础的物流企业。以资产为基础的物流企业主要通过运用自己的资产来提供专业的物流服务。

(2) 以管理为基础的物流企业。以管理为基础的物流企业通过信息系统和咨询服务提供物流管理。它们经常以承包运输部门的身份，负责部分或全部的客户相关业务。另外，它们也常常具有进出口和配送部门的功能。它们与发货人的雇员一起工作，不拥有运输和仓储设施，只提供人力资源。还有一类物流咨询公司，它们不负责物流操作上的任务，而是提供概念上和战略上的物流规划设计服务，为各类企业提供物流解决方案。

(3) 综合物流企业。这类提供综合物流服务的企业拥有资产，一般是货车、仓库，或两者都有。但是它们所提供的服务，并不以使用自己的资产为限。一旦需要，便可与其他企业签订子合同提供相关的服务。

(4) 以行政管理为基础的物流企业。以行政管理为基础的物流企业主要提供行政性的管理服务，比如运费的支付。

7. 答：第三方物流的特点是：契约式、个性化、零散性、非标准化、被动性、利润空间小而难度大、要求苛刻、小量多户、随机性风险性大。第三方物流的优势是：可以实现规模效益、协调效益、群体效益。

第三方物流可以给生产企业带来的好处：①可以利用社会资源；②集中发展核心竞争力；③降低物流成本，提高经济效益。

六、论述题

答：(1) 供应物流。又称输入物流，是企业为保障自身的生产与经营活动，不断组织原材料、零配件、燃料、辅助材料供应的物流活动。企业的供应物流一般有两种形式：一种是从各供货厂商处购原材料、协作件等的采购物流；另一种是同一企业所属各分厂之间相互提供零部件的调拨物流。

供应物流除了保证生产所需物料这一目标外，更重要的是必须以最低的成本和资金占用来实现这一目标。

（2）生产物流。它是指企业生产过程中的物流活动。这种物流活动是与整个生产工艺过程伴生的，实际上已构成了生产工艺过程的一部分。在一个生产周期中，物流活动所用的时间远多于加工的时间，生产过程中制品、材料占用的资金也非常大。

企业生产物流的优化首先是在工厂设计时应充分考虑物流的需要，科学合理地设计工艺流程。对于物流量较大的企业，应尽可能采用单一流向的办法。其次是要科学管理，减少中间产品库存。

（3）销售物流。即实物配送或输出物流。这也是最早引起人们重视的企业物流领域。

当前销售物流的解决方案主要有两种。一是在商流与物流相分离的基础上，由第三方物流企业承担从产成品库存、运输、流通储备到商品配送以及售后服务的物流一体化管理，借助专业物流企业的专业化服务实现销售物流过程的优化。对于那些不想把物流培植成核心竞争力的企业，这种方案是可行的。二是对于那些将物流视为核心竞争力的企业，主要依靠网络和电子商务，减少流转环节，实现厂商物流中心的集约化。即将原来分散在各分销商或中小型物流中心的库存集中到大型物流中心，通过数字化备货等现代技术实现进货、保管、在库管理、发货管理等物流活动的效率化、智能化。原来的中小分销商或批发商要么取消，要么转为专职从事销售促进、订货等商流业务。

（4）回收物流及废弃物流。企业在供应、生产、销售过程中总会产生边角余料和废料，其中有些是可以回收利用的，称为回收物流；而那些无利用价值的，必须向外部排放，称为废弃物流。回收物流及废弃物流处理不当，会影响企业的生存环境，造成浪费，甚至破坏企业的公众形象。

第十四章　生产管理答案

一、判断题

1. √；　2. ×；　3. ×；　4. ×；　5. ×；　6. √；　7. ×；　8. √；　9. ×；　10. ×；　11. √；　12. ×；　13. ×；　14. ×；　15. √；　16. √；　17. √；　18. √；　19. √；　20. ×；　21. √；　22. √；　23. ×；　24. ×；　25. √

二、单项选择题

1. B；　2. D；　3. A；　4. B；　5. A；　6. B；　7. C；　8. C；　9. C；　10. A；　11. B；　12. C；　13. D；　14. C；　15. A；　16. D；　17. D；　18. B；　19. B；　20. A；　21. C；　22. B；　23. B；　24. A；　25. D；　26. C；　27. D；　28. C；　29. A；　30. D

三、填空题

1. 输入　转换　输出；
2. 成批；
3. 工艺专业化形式　对象专业化形式；
4. 连续流水线　间断流水线；
5. 设计能力　查定能力　计划能力；
6. 准时制（just in time，JIT）生产方式；
7. 零故障　零缺陷　零库存　零浪费；
8. 多样化　差异化　个性化；
9. 灵敏、快捷的反应能力；
10. 信息反馈；
11. 区域选择　地区选择　地址选择；
12. 订货生产型　存货生产型；
13. 物流动方向　搬运量；
14. 流水生产；
15. 产品品种　规格　数量　主生产计划；
16. 计划能力；
17. 期量标准；
18. 期量标准；

19. 社会需求　充分发挥人的作用；
20. 大量生产方式　单件生产方式；
21. 企业资源计划（ERP）；
22. 计划的执行情况　偏差　纠正或预防偏差；
23. 最经济；
24. 最合理　空间形式

四、案例分析题

案例 1　HJ 公司的准时生产方式

1. 答：HJ 公司推行 JIT 能够取得成功的最重要因素是 HJ 公司在生产管理上存在这样的需要，即 JIT 生产方式能很好地解决 HJ 公司的物料浪费、产能不均衡、库存占用流动资金量大等问题，从而可使 HJ 公司的生产更加均衡协调、产品生产成本降低、生产柔性提高、市场反应速度敏捷。

2. 答：HJ 公司正式实施 JIT 之前，做了大量的准备工作，这些准备工作主要有：①找出生产管理和生产过程中存在的问题，提出了改进的方向和目标；②聘请专家参与并领导实施；③成立专门的组织机构；④对员工进行观念引导和技能培训；⑤进行了与之相适应的组织变革；⑥改善内外部环境，适应 JIT 生产方式。如果没有这些精心的准备工作，HJ 公司的 JIT 生产方式转换既可能不会这样顺利，效果不会这样好，也可能使花费的时间更久、成本更大，甚至可能因不能顺利实施而以失败告终。

案例 2　IBM 信贷公司业务流程

1. 答：5 步工作中必要的增值活动有：①接电话并记下这项交易请求；②检查借方的资金信用情况；③修改标准贷款协议；④决定向顾客征收的贷款利率；⑤把所有信息告知 IBM 公司的地区销售代理，答复顾客的申请。

2. 答：增设一个控制服务台可使控制服务台清楚每份申请在过程链中的具体位置，以便向营销代表提供信息并进行监督。缺点是增加了一个非增值的业务流程，也使贷款的流程更加复杂，更加浪费时间。

3. 答：IBM 公司所设计的改善服务流程是：建立一个交易员负责制，每个交易员针对一份申请，除特殊情况，通常将接电话、检查借方的资金信用情况、修改标准贷款协议、征收贷款利率以及将信息告知 IBM 公司的地区销售代理由一个交易员来完成。

案例 3　日本 A 企业提高工人协调技能

1. 答：多品种小批量生产是指在规定的生产期间内，作为生产对象的产品种类（规格、形状、尺寸、型号、色彩等）较多，而每种产品生产数量较少的一种生产方式。

与大量生产方式相比，多品种小批量生产方式一般具有以下特征：①生产品种的多样性；②生产过程的复杂性；③生产能力的适应性；④环境条件的多变性；⑤生产计划的困难性；⑥生产管理的动态性。

2. 答：由于日本A企业生产的汽车电池属于多品种、小批量生产，物流在组装线之间、工序之间时常无法保持均衡流动，导致了组装线之间、工序之间高低峰不均、忙闲不均的局面。这个问题会进一步延误某种产品的交货期，甚至导致某种产品的生产根本无法进行。

针对这个问题，该企业通过寻找协调途径，利用因低峰而闲置的力量去填补因高峰而引起的力量空缺，使生产更加均衡。

案例4　KFC的跟进选址策略

1. 答：选址问题不仅影响企业的投资大小、见效快慢，以及企业生产经营的绩效，而且在很大程度上影响着整个企业的战略布局与目标的实现可能性。

选址的目的不仅是使生产总成本达到最小，还要使其能够为用户提供最佳的服务。

2. 答：影响厂址选择的因素有很多，它们主要是：①环境方面因素；②资源方面因素；③运输条件因素；④销售条件因素；⑤劳动力的可获得性；⑥社区社会风尚；⑦政府与企业的关系。

KFC选址主要考虑了消费市场、便利程度和竞争三个重要因素。

3. 答：KFC选址对生产企业借鉴意义如下：一是要注重有关材料的收集，为分析和选择做好充分的物质准备；二是抓住对企业而言最重要的选址因素；三是对备选方案进行科学的、系统的、定量的评价，以保证方案的合理性和正确性；四是如有可能，采取跟进策略，节约企业的选址成本；五是如企业能够设立多个相似分厂，可制定选址的标准，更快更好地实现厂址的选择。

五、简答题

1. 答：生产系统是企业大系统中的一个子系统。其运动规律就是输入资源，经过生产过程输出产品或服务，并且在生产过程中不断进行信息反馈。

不同的企业根据不同的生产目的应输入不同的资源，具体有劳动力、资金、土地、建筑物、机器设备、工艺装备、原材料、燃料和信息等。

生产系统输出的是产品或服务。它们必须具有使用价值，必须符合社会和市场的需要，这样才能销得出去，这是实现企业赢利目标的前提。

生产系统是一个输入、输出的转换系统，转换过程就是生产过程。企业一定要通过自身的努力，使输出大于输入，才能真正实现企业的赢利目标。为此，企业应尽可能采用最经济的生产方式，以消耗最少的人力、物力、财力和时间，降低成本，缩短交货期。

2. 答：生产作业控制的基本内容可归纳为以下几个方面：①作业安排；②测定偏差；③纠正偏差；④提供情报。

3. 答：精益生产方式主要有以下特征：①实行拉动式准时生产；②以人为本，充分调动人力资源的积极性；③建立主机厂与协作厂的利益共同体；④把多种现代管理手段和方法用于生产过程之中，如工业工程、价值工程等，计算机更多地应用到计划、过程控制中来，使生产手段现代化，也会极大地提高生产效率；⑤有效配置和合理使用企业资源；⑥彻底消除无效劳动和浪费；⑦在产品开发与生产准备工作上化整为零，采用小组工作法。

4. 答：敏捷制造（AM）有以下特点：①市场方面。对市场需求反应灵敏快速，变一般的市场导向为消费者参与的市场导向。②产品设计和开发方面。积极开发、利用计算机过程模拟技术，采用柔性化、模块化的产品设计方法和并行工程的组织形式，既可实现产品、服务和信息的任意组合，从而极大丰富品种，又能极大地缩短产品设计、生产准备、加工制造和进入市场的时间，能够迅速推出全新产品，从而保证对消费者需求的快速反应。③生产方面。通过一些可重新编程、可重新组合、可连续更换的生产系统结合成为一个新的信息密集的制造系统。④企业组织方面。以企业内部组织的柔性化和企业间组织的动态联盟为其组织特征，虚拟企业是其理想形式。⑤企业管理方面。以灵活的管理方式达到组织、人员与技术的有效集成，尤其强调人的作用，充分发挥各级人员的积极性和创造性，在管理理念上要具有创新和合作的突出意识，在管理方法上重视全过程的管理。⑥社会方面。消除地域和时差的限制，充分合理利用全社会资源，尤其强调环保、节能，进行绿色制造，保持良好的社区关系和社会形象。⑦最大限度地调动、发挥人的作用。

5. 答：定制生产也是 20 世纪 90 年代以来针对市场和消费者需要呈现多样化、差异化、个性化而产生的先进的生产方式之一。即：①它是满足消费者需求多样化的需要；②它是实现生产与营销紧密结合的需要；③它是满足消费者要求产品快速变化的需要。

6. 答：进行厂区平面布置应遵循下列原则：①厂区平面布置应使厂房、设施和其他建筑物的配置满足企业生产过程的要求；②尽可能使厂区内的物料运输距离最短；③尽可能使厂区平面布置紧凑；④要合理划分厂区；⑤有利于整体协调；⑥厂区布置要有利于安全和职工的健康；⑦充分利用外部环境提供的便利条件；⑧厂区布置要与环境相协调；⑨厂区的布置要充分考虑远景发展需要，在可能的情况下为企业未来的发展预留余地。

7. 答：企业的生产能力是指在一定的时期内直接参与生产过程的固定资产，在一定的生产技术条件下，经过综合平衡，所能生产一定种类的产品或加工处理一定数量的原材料的能力。企业生产能力一般分为设计能力、查定能力和计划能力三种。设计能力是指企业设计任务书和技术文件中所规定的生产能力，它是确定企业生产规模、编制战略规划、安排基本建设计划的依据；查定能力是指老企业没有设计能力，或原有设计能力被突破的情况下，经过重新调查核定的生产能力，它是企业进行技术改造时核定生产能力的依据；计划能力是指企业在计划年度内实际能够达到的生产能力，它是企业编制年度计划、确定生产指标时的依据。

影响企业生产能力的主要因素有三个：一是生产中固定资产的数量，即机器设备的数量；二是固定资产的工作时间，即它的有效工作时间；三是固定资产的生产效率，即设备和生产面积的生产效益。

8. 答：①进行生产计划准备；②确定生产计划指标；③编制产品出产进度计划。

9. 答：备货型生产是在没有接到用户订单前，按企业已有的标准产品或系列产品根据市场预测进行生产。这些产品通常通用性强，标准化程度高，需求量大。备货型生产生产效率高，但客户化程度低，成品库存容易造成积压或欠储。

订货型生产是按用户订单上特定的要求进行生产，根据用户提出的要求，经过协商或谈判，以合同的方式确认对产品性能、结构、质量、数量和交货期的要求，然后组织设计和制造。这些产品通常需求量不会很大，有特定的用户，这种生产方式的生产效率较备货型要低。

生产管理的重点是在保证质量的前提下如何实现按期交货。因此，除了那些要求特殊设计的产品外，大部分产品在产品设计阶段就应注意使产品设计模块化，零部件通用化、标准化，来有效地缩短生产周期。

10. 答：生产管理的任务就是要以实现企业的经营目标、经营方针为宗旨，实现产品在品种、质量、数量、交货期、成本等方面的要求，为企业经营目标的实现起到保障作用。即生产管理就是要把资源合理利用放在重要位置，在确保产品质量的前提下，优化资源配置，不断降低成本，提高经济效益。为此，生产管理必须提高生产对市场需求变化的反应能力和适应能力。

11. 答：流水生产线可按不同的标志进行分类：①按生产对象移动方式不同，可分为固定流水线和移动流水线；②按生产对象的数目不同，可分为单一对象流水线和多对象流水线；③按生产对象轮换方式不同，可分为不变流水线和可变流水线；④按生产过程连续程度不同，可分为连续流水线和间断流水线；⑤按流水线节奏性不同，可分为强制节拍流水线和自由节拍流水线；⑥按流水线的机械化程度不同，可分为手工流水线、机械流水线和自动生产线。

流水生产线的基本特征是：①流水生产线上每个工作地完成一道或几道工序都是固定的，因此工作地专业化程度高；②工作地和设备按产品加工顺序排列；③各道工序的加工时间之间，规定着相等或倍比关系；④按规定的节拍或时间间隔产出产品；⑤生产过程具有高度的连续性。

12. 答：厂址选择决策应该包括下面七个步骤：①确定选址的目标；②确定建厂的最佳区域；③确定建厂选点的决策要素及其评价标准；④对区域中的地区按以上标准进行筛选；⑤对定性筛选后的重点社区进行定量分析，可利用运筹学中的运输问题模型进行求解，比较出最优的地区；⑥在地区内对最佳地点进行决策，也可采用运输模型求解；⑦确定建厂的实施方案与工作计划，包括进行基础设施设计、资金预算计划、各项工作的总体计划安排等。

13. 答：生产作业计划与生产计划相比有以下特点：①计划期较短。生产计划一般只规定年度分季、季度分月的生产任务，而生产作业计划具体规定月、旬、周、日、轮班、小时的计划。②计划的内容更具体。生产作业计划把生产任务分解落实到各车间、工段、班组、机台和个人。③计划单位更小。生产计划一般以成台产品作为计划单位，而生产作业计划的计划单位是产品的部件、零件，直至工序。

14. 答：MRPⅡ计划管理模式有一些很突出的特点：首先，它实现了计划的一贯性和可行性，计划层次从宏观到微观，由粗到细，把通常的三级计划统一起来了，并在制定每层计划时都与企业的生产能力进行平衡，保证计划的可行性；其次，它实现了管理的系统性，它把企业所有与生产经营直接相关部门的工作联成了一个整体，改变了原来各个部门条块分割自行其是的传统工作方法；再次，它具有数据共享性，企业各个部门可以依据同一中央数据库的信息进行管理，任何一种数据变动都能及时传输给所有部门，改变了过去那种信息不通、情况不明、盲目决策、相互矛盾的现象；最后，它实现了企业物流和资金流的统一，包罗了成本会计和财务功能，可以由生产经营活动直接产生财会数据，把实物形态的物料流动直接表现为价值形态的资金流动，保证生产和财会数据的一致。

15. 答：生产管理是指为实现企业经营目标，有效地利用生产资源，对企业生产过程进行计划、组织、控制，生产出满足市场需要的产品或提供服务的管理活动的总称。

生产管理的内容包括确定合理的生产组织形式、制定科学的生产计划以及对计划的实施与控制。确定合理的生产组织形式包括对生产系统的选择、对生产过程的空间组织及时间组织；生产计划的制定包括对生产计划及生产作业计划的编制；生产计划的实施与控制包括生产进度控制、库存控制、质量控制、成本控制及生产现场管理等内容。

16. 答：工艺专业化又称工艺原则，它是指根据不同的生产工艺性质来设置车间、工段、班组等生产单位。在工艺专业化的生产单位里，集中着同类的工艺设备，对企业生产的各种产品（零件）进行相同的工艺加工。这种形式的优点是：对生产产品变化有较强的适应性，生产面积利用率高，便于对工艺进行专业化管理。其缺点是：因为这种形式不是独立完成产品的全部加工工序，一件产品要经过许多生产单位后才能完成，所以产品在生产过程中的运输路线长，运送材料、半成品的劳动消耗多，这就增加了运输费用。产品在生产过程中存放、等待时间增多，延长了生产周期，使在制品的数量增多，增加了流动资金的占用。各单位之间联系协作往来频繁，使生产计划管理、在制品管理、质量管理等工作复杂化。工艺专业化形式多适合于单件小批生产类型的企业。

第十五章　财务管理答案

一、判断题

1. ×；　2. ×；　3. ×；　4. ×；　5. ×；　6. ×；　7. ×；　8. ×；　9. ×；
10. √；　11. ×；　12. ×；　13. ×；　14. ×；　15. √；　16. ×；17. ×；
18. ×；　19. ×；　20. ×；　21. ×；　22. ×；　23. ×；　24. ×；　25. ×；
26. √；　27. ×；　28. √；　29. ×；　30. ×；　31. ×；　32. ×；　33. ×；
34. √；　35. √；　36. √；　37. ×；　38. ×；　39. ×；　40. ×；　41. √；
42. √；　43. ×；　44. ×；　45. ×；　46. ×；　47. ×

二、单项选择题

1. C；　2. C；　3. C；　4. B；　5. A；　6. A；　7. C；　8. D；　9. C；
10. B；　11. B；　12. C；　13. A；　14. D；　15. A；　16. C；　17. B；　18. C；
19. A；　20. B；　21. B；　22. A；　23. C；　24. A；　25. C；　26. B；　27. D；
28. A；　29. D；　30. A；　31. B；　32. A；　33. A；　34. C；　35. B；　36. B；
37. C；　38. B；　39. C；　40. B；　41. A；　42. B；　43. D；　44. A；　45. A；
46. B；　47. B；　48. C；　49. D；　50. B；　51. C；　52. C；　53. A

三、计算题

1. 答：(1) 固定资产入账价值＝固定资产投资额＋建设期资本化利息，

对于单纯固定资产投资项目而言，原始投资额＝固定资产投资额，

所以，固定资产入账价值＝原始投资额＋建设期资本化利息，

根据“当年完工投产”可知，建设期为0，所以，不可能存在“建设期资本化利息”，

因此，固定资产入账价值＝原始投资额＝100万元。

(2) 运营期内每年的折旧额＝(100－10)/5＝18(万元)。

(3) 运营期内每年的息税前利润＝(90－62)＋2＝30(万元)。

(4) NCF0＝－100万元，

NCF1～2＝息税前利润＋折旧＝30＋18＝48（万元），

NCF3～4＝息税前利润×(1－税率)＋折旧＝(90－60)×(1－30％)＋18＝39(万元)，

NCF5＝息税前利润×（1－税率）＋折旧＋残值回收＝39＋10＝49(万元)。

(5) 该项目的净现值＝48×(P/F,10%,1)＋48×(P/F,10%,2)＋39×(P/F,10%,3)＋39×(P/F,10%,4)＋49×(P/F,10%,5)－100＝69.67(万元),

或＝48×(P/A,10%,2)＋39×(P/A,10%,2)×(P/F,10%,2)＋49×(P/F,10%,5)－100

＝83.304＋55.9345＋30.4241－100

＝69.66(万元),

或＝48×(P/A,10%,2)＋39×(P/A,10%,3)×(P/F,10%,2)＋10×(P/F,10%,5)－100

＝83.304＋80.1518＋6.209－100

＝69.66 (万元)。

2. 答：(1) 项目的计算期＝项目的建设期＋项目的运营期＝项目的建设期＋项目的寿命期＝2＋5＝7 (年)。

(2) 建设期资本化利息＝100×(F/P,10%,2)－100＝21(万元)。

(3) 项目的投资总额＝原始投资合计＋建设期资本化利息＝130＋21＝151(万元)。

(4) 运营期内项目各年的息税前利润＝税前利润＋利息费用＝7.5/(1－25%)＋100×10%＝20(万元)。

(5) 项目的投资收益率＝20/151×100%＝13.25%。

(6) 由于固定资产投资和开办费投资是在建设期内均匀投入的，所以建设期净现金流量为

NCF0＝－(100＋10)/2＝－55(万元),

NCF1＝－(100＋10)/2＝－55(万元),

NCF2＝－20(万元)。

(7) 固定资产原值＝100＋21＝121(万元),

运营期每年固定资产折旧＝(121－1)/5＝24(万元),

运营期第 1 年开办费摊销额＝10(万元),

每年维持运营投资为 5 万元,

终结点回收额＝1＋20＝21 (万元),

对于完整工业投资项目而言,

运营期内项目某年的自由现金流量＝运营期某年税后净现金流量

＝该年息税前利润× (1－所得税税率) ＋该年折旧＋该年摊销＋该年回收额－该年维持运营投资，NCF3＝20×(1－25%)＋24＋10－5＝44(万元),

NCF4～6＝20×(1－25%)＋24－5＝34(万元),

NCF7＝34＋21＝55(万元)。

(8) 项目的原始投资合计为 130 万元，在项目计算期前 5 年的累计净现金流

量＝44＋34＋34－130＝－18（万元），项目计算期第 6 年的累计净现金流量＝－18＋34＝16（万元），所以包括建设期的静态投资回收期＝5＋18/34＝5.53（年）。

(9) 运营期净现金流量现值

＝55×(P/F,12%,7)＋34×(P/A,12%,3)×(P/F,12%,3)＋44×(*P*/*F*,12%,3)

＝24.8765＋58.1264＋31.3192

＝114.3221（万元），

原始投资的现值合计＝20×(P/F,12%,2)＋55×(P/F,12%,1)＋55

＝15.944＋49.1095＋55＝120.0535（万元），

获利指数＝114.3221/120.0535＝0.95，

净现值率＝0.95－1＝－0.05。

(10) 由于获利指数（0.95）小于 1（或由于净现值率小于 0），包括建设期的静态投资回收期（5.53 年）大于项目计算期（7 年）的一半，所以，该项目完全不具备财务可行性。

3. 答：(1) 租金现值＝2×(P/A,4%,8)＝13.4654(万元)，

因为租金的现值大于设备的买价，所以企业应选择购买设备。

(2) 租金的现值＝2×[(P/A,4%,7)＋1]＝14.0042(万元)。

4. 答：(1) 根据企业成本习性模型可知，该企业的固定成本为 15 000 元，单位变动成本为 4 元，所以 2006 年该企业的边际贡献总额＝10 000×8－10 000×4＝40 000（元）。

(2) 2006 年该企业的息税前利润＝40 000－15 000＝25 000（元）。

(3) 2007 年的经营杠杆系数＝40 000/25 000＝1.6。

(4) 2007 年的息税前利润增长率＝1.6×15%＝24%。

(5) 2007 年的财务杠杆系数－25 000/[25 000－5 000－300/(1－40%)]＝1.28，

2007 年的复合杠杆系数＝1.6×1.28＝2.05，

或 2007 年的复合杠杆系数＝40 000/[25 000－5 000－300/(1－40%)]＝2.05。

5. 答：(1) 甲方案中：

原有的债券比重为：1000/2400＝41.67%，

新发行的债券比重为：400/2400＝16.67%，

普通股的比重为：1000/2400＝41.67%，

原有债券的资金成本＝8%×(1－30%)＝5.6%，

新发行债券的资金成本＝10%×(1－30%)＝7%，

普通股的资金成本＝1/8＋4％＝16.5％，

甲方案的加权平均资金成本＝41.67％×5.6％＋16.67％×7％＋41.67％×16.5％＝10.38％。

（2）乙方案中，各种资金的比重分别为50％，50％；资金成本分别为5.6％，1/10＋4％＝14％。加权平均资金成本＝50％×5.6％＋50％×14％＝9.8％，

甲方案的加权平均资金成本大于乙方案的加权平均资金成本，因此乙方案较好。

6. 答：（1）2007年投资方案所需的自有资金额＝1000×50％＝500（万元），

2007年投资方案所需从外部借入的资金额＝1000×50％＝500（万元）。

（2）2006年度应分配的现金股利

＝净利润－2007年投资方案所需的自有资金额

＝800－500＝300（万元）。

（3）2006年度应分配的现金股利＝上年分配的现金股利＝300（万元），

可用于2007年投资的留存收益＝800－300＝500（万元），

2007年投资需要额外筹集的资金额＝1000－500＝500（万元）。

（4）该公司的股利支付率＝300/500×100％＝60％，

2006年度应分配的现金股利＝60％×800＝480（万元），

剩余股利政策、固定或稳定增长股利政策、固定股利支付率政策。

第十六章　信息管理答案

一、判断题

1. ×；　2. √；　3. ×；　4. ×；　5. √；　6. ×；　7. √；　8. ×；　9. √；10. ×；　11. √；　12. √；　13. √；　14. ×；　15. √；　16. ×；　17. √

二、单项选择题

1. C；　2. C；　3. D；　4. A；　5. A；　6. D；　7. B；　8. B；　9. A；　10. D

三、填空题

1. 数据；
2. 人　收集　传输　加工　储存　更新　维护　人机系统；
3. 供应链管理；
4. 系统的生命周期；
5. 整体性　全局性　开发阶段；
6. 开发周期短　费用低　实用性强　系统性差　规范性不强；
7. 规模比较小　有可以借鉴经验；
8. 自底向上；
9. 自动编程　需求分析　功能分析　结构图表生成；
10. 及时　准确　适用　经济；
11. 收集　传输　加工　储存　维护　使用；
12. 集中统一；
13. 原始信息收集　二次信息收集；
14. 用户　系统目标和总体结构　分阶段实施进度　可行性研究；
15. 数值运算　非数值处理；
16. 决策支持系统；
17. 管理物料　采购；
18. 生产指挥系统　制造自动化系统　数据库技术支持系统；
19. 业务流程　信息流程；
20. 业务或数据流程　新系统拟采用的方案；
21. 总体结构　具体物理模型；
22. 总体结构框架设计　代码设计　数据库设计；

23. 物理模型；

24. 安全保密制度　软件管理制度　备份制度；

25. 正常管理和维护工作　环境变化和用户

四、简答题

1. 答：信息是将数据经过加工处理以后，提供给人们的有用资料。数据是人们用来反映客观世界而记录下来的可以鉴别的物理符号，或者说数据是用各种可以鉴别的物理符号记录下来的客观事实。

数据与信息的区别在于数据是客观的，它来源于客观的现实世界，它只反映了某一客观存在的事实，而不能说明这一事实与我们的行动是否有关系；信息是人们对数据加工后的结果，它取决于人们的主观需求，要对人们的决策行动产生影响，人们对数据和信息的关系形象地解释是原材料与产品之间的关系。将数据看做是原材料，将信息看做是产品。由于原材料和产品是相对而言的，一个部门的原材料可能是另一个部门的产品，同时一个部门的产品也可能是另一部门的原材料。因此相同的一组数据对一部分人来讲是信息，而对另一部分人来讲可能就是数据。

总之，数据来源于现实世界，经过加工后形成了信息，对决策过程产生影响再推动改造于现实世界。数据与信息在人们认识现实世界、改造现实世界过程中不断实现相互转换。

2. 答：①信息的收集；②信息的传输；③信息的加工；④信息的储存；⑤信息的维护；⑥信息的使用。

3. 答：(1) 主要领导亲自参与和领导，有专职信息机构；

(2) 搞好基础管理；

(3) 各级管理人员积极参与，培养一支应用技术队伍；

(4) 必要的资金保证。

4. 答：一个管理信息系统的生命周期一般分为5个阶段，也称为SDLC法的开发过程，即：①系统规划阶段；②系统分析阶段；③系统设计阶段；④系统实施阶段；⑤系统运行与维护阶段。

5. 答：结构化系统开发方法的优点是强调系统开发过程的整体性和全局性以及严格地区分开发阶段，避免了开发过程的混乱状态。但随着时间的推移，这种方法也暴露出很多缺点，比如它的起点太低，所使用的工具落后，致使系统开发周期过长。另外，这种方法要求系统开发者在调查中就充分地掌握用户需求、管理状况以及可能发生的变化，这不大符合人们的认识规律。

6. 答：快速原型法的开发过程可以归纳为5个步骤：

(1) 确定系统的基本要求和功能；

（2）建造初始快速原型框架；

（3）运行、评价、修改快速原型框架；

（4）建造各子系统的快速原型，并将其连接到总体原型系统；

（5）补充完善原型，形成最终管理信息系统。

7. 答：（1）信息是现代企业的宝贵资源；

（2）信息是现代企业决策的基础；

（3）信息管理是现代企业管理的核心；

（4）信息管理的现代化是企业管理现代化的重要组成部分。

8. 答：决策支持系统就是为主管者提供信息，帮助他们作决策的系统。DSS与MIS的一些主要区别和联系在于：

（1）MIS考虑的主要是企业内部的数据，在多数情况下主要是反映当前情况的数据；而DSS则是要向决策者提供大量历史的和外部的数据。经验表明，这些数据往往难以统一格式，从而对数据库的设计提出了更高的要求。

（2）各种运筹学和数理统计方法虽然在MIS和DSS中都得到使用，但是使用的方式不同。在MIS中，它们构成例行工作中的某一环节定期地按固定方式得到使用；而在DSS中，它们按照决策问题的性质和决策者的需要，随时以灵活易用的方式组织起来。

（3）从功能上看，MIS的主旨是代替人们做某一部分处理工作；而DSS的主旨是协助人们做好决策工作。

9. 答：管理信息系统的发展也大体经历了以下4个阶段：

（1）第一阶段（1953～1958年）。第一代计算机开始进入大企业。

（2）第二阶段（1958～1966年）。计算机技术进入了第二代，晶体管代替了电子管，磁芯存储器取代了磁带存储器，计算机的内存扩展了，运算速度加快了，输入/输出功能更强了，特别是软件的进步是这一代计算机的重要标志。第二代计算机在管理应用方面最显著的成果是发展了联机系统。第二代计算机对组织的影响主要是开始改变中层事务管理的方式，原有的大量核算、登账、查找、统计和报表等工作逐步交由计算机来完成。

（3）第三阶段（1966～1974年）。第三代计算机问世，采用的是集成电路装置，从而使计算机日益朝着大型化方向发展。通过与终端的远距离通信，把信息集中到中央处理机，提高了信息处理的能力，扩大了资源共享的程度。

（4）第四阶段（1974年至今）。我们仍处在应用第四代计算机的阶段。特别是分布式数据库技术和计算机网络管理软件使得管理信息系统的发展进入了数据的系统处理阶段。

10. 答：（1）企业转换经营机制的必要性；

（2）行业宏观调控的必要性；

（3）企业长远发展的必要性。

11. 答：①加快资金周转；②降低生产成本；③压缩库存积压；④缩短生产周期；⑤提高工作效率和管理水平；⑥扩展信息渠道，加快市场反应。

12. 答：随着我国科学技术的发展和市场经济体制的不断完善，现代企业的生产经营活动对信息的处理提出了越来越高的要求。具体要求可以归纳为及时、准确、适用、经济 4 个方面。

第十七章　质量管理答案

一、判断题

1.√；　2.×；　3.√；　4.√；　5.√；　6.√；　7.×；　8.×；　9.×；
10.√；　11.√；　12.√；　13.√；　14. √；　15. √；　16.√；17.×；
18.√；　19.√；　20.√；　21.×

二、单项选择题

1. D；　2. C；　3. C；　4. C；　5. B；　6. D；　7. D；　8. B；　9. D；　10. A；
11. C；　12. B；　13. D；　14. B；　15. B；　16. D；　17. D；　18. D；　19. C；
20. C；　21. B；　22. C；　23. D

三、多项选择题

1. ABCDE；　2. ABCDE；　3. ABDE；　4. BDE；　5. BCD；　6. ABCDE；
7. ABCDE；　8. ABCDE；　9. ABC；　10. ABCDE；　11. ABCD；　12. ABCD；
13. AC；　14. ABCDE；　15. ABC；　16. BD；　17. AB；　18. ABC；　19. ABCDE；
20. ACDE；　21. BCE；　22. ABCD；　23. BCDE；　24. AB；　25. BCDE；
26. CD；　27. ABCDE；　28. ACE；　29. ABCDE；　30. ABCDE；　31. ABCDE；
32. ABCDE；　33. ABCDE；　34. ABCDE；　35. BDE；　36. ABCDE；　37. BCE；
38. ABCDE；　39. ABCDE；　40. ABDE；　41. AB；　42. ABCD；
43. ABCDEFGHIJK

四、填空题

1. 朱兰；
2. 追求卓越；
3. 不良；
4. 超越；
5. 必须；
6. 有效性或效果；
7. 组织；
8. 质量目标；
9. 运行过程；

10. 信任；
11. 外部；
12. 20　80；
13. 适用性；
14. ISO/TC176；
15. 思想基础；
16. 其他相关方；
17. ISO14000；
18. 第三方；
19. 最基本的；
20. 2004 年 8 月；
21. 核心价值观　评审方法；
22. 过程　结果；
23. 创造性的；
24. 公认的领先；
25. 超越；
26. 百万机会缺陷数（DPMO）；
27. 每百万

五、案例分析题

案例 1　GE 飞行器发动机的质量和控制

1. 答：GE 公司为了保证飞行器发动机的质量，做了以下工作：增加了关键性的过程控制，在对传统的质量指标检验的同时，主要对速度或转速进行检测，由反馈控制转变为前馈控制，将质量控制由秘密的质量部门负责，转变成了每个供应商、管理者和组织内部员工的最基本的责任，扩大了质量控制的范围。

可以改进的方面：可以将前馈控制、同期控制、反馈控制有效地结合起来。

2. 答：企业文化的重要性概括起来有以下几点：①是企业的灵魂。②是企业经营活动的统帅。③是企业行动的指南。所以，GE 公司为了改革质量管理，首先要变革企业文化，把“团队精神”和“活性化”作为质量管理的最重要的因素，在此基础上，才达到了改革质量管理的目的。

案例 2　斯堪的纳维亚航空公司（Scandinavian Air System）的服务质量

1. 答：服务是人与人接触的活动，与顾客接触的“真实瞬间”极大地影响着服务质量。服务的无形性、差异性和不可分离等特性，使服务的质量与硬件产品的质量在含义和实现方式上有很大的不同。服务质量更强调满足个性化需求，主要以顾客满意为评价准则，通常是客户对服务的期望（即期望服务质量）与其实际感知的服务（即体验的服务质量）的对比的结果。当感知超出期望时，服务被认为具有特别质量，否则服务就被认为是不符合客户的质量要求的。

2. 答：把握真实瞬间的关键：打破原有消极的对待客户服务的看法；将原有的消极顺从地解决客户投诉的态度转变为全新的，积极乐观的工作热情，学会全新的突破性思维方法；理解提高客户服务质量的最终目的；客户跟踪服务，使客户满意；理解用标准化工作流程高效工作，提高服务质量。例如，SAFEWAY是英国五大连锁超市之一，它于1999年2月在伦敦西南部的贝辛斯托克商店推出了EASI-ORDER计划。该商店为其200名最佳顾客装备了自带扫描器的PALM PILOT装置。购物者可用此扫描器来订购具体产品，也可下载一份购物清单。该清单是根据他们以往用该公司的忠诚卡而制定的。一旦作出选择，最后的清单将被发送到商店，于是所列的物品将被打包，以供顾客在预定时间取货。EASI-ORDER系统是由IBM公司设在纽约州的一家研究中心开发而成的，它可生成因人而异且目标明确的促销信息。跨越多个销售渠道满足顾客需求并非易事，但做到这一点给予商家的最高回报则是获得稳定的顾客，这在当今市场中是非常难得的。

案例3　上下同欲者胜——北京乐金飞利浦电子有限公司贯彻《卓越绩效评价标准》的实践

1. 答：(1) 把提升质量作为提高企业竞争力的战略武器，制定战略规划；

(2) 新颖的内部沟通方式和愿景、使命、战略的展开途径；

(3) 注重实行力、形式多样的培训；

(4) 全员参加的TDR；

(5) 关注社会责任。

2. 答：公司的核心价值有：注重企业文化、注重人才、注重创新等。

3. 答：TDR本质上业务流程再造（BPR）的途径和组织方式，是推选六西格码和质量改进的途径和组织方式，它强调完全打破以前过程中的全部基准，重新再设计找出解决方案的方式。TDR可以在技术或管理中广泛应用，能找出和设计新的解决方案。

六、简答题

1. 答：质量：

质量是一组固有特性满足要求的程度。其中“特性”的载体，即为质量概念所描述的对象。“要求”是由各种不同的相关方，既与组织的业绩或成就有利益关系的个人或团体。

质量管理：

ISO9000标准中质量管理定义为：在质量管理方面指挥和控制组织的协调一

致的活动。在质量方面的指挥和控制活动通常包括指定质量方针和质量目标以及质量策划、质量控制、质量保证和质量改进。

2. 答：我国企业在实践中将全面质量管理概括为“三全”，即全过程、全员和全面的质量。

全过程意味着质量产生、形成和实现的整个过程，这一过程是由多个相互联系、相互影响的环节所组成的，每一个环节都或轻或重地影响着最终的质量状况。为了保证和提高质量就必须把影响质量的所有环节和因素都控制起来。

全员意味着提高产品质量需要依靠组织中的全体人员的共同努力，必须加强质量教育，强化质量意识，使每个人都树立起质量第一的思想，人人关心质量，全员参加管理。

全面的质量指的是在全面质量管理中的质量概念是广义的，不仅仅是指产品和服务的质量，而且还包括工作的质量。

3. 答：“持续改进总体业绩应当是组织的一个永恒目标。”

改进已经成为了当今企业界的一种生活方式。但传统的企业构造中并没有鼓励改进的土壤。厚重的手册、规章等操纵着企业。晋级提升的机会属于“循规蹈矩者”。坚固的层级制度控制着所有单位和个人的工作。职位说明书清楚地规定了一个人该做什么和不该做什么。

日本人所提炼出来的持续改进的方法论发挥了良好的作用。如跨职能的团队、QC 小组、新点子建议制度、过程改进小组等。

4. 答：这一原则认为：“组织与供方是相互依存的，互利的关系可增强双方创造价值的能力。”

外购产品和服务对于许多产业的企业来说，都在成本中占据着巨大的份额。这些外购产品和服务的质量在很大程度上影响着某个组织的成品质量。而且，质量差的供应商会成为一个组织的总不良质量成本的主要贡献者。只有当供应商被视为与顾客追求共同目标的伙伴而非讨价还价的敌手时，只有当供应商关系建立在合作和信任的基础上时，供应商关系才能成为一种互利共赢的关系。

在全面质量管理的原则下，改进供应链的绩效成为了采购职能的目标。为此就必须考虑到整个供应链上的参与者，包括间接的供应商、制造商、分销商和最终用户。

供应链的优化大大促进了质量改进、运转周期缩减、不良质量成本的降低、总占有成本的降低、技术创新和风险共担等方面。

5. 答：质量管理八项原则之间存在着内在的逻辑关系。

要实现成功的转型，首先要解决一个立场问题，这体现了第 1 个原则的要求（以顾客为关注焦点）。

在明确了立场的基础上，管理当局要带领（原则 2 的“领导作用”）全体成员（原则 3 的“全员参与）去实现这种转变。上下同欲的努力还必须有正确的方法论（原则 4 的“过程方法”和原则 5 的“系统方法”）。

因为存在着激烈的竞争，同时顾客的期望也在不断地升高，因而所建立起来的管理系统必须加以持续不断的改进（原则 6）。

基于事实的决策方法（原则 7）是持续改进的最有力的武器。

这种改进仅仅局限于组织内部所能够取得的成果还是非常有限的，组织还必须与自己的顾客和供应商进行紧密的合作才有可能取得更大的成功（原则 8）。

6. 答：实施全面质量管理的成效主要有：

高质量是全面质量管理最直接的成效。

高质量会意味着更低的成本，因为它减少了差错、返工和非增值的工作。

高质量会带来更高的收益。

全面质量管理为组织造就忠诚的顾客。

全面质量管理还为组织造就了活性化的雇员。

7. 答：雇员的活性化是指这样一种状态，即雇员具有做出决定和采取行动的知识、技能、职权和欲望，同时雇员对其行动的后果以及对企业的成功负有责任。雇员的活性化以往一直被组织视为实现更低的成本、更高的收益和忠诚的顾客的一种手段。而创造这样的雇员本身就是全面质量管理的重要目标。

活性化的雇员处于自我控制的状态。他们能够衡量自己的工作过程的质量，解释衡量的结果并与目标相对照，当过程与目标偏离时能够采取调整的措施。但活性化的雇员这一概念远不止限于自我控制。这样的雇员还懂得如何变革过程和改进绩效；他们知道如何计划质量；他们清楚自己的顾客以及顾客的需要、欲求和期望是什么；他们懂得如何设计新的产品和服务来满足这些需要，懂得如何开发必要的工作过程；他们知道如何开发和使用必要的质量测量手段以及如何来持续改进这些过程。

8. 答：在质量管理体系的过程模式中可以看出，位于模型中心处的产品实现过程将顾客的要求转换为了顾客的满意；为了使这一过程得以顺利实现，必要的资源的保证是不可缺少的；顾客的需要和期望在不断变化，从而必须对产品实现过程进行不断的测量、分析和改进。但归根结底，产品实现、资源管理和过程改进的有效性和效率均取决于组织的管理当局。从而，管理职责、资源管理、产品实现以及测量分析和改进这四个方面便构成了质量管理体系要求的基本内容。

9. 答：ISO9000 质量管理体系认证是由可以充分信任的第三方证实某一个经过鉴定的质量管理体系符合 ISO9001 标准或其他规范要求的活动。

其一般的认证过程是，作为组织与顾客之外的第三方认证机构，按照 ISO19011 规定的审核准则、审核方法、审核人员资格的要求，派出质量管理体系审核组，根据 ISO9001 标准的要求，对一个组织的质量管理体系进行系统的、正式的、独立的审核，当确认其质量管理体系建立与实施符合标准要求后，通过发放证书和公示的方式，证明该组织的质量管理体系符合标准要求。

10. 答：美国设立马尔科姆·波多里奇国家质量奖有4个目的：

(1) 促进美国公司为荣誉而改进质量和生产率，同时增加利润，获得竞争优势；

(2) 表彰那些改进了其产品和服务质量的公司的成就，并为其他公司提供榜样；

(3) 建立指南和准则，以使企业、行业、政府及其他的组织可以用来评估各自的质量改进活动的成效；

(4) 通过提供得奖组织是如何变革其文化并实现了卓越的详细信息，为其他的希望实现高质量的组织提供具体的指导。

11. 答：美国卓越绩效评价准则设计的思路为：使之成为一套全国性的质量价值体系；为经营管理诊断和信息交流提供一个基础；为跨组织的合作提供一种载体；提供一套动态的奖励制度，并使之不断得到进化和改进。这一策略得到了一致的遵循，评奖准则每年都会有所改变和改进。该评奖准则是决定获奖者和向申请者提供反馈的基础，此外它还有助于提高质量绩效准则和期望水平；在对于关键的质量要求和运作绩效要求有着共同理解的基础上，能够促进各类组织之间及组织内部的交流与共享；作为计划、培训、评估及其他用途的工具。

12. 答：卓越绩效模式的11个价值观分别为：①前瞻式领导；②顾客驱动的卓越；③组织的和个人的学习；④注重雇员和合作伙伴；⑤敏捷性；⑥着眼于未来；⑦促进创新的管理；⑧依据事实的管理；⑨社会责任；⑩注重成果和创造价值；⑪系统的视野。

13. 答：《卓越绩效评价准则》的七个部分构成管理架构中，领导作用、战略计划以及顾客和市场代表着领导的三要素。这几个方面放在一起旨在强调以战略和顾客为关注焦点的领导的重要性。人力资源、过程管理和经营结果代表着结果三要素。组织产出经营结果的工作是由公司的雇员和供应商伙伴通过其关键过程来实现的。公司所有的行动都指向经营结果。这里的经营结果是由顾客方面的绩效结果、财务的以及非财务的绩效结果所构成的一个综合体，还包括了人力资源方面的结果和社会责任方面的结果。对于有效的管理和以事实为依据的企业绩效三和竞争力改进体系而言，测量、分析和知识管理起着至关重要的作用，它构成了绩效管理系统的基础。

14. 答：关键因素包括：①高层管理者的承诺；②与公司当前的工作重点、战略以及绩效测评体系进行整合；③过程思维；④确保收益；⑤多层次的、深入现场的领导；⑥培训；⑦不断强化和奖励。

七、论述题

1. 答：(要点)

“朱兰三部曲”即质量计划、质量控制和质量改进这三个管理过程构成了质量管理的主要内容。

质量计划指旨在明确组织的质量方针和质量目标，并对实现这些目标所必需的各种行动进行规划和部署的过程。质量控制也就是实现质量目标、落实质量措施的过程。广泛应用统计方法来解决质量问题是质量控制的主要特征之一。质量改进是指实现前所未有的质量水平的过程。

在质量管理的“三部曲”中，质量计划明确了质量管理所要达到的目标以及实现这些目标的途径，是质量管理的前提和基础；质量控制确保组织的活动按照计划的方式进行，是实现质量目标的保障；质量改进则意味着质量水准的飞跃，标志着质量活动是以一种螺旋式上升的方式在不断攀登和提高。

2. 答：(要点)

将 TQM 定义为“一个组织以质量为中心，以全员参与为基础，目的在于通过让顾客满意和本组织所有成员及社会受益而达到长期成功的管理途径。”从全面质量管理的内容和实施过程看，这个定义中可以看出，TQM 是作为一种以质量为中心的企业管理的方式或道路。其特征可以概括为：

(1) 在强有力的最高管理层的领导下，建立明确的中、长期愿景和战略；

(2) 正确地应用 TQM 中的各种概念、价值观和科学方法；

(3) 把人力资源和信息视为组织的至关重要的基础架构；

(4) 在一个适当的管理体系中，有效地运作质量保证体系及其他的跨职能管理体系，如成本、交货期、环境和安全方面的管理体系；

(5) 在诸如核心技术、速度和活力这类组织的基本能力的支持下，确保与顾客、雇员、社会、供应商和股东的健康关系；

(6) 持续地实现公司的目标，目标的实现应当有利于促进达成组织的使命，使组织成为一种受人尊重的存在并能够持续地获取利润。

3. 答：(要点) 标杆分析就是对照公认的领先组织或最强的竞争对手持续地对本组织的产品、服务、过程等关键的成功因素进行衡量的结构化的过程。

企业在开展标高超越活动时，通常是采用专门小组或团队的方式来进行的。小组一般由 3～6 人所组成，他们应当是最熟悉所要改进领域的人。小组成员应当具备相应领域的专业知识以及把握问题、分析问题的能力和技能，应当具备较强的合作精神。

标杆分析的基本思路在于，企业的经营绩效在很大程度上取决于其所拥有的过程；绩效的差异反映了过程的差异；绩效的改进必须自过程入手。具体来说，标杆分析活动是由“标高”和“超越”两个基本阶段所构成的。

标高阶段就是要针对企业所要改进的领域或对象，首先确定“谁”在这一方面是最好的，以及他为什么做到了最好？我们为什么差，差在哪里？这意味着要标定学习和赶超的“标杆”，对其进行解剖和分析，同时也要解剖和分析自己，通过对比找出自身与所分析的标杆之间的差距及原因。这一阶段实际上是一个“知己知彼”的过程。其次是“超越”对手，使自己成为“同业之最”。在前一阶段“知己知彼”的基础上，拟定出超越对手的策略并加以实施，努力使自己成为同业最佳，这便是“超越”或“蛙跳”的阶段。

这两大阶段又可以具体细化为以下 5 个步骤：

第一步，确定实施标杆分析活动的领域或对象。

第二步，明确自身的现状。

第三步，确定谁是最佳者，也就是选择标杆分析的标杆。

第四步，明确标杆组织是怎样做的。

第五步，确定并实施改进方案。

4. 答：现代质量管理是通过对过程进行改进来实现高质量、低成本和高的生产率的。实现六西格玛质量目标便是要对过程进行持续不断的改进。持续改进是通过六个步骤的循环来实现的。这 6 个步骤分别为：

第一步，明确你所提供的产品或服务是什么？

这里的“你”代表组织的过程链条上的任意一个环节，可以是一个部门、一道工序或一个团队等。这里的“产品或服务”指的便是这一特定环节的输出。通过这个步骤的活动，要明确你所提供的产品和服务是什么，同时也要确定测量你的产品或服务的单位。

第二步，明确你的顾客是谁？他们的需要是什么？

这里的顾客是指过程链上的“你”的下一个环节，你的产品或服务质量的优劣是由你的顾客来判定的。在这一步骤中，要明确你的顾客，明确顾客的关键需要，并同顾客就这些关键需要达成共识。

第三步，为了向顾客提供使他们满意的产品和服务，你需要什么？

这是要明确为了满足你的顾客的需要，你需要什么？谁来满足你的需要？从过程链的角度来看，这是要明确你的上一个环节，以及为了使你能够满足顾客的需要，他们应当为你提供什么条件。

第四步，明确你的过程。

在这一步骤中，通常要借助于流程图将过程的现状描绘出来。

第五步，纠正过程中的错误、杜绝无用功。

在上一步对过程的现状充分认识的基础上，分析过程中的错误和冗余，制定纠错后的理想流程图。

第六步，对过程进行测量、分析、改进和控制，确保改进的持续进行。

第十八章　创新管理答案

一、判断题

1. √；　2. ×；　3. √；　4. ×；　5. √

二、单项选择题

1. A；　2. D；　3. A；　4. B

三、填空题

1. 市场　提高经济效益；
2. 企业的创新　企业的创新能力；
3. 政府　企业　科研机构　大专院校；
4. 观念创新　体制创新　管理创新　技术创新；
5. 高新技术企业　传统制造业　劳动密集型企业；
6. 效率型企业　质量型企业　灵活型企业　创新型企业；
7. 政府　企业；
8. 如何发现和创造自己的竞争优势

四、案例分析题

案例1　宝钢技术创新战略分析

1. 答：宝钢的技术创新战略分两步走，第一步是技术跟踪与创新，主要是消化三期引进技术，并采用目前世界先进技术改造一、二期工程，使工艺、技术、装备、产品质量的总体技术水平与韩国浦项钢铁公司相当；第二步是创新技术的储备与输出，实现由引进、消化先进技术为主向开发、创新高新技术为主的战略转变，实现技术开发、技术储备、技术输出多位一体，使工艺、技术、装备、产品质量的总体水平超过当时的韩国浦项钢铁公司的水平，并在国际钢铁领域独占2～3项宝钢专有技术。

2. 答：（1）要根据各企业的实际情况，采用“模仿创新与自主创新相结合，产品创新与工艺创新相促进”的技术创新模式。

（2）战略目标制定的要具体。因为战略目标越具体，战略实施就越容易。

（3）实施技术创新战略要建立核心体系和支持体系作为保证。

（4）要建立一套推动技术创新的支撑体系。

案例 2　中国移动通信不断提高自主创新能力

1. 答：中国移动成立之初就有意识地开展自主技术创新工作，专门成立了研究院，从事通信产品和网络技术方面的应用研究和技术支持，相继建成了全球规模和容量最大的网管系统和国内最先进的业务支撑系统，世界最大的软交换汇接网，世界上第一个实现多业务统一综合管理的系统——数据业务管理平台(DSMP)。中国移动坚持以客户为导向，在技术创新的基础上，不断进行服务与业务创新，满足不同客户群体的需求，提升服务品质。同时公司十分注重企业的管理创新。

2. 答：(1) 企业要注重技术创新。

(2) 要以客户为导向，不断进行服务与业务创新，满足不同客户群体的需求，提升服务品质。

(3) 企业对管理创新应该给予更多的重视。

案例 3　伯特克雷兹公司——提供非同寻常的经历

1. 答：(1) 其他企业在一个不断缩小的市场上互相竞争，该公司则想方设法突破这种局面，开创新的市场。

(2) 伯特克雷兹向这个行业的传统观念（强调最佳的、市中心房地产对电影院的重要性）提出了挑战，它们将金宝利斯建在离市中心有 15 分钟路程的环布鲁塞尔的公路上。顾客可以将车免费停在宽大而照明良好的停车场里。为了解决布鲁塞尔大多数观众的一个主要问题——匮乏而又昂贵的停车位，公司准备放弃步行的观众。

(3) 金宝利斯不再试图发掘现有资产潜力，而是通过扩大投资，形成规模效益，改变传统形象，给顾客带来全新的感受。

2. 答：(1) 在企业战略上要敢于打破传统，走自己的道路。

(2) 在市场战略方面，要善于发现新的市场，这样既可以避免激烈的市场竞争，又能为企业带来丰厚的利润。

(3) 在细分市场战略上，要注重对细分市场的选择。

案例 4　阿高公司——增加顾客最需要的服务

1. 答：该公司的服务创新以为顾客创造一个价值跃升为目标，管理者被要求忘记他们所熟知的一切，包括现有的规则、惯例和行业的传统。经理们被迫回答如果阿高重新开始该如何去做的问题。进而提出 4 个问题，通过回答这 4 个问题，实现了顾客的价值提升，实现了公司的服务创新。

2. 答：组织对自己要占领的市场要有明确的定位；组织的收益来源于顾客，组织的一切活动也应该围绕着顾客的需要设计，并不是一切最好的都是需要的，要围绕顾客需要，对既有的组织活动做出调整。

案例 5　SAP——放弃顾客的需求差异

1. 答：要实现价值曲线的创新，无非是通过淘汰、创建、减少或提升某些要素，从而实现价值曲线的突破。SAP 的创新点在于抛弃了商务应用软件细分市场，定制产品的传统模式，从顾客的价值相同点入手，从这一思想出发推出了 R/2——实时集成商务应用软件，它的优点是面向所有顾客，与传统的差异化竞争不同，从而实现价值曲线的突破。

2. 答：(1) 分析企业现有价值曲线与整个行业的价值曲线；

(2) 找出企业“开拓者”、“定居者”、“游牧者”三种业务；

(3) 如果企业有大量的“游牧者”，缺乏足够的“开拓者”、“定居者”，是低增长型的，就需要进行价值创新，通过淘汰或减少“游牧者”业务，提升“定居者”业务，新建“开拓者”业务，从而改变价值曲线，使企业进入合理增长的轨道。

案例 6　鲜京集团的新选择

1. 答：鲜京集团选择开发 PET 薄膜生产技术的情况如下：①尼龙生产十分成熟，但市场竞争激烈。②PET 市场需求巨大，但不掌握其生产技术。③国外不肯轻易的放弃对该生产技术的控制，不提供技术帮助。④国家十分支持该产业。

集团在技术开发上投入巨资说明集团对该产品的开发具有极大的兴趣，并且十分重视该项目。这种态度使得集团成员对该项目都很重视，集中整个集团的资源进行该项目，使该项目能更快更好的完成。

2. 答：组成学习小组，去多个具有该产品生产能力的企业学习；与科学技术院校联手进行技术攻关；收集世界各国关于 PET 薄膜制造的专业书籍、杂志及报刊，从中挑选和分划出核心的情报；与日本的 DS 会社达成了有关机械制造的协议；同时又巡访了一些先行开发 PET 薄膜的厂商与机械制造商外围，拜访了各国已经隐退的技术专家、顾问和教授等高分子方面的学者，搜集了必要的情报和资料。中国的许多企业也面临着这样的问题，该案例对中国企业技术开发有很强的借鉴意义。如与高校或科研机构联合研制；对国外技术信息的收集等。

3. 答：技术的创新是企业创新的保障，是企业长期生存和发展的必然选择，技术创新还是企业业务创新的基础。技术创新可以给企业带来丰厚的利润，避开激烈的市场竞争，从而使企业自身获得更好的发展，企业更好的发展又能促进企业的技术创新，使企业经营发展良性循环。

五、简答题

1. 答：概念：企业创新，是指从构想新概念开始，到形成真正的生产力，从而进入市场，最终获得经济效益的全过程。创新不同于发明、创造，也不仅仅是高、精、尖、奇。创新是以市场为导向，以提高经济效益为最终目的的。

地位和作用：政府、企业、科研机构和大专院校是国家创新体系的承担主体。在国家创新体系的构成中，企业是创新的需求者，又是创新转为经济效益的实现者，是创新体系中的重要环节，在创新中处于重要地位，发挥着重要作用。

（1）企业追求效益最大化的动机，及在市场竞争中求生存和发展的要求是企业创新的动力，从而形成购买或开发创新成果的欲望和行为，拉动知识创新。

（2）企业在使用创新成果过程中，同时检验创新成果，促进创新升级。

（3）企业把创新转化为效益、实现创新的价值和作用。并通过向社会提供更丰富、更先进的产品满足社会需求，提高社会福利，增强开发创新和改造自然的能力。

（4）企业是支持创新的重要力量。企业生存和发展对创新的高依存度，决定企业将高度重视创新投入，形成良性创新循环。

2. 答：企业是以营利为目的的经济行为主体，也是创新成果的主要需求者。为提高自身竞争能力和经济效益，要求企业必须进行创新，企业创新的产生是在内、外因相互作用的条件下产生的。企业创新的动力可以归结如下：

（1）市场需求；

（2）技术推动；

（3）政府行为；

（4）企业家偏好；

（5）路径依赖。

3. 答：企业创新不是孤立进行的，要依赖创新环境条件。企业创新环境又分为外部环境和内部环境。

外部环境：

（1）政府调控；

（2）市场环境；

（3）资源环境；

（4）投入机制；

（5）制度基础。

内部环境：

（1）企业的创新意识；

（2）企业的体制和机制；

（3）企业素质和实力；

（4）企业生存与发展目标；

（5）企业的创新氛围。

4. 答：作为创新型企业，制胜的五项原则如下：

（1）创新必须作为一项修炼。

（2）创新必须具有综合性。

（3）创新必须有组织地、系统地、持续地寻找新机会。

（4）创新必须涉及组织所有人的参与。

（5）创新必须以顾客为中心。

5. 答：企业的系统创新战略是由四个创新子系统组成的，分别是观念创新、体制创新、管理创新和技术创新。如果说观念创新、体制创新和管理创新好比企业的“软件”，那么技术创新则是企业的“硬件”。观念创新是企业系统创新战略的先导，对企业的发展方向起到至关重要的定位作用，是企业创新的发源地。体制创新是系统创新战略的基础，是企业创新的动力源泉，使企业内部各种要素进行合理配置，发挥最大效能。管理创新是系统创新战略中的关键，是企业改革的突破口。技术创新是企业系统创新战略得以正确实施的保证，是效益提高的物质基础。企业的系统创新战略解决了企业想要生产什么、为谁生产、如何生产、用什么生产的问题。

6. 答：企业要进行技术创新，必须选择合适的技术创新战略。技术创新战略是企业在市场竞争中利用技术创新获取竞争力的方式。制定技术创新战略，就是为了探索适合中国国情的技术创新之路。所谓技术跨越，就是跨越技术发展的某些阶段，直接开发、应用新技术、新产品进而提高产品竞争力的过程。技术跨越式相对于中国企业目前的技术水平的，所以，它有两层含义：一层是在某些领域，依靠我们自己的各种优势，通过实施巧妙的创新战略，使我们的技术水平真正达到国际领先或国际先进水平，也就是说直接从较低的技术水平，跨越到世界的领先水平，我们称之为“绝对跨越”；另一层含义是，相对我们目前较低的技术水平，通过我们的努力，跳过发展的几个阶段，直接上升到较高的水平，这种水平也可能只是接近世界的平均水平，但是，依靠我们的人力资源、自然资源的优势，照样可以提供在国际上具有强大竞争力的产品，也就是从较低的技术水平，跨越到相对自己而言的较高的技术水平，我们称之为“相对跨越”。

第十九章　知识管理答案

一、判断题

1.√；　2.√；　3.×；　4.×；　5.√；　6.√

二、填空题

1. 知识创新；
2. 劳动力资源和资本　知识　知识；
3. 隐性知识　公式化　明晰化；
4. 信息；
5. 知识　信息；
6. 共享性；
7. 知识　创新能力　创造价值的能力

三、案例分析题

案例　惠普的知识管理

答：惠普公司知识共享范围的狭窄是其高度分权的组织结构的结果，随着惠普知识管理由文化建设发展到信息系统建设，知识共享范围的扩展将得到硬件支持，知识管理也将上升到新的层面，相信跨部门知识共享与交流将变得更加便利，从而很大程度上解决知识共享范围局限于部门内部的弊端。

建议：

一、建立员工知识贡献评估体系。目前，惠普对员工的知识贡献评估仍十分粗糙，仅把知识分享与员工每年个人的业绩评估结合在一起，乐于分享的员工将获得额外的加分。笔者认为，多数知识共享是不能立即转化为生产力的，也就是说其带来利益不是马上就可以看到的，员工知识共享的程度大小要考虑它为公司带来的各方面利益。由于现代财务度量方式的不完全性，知识测评过程中的结果往往是，知识直接为企业带来的价值是相当小的，但事实上，知识应用的更多效果通过内化于企业的各个环节和工作任务中，间接或无形中实现了对企业的贡献，只是这种贡献用传统的财务度量方式难以完全度量出来而已，所以需要在企业的财务评价体系之外，构建一条平行的非财务评价体系。知识共享必须与业绩挂钩，但又不能简单由业绩贡献决定。研究表明，大多数员工认为自己表现优秀，而评估结果往往与他们的意愿相距有间。可以说员工的知识共享务虚，业绩评估却是非常实的一部分，它实实在在要兑现，也实实在在影响着员工的心理和行为。所以发展一个合理的评估制度，使员工共享知识时支付的时间、精力等成本得到公平的评估，将是至关重要的。

二、可以通过项目管理，将不同职能部门和不同组织层次的人聚在一起工作，鼓励所有层次的人员进行正式或非正式的交流。实现业务流程横向重组和纵向重组，从整体上着眼把握和提高整个流程的水平，实现各部门之间优势互补。

四、简答题

1. 答：进入 20 世纪 80 年代以来，以数字化和网络化为特征的信息技术迅速发展，触及工业、农业和服务业的所有部门，正以其强大的渗透力和支撑力推动着经济领域的一场革命，使全球经济发生着根本的变化：

第一，知识的大量生产和更新，以及知识对传统产业的高渗透使得传统产业所提供的产品和服务的附加价值提高，知识含量大大增加；

第二，劳动密集型产业失去以往的霸主地位，取而代之的是知识密集型的高科技产业，它成为所有产业中产出、出口和就业量增长最快的行业；

第三，投资方向发生改变，资本更多地流向高科技产业和知识密集型行业，并且用于研究与开发的投资也大大增加；

第四，有一定知识和专长的劳动者就业数量逐渐上升，而一般劳动者的就业数量则下降；

第五，知识创新不但是企业竞争力的来源，也逐渐成为一个国家提高竞争力的焦点；

第六，经济的发展不再是完全靠劳动力资源和资本的占有与配置，更多的是取决于知识的占有与配置，知识成了最重要的生产要素。

2. 答：指数特性；知识的非竞争性；知识的部分排他性；知识的收益递增性；知识的专用性；知识的共享性和不可逆性；知识资本的时效性和非磨损性。

3. 答：知识经济是建立在知识和信息的生产、分配和使用之上的经济。知识经济是以知识（智力）资源的占有、配置、生产和使用（消费）为最重要因素的经济。

知识经济具有如下不同的特征：

（1）知识成为发展经济的最重要和最关键的资源；

（2）高科技产业将成为国民经济的支柱性产业；

（3）知识经济是全球一体化的经济，具有共享性的特征；

（4）学习具有特殊重要的意义。

4. 答：知识管理的内容十分丰富，主要有以下几个方面：

（1）组织内部知识的交流和共享；

（2）驱动以创新为目的的知识生产；

（3）支持从外部获取知识，并提高消化吸收知识的能力；

（4）将知识资源融入企业产品或服务以及生产过程和管理过程；

（5）管理企业的知识资产。

5. 答：知识管理的实施有以下阶段与步骤：

第一阶段：进入知识管理；

第二阶段：探索和实验阶段；

第三阶段：发现并进行知识管理试点的阶段；

第四阶段：扩展知识管理的阶段；

第五阶段：知识管理制度化阶段。

6. 答：成功的知识管理项目具有如下主要特征：

（1）项目可分配的资源得到增加；

（2）知识的内容和使用量增加；

（3）项目不仅仅由特定的一个或两个人来维持，即项目是一个组织行为，而不是个人项目；

（4）在整个组织内惯用“知识”以及“知识管理”的概念；

（5）财务回报上的一些证明。

7. 答：成功的知识管理项目具有以下九个方面的促进因素：

（1）面向知识的企业文化；

（2）技术体系和组织体系；

（3）高级管理层的支持；

（4）与经济收益的联系；

（5）面向过程；

（6）明确的术语；

（7）重要的激励手段；

（8）某种层次的知识结构；

（9）知识传递的多条渠道。

第二十章　战略管理答案

一、判断题

1. ×；　2. ×；　3. √；　4. ×；　5. √；　6. √；　7. √；　8. √；　9. √；　10. √；　11. √；　12. ×；　13. ×；　14. ×；　15. ×；　16. √

二、单项选择题

1. C；　2. C；　3. A；　4. B；　5. B；　6. B；　7. B；　8. B；　9. A；　10. A；　11. A；　12. B；　13. B；　14. A；　15. B；　16. B；　17. A；18. B；　19. C

三、多项选择题

1. ABCE；　2. ABCD；　3. BCE；　4. ABCD；　5. ABCDE；　6. ABCD；　7. ABCDE；　8. ABCE；　9. ABD；　10. ABDE；　11. ABCD；　12. ABD；　13. ABCDE　14. ABCE

四、填空题

1. 未来　外部环境　竞争优势；
2. 战略管理；
3. 长远性　抗争性　风险性　纲领性；
4. 运作战略　经营战略；
5. 企业总体战略　指导　控制；
6. 事业部；
7. 传统战略管理理论　核心竞争力战略管理理论；
8. 企业使命；
9. 拟定目标　评价论证；
10. 公共关系目标（社会目标）；
11. 总体战略；
12. 稳定型　相关多元化；
13. 企业并购；
14. 合资　定牌生产　特许经营；
15. 调整型紧缩；
16. 企业竞争战略；

17. 控制成本的成因　完善价值链；
18. 差异化；
19. 重点集中；
20. 指挥型　合作型

五、案例分析题

案例　“老牌”企业的竞争

1. 答：优势（S）：取得该市95%的市场占有率和该省60%的市场占有率，成为该省啤酒业的龙头老大。有充足的产量做后盾；分销渠道稳定。

弱势（W）：销售队伍不如竞争对手。

机会（O）：啤酒销售旺季马上到来，啤酒的需求空间较大。对手金杯啤酒出现了内部管理的问题及产量滞后需求。

威胁（T）：随着国内啤酒业几大巨头的整合力度日益加大和竞争的日益加剧，啤酒业的“洗牌”运动十分明显，国内啤酒厂数量从以前的上千家迅速下降到了不到400家，其中剩下的大多也是举步维艰。另外国外啤酒巨头瞄准该省啤酒行业，并以收购金杯啤酒作为开始。金杯获得了进一步的发展，从而给海清啤酒带来了威胁。

2. 答：金杯啤酒采用的竞争战略虽然给金杯啤酒在短期内带来了一定的成绩，但是在接下来的决胜局中金杯啤酒将处于不利的境地。首先，金杯啤酒的市场份额是在淡季条件下取得的，自身的产量将无法完全满足旺季的需求，所以金杯啤酒不会进一步获得市场份额，反而可能还会失去现有份额。其次，由于过于强调营销，内部管理上出现了一些问题，营销人员也出现了懈怠。最后，虽然金杯胜于营销，但是它并没有给竞争对手的营销网络造成破坏。

3. 答：啤酒行业一直受季节性、地方性、区域性的影响。海清啤酒应采用SO战略，发挥企业内部优势而利用外部机会的战略，利用自己的优势抓住外部环境提供的机会。海清啤酒应把握自身市场占有率的优势及自身完整的营销渠道和啤酒销售旺季的到来，击败对手以达到决胜局的胜利。

六、简答题

1. 答：优点：

（1）在衰退或经营不善的情况下实行紧缩型战略，有利于正确判断经营领域的盈亏状况，及时清理、放弃无利可图或亏损的领域，提高效率，降低费用，增加收益，改善财务状况，使企业及时渡过难关。

（2）采用转向、放弃战略，使企业有可能更加有效地组合配置资源，提高经营素质，发挥和增强企业的优势、实力，在不断适应市场需要的同时，使自身取得新的发展机会。

（3）可以避免竞争，防止两败俱伤。

紧缩型战略也会产生一些副作用，主要表现为：采取缩小经营的措施，往往削弱技术研究和新产品开发能力，使设备投资减少，陷于消极的经营状态，影响企业的长远发展。

2. 答：（要点）企业使命一般包括三个方面：企业生存目的、企业经营哲学和企业形象。企业的使命应当比较宽泛以使企业有创造性的发展空间。企业应当明确自己能够为顾客提供什么样的价值。

3. 答：（1）企业战略管理是一种高层次性管理。它必须由企业的高层领导推动方能顺利进行。

（2）企业战略管理是一项整体性管理。是一项涉及企业所有部门以及所有相关因素的管理活动。

（3）企业战略管理是一种动态性管理。外部环境因素是不断发生变化的，所以企业的战略管理活动也必须随之调整。

4. 答：（要点）该公司应该采取差异化的集中化竞争战略。

目标集中化战略应具备的条件是：其他的竞争对手不打算实行集中化战略，企业的资源有限，行业存在差异化的需求，该细分市场容量足够大。

七、论述题

1. 答：（要点）企业战略是指企业面对激烈竞争的市场环境，通过对企业过去、现状与未来的测定所作出的对企业生存与发展所作的长远的、全局性的谋划或方案。企业战略具有全局性、长远性、纲领性、抗争性与风险性的特点。

就战略而言，发展比生存更重要，英特尔采取其他的选择也可能生存，因此战略主要是要选择一种长期的盈利模式和业务。

2. 答：（要点）核心能力是指居于核心地位并能产生竞争优势的各种能力和知识。只要能为企业长久使用且不为其他企业模仿的能力就是核心能力，能够成为企业利润源的能力也是核心能力。核心能力不等同于核心技术，关键是能为自己所特有，并能在整个价值链中占有不可替代的一席之地。